새마을금고법

이상복

박영사

머리말

이 책은 새마을금고법이 규율하는 새마을금고 등에 관하여 다루었다. 이 책은 다음과 같이 구성되어 있다. 제1편에서는 새마을금고법의 목적과 성격, 새마을금고법 관련 법규, 새마을금고 예탁금에 대한 과세특례 등을 다루었다. 제2편 금고에서는 설립, 신용사업 등 주요업무, 진입규제, 회원, 출자, 지배구조, 사업, 건전성규제 등을 다루었다. 제3편 중앙회에서는 설립, 회원, 출자, 지배구조, 사업, 건전성규제 등을 다루었다. 제4편에서는 감독, 검사 및 제재 등을 다루었다.

이 책의 특징을 몇 가지 들면 다음과 같다.

첫째, 이해의 편의를 위해 법조문 순서에 구애받지 않고 새마을금고법뿐만 아니라, 시행령, 시행규칙, 새마을금고 감독기준, 새마을금고 검사규정의 주요 내용을 반영하였다.

둘째, 이론을 생동감 있게 하는 것이 법원의 판례임을 고려하여 대법원 판례뿐만 아니라 하급심 판례도 반영하였다.

셋째, 실무에서 많이 이용되는 새마을금고 중앙회 정관, 새마을금고 정관(예), 검사규정 시행세칙, 새마을금고 제재업무처리지침, 수신업무규정, 여신업무규정, 수신업무방법, 여신업무방법, 수신업무방법서, 여신업무방법서의 주요 내용을 반영하였다.

이 책을 출간하면서 감사드린 분들이 많지만, 특히 이태영 변호사님은 신협중앙회 사내변호사로 근무하면서 익힌 상호금융업법 관련 실무를 반영할 수 있도록 조언을 해주었고 교정작업도 도와주었다. 박영사의 김선민 이사가 제작 일정을 잡아 적시에 출간이 되도록 해주어 감사드린다. 출판계의 어려움에도 출판을 맡아 준 박영사 안종만 회장님과 안상준 대표님께 감사의 말씀을 드리며, 기획과 마케팅에 애쓰는 최동인 대리의 노고에 감사드린다.

2023년 7월

이 상 복

차 례

제2장 권한의 위임 등

제3장 과세특례

제 2 편 금 고

제1장 설 립

제2장 회원

제3장 출자

제4장 지배구조

제6장 건전성규제

제7장 구조조정 관련 제도

제 3 편   중앙회

제1장 설립

제2장 회원

제3장 출자

제4장 지배구조

제5장 사업

제6장 회계

제 4 편 감독, 검사 및 제재

제1장 감독 및 처분 등

제2장 검사 및 제재

제
1
편

서 론

새마을금고법의 목적과 성격

제1절 새마을금고법의 목적

새마을금고법("법")은 국민의 자주적인 협동조직을 바탕으로 우리나라 고유의 상부상조 정신에 입각하여 자금의 조성과 이용, 회원의 경제적·사회적·문화적 지위의 향상, 지역사회 개발을 통한 건전한 국민정신의 함양과 국가경제 발전에 이바지함을 목적으로 한다(법1).

새마을금고("금고")는 새마을금고법에 따라 설립된 비영리법인으로(법1 및 법2①), 새마을금고별로 해당 업무구역에 주소나 거소가 있는 자 또는 생업에 종사하는 자들 중 일정한 자격요건을 갖춘 자들을 대상으로 금융을 제공하는 일을 주된 사업으로 영위한다. 새마을금고는 회원의 경제적·사회적·문화적 지위의 향상을 목적으로 하는 자주적인 협동조직으로, 50명 이상이 발기인이 되어 설립하고(법7①), 회원의 출자로 자본금을 조달하며(법9), 회원가입이 강제되지 아니하고, 회원의 임의탈퇴 및 해산이 허용되는(법10①, 법36) 등 기본적으로 사법인적인 성격을 가진다. 다만 특별법에 의하여 그 설립목적과 목적 사업이 법률에 직접 규정되어 있는 공공성이 강한 특수법인이다.[1]

---

1) 헌법재판소 2018. 2. 22. 선고 2016헌바364 전원재판부.

제2절 새마을금고법의 성격

새마을금고법은 민법에 대하여 특별법적 성격을 갖는다. 또한 새마을금고법은 행정법적 성격을 갖는다. 즉 새마을금고 및 새마을금고중앙회("중앙회")에 대한 감독 및 처분에 관한 규정, 그리고 행정제재인 과태료에 관한 규정을 두고 있다. 그리고 새마을금고법은 형사법적 성격을 갖는다. 새마을금고 및 중앙회에 대하여 여러 가지 준수사항과 금지사항을 정해 놓고, 이를 위반한 경우 형벌인 징역형과 벌금형의 제재를 가하는 규정을 두고 있다.

제3절 새마을금고법과 다른 법률과의 관계 등

Ⅰ. 다른 법률과의 관계

1. 중앙회의 신용사업 부문과 은행 의제

(1) 의의

내국환 업무 또는 국가·공공단체 또는 금융기관의 업무의 대리(법67①(5) 마목)에 따른 중앙회의 신용사업 부문은 은행법 제2조에 따른 은행[2] 및 한국은행법 제11조[3]에 따른 하나의 금융기관으로 본다(법6①).

(2) 제도적 취지

새마을금고의 신용사업 부문은 은행법상 금융기관으로 간주되지 않지만, 새마을금고중앙회의 신용사업 부문은 일정한 경우 은행법상 금융기관으로 간주된

---

2) "은행"이란 은행업을 규칙적·조직적으로 경영하는 한국은행 외의 모든 법인을 말한다.
3) 제11조(금융기관의 범위) ① 한국은행법에서 "금융기관"이란 은행법 제2조에 따른 은행과 금융지주회사법에 따른 은행지주회사를 말한다.
② 삭제[2016.5.29 제14242호(수산업협동조합법)][시행일 2016.12.1]
③ 보험회사와 상호저축은행업무 또는 신탁업무만을 하는 회사는 금융기관으로 보지 아니한다.

다. 이와 같은 규정을 둔 이유는 개별 새마을금고가 독자적으로 취급하기 어려운 지급결제기능을 중앙기구인 중앙회를 통하여 수행할 수 있도록 함으로써 전체 새마을금고의 경쟁력을 제공하기 위한 것이다. 즉 은행법상 금융기관의 자격을 부여하여 중앙회가 다른 기관과 직접 어음교환 등 지급결제업무를 수행하고, 새마을금고는 중앙회와 연계하여 간접적으로 금융기관과 지급결제업무를 수행할 수 있게 함으로써, 새마을금고가 지역금융에 특화되면서 은행과 유사한 역할을 수행할 수 있도록 하기 위한 것이다.[4]

중앙회는 일부 업무에 대해서는 금융기관으로 간주되므로 한국은행에 당좌예금계정을 개설할 수 있고, 금융결제원의 어음교환에 참가할 수 있으며, 결제자금이 부족한 경우 한국은행으로부터 긴급여신을 받을 수 있다. 또한 새마을금고가 중앙회에 예치한 자금의 범위 내에서 중앙회 명의로 자기앞수표를 발행하거나, 지로업무를 취급하면, 이는 어음교환소에 제시되어 한국은행에 개설된 중앙회 당좌예금계정을 통하여 결제될 수 있는 제도적 장치가 마련되어 있다.

(3) 관련 판례

** 대법원 2003. 12. 26. 선고 2003두8906 판결

노동조합및노동관계조정법("노동조합법") 제71조 제1항 제4호에 정하여진 은행사업이라 함은, 중앙은행인 한국은행과 시중은행, 지방은행, 외국은행 국내지점 등 일반은행, 특별법에 의하여 설립된 특수은행 및 새마을금고법 제5조(현행 제6조 제1항)에 의한 새마을금고연합회(현행 중앙회)의 신용사업부문을 말한다. 새마을금고연합회(현행 중앙회)가 아닌 지역새마을금고가 영위하고 있는 금융사업은 노동조합법 제71조 제1항 제4호 소정의 "은행사업"에 해당하지 아니한다.

2. 공제사업의 보험업법 적용 배제

새마을금고와 중앙회의 사업에 관하여는 보험업법의 규정을 적용하지 아니한다(법6②). 새마을금고와 중앙회의 공제사업에 대해 보험업법의 적용을 배제하도록 한 이유는 공제사업의 영세성과 민영보험과의 상호관계를 보완하기 위한 것이라고 할 수 있다.[5]

---

4) 신협중앙연수원(2021), 「2021 연수교재 신협법」, 19-20쪽.
5) 행정안전부(2018), 「새마을금고 업무편람」(2018. 12), 25-26쪽.

새마을금고나 중앙회의 공제사업은 영리를 목적으로 하는 주식회사(보험회사)가 운영하는 사보험(민영보험)과는 달리 동일한 직업이나 사업의 종사자들이 예상하지 못한 재난에 대비하기 위해 만든 구제제도로서 민영보험과 기본원리는 유사하지만 사업목적, 가입자격, 수입·지출제도 등에서 여러 가지 차이가 있다.

3. 경매에 대한 통지 또는 송달의 특례 규정

금고와 중앙회는 자산관리공사법 제45조의2[6])를 적용할 경우에 같은 조의 적용을 받는 기관으로 본다(법6③).

Ⅱ. 다른 협동조합과의 협력

금고와 중앙회는 다른 법률에 따른 협동조합 및 외국의 협동조합과의 상호 협력을 위하여 노력하여야 한다(법4).

Ⅲ. 국가 및 공공단체의 협력 등

1. 사업 지원과 국공유재산 우선 대여 등

국가나 지방자치단체는 금고나 중앙회가 행하는 사업의 육성을 위하여 필요한 지원을 하여야 하며, 국공유재산을 금고나 중앙회가 필요로 하는 경우에는 우선적으로 대여하거나 사용·수익하게 할 수 있다(법3①).

---

6) 제45조의2(경매에 대한 통지 또는 송달의 특례) ① 제26조 제1항 또는 제2항의 업무를 수행할 때 채권자 또는 채권 회수 수임인으로서의 공사의 신청에 의하여 법원이 진행하는 민사집행법에 따른 경매절차(담보권 실행을 위한 경매절차만 해당)에서의 통지 또는 송달은 경매 신청 당시 해당 부동산의 등기부에 적혀 있는 주소(주민등록법에 따른 주민등록표에 적혀 있는 주소와 다른 경우에는 주민등록표에 적혀 있는 주소를 포함하며, 주소를 법원에 신고한 경우에는 그 주소로 한다)에 발송함으로써 송달된 것으로 본다. 다만, 등기부 및 주민등록표에 주소가 적혀 있지 아니하고 주소를 법원에 신고하지 아니한 경우에는 공시송달의 방법으로 하여야 한다.
② 제1항에 따른 경매절차에서 제26조 제1항 또는 제2항의 업무를 수행할 때 채권자 또는 는 채권 회수 수임인으로서의 공사는 경매 신청 전에 경매실행 예정 사실을 해당 채무자 및 소유자에게 부동산의 등기부에 적혀 있는 주소(주민등록법에 따른 주민등록표에 적혀 있는 주소와 다른 경우에는 주민등록표에 적혀 있는 주소를 포함)로 통지하여야 한다. 이 경우 발송함으로써 송달된 것으로 본다.

2. 보조금 지급

국가나 지방자치단체는 금고의 원활한 발전을 위하여 예산의 범위에서 중앙회에 보조금을 내줄 수 있다(법3②).

Ⅳ. 정치 관여의 금지

1. 금고와 중앙회의 정치 관여 금지

금고와 중앙회는 정치에 관여하는 일체의 행위를 할 수 없다(법5).

금고 및 중앙회는 정치에 관여하는 일체의 행위를 할 수 없도록 하고 있다. 이러한 정치관여금지 목적은 금고나 중앙회가 주민의 업무구역을 기반으로 하는 주민조직으로 어느 사회단체보다 연대의식이 강하고 정치적·사회적 의사결정에 강력한 영향력을 미칠 수 있을 뿐만 아니라 다수의 광범위한 구성원이 특정 정치단체를 지지 또는 반대할 경우 정치적 의사결정단체로 활동할 수 있기 때문에 금고와 중앙회가 정치적 환경변화에 구애받거나 정치적으로 이용되지 않고 설립목적에 충실할 수 있도록 하려는 데 있다. 다만, 여기서 유의할 것은 금고나 중앙회라는 법인에 대하여 정치활동을 금지하고 있는 것이지 그 구성원인 임·직원 개인의 정치활동까지 금지하고 있는 것은 아니라는 점이다.[7]

2. 위반시 제재

법 제5조(정치 관여 금지)를 위반하여 금고나 중앙회로 하여금 정치에 관여하는 행위를 하게 한 자는 다른 법률에 특별히 규정된 경우 외에는 1년 이하의 징역이나 1천만원 이하의 벌금에 처한다(법85④).

Ⅴ. 복지기구 설치 등

1. 복지기구의 설치

중앙회는 금고 및 중앙회의 임직원(퇴직한 임직원을 포함)과 그 가족에게 적

---

7) 행정안전부(2018), 24쪽.

절한 급여를 지급함으로써 그들의 생활안정과 복지증진에 이바지함을 목적으로 하는 복지기구를 설치할 수 있다(법84①, 영58①). 이를 근거로 재단법인 새마을금고복지회를 설립, 임지원의 복지를 지원하고 있다.[8]

2. 구성원의 일정 금액 납입

복지기구는 목적을 달성하기 위하여 필요하면 그 정관으로 정하는 바에 따라 구성원들로 하여금 일정 금액을 납입하게 할 수 있다(법84②, 영58②).

3. 중앙회의 출연 및 지원 등

중앙회는 복지기구에 출연 및 지원을 할 수 있으며, 중앙회사업의 일부를 위탁하여 시행하게 할 수 있다(법84②, 영58③).

4. 법인 설립과 인가

복지기구는 법인으로 할 수 있으며, 법인으로 설립하려는 때에는 행정안전부장관의 인가를 받아야 한다(법84②, 영58④).

제4절 새마을금고법 및 관련 법규

Ⅰ. 새마을금고법

새마을금고법은 "국민의 자주적인 협동조직을 바탕으로 우리나라 고유의 상부상조 정신에 입각하여 자금의 조성과 이용, 회원의 경제적·사회적·문화적 지위의 향상, 지역사회 개발을 통한 건전한 국민정신의 함양과 국가경제 발전에 이바지함"(법1)을 목적으로 하는 새마을금고에 관한 기본법률이다. 새마을금고법의 구조는 그 목적과 새마을금고와 새마을금고중앙회 등에 관한 정의를 규정하고, 새마을금고 및 중앙회에 관한 규정, 감독에 관한 규정, 보칙, 벌칙에 관한 규정을

---

8) 행정안전부(2018), 28쪽.

두고 있다.

II. 관련 법규 및 판례

1. 법령 및 규정

(1) 법령

새마을금고법 이외에 새마을금고와 관련된 법률로는 금융소비자보호법, 금융위원회의 설치 등에 관한 법률("금융위원회법"), 금융회사지배구조법, 금융실명거래 및 비밀보장에 관한 법률("금융실명법"), 협동조합기본법 등이 있다. 또한 법률 이외에 시행령과 시행규칙이 있다.

(가) 금융소비자보호법

새마을금고 및 중앙회는 금융소비자보호법 및 시행령상 금융회사에 해당하지 않으므로 동법의 적용을 받지 않는다.

(나) 금융위원회법

새마을금고 및 중앙회는 금융위원회법에 따라 금융감독원의 검사를 받는 기관이 아니므로 동법이 적용되지 않는다(금융위원회법 제38조 참조). 다만, 행정안전부장관은 금고 또는 중앙회를 검사하기 위하여 필요한 경우에는 금융감독원장에게 지원요청을 할 수 있고(새마을금고법74④), 이 경우 금융감독원장은 검사대상기관에 대하여 업무 또는 재산에 관한 보고, 자료의 제출, 관계자의 출석 및 진술을 요구할 수 있다(금융위원회법40①).

(다) 금융회사지배구조법

새마을금고 및 중앙회는 금융회사지배구조법상 금융회사가 아니므로 동법의 적용을 받지 않는다(금융사지배구조법2(1) 참조).

다만 새마을금고법(금융회사지배구조법2(7), 동법 시행령5(22))은 금융회사지배구조법상 "금융관계법령"에 해당하므로, 개별법에 따라 "벌금 이상의 형을 선고받고 그 집행이 끝나거나(집행이 끝난 것으로 보는 경우를 포함) 집행이 면제된 날부터 5년이 지나지 아니한 사람"은 다른 금융회사의 임원이 될 수 없다(금융회사지배구조법5①(1)). 또한 금융위원회, 금융감독원장 및 개별법에 의한 조치권한을 가진 중앙회로부터 문책경고 또는 감봉요구 이상에 해당하는 조치를 받은 사실이 있는 경우에는 5년간 금융회사의 준법감시인이나 위험관리책임자가 될 수 없다(금융회사지배구조법26①(1), 동법28③(1)).

(라) 금융실명법

새마을금고법에 따른 금고 및 중앙회는 금융실명법상의 금융회사에 해당(금융실명법2(1) 카목)하기 때문에 실지명의(實地名義)에 의한 금융거래를 실시하고 그 비밀을 보장하여 금융거래의 정상화를 꾀함으로써 경제정의를 실현하고 국민경제의 건전한 발전을 도모함을 목적으로 하는 금융실명법의 적용을 받는다.

(마) 협동조합기본법

협동조합기본법은 "다른 법률에 따라 설립되었거나 설립되는 협동조합에 대하여는 협동조합기본법을 적용하지 아니한다"고 규정하고 있다(협동조합기본법13①). 따라서 새마을금고법은 협동조합기본법의 적용을 받지 않는다. 다만, 협동조합의 설립 및 육성과 관련되는 다른 법령을 제정하거나 개정하는 경우에는 협동조합기본법의 목적과 원칙에 맞도록 하여야 한다(협동조합기본법13②).

(2) 규정

법령 이외에 구체적이고 기술적인 사항을 신속하게 규율하기 위하여 행정안전부장관 등이 제정한 규정이 적용된다.

(가) 상호금융업감독규정

새마을금고 및 중앙회의 건전성 감독은 금융위원회 소관 사항이 아니므로 동규정의 적용을 받지 않는다.

(나) 금융기관 검사 및 제재에 관한 규정

금융기관 검사 및 제재에 관한 규정(금융위원회고시 제2022-8호)은 금융감독원장이 검사를 실시하는 금융기관에 적용되며, 필요한 범위 내에서 금융위원회법 및 금융업관련법에 따라 금융위원회가 검사를 실시하는 금융기관에 준용한다. 또한 관계법령 등에 의하여 금융감독원장이 검사를 위탁받은 기관에 대한 검사 및 그 검사결과 등에 따른 제재조치에 대하여는 관계법령 및 검사를 위탁한 기관이 별도로 정하는 경우를 제외하고는 이 규정을 적용한다(동규정 제2조).

새마을금고법은 금융업관련법에 해당하지 아니하므로 동규정이 준용되지 않는다.

(다) 새마을금고 감독기준

새마을금고 감독기준(행정안전부 고시 제2019-79호, "감독기준")은 "새마을금고법 및 같은 법 시행령이 정하고 있는 새마을금고 및 중앙회의 감독에 관련되는 사항 중 행정안전부장관("장관") 소관사항의 시행에 필요한 사항을 정함을 목적"으로 제정되었다.

금고 및 중앙회의 감독에 관하여 법령이나 장관이 따로 정하고 있는 경우를 제외하고는 이 기준에 의한다(감독기준2).

(라) 새마을금고 검사규정

새마을금고는 새마을금고법 제79조 제3항의 규정에 의하여 새마을금고중앙회 직원이 새마을금고의 재산과 업무집행상황을 검사한다. 따라서 중앙회장은 새마을금고 검사규정 및 동규정 시행세칙을 제정하여 시행하고 있다.

(마) 자치법규

1) 의의

새마을금고는 회원들이 자신들의 이익을 옹호하기 위하여 자주적으로 결성한 임의단체로서 그 내부 운영에 있어서 새마을금고 정관 및 다수결에 의한 자치가 보장된다.[9]

새마을금고의 자치법규는 정관, 규약, 규정, 세칙, 예규의 순으로 적용된다.

2) 정관

정관은 법인의 조직과 활동에 관하여 단체 내부에서 자율적으로 정한 자치규범으로서, 대내적으로만 효력을 가질 뿐 대외적으로 제3자를 구속하지는 않는 것이 원칙이고, 그 생성과정 및 효력발생요건에 있어 법규명령과 성질상 차이가 크다.[10]

새마을금고는 회원들이 자신들의 이익을 옹호하기 위하여 자주적으로 결성한 임의단체로서 그 내부 운영에 있어서 새마을금고 정관 및 다수결에 의한 자치가 보장되므로, 새마을금고가 자체적으로 마련한 대의원선거규약은 일종의 자치적 법규범으로서 새마을금고법 및 새마을금고 정관과 더불어 법적 효력을 가진다고 보아야 한다.[11]

---

9) 대법원 2015. 12. 23. 선고 2014다14320 판결.
10) 헌법재판소 2010. 7. 29. 선고 2008헌바106 전원재판부.
11) 대법원 2009. 3. 26. 선고 2008도10138 판결.

2. 판례

판례는 미국과 같은 판례법주의 국기의 경우에는 중요한 법원이지만, 우리 나라와 같은 대륙법계 국가에서는 사실상의 구속력만 인정되고 있을 뿐 법원은 아니다.

권한의 위임 등

제1절 권한의 위임

행정안전부장관은 새마을금고법에 따른 권한 중 일부를 특별시장, 광역시장, 도지사 또는 중앙회장("회장")에게 위임할 수 있다(법78). 따라서 행정안전부장관은 ⅰ) 법 제74조(감독 등) 제1항에 따라 금고에 대하여 지방자치단체가 보조한 사업과 관련된 업무에 대한 감독, ⅱ) 법 제74조 제5항에 따라 금고에 대하여 지방자치단체가 보조한 사업과 관련된 업무에 대한 감사 및 보고의 수리와 그 결과에 따른 필요한 명령의 권한을 특별시장·광역시장·특별자치시장·도지사·특별자치도지사에게 위임한다(법78, 영51①).

제2절 민감정보 및 고유식별정보의 처리

Ⅰ. 행정안전부장관 또는 회장의 민감정보 및 고유식별정보의 처리

행정안전부장관(행정안전부장관의 권한을 위임받은 자를 포함) 또는 회장은 ⅰ) 법 제54조 제4항에 따라 준용되는 법 제7조 제2항·제3항 및 제7조의2, 제54조 제3항에 따른 인가에 관한 사무(제1호), ⅱ) 법 제74조(같은 조 제1항 제1호 단서에 해당하는 경우는 제외), 제74조의2·제74조의3 제1항, 제54소 세4항에 따라 준용되는 법 제74조의3 제2항에 따른 감독·검사와 시정 등 감독상 필요한 조치, 임직원에 대한 제재처분, 행정처분 및 설립인가 취소에 관한 사무(제2호), ⅲ) 법 제79조의4 또는 제79조의5에 따른 형사 기소된 임직원에 대한 제재 또는 퇴임·퇴직한 임직원에 대한 명령내용의 통보에 관한 사무(제3호), ⅳ) 법 제80조에 따른 경영지도에 관한 사무(제4호), ⅴ) 법 제80조의2에 따른 계약이전의 결정에 관한 사무(제5호), ⅵ) 법 제80조의2 또는 제80조의4에 따른 관리인의 선임 또는 해임에 관한 사무(제6호), ⅶ) 법 제80조의5에 따른 파산신청에 관한 사무(제7호), ⅷ) 법 제83조에 따른 청문에 관한 사무(제8호)를 수행하기 위하여 불가피한 경우 개인정보 보호법 시행령 제18조 제2호에 따른 범죄경력자료에 해당하는 정보, 같은 영 제19조 제1호·제2호 또는 제4호에 따른 주민등록번호, 여권번호 또는 외국인등록번호가 포함된 자료를 처리할 수 있다(영51의2① 본문). 다만, 제1호, 제2호, 제6호 및 제7호의 사무는 행정안전부장관으로 한정한다(영51의2① 단서).

Ⅱ. 시장·군수 등의 민감정보 및 고유식별정보의 처리

특별자치시장·특별자치도지사·시장·군수·구청장 또는 회장은 ⅰ) 법 제7조, 제7조의2 및 제37조 제3항에 따른 인가에 관한 사무(제1호), ⅱ) 법 제74조(같은 조 제1항 제1호 단서에 해당하는 경우로 한정) 및 제74조의3 제2항에 따른 감독·검사와 시정 등 감독상 필요한 조치 및 설립인가 취소에 관한 사무(제2호), ⅲ) 법 제83조에 따른 청문(법 제74조의3 제2항에 따라 설립인가를 취소하려는 경우로 한정)에 관한 사무(제3호)를 수행하기 위하여 불가피한 경우 개인정보 보호법 시행령 제18조 제2호에 따른 범죄경력자료에 해당하는 정보와 같은 영 제19조 제1호·제2호 또는 제4호에 따른 주민등록번호, 여권번호 또는 외국인등록번호가 포함된 자료를 처리할 수 있다(영51의2② 본문). 다만, 제3호의 사무는 특별자치시장·특별자치도지사·시장·군수·구청장으로 한정한다(영51의2② 단서).

Ⅲ. 중앙회 또는 회장의 민감정보 및 고유식별정보의 처리

중앙회 또는 회장(신용공제대표이사가 중앙회를 대표하는 업무의 경우에는 신용공제대표이사를 포함)은 ⅰ) 법 제21조 제4항에 따른 금고의 임원 또는 임원 후보자의 결격사유 확인 협조 요청에 관한 사무(제1호), ⅱ) 법 제64조의2 제6항에 따라 준용되는 법 제21조 제1항 각 호(제16호부터 제18호까지는 제외) 및 같은 조 제4항에 따른 중앙회의 임원 또는 임원 후보자의 결격사유 확인에 관한 사무(제2호), ⅲ) 법 제67조 제1항 제5호 마목에 따른 국가·공공단체 또는 금융기관의 업무대리에 관한 사무(제3호), ⅳ) 법 제67조 제1항 제12호에 따른 주무부장관의 승인을 받은 사업에 관한 사무(제4호), ⅴ) 법 제71조에 따른 예금자보호준비금의 설치·운영 또는 예탁금 등의 변제 등에 관한 사무(제5호), ⅵ) 법 제73조에 따른 손해배상청구권의 행사에 관한 사무(제6호), ⅶ) 법 제79조에 따른 지도·감독·검사·조치·보고에 관한 사무 및 이에 따른 사후조치에 관한 사무(제7호)를 수행하기 위하여 불가피한 경우 개인정보 보호법 시행령 제18조 제2호에 따른 범죄경력자료에 해당하는 정보, 같은 영 제19조 제1호·제2호 또는 제4호에 따른 주민등록번호, 여권번호 또는 외국인등록번호가 포함된 자료를 처리할 수 있다(영51의2③).

Ⅳ. 금고 또는 이사장의 민감정보 및 고유식별정보의 처리

금고 또는 이사장은 ⅰ) 법 제9조 또는 제10조에 따른 회원의 가입 또는 탈퇴에 관한 사무(제1호), ⅱ) 법 제21조 제1항 및 제4항에 따른 금고의 임원 또는 임원 후보자의 결격사유 확인에 관한 사무(제2호), ⅲ) 법 제28조 제1항 제1호 라목에 따른 국가, 공공단체 및 금융기관의 업무대리에 관한 사무(제3호), ⅳ) 법 제28조 제1항 제1호 마목에 따른 보호예수에 관한 사무(제4호), ⅴ) 법 제28조 제1항 제8호에 따른 주무부장관의 승인을 받은 사업에 관한 사무(제5호)를 수행하기 위하여 불가피한 경우 개인정보 보호법 시행령 제18조 제2호에 따른 범죄경력자료에 해당하는 정보, 같은 영 제19조 제1호·제2호 또는 제4호에 따른 주민등록번호, 여권번호 또는 외국인등록번호가 포함된 자료를 처리할 수 있다(영51의2④).

Ⅴ. 금고 또는 중앙회의 민감정보 및 고유식별정보의 처리

금고 또는 중앙회는 ⅰ) 법 제28조 제1항 제6호 및 제67조 제1항 제6호에 따른 공제사업을 위한 공제계약의 체결, 유지·관리, 공제금의 지급에 관한 사무: 공제계약자 또는 피공제자에 관한 건강정보 또는 주민등록번호등(제1호), ⅱ) 상법 제639조 및 제664조에 따른 타인을 위한 공제계약의 체결, 유지·관리, 공제금의 지급 등에 관한 사무: 피공제자에 관한 건강정보 또는 주민등록번호등(제2호), ⅲ) 상법 제664조 및 제719조(상법 제726조에서 준용하는 재보험계약을 포함)에 따라 제3자에게 배상할 책임을 이행하기 위한 사무: 제3자에 관한 건강정보 또는 주민등록번호등(제3호), ⅳ) 상법 제664조 및 제733조에 따른 공제수익자 지정 또는 변경에 관한 사무: 공제수익자에 관한 주민등록번호등(제4호), ⅴ) 상법 제664조 및 제735조의3에 따른 단체공제계약의 체결, 유지·관리, 공제금지급 등에 관한 사무: 피공제자에 관한 건강정보 또는 주민등록번호등(제5호)의 사무를 수행하기 위하여 불가피한 경우 개인정보 보호법 제23조에 따른 건강에 관한 정보("건강정보"), 같은 법 시행령 제19조에 따른 주민등록번호, 여권번호, 운전면허의 면허번호 또는 외국인등록번호("주민등록번호등")가 포함된 자료를 처리할 수 있다(영51의2⑤).

제
3
장
/

과세특례

제1절 서설

우리나라의 협동조합은 특별법으로 설립된 협동조합[1]과 협동조합기본법에 의한 협동조합 두 가지로 나눌 수 있다. 이 중 협동조합기본법으로 설립된 협동조합은 조세특례의 적용 범위가 일반법인과 크게 다르지 않다. 하지만 특별법에 의해 설립된 협동조합에 대해서 각종 비과세·감면 등의 과세 혜택을 부여하여 그 설립목적을 달성하도록 지원하고 있다.[2]

조세 감면 규정의 취지는 새마을금고법에 따라 설립된 비영리법인인 새마을금고가 수행하는 업무에 대하여 취득세 등 감면 특혜를 통한 재정적 지원을 하여 새마을금고 설립목적 달성을 용이하게 하고자 하는 것이다.

---

1) 우리나라는 9개의 특별법으로 각 협동조합의 설립 및 지원 근거를 규정하고 있다. 구체적으로 중소기업협동조합법, 신용협동조합법, 농업협동조합법, 수산업협동조합법, 산림조합법, 새마을금고법, 엽연초생산협동조합법, 소비자생활협동조합법, 염업조합법이 있다.
2) 박경환·정래용(2020), "협동조합 과세제도에 관한 연구: 과세특례 규정을 중심으로", 홍익법학 제21권 제2호(2020. 6), 516쪽.

새마을금고는 특별법에 의해 설립된 조합법인으로서 그 고유목적사업(법67)의 원활한 수행을 지원하고 회원의 안정적인 활동을 지원하기 위하여 세제상 비과세·감면 혜택이 주어지고 있다. 이러한 비과세 감면 혜택은 국세의 감면 등 조세특례에 관한 사항을 규정한 조세특례제한법과 지방세의 감면 또는 중과 등 지방세특례에 관한 사항을 규정한 지방세특례제한법에서 법령으로 규정하고 있으며, 각각의 조문은 일몰조항을 두어 일정 기간마다 특례조항의 유지 여부를 놓고 입법적 검토를 하고 있다.[3]

제2절 조합법인등에 대한 법인세 과세특례

Ⅰ. 관련 규정

새마을금고의 각 사업연도의 소득에 대한 법인세는 2025년 12월 31일 이전에 끝나는 사업연도까지 해당 법인의 결산재무제표상 당기순이익(법인세 등을 공제하지 아니한 당기순이익)에 기부금(해당 법인의 수익사업과 관련된 것만 해당)의 손금불산입액과 업무추진비(해당 법인의 수익사업과 관련된 것만 해당)의 손금불산입액 등 대통령령으로 정하는 손금의 계산에 관한 규정을 적용하여 계산한 금액을 합한 금액에 9%[해당금액이 20억원(2016년 12월 31일 이전에 조합법인간 합병하는 경우로서 합병에 따라 설립되거나 합병 후 존속하는 조합법인의 합병등기일이 속하는 사업연도와 그 다음 사업연도에 대하여는 40억원)을 초과하는 경우 그 초과분에 대해서는 12%]의 세율을 적용하여 과세("당기순이익과세")한다(조세특례제한법72①(1)). 다만, 해당 법인이 대통령령으로 정하는 바에 따라 당기순이익과세를 포기한 경우에는 그 이후의 사업연도에 대하여 당기순이익과세를 하지 아니한다(조세특례제한법72① 단서).

이것은 경제 및 사회가 발전함에 따라 정부의 재정지출만으로는 공익사업의 수요를 충당하는 것이 매우 어렵기 때문에 공익사업을 수행하는 공익법인에 대

---

3) 백주현(2021), "수산업협동조합 및 어업인 관련 조세특례 제도개선에 관한 연구", 건국대학교 행정대학원 석사학위논문(2021. 8), 1쪽.

해서는 낮은 세율로 과세하는 조세유인책을 사용하고 있는 것이다.4)

Ⅱ. 당기순이익과세

조세특례제한법 기본통칙 72-0…1에 의하면 결산재무제표상 당기순이익이라 함은 기업회계기준 또는 관행에 의하여 작성한 결산재무제표상 법인세비용차감전순이익을 말하며, 이 경우 당해 법인이 수익사업과 비수익사업을 구분경리한 경우에는 각 사업의 당기순손익을 합산한 금액을 과세표준으로 하고, 3년 이상 고유목적사업에 직접 사용하던 고정자산 처분익을 과세표준에 포함하도록 한다. 또한 당해 조합법인 등이 법인세추가납부세액을 영업외비용으로 계상한 경우 이를 결산재무제표상 법인세비용차감전순이익에 가산하도록 한다.

Ⅲ. 조합법인의 세무조정사항

조세특례제한법 제72조 제1항 각 호 외의 부분 본문에서 "대통령령으로 정하는 손금의 계산에 관한 규정을 적용하여 계산한 금액"이란 법인세법 제19조의2 제2항, 제24조부터 제28조까지, 제33조 및 제34조 제2항에 따른 손금불산입액(해당 법인의 수익사업과 관련된 것만 해당)을 말한다(조세특례제한법 시행령69①).

따라서 당기순이익과세를 적용하는 조합법인은 결산재무제표상의 당기순이익에 해당 조합법인의 수익사업과 관련하여 발생된 ⅰ) 대손금의 손금불산입(법인세법19의2), ⅱ) 기부금의 손금불산입(법인세법24), ⅲ) 업무추진비의 손금불산입(법인세법25), ⅳ) 과다경비 등의 손금불산입(법인세법26), ⅴ) 업무와 관련없는 비용의 손금불산입(법인세법27), ⅵ) 업무용승용차 관련 비용의 손금불산입(법인세법27의2), ⅶ) 지급이자의 손금불산입(법인세법28), ⅷ) 퇴직급여충당금의 손금산입(법인세법33), ⅸ) 대손충당금의 손금산입(법인세법34②)을 가산한 금액을 합산한 금액을 과세표준으로 한다(조세특례제한법 시행령69①⑤).

---

4) 백주현(2021), 19-22쪽.

Ⅳ. 당기순이익과세의 포기

당기순이익과세를 포기하고자 하는 조합법인은 당기순이익과세를 적용받지 않으려는 사업연도의 직전 사업연도 종료일(신설법인의 경우에는 사업자등록증 교부 신청일)까지 당기순이익과세 포기신청서(별지 제53호 서식)를 납세지 관할세무서 장에게 제출(국세정보통신망에 의한 제출을 포함)하여야 한다(조세특례제한법 시행령 69② 및 조세특례제한법 시행규칙61①(54)).

서면인터넷방문상담2팀-274(2006. 2. 3)에 의하면 조합법인이 당기순이익과 세 포기 등의 사유로 당기순이익과세법인에서 제외된 경우 당기순이익과세법인 에서 제외된 사업연도 이후에 발생한 결손금에 대하여만 각 사업연도의 소득에 서 공제할 수 있다.

제3절 조합등 출자금등에 대한 과세특례

Ⅰ. 관련 규정

농민·어민 및 그 밖에 상호 유대를 가진 거주자를 조합원·회원 등으로 하는 금융기관에 대한 "대통령령으로 정하는 출자금"으로서 1명당 1천만원 이하의 출자금에 대한 배당소득과 그 조합원·회원 등이 그 금융기관으로부터 받는 사업 이용 실적에 따른 배당소득("배당소득등") 중 2025년 12월 31일까지 받는 배당소 득등에 대해서는 소득세를 부과하지 아니하며, 이후 받는 배당소득등에 대한 원 천징수세율은 ⅰ) 2026년 1월 1일부터 2026년 12월 31일까지 받는 배당소득등: 5%(제1호), ⅱ) 2027년 1월 1일 이후 받는 배당소득등: 9%(제2호)의 구분에 따른 세율을 적용하고, 그 배당소득등은 종합소득과세표준에 합산하지 아니한다(조세 특례제한법88의5).

이것은 회원으로 하여금 새마을금고에 대한 출자를 장려함과 동시에 출자배 당소득을 비과세함으로써 회원에 대한 소득보전에 기여하기 위함으로 생각된다.[5]

---

5) 백주현(2021), 22-25쪽.

Ⅱ. 조합등 출자금의 비과세 요건 등

조세특례제한법 제88조의5에서 "대통령령으로 정하는 출자금"이란 ⅰ) 농업 협동조합(제1호), ⅱ) 수산업협동조합(제2호), ⅲ) 산림조합(제3호), ⅳ) 신용협동 조합(제4호), ⅴ) 새마을금고(제5호)에 해당하는 조합 등의 조합원·준조합원·계 원·준계원 또는 회원의 출자금으로서 앞의 제1호부터 제5호까지의 조합 등에 출자한 금액의 1인당 합계액이 1천만원 이하인 출자금을 말한다(조세특례제한법 시행령82의5).

따라서 출자배당의 비과세 요건은 회원 1인당 1천만원 이하의 출자금에서 발생하는 배당소득을 말하며, 이는 새마을금고에 국한되는 것이 아닌 농업협동 조합, 수산업협동조합, 산림조합, 신용협동조합의 상호금융기관 전체를 포괄하는 개념이다. 예를 들어 농협, 수협, 산림조합, 신협, 새마을금고에 각각 1천만원씩 총 5천만원의 출자를 하였다 하더라도 각각의 상호금융기관으로부터 비과세를 받는 것은 아니다.

Ⅲ. 출자배당 비과세 적용례

조합등 출자금에 대한 과세특례 적용시 조합등에 출자한 금액이 1천만원을 초과하는 경우 1천만원 이하의 출자금 배당소득에 대하여는 소득세가 과세되지 아니하며(기획재정부 소득세제과-138, 2015. 3. 13), 1천만원 초과분에 대한 배당 소득에 대하여만 소득세가 과세된다. 또한 지방세에 있어서도 1천만원 이하의 비과세 되는 출자배당에 대해서는 소득세가 면제되므로 개인지방소득세가 면제 되나, 1천만원 초과분에 대해서는 소득세의 10% 만큼은 개인지방소득세가 과세 된다.

제4절 조합등 예탁금에 대한 저율과세 등

Ⅰ. 관련 규정

농민·어민 및 그 밖에 상호 유대를 가진 거주자를 조합원·회원 등으로 하는 조합 등에 대한 예탁금으로서 가입 당시 19세 이상인 거주자가 가입한 대통령령으로 정하는 예탁금(1명당 3천만원 이하의 예탁금만 해당하며, 이하 "조합등 예탁금")에서 2007년 1월 1일부터 2025년 12월 31일까지 발생하는 이자소득에 대해서는 비과세하고, 2026년 1월 1일부터 2026년 12월 31일까지 발생하는 이자소득에 대해서는 5%의 세율을 적용하며, 그 이자소득은 소득세법에 따른 종합소득과세표준에 합산하지 아니하며, 지방세법에 따른 개인지방소득세를 부과하지 아니한다(조세특례제한법89의3①).

2027년 1월 1일 이후 조합등 예탁금에서 발생하는 이자소득에 대해서는 9%의 세율을 적용하고, 종합소득과세표준에 합산하지 아니하며, 개인지방소득세를 부과하지 아니한다(조세특례제한법89의3②).

이것은 새마을금고를 비롯한 농협, 수협, 산림조합, 신협에 예탁한 예탁금에 대하여 이자소득을 비과세함으로써 조합원·회원 등의 재산형성을 지원하기 위한 것이다.[6]

Ⅱ. 조합등 예탁금 이자소득의 비과세 요건

조세특례제한법 제89조의3 제1항에서 "대통령령으로 정하는 예탁금"이란 농업협동조합, 수산업협동조합, 산림조합, 신용협동조합, 새마을금고 중 어느 하나에 해당하는 조합 등의 조합원·준조합원·계원·준계원 또는 회원의 예탁금으로서 농업협동조합, 수산업협동조합, 산림조합, 신용협동조합, 새마을금고에 예탁한 금액의 합계액이 1인당 3천만원 이하인 예탁금을 말한다(조세특례제한법 시행령83의3①).

---

6) 백주현(2021), 22-25쪽.

Ⅲ. 이자소득 비과세 적용례

조합원 등이 3천만원 이하의 비과세 예탁금에 가입한 후 저축계약기간 중 조합원 및 준조합원의 자격을 상실한 경우 당해 예탁금의 저축계약기간 만료일까지는 비과세가 적용될 수 있다.

또한 예탁금 이자소득 비과세의 적용시점은 가입당시 전기간에 걸쳐 비과세가 가능한 것이 아니며, 각 연도별로 발생한 이자소득에 대해서만 적용받는다. 예를 들어 2024년에 5년만기 예탁금을 가입하였다 하더라도 비과세 종료가 2025년이기 때문에 2025년까지 발생한 이자소득에 대해서만 비과세되고 2026년 발생분은 5%로, 2027년 이후 발생분 이자는 9%로 과세하게 된다. 다만, 2021년부터는 가입연령이 20세에서 19세로 낮아지게 되어 가입대상이 확대되는 반면, 조세특례제한법 제129조의2가 신설되어 금융소득종합과세대상자에 해당될 경우에는 가입이 제한되도록 개정되었다.

제5절 부동산 취득세와 재산세 감면

Ⅰ. 관련 규정

새마을금고에 대해서는 다음에서 정하는 바에 따라 지방세를 각각 감면한다(지방세특례제한법87②). 즉 ⅰ) 새마을금고가 새마을금고법 제28조 제1항 제1호(신용사업)의 업무에 직접 사용하기 위하여 취득하는 부동산에 대해서는 취득세를 과세기준일 현재 그 업무에 직접 사용하는 부동산에 대해서는 재산세를 각각 2023년 12월 31일까지 면제하고(제1호), ⅱ) 새마을금고가 새마을금고법 제28조 제1항 제2호부터 제4호까지의 업무(문화 복지 후생사업, 회원에 대한 교육사업, 지역사회 개발사업)에 직접 사용하기 위하여 취득하는 부동산에 대해서는 취득세를, 과세기준일 현재 그 업무에 직접 사용하는 부동산에 대해서는 재산세를 각각 2023년 12월 31일까지 면제하며(제2호), ⅲ) 새마을금고중앙회가 새마을금고법 제67조 제1항 제1호(금고의 사업 및 경영의 지도) 및 제2호(교육·훈련·계몽 및 조사연구와 보급·홍보)의 업무에 직접 사용하기 위하여 취득하는 부동산에 대해서는 취득세의 25%를, 과세기준일 현재 그 사업에 직접 사용하는 부동산에 대해서는 재산세의 25%를 각각 2017년 12월 31일까지 경감한다(제3호).

II. 관련 판례

** 대법원 2013. 6. 13. 선고 2011두18441 판결

[1] 새마을금고가 취득하는 부동산이 구 새마을금고법 제28조 제1항 제1호 내지 제4호(현행 동일)의 규정에 의한 업무에 사용하기 위한 것으로서 구 지방세법 제272조 제3항(현행 지방세특례제한법 제87조 제2항, 제94조 참조) 본문이 규정하는 취득세와 등록세의 면제 대상에 해당하기 위한 요건: 구 새마을금고법(2011. 3. 8. 법률 제10437호로 개정되기 전의 것. 이하 "새마을금고법")에 의하여 설립된 새마을금고가 취득하는 부동산이 새마을금고법 제28조 제1항 제1호 내지 제4호의 규정에 의한 업무에 사용하기 위한 것으로서 구 지방세법(2010. 1. 1. 법률 제9924호로 개정되기 전의 것) 제272조 제3항 본문이 규정하는 취득세와 등록세의 면제 대상에 해당하기 위하여는 그 부동산을 취득하여 직접 사용하기 위한 업무의 주된 목적이 자금의 조성과 이용, 회원의 경제적·사회적·문화적 지위의 향상과 지역사회개발 등에 있어야 한다.

[2] 새마을금고가 업무에 직접 사용하기 위한 건물을 신축할 목적으로 기존건물과 토지를 취득한 후 기존건물을 철거하고 그 토지 위에 건물을 신축하였으나 신축건물의 전부 또는 일부를 취득일부터 1년 이내에 정당한 사유 없이 업무에 직접 사용하지 아니한 경우, 구 지방세법 제272조 제3항(현행 지방세특례제한법 제87조 제2항, 제94조 참조) 단서가 정한 취득세와 등록세 추징대상의 범위: 새마을금고가 업무에 직접 사용하기 위한 건물을 신축할 목적으로 기존건물과 토지를 취득한 후 기존건물을 철거하고 그 토지 위에 건물을 신축하는 경우에 기존건물과 토지의 취득일부터 1년 이내에 건물을 신축하지 못하였더라도 거기에 정당한 사유가 있다면 기존건물과 토지에 대하여 구 지방세법(2010. 1. 1. 법률 제9924호로 개정되기 전의 것. 이하 같다) 제272조 제3항 단서가 규정하는 추징사유가 발생하였다고 볼 수 없지만, 일단 건물이 신축되고 나면 특별한 사정이 없는 한 그때는 바로 신축건물을 업무에 직접 사용하여야 할 것이므로 신축건물의 전부

또는 일부를 그 취득일부터 1년 이내에 정당한 사유 없이 업무에 직접 사용하지 아니한 경우에는 기존건물과 토지 중 신축건물의 연면적에서 업무에 직접 사용되지 아니하는 건물 부분이 차지하는 비율에 해당하는 부분도 구 지방세법 제272조 제3항 단서가 규정하는 취득세와 등록세의 추징대상이 된다고 봄이 타당하다.

금고는 그 명칭에 "새마을금고"라는 문자를 사용하여야 한다(법2④). 금고가 아니면 그 명칭에 "새마을금고"나 이와 유사한 명칭을 사용할 수 없다(법3②). 금고는 주된 사무소의 소재지에서 설립등기를 함으로써 성립한다(법7①).

새마을금고는 일정한 사업을 협동으로 영위함으로써 회원의 권익을 향상하고 지역사회에 공헌하고자 하는 사업조직인 협동조합(협동조합기본법2(1)²⁾)에 속하고, 농업협동조합(공제사업 제외), 수산업협동조합, 산림조합, 신용협동조합과 마찬가지로 신용사업과 공제사업을 운영하는 상호금융기관에 속한다.

2022년 12월 현재 국내 새마을금고는 1,294개이며, 총자산은 284조원이다.

제2절 연혁

새마을금고는 1960년대 들어오면서 근검·절약을 통해 가난을 극복하려는 국민정신을 바탕으로 1963년 경남 산청군에서 처음 탄생했으며, 이듬해 발족된 재건국민운동본부에서 금고사업을 향토개발을 위한 핵심사업으로 선정하여 범국가적으로 지원하면서 전국적으로 급속히 확산·보급되었다. 1972년 신용협동조합법이 제정되면서 마을금고에 대한 제도적 기반이 갖추어지고 명칭도 마을금고로 일원화되었다. 당시 신용협동조합법이 제정된 배경에는 지나치게 비대해진 비제도권 금융을 제도권 금융시장으로 끌어들이기 위한 것으로, 1972년 8월 사채동결 조치와 함께 단자회사와 상호신용금고를 설립하는 등 금융제도에 많은 변화를 가져왔다. 이와 같은 정책변화에 따라 창립 이후 자율적으로 운영되어 오던 마을금고도 모법인 신용협동조합법에 따라 법인화의 절차를 밟았으며, 당시 국가 최대의 사업이던 새마을운동의 5대 시책의 하나로 채택되어 정부의 적극적인 지원 아래 급속히 성장하였으며 마을금고가 새마을금고로 개칭되는 계기가 되기도 했다.

1979년 말에서 1980년으로 이어진 정치적 변혁은 인플레이션과 예금인출, 부실금고의 발생 등 문제가 제기되자 낙후된 금고 제도를 정비하고 성장의 기틀

---

2) 1. "협동조합"이란 재화 또는 용역의 구매·생산·판매·제공 등을 협동으로 영위함으로써 조합원의 권익을 향상하고 지역 사회에 공헌하고자 하는 사업조직을 말한다.

제1절 설립목적

새마을금고법 제1조에 따르면 "새마을금고는 국민의
바탕으로 우리나라 고유의 상부상조 정신에 입각하여 자금
의 경제적·사회적·문화적 지위의 향상, 지역사회 개발을
의 함양과 국가경제 발전에 이바지함"을 목적으로 설립되

새마을금고는 우리 민족 고유의 협동수단인 향약, 품
한 상호부조적 정신의 계발과 근면, 자조, 협동의 새마을이
협동조직체로 지역간, 빈부간 및 계층간의 구분없이 마을,
회원들이 저축의 생활화를 통한 자체자금의 조성과 생활자
각종 복지사업으로 회원(주민) 모두의 다양한 욕구충족은
을 바탕으로 총화적 단결을 도모하고 정의로운 복지사회건
록 함으로써 우리의 현실과 실정에 부합하는 한국적 협동조
것이다.[1]

---

1) 제정 1982.12.31 법률 제3622호.

제
2
편

금 고

금고는 그 명칭에 "새마을금고"라는 문자를 사용하여야 한다(법2④). 금고가 아니면 그 명칭에 "새마을금고"나 이와 유사한 명칭을 사용할 수 없다(법3②). 금고는 주된 사무소의 소재지에서 설립등기를 함으로써 성립한다(법7①).

새마을금고는 일정한 사업을 협동으로 영위함으로써 회원의 권익을 향상하고 지역사회에 공헌하고자 하는 사업조직인 협동조합(협동조합기본법2(1)2))에 속하고, 농업협동조합(공제사업 제외), 수산업협동조합, 산림조합, 신용협동조합과 마찬가지로 신용사업과 공제사업을 운영하는 상호금융기관에 속한다.

2022년 12월 현재 국내 새마을금고는 1,294개이며, 총자산은 284조원이다.

제2절 연혁

새마을금고는 1960년대 들어오면서 근검·절약을 통해 가난을 극복하려는 국민정신을 바탕으로 1963년 경남 산청군에서 처음 탄생했으며, 이듬해 발족된 재건국민운동본부에서 금고사업을 향토개발을 위한 핵심사업으로 선정하여 범국가적으로 지원하면서 전국적으로 급속히 확산·보급되었다. 1972년 신용협동조합법이 제정되면서 마을금고에 대한 제도적 기반이 갖추어지고 명칭도 마을금고로 일원화되었다. 당시 신용협동조합법이 제정된 배경에는 지나치게 비대해진 비제도권 금융을 제도권 금융시장으로 끌어들이기 위한 것으로, 1972년 8월 사채동결 조치와 함께 단자회사와 상호신용금고를 설립하는 등 금융제도에 많은 변화를 가져왔다. 이와 같은 정책변화에 따라 창립 이후 자율적으로 운영되어 오던 마을금고도 모법인 신용협동조합법에 따라 법인화의 절차를 밟았으며, 당시 국가 최대의 사업이던 새마을운동의 5대 시책의 하나로 채택되어 정부의 적극적인 지원 아래 급속히 성장하였으며 마을금고가 새마을금고로 개칭되는 계기가 되기도 했다.

1979년 말에서 1980년으로 이어진 정치적 변혁은 인플레이션과 예금인출, 부실금고의 발생 등 문제가 제기되자 낙후된 금고 제도를 정비하고 성장의 기틀

---
2) 1. "협동조합"이란 재화 또는 용역의 구매·생산·판매·제공 등을 협동으로 영위함으로써 조합원의 권익을 향상하고 지역 사회에 공헌하고자 하는 사업조직을 말한다.

설 립

제1절 설립목적

새마을금고법 제1조에 따르면 "새마을금고는 국민의 자주적인 협동조직을 바탕으로 우리나라 고유의 상부상조 정신에 입각하여 자금의 조성과 이용, 회원의 경제적·사회적·문화적 지위의 향상, 지역사회 개발을 통한 건전한 국민정신의 함양과 국가경제 발전에 이바지함"을 목적으로 설립되었다(법1).

새마을금고는 우리 민족 고유의 협동수단인 향약, 품앗이, 두레, 계 등을 통한 상호부조적 정신의 계발과 근면, 자조, 협동의 새마을이념을 실천하는 한국적 협동조직체로 지역간, 빈부간 및 계층간의 구분없이 마을, 직장, 단체 안의 모든 회원들이 저축의 생활화를 통한 자체자금의 조성과 생활자금의 간편한 자급 및 각종 복지사업으로 회원(주민) 모두의 다양한 욕구충족은 물론, 건전한 주민조직을 바탕으로 총화적 단결을 도모하고 정의로운 복지사회건설에 일익을 담당하도록 함으로써 우리의 현실과 실정에 부합하는 한국적 협동조직으로 정착시키려는 것이다.[1]

---

1) 제정 1982.12.31 법률 제3622호.

을 마련할 수 있는 독립된 법제정의 필요성이 제기되었다. 이에 따라 새마을금고
법이 탄생되었으며, 예금자 보호를 위한 안전기금(2001.7.24 새마을금고법 제7차 개
정시 "예금자보호준비금"으로 명칭 변경)제도가 도입되면서 금고가 질과 양, 모든 면
에서 크게 발전하는 계기가 되었다. 1990년대는 금융시장 개방이 본격화되면서
부실은행 통·폐합, 해외자본의 유입 등 금융환경이 크게 변하면서 이러한 변화
에 부응할 수 있는 전산망 구축·금융서비스 개발, 국제협동조합연맹(ICA)가입,
공제사업의 개시 등을 통해 사업영역을 확대하였다. 2000년대는 급변하는 금융
환경에 대처하기 위해, 새마을금고는 자율적인 합병, 청산 등 구조조정을 통해,
금고의 대형화·우량화를 도모하였고, IT산업의 발달에 따른 금융수요자들의 다
양한 금융수요를 충족시키기 위해 금융결제원에 가입하고, 인터넷뱅킹, 모바일뱅
킹, IC카드 도입 등 전자금융체계를 확립하였다. 2010년대 이후 자체 체크카드
발급, 자기앞수표 발행사업의 안정화 및 어음 이미지 정보교환시스템 구축 등을
통해 새마을금고가 제공할 수 있는 지급결제 수단을 확충하였으며, 상시감시종
합정보시스템 구축 등을 통해 새마을금고의 건전한 발전을 도모하고 있다.[3]

제3절 주요업무

새마을금고법은 금고의 목적 달성을 위해 수행할 수 있는 사업의 종류를 열
거하고 있다(법28①). 대표적으로 신용사업과 공제사업을 영위할 수 있으며, 금고
가 영위할 수 있는 신용사업의 범위에 대해서도 구체적으로 열거하고 있다(법28
①(1)).

금고는 그 목적을 달성하기 위하여 다음 사업의 전부 또는 일부를 행한다
(법28①).

---

3) 행정안전부(2018), 4-7쪽.

Ⅰ. 신용사업

1. 의의

신용사업은 자금의 융통이 어려운 회원들에게 생산과 생활에 필요한 자금을 융통하는 기능을 담당하는 사업이다. 그러므로 자금의 여유가 있는 회원으로부터 예탁금·적금을 받아 그 재원으로 자금이 필요한 회원에게 대출하는 것이 주된 업무가 되는 것이다. 신용사업의 본질은 수신과 여신을 수단으로 하여 회원 상호간 자금의 유통을 꾀하는 상호금융의 성격을 가진 업무이다. 신용사업은 금융의 융통을 매개하는 사업이므로 상법싱의 기본적 상행위에 해당하는 것 같이 보이나 금고와 회원 간의 거래는 상법이 적용되지 않는다. 다만, 금고의 거래상 대방이 회원이 아닌 일반거래자 또는 상인이 회원과의 거래는 상행위로 인정되어 상법이 적용된다.

2. 신용사업의 내용

금고는 그 목적을 달성하기 위하여 신용사업의 전부 또는 일부를 행한다(법 28①(1)). 여기서 신용사업에는 ⅰ) 회원으로부터 예탁금과 적금 수납(가목), ⅱ) 회원을 대상으로 한 자금의 대출(나목), ⅲ) 내국환과 외국환거래법에 따른 외국환업무(다목), ⅳ) 국가, 공공단체 및 금융기관의 업무 대리(라목), ⅴ) 회원을 위한 보호예수(마목), ⅵ) 어음할인(바목), ⅶ) 상품권의 판매대행(사목)이 포함된다.

3. 신용사업 업무수행에 관한 규정 제정

새마을금고 감독기준("감독기준")에 의하면 회장은 신용사업 업무의 수행에 관한 규정 등을 정하여야 하며 금고는 이를 준수하여야 한다(감독기준4①). 이 규정 등에는 ⅰ) 예탁금·적금 및 대출 등의 종류에 관한 사항(제1호), ⅱ) 예탁금·적금 및 대출 등의 이율, 결산방법 및 기간에 관한 사항(제2호), ⅲ) 예탁금·적금 및 대출 등의 원리금의 지급 및 회수방법에 관한 사항(제3호), ⅳ) 기타 여·수신 업무에 관한 중요한 사항(제4호)이 포함되어야 한다(감독기준4②).

이에 따라 새마을금고 감독기준 제4조 및 「수신업무규정」과 「여신업무규정」에서 위임된 업무와 기타 필요한 사항을 규정함을 목적으로 「수신업무방법서」와

「여신업무방법서」가 제정·시행되고 있다.

4. 신용사업의 종류

(1) 예탁금 및 적금

신용사업에는 회원으로부터 예탁금과 적금 수납이 포함된다(법28①(1) 가목).

(가) 예금의 의의

예탁금 및 적금("예금")은 금고의 자금형성 수단이며, 회원 및 회원이 아닌 자("조합원등")의 여유자금에 대한 일시적인 보관, 출납, 재산증식 수단으로 예치 받는 자금을 말한다.

예금은 "예금자가 은행 기타 수신을 업으로 하는 금융기관에게 금전의 보관 을 위탁하되 금융기관에게 그 금전의 소유권을 이전하기로 하고, 금융기관은 예 금자에게 같은 통화와 금액의 금전을 반환할 것을 약정하는 계약"이다. 새마을금 고는 예탁금 등의 명칭으로 수신업무를 하고 있다.

(나) 예탁금의 분류

수신업무방법서 제4조는 예탁금("예금")을 ⅰ) 예금거래표준약관에 따라 입 출금이 자유로운 예금, 거치식예금, 적립식예금으로 분류하고, ⅱ) 세금 부과에 따라 과세저축, 저율과세저축, 비과세저축으로 분류하며, ⅲ) 이자 계산방법에 따라 단리식 예금과 복리식 예금으로 분류한다.

여기서는 수신업무방법서상의 예탁금의 종류를 살펴본다.

1) 조세특례저축

가) 의의

조세특례저축이란 조세특례제한법에 의거 이자소득에 대하여 비과세하거나 저율 과세를 적용하는 상품을 말한다(수신업무방법서156).

나) 종류

조세특례저축은 세금우대저축과 비과세종합저축의 예금을 말한다(수신업무 방법서157).

a) 세금우대저축

세금우대저축이라 함은 조세특례제한법령에서 정한 바에 따라 금고의 회원 을 대상으로 하는 저율과세 저축 상품을 말한다(수신업무방법서162).

b) 비과세종합저축

비과세종합저축이라 함은 조세특례제한법 및 동법 시행령에서 정하는 만 65세 이상 거주자·장애인 등을 대상으로 하는 비과세 저축상품을 말한다(수신업무방법서192의2).

이 저축을 거래할 수 있는 가입대상, 비과세한도 및 취급기한은 조세특례제한법 제88조의2 및 동법 시행령 등에서 정한 바에 따른다(수신업무방법서192의3).

이 저축의 가입예금은 거치식예금과 적립식예금에 의한다(수신업무방법서192의4 본문). 다만, 다음 각 호로 분류되는 예금이라 하더라도 조세특례제한법령 등에 의하여 개별적으로 세금우대(비과세 포함) 혜택을 부여한 상품은 제외한다(수신업무방법서192의4 단서).

2) 입출금이 자유로운 예금

입출금이 자유로운 예금이라 함은 예치기간을 정하지 않고 수시 입출금이 가능한 예금을 말한다(수신업무방법서193).

가) 온라인보통예탁금

온라인보통예탁금(보통예탁금 포함)이라 함은 거래대상자, 금액의 규모 및 시기에 제한없이 통장 등에 의하여 언제나 입출금이 가능한 예금을 말한다(수신업무방법서201).

나) 온라인자립예탁금

온라인자립예탁금(자립예탁금 포함)이라 함은 금액의 규모 및 시기에 제한없이 통장 등에 의하여 언제나 입출금이 가능하며, 개인의 가계자금을 우대하기 위한 예탁금을 말한다(수신업무방법서204).

다) 자신만만자유예탁금

자신만만자유예탁금이라 함은 금액의 규모, 시기에 제한없이 입출금이 자유로우나 금액 단계별 차등금리를 적용하여 이자를 지급하는 예탁금을 말한다(수신업무방법서212).

라) 듬뿍기업자유예탁금

듬뿍기업자유예탁금이라 함은 법인과 임의단체, 개인기업(사업자)의 경영활동에 필요한 단기운전 자금을 흡수하기 위한 예탁금을 말한다(수신업무방법서217).

마) 공공예금

공공예금이라 함은 지방자치단체 등의 금고 지출대행업무 또는 공금 지급대행업무 취급을 위하여 개설하는 예금을 말한다(수신업무방법서234).

바) 별단예탁금

별단예탁금이라 함은 금고의 업무수행을 위하여 발생하는 미결제·미정리자금, 다른 계정에 속하지 아니하는 일시적 예수금을 처리하는 예금을 말한다(수신업무방법서241).

사) MG행복지킴이통장

기초생활수급자 등을 가입대상으로 하는 입출금이 자유로운 예금으로 압류 및 질권 설정 등이 제한되는 예금을 말한다(수신업무방법서251).

아) MG국민연금안심통장

이 예금은 국민연금 수급자를 가입대상으로 하는 입출금이 자유로운 예금으로 압류 및 질권 설정 등이 제한되는 국민연금 입금전용 압류방지 예금을 말한다(수신업무방법서259의9).

자) MG하도급지킴이통장

이 예금은 조달청, 서울시, 기타 지방자치단체 및 공공기관 등을 통해 발주한 공사 등 도급계약과 관련한 대금, 임금 등이 하도급자 및 근로자에게 기한 내에 집행될 수 있도록 관리하기 위하여 하도급관리시스템을 이용하기 위한 전용상품을 말한다(수신업무방법서259의18).

차) MG사업자우대통장

이 예금은 자영업자, 신용카드가맹점, 온누리상품권 취급가맹점 등 개인사업자 전용 입출금이 자유로운 예금으로 평잔, 입금누계액, MG체크카드 이용실적 등에 따라 각종 금융수수료를 면제하여 주는 예금을 말한다(수신업무방법서259의16).

카) 20비타민예금

이 예금은 일정 조건에 해당할 경우 우대이율을 적용하고 특정수수료를 감면해 주는 20대를 위한 입출금이 자유로운 예금을 말한다(수신업무방법서259의35).

타) 화수분II통장

이 예금은 급여수령 전용 입출금이 자유로운 예금으로 송금수수료 등을 면제하여 주는 예금을 말한다(수신업무방법서259의46).

파) MG생활비통장

이 예금은 평잔, MG체크카드, 공과금자동이체, 아파트관리비, 적립식적금자동이체, 4대연금 입금실적 등 가계의 주요 생활비 자금의 거래실적에 따른 수수료 면제서비스를 제공하는 입출금이 자유로운 예금을 말한다(수신업무방법서259의55).

하) MG여성만세예금

이 예금은 일정 조건에 해당하는 경우 수수료 면제서비스 제공과 우대이율을 적용하고 통장에 가계부 기능을 도입한 여성전용 입출금이 자유로운 예금을 말한다(수신업무방법서259의65).

거) MG주거래우대통장

이 예금은 월평잔, MG체크카드 결제실적, 공과금자동이체, 아파트관리비자동이체, 급여이체, 대출 이용실적 등에 대한 일정 조건에 해당하는 경우 수수료 면제서비스 제공과 금고가 정하는 잔액구간별 이율을 적용하는 입출금이 자유로운 예금을 말한다(수신업무방법서259의76).

너) MG호국보훈지킴이통장

이 예금은 국가보훈처에서 매월 지급하는 보훈급여금 및 수당 등 정기급여(이하 이 절에서 "보훈급여금등"이라 한다)의 수급자를 가입대상으로 하는 입출금이 자유로운 예금으로 압류 및 질권 설정 등이 제한되는 보훈급여금등의 입금전용 압류방지 예금을 말한다(수신업무방법서259의85).

더) 상상모바일통장

상상모바일통장이란 비대면 실명확인을 거친 후 비대면개설 한도제한계좌로만 가입이 가능하며 최초 가입시 우대이율을 적용하고 일정 요건 달성시 수수료 면제서비스를 제공하는 입출금이 자유로운 예금을 말한다(수신업무방법서260).

러) MG희망지킴이통장

이 예금은 산재보험급여 수급자를 가입대상으로 하는 입출금이 자유로운 예금으로 압류 및 질권설정 등이 제한되는 예금을 말한다(수신업무방법서260의13).

머) MG군인연금평생안심통장

이 예금은 군인연금 수급자를 가입대상으로 하는 입출금이 자유로운 예금으로 압류 및 질권설정 등이 제한되는 군인연금 입금전용 압류방지 예금을 말한다(수신업무방법서260의22).

버) MG오늘도 청춘통장

이 예금은 만 50세 이상 만 70세 미만의 황혼육아를 담당하는 등의 어르신을 우대하는 입출금이 자유로운 예금으로 연금급여·자녀용돈 등 입금실적에 따라 우대이율 및 각종 수수료 혜택을 부여하는 예금을 말한다(수신업무방법서260의 13).

서) MG취업이룸통장

이 예금은 구직촉진수당 등 수급자를 가입대상으로 하는 입출금이 자유로운 예금으로 압류 및 질권 설정 등이 제한되는 구직촉진수당 등 수급금 입금전용 압류방지 예금을 말한다(수신업무방법서260의38).

3) 거치식예금

가) 정기예탁금

정기예탁금이라 함은 예금주가 일정금액을 일정기간 동안 금고에 예치하고 그 기간 내에 지급청구를 하지 않기로 하고 금고는 예치한 금전에 대하여 기간이 만료되었을 때 정해진 이자를 붙여 지급할 것을 약정하는 기한부 예금을 말한다(수신업무방법서261).

나) MG 공동구매 정기예금

MG 공동구매 정기예금이라 함은 모집금액 달성 및 가입금액별 차등 이율을 적용하는 거치식예금을 말한다(수신업무방법서288).

다) 꿈드림회전정기예탁금

꿈드림회전정기예탁금이라 함은 고객이 선택한 회전주기에 따라 이율이 변동되는 거치식예금을 말한다(수신업무방법서307의2).

라) Block예금

Block예금은 추가입금 및 건별 인출이 가능한 거치식예금을 말한다(수신업무방법서307의27).

마) MG주거래우대정기예금

MG주거래우대정기예금이라 함은 회전주기별 변동금리 및 거래실적에 따른 우대금리를 제공하는 거치식 예금을 말한다(수신업무방법서307의37).

바) 자유자재 정기예금Ⅱ

자유자재 정기예금Ⅱ는 일단위로 계약기간을 정할 수 있는 거치식예금을 말한다(수신업무방법서307의47).

사) MG더뱅킹정기예금

이 예금은 MG더뱅킹 전용 가입 상품으로 거래실적에 따른 우대금리를 제공하는 거치식 예금을 말한다(수신업무방법서307의63).

4) 적립식예금

가) 정기적금

정기적금이라 함은 일정한 기간을 정하여 그 기간 중 매월 일정한 날에 일정한 금액을 정기적으로 수입하였다가 만기일에 약정금액을 지급하는 적립식예금을 말한다(수신업무방법서308).

나) 자유적립적금

자유적립적금이라 함은 일정한 기간을 정하여 불특정금액을 수시로 납입하였다가 만기에 목돈을 시급하는 석립식예남을 말한다(수신업무방법서324).

다) 일일자유적금

일일자유적금이라 함은 상인, 노점상, 주부, 직장인 등을 위해 매일매일 적립하거나 파출수납을 활용하여 저축할 수 있는 예금으로 단기 목돈 마련이 가능한 자유적립식 예금을 말한다(수신업무방법서331).

라) 꿈모아상호부금

꿈모아상호부금이라 함은 일정기간을 정하여 그 기간 중 불특정금액을 납입받고 중도(또는 만기)에 부금 불입금액과 소정의 이자를 지급하는 자유적립식 예금이다(수신업무방법서355).

마) My 꿈모아자유적금

유아 및 초·중·고등학생 등 청소년들을 가입대상으로 하는 자유적립식 상품으로 장기계약자에게 차등우대이율을 적용하는 자유적립식 예금을 말한다(수신업무방법서407).

바) MG 월복리 자유적금

MG 월복리 자유적금은 총납입액 3,000만원 한도 내에서 횟수에 제한 없이 납입이 가능하고 월복리를 적용하는 적립식예금을 말한다(수신업무방법서425).

사) Smart 자유적립적금

월복리로 이자를 계산해 주는 자유적립식 예금으로 MG체크카드, 스마트뱅킹, 공과금자동이체 등의 이용회원에 대하여 우대이율이 적용되며 스마트뱅킹, 인터넷뱅킹에서만 가입이 가능한 온라인전용예금을 말한다(수신업무방법서432의2).

아) MG New정기적금

MG체크카드, 인터넷뱅킹, 공과금자동이체 이용회원에게 우대이율을 적용하는 정액적립식 예금을 말한다(수신업무방법서432의9).

자) MG주거래우대자유적금

이 예금은 새마을금고와 장기 출자거래, MG체크카드, 공과금자동이체, 급여 또는 4대연금이체, 공제료 자동이체, 대출거래 등 주거래를 하는 고객에게 실적에 따라 우대이율을 제공하는 자유적립식 예금을 말한다(수신업무방법서432의39).

차) 우리아기첫걸음정기적금

만 6세 이하 아동을 가입대상으로 하는 정액적립식 상품으로 아동과 부모 (친권자 및 후견인을 포함)를 연계하여 우대이율을 적용할 수 있는 예금을 말한다 (수신업무방법서432의71).

카) MG뛰어라정기적금

이 예금은 청장년층을 가입대상으로 하는 상품으로 중도해지 시 납입 및 계약기간 조건을 충족하면 기본이율이 적용되며 결혼, 입사 등에 따른 우대이율이 제공되는 정액적립식 예금을 말한다(수신업무방법서432의78).

타) MG착한이웃 정기적금

이 예금은 사회적 약자를 배려한 분들을 우대하는 상품으로 "착한임대인 운동" 참여 등에 따른 우대이율이 적용되는 정액적립식 예금을 말한다(수신업무방법서433).

파) MG더뱅킹정기적금

이 예금은 MG더뱅킹 전용 가입 상품으로 거래실적에 따른 우대이율을 제공하는 정액적립식 예금을 말한다(수신업무방법서433의11).

하) MG더뱅킹자유적금

이 예금은 MG더뱅킹 전용 가입 상품으로 거래실적에 따른 우대이율을 제공하는 자유적립식 예금을 말한다(수신업무방법서433의19).

5) 특별한시판매 예금상품

창립기념일, 새마을금고의 날 등 행사가 있거나 중앙회 예탁금과 연동하여 한시적으로 특별한시판매이율을 적용하여 판매할 수 있는 예금으로서 이사장은 객관적인 자료와 판단에 의하여 우대이율, 총판매 한도, 개인가입 한도, 판매기간 등을 결정하고 고시하여야 하며, 결정된 기본이율 및 거래실적 등은 이사회에 보고하여야 한다(수신업무방법서434).

한시판매할 수 있는 예금상품은 정기예탁금, 정기적금, 또는 자유적립적금이다(수신업무방법서434의2).

6) 통장식상품

이 상품으로는 꿈모아드림통장이 있다. 꿈모아드림통장이라 함은 미취학아동 등 미성년자의 저축심 고양 및 학자금 마련과 결혼적령기에 있는 연령층에게 결혼설계를 위한 자금마련의 기회를 부여하고, 금고 거래자의 저변 확대와 1통장으로 출자금과 거치식 및 적립식예금을 동시에 거래토록 하여 편리성을 도모한 통장을 말한다(수신업무방법서438).

이 통장으로는 출자금, 꿈드림정기예탁금, 또는 꿈모아상호부금을 거래할 수 있다(수신업무방법서440).

(2) 대출

신용사업에는 회원을 대상으로 한 자금의 대출이 포함된다(법28①(1) 나목).

(가) 대출의 의의

여신이라 함은 일반적으로 금융기관이 위험을 안고 직접 자금을 부담하는 대출뿐만 아니라 직접적인 자금 부담이 없는 지급보증, 사모사채 인수, 유가증권 대여업무 등을 포함하는 개념이며, 대출(loan)은 금융기관이 이자 수취를 목적으로 원리금의 반환을 약정하고 고객(=차주, 채무자)에게 자금을 대여하는 행위를 말하는 것으로 여신(=신용공여)의 한 종류이다. 새마을금고 이외에도 은행(은행법27), 보험회사(보험업법106), 여신전문금융회사(여신전문금융업법46), 상호저축은행(상호저축은행법11), 신용협동조합(신용협동조합법39), 대부업자(대부업법2(1)) 등도 각 관련 법률이 정한 범위 내에서 여신·대출 업무를 수행한다.

(나) 여신의 분류

1) 담보대출과 신용대출

ⅰ) 담보대출이라 함은 부동산, 동산, 유가증권, 신용보증서, 지급보증서, 정부 및 지방자치단체의 채무보증서, 공제증권(보험증권을 포함), 예금, 기타채권을 담보로 하는 대출을 말하고, ⅱ) 신용대출이라 함은 담보대출 이외의 대출로서 채무관계자의 신용을 담보로 하는 대출을 말한다(여신업무방법서4①, 여신업무규정3).

2) 가계자금과 기업자금

ⅰ) 가계자금이란 개인의 주택자금·소비자금과 사업자로 등록되지 아니한 개인의 부업자금에 대한 여신을 말하고, ⅱ) 기업자금이란 법인(단체 포함) 및 개

인기업(사업자등록증을 소유한 자)의 사업자금에 대한 여신을 말한다(여신업무방법서4①, 여신업무규정3).

3) 상환방법에 따른 여신의 분류

상환방법에 따른 여신의 분류는 ⅰ) 일시상환대출: 대출액을 기일에 전액 상환하는 대출, ⅱ) 원금균등분할상환대출: 대출원금을 약정내용에 따라 정기적으로 균등하게 분할하여 상환하는 대출, ⅲ) 원리금균등분할상환대출: 원금과 이자의 합계금액을 균등하게 분할하여 매월 상환하는 대출, ⅳ) 수시상환대출: 일정한 약정한도 범위 내에서 수시로 상환 및 취급이 가능한 대출, ⅴ) 원금일부균등분할상환대출: 대출원금의 일부를 약정내용에 따라 정기적으로 균등하게 분할하여 상환하는 대출을 말한다(여신업무방법서4②).

4) 취급형식에 따른 여신의 분류

취급형식에 따른 여신의 분류는 ⅰ) 증서대출: 채무자로부터 여신거래약정서 또는 이에 준하는 서류를 받고 취급한 대출을 말하고, ⅱ) 그 밖에 어음대출, 당좌대출, 어음할인 등으로 분류하며, 금고는 증서대출 외에는 취급하지 않는다(여신업무방법서4③).

5) 자금구분에 따른 여신의 분류

자금구분에 따른 여신의 분류는 대출신청자(채무자)를 기준으로 다음과 같다(여신업무방법서4④).

가) 가계자금대출

가계자금대출은 ⅰ) 개인에 대한 대출, ⅱ) 자금용도가 가계자금대출인 사업자등록증을 소지한 개인사업자("자영업자")에 대한 대출을 말한다(여신업무방법서4④(1)).

나) 기업자금대출

기업자금대출은 ⅰ) 법인(고유번호 또는 납세번호가 있는 권리능력 없는 단체 포함)에 대한 대출, ⅱ) 자금용도가 기업자금대출인 자영업자에 대한 대출을 말한다(여신업무방법서4④(2)).

6) 기업자금대출의 자금용도에 따른 분류

기업자금대출의 자금용도는 ⅰ) 운전자금대출: 기업의 생산·판매활동 등에 소요되는 자금을 지원하는 대출, ⅱ) 시설자금대출: 기업설비의 취득·신설·확장·복구 및 기술개발자금 등으로 자본적 지출에 소요되는 자금을 지원하는 시설자금대출을 말한다(여신업무방법서4⑤).

7) 거래방식에 따른 여신의 분류

거래방식에 따른 여신의 분류는 ⅰ) 개별거래: 약정금액 범위 내에서 일괄 (또는 분할)하여 실행하는 여신, ⅱ) 한도거래: 여신거래약정서(대출거래약정서를 포함한다. 이하 같다)에 한도거래를 약정한 후 약정한도 및 약정기간 이내에서 필요한 자금을 계속적, 반복적으로 차입·상환할 수 있는 여신을 말한다(여신업무방법서4⑥).

(다) 관련 판례

① 대법원 2011. 9. 8. 선고 2011디44450 판결

새마을금고법의 제반 규정에 의하면 새마을금고는 우리나라 고유의 상부상조 정신에 입각하여 자금의 조성 및 이용과 회원의 경제적·사회적·문화적 지위의 향상 및 지역사회개발을 통한 건전한 국민정신의 함양과 국가경제발전에 기여함을 목적으로 하는 비영리법인이므로, 새마을금고가 금고의 회원에게 자금을 대출하는 행위는 일반적으로는 영리를 목적으로 하는 행위라고 보기 어렵다.

② 대법원 1998. 7. 10. 선고 98다10793 판결

[1] 새마을금고가 회원에게 자금을 대출하는 행위가 상행위인지 여부(소극): 어느 행위가 상법 제46조 소정의 기본적 상행위에 해당하기 위하여는 영업으로 동조 각호 소정의 행위를 하는 경우이어야 하고, 여기서 영업으로 한다고 함은 영리를 목적으로 동종의 행위를 계속 반복적으로 하는 것을 의미한다고 할 것인바(당원 1994. 4. 29. 선고 93다54842 판결 참조), 새마을금고법의 제반 규정에 의하면 새마을금고는 우리나라 고유의 상부상조 정신에 입각하여 자금의 조성 및 이용과 회원의 경제적·사회적·문화적 지위의 향상 및 지역사회개발을 통한 건전한 국민정신의 함양과 국가경제발전에 기여함을 목적으로 하는 비영리법인이므로 새마을금고가 금고의 회원에게 자금을 대출하는 행위는 일반적으로는 영리를 목적으로 하는 행위라고 보기 어렵다

[2] 새마을금고가 상인인 회원에게 자금을 대출한 경우, 그 대출금채권의 소멸시효(=5년): 당사자 쌍방에 대하여 모두 상행위가 되는 행위로 인한 채권뿐만 아니라 당사자 일방에 대하여만 상행위에 해당하는 행위로 인한 채권도 상법 제64조 소정의 5년의 소멸시효기간이 적용되는 상사채권에 해당하는 것이고 그

상행위에는 상법 제46조 각호에 해당하는 기본적 상행위뿐만 아니라 상인이 영업을 위하여 하는 보조적 상행위도 포함되는 것이므로(위 93다54842 판결 참조) 새마을금고로부터 대출을 받은 회원이 상인으로서 그 영업을 위하여 대출을 받았다면 그 대출금채권은 상사채권이라고 보아야 할 것인바, 원심이 확정한 사실과 기록에 의하면, 원고로부터 대출을 받은 소외 천상수는 송죽휴게소를 운영하는 사람임을 알 수 있어 상인이라고 할 것이고, 상인인 천상수가 원고로부터 대출을 받았다면 특단의 사정이 없는 한 영업을 위하여 하는 것으로 추정되므로(상법 제47조 제2항) 천상수가 원고로부터 대출을 받은 것은 천상수에 대하여는 상행위에 해당되어 대출금채권의 변제기로부터 기산하면 이 사건 소제기 이전에 이미 5년의 상사시효기간이 경과되어 소멸되었다.

(3) 내국환과 외국환업무

신용사업에는 내국환과 외국환거래법에 따른 외국환업무가 포함된다(법28①(1) 다목).[4)]

(가) 내국환업무

내국환 업무는 금융기관이 중개자가 되어 국내의 격지자 사이의 채권채무를 현금 수수에 의하지 아니하고 결제하는 업무를 말한다. 일반적으로 환업무란 송금, 대금추심, 타행환 공동망업무, CD공동망 이용업무 등을 말한다.

(나) 외국환업무

외국환업무란 다음의 어느 하나에 해당하는 것을 말한다(외국환거래법3①(16), 동법 시행령6). 즉 ⅰ) 외국환의 발행 또는 매매(가목), ⅱ) 대한민국과 외국 간의 지급·추심 및 수령(나목),[5)] ⅲ) 외국통화로 표시되거나 지급되는 거주자와의 예금, 금전의 대차 또는 보증(다목), ⅳ) 비거주자와의 예금, 금전의 대차 또는 보증(라목), ⅴ) 그 밖에 가목부터 라목까지의 규정과 유사한 업무로서 대통령령

---

4) 개정 전에는 "내국환과 외국환거래법에 따른 환전 업무"로 규정되어 있었으나 2023. 4. 11. "내국환과 외국환거래법에 따른 외국환업무"로 개정되었으며, 개정 내용은 2023. 10. 12.부터 시행된다.

5) 인천지방법원 2005. 2. 4. 선고 2004노2793 판결(피고인이 "송금의뢰 받은 돈을 환치기계 좌에 입금하고 그 무렵 미국에 있는 공범들이 입금한 돈에 해당하는 미화를 수령자로 지정된 자에게 지급"하는 행위뿐 아니라 이에 필수적으로 수반하는 행위 즉 송금의뢰자로부터 돈을 받거나 입금하기 전 이를 보관하고 있는 행위도 그 "부대되는 업무"로서 "외국환업무"에 해당한다).

으로 정하는 업무(마목)을 말한다.

여기서 "대통령령으로 정하는 업무"란 ㉠ 비거주자와의 내국통화로 표시되거나 지급되는 증권 또는 채권의 매매 및 매매의 중개, ㉡ 거주자간이 신탁·보험 및 파생상품거래(외국환과 관련된 경우에 한정) 또는 거주자와 비거주자간의 신탁·보험 및 파생상품거래, ㉢ 외국통화로 표시된 시설대여(여신전문금융업법에 따른 시설대여), ㉣ 앞에서 열거한 7가지 업무에 딸린 업무를 말한다.6)

(4) 국가, 공공단체 및 금융기관의 업무 대리

신용사업에는 국가, 공공단체 및 금융기관의 입무 대리업무가 포함된다(법28①(1) 라목). "국가, 공공단체 및 금융기관의 업무 대리"란 국가, 지방자치단체, 그 밖의 공공단체에 내는 국세, 지방세, 수수료, 사용료, 그 밖의 공과금의 출납업무와 금융기관의 출납업무를 대리하는 것을 말한다(영12①).

(5) 보호예수

신용사업에는 회원을 위한 보호예수가 포함된다(법28①(1) 마목). 보호예수란 유가증권·귀금속 및 서류의 보관업무를 말한다(영12②).

(6) 어음할인

신용사업에는 어음할인 업무가 포함된다(법28①(1) 마목).7)

(7) 상품권의 판매대행

신용사업에는 상품권의 판매대행 업무가 포함된다(법28①(1) 사목).8)

---

6) 대법원 2013. 11. 28. 선고 2011도13007 판결(구 외국환거래법(2011. 4. 30. 법률 제10618호로 개정되기 전의 것, 이하 "법"이라 한다) 제3조 제1항 제16호 (나)목은 "대한민국과 외국 간의 지급·추심 및 수령"이, 같은 호 (마)목은 "위 (나)목 등과 유사한 업무로서 대통령령이 정하는 업무"가 각 "외국환업무"에 해당하는 것으로 규정하고, 구 외국환거래법 시행령(2010. 11. 15. 대통령령 제22493호로 개정되기 전의 것) 제6조 제4호는 "법 제3조 제1항 제16호 (나)목 등의 업무에 딸린 업무"가 위 "대통령령이 정하는 업무"에 해당하는 것으로 규정하고 있는바, "대한민국와 외국 간의 지급·추심 및 영수"에 직접적으로 필요하고 밀접하게 관련된 부대업무는 법 제3조 제1항 제16호 (마)목의 외국환업무에 해당한다).

7) 2023. 4. 11. 개정으로 어음할인이 추가되었으며, 개정 내용은 2023. 10. 12.부터 시행된다.

8) 2023. 4. 11. 개정으로 상품권의 판매대행이 추가되었으며, 개정 내용은 2023. 10. 12.부터 시행된다.

Ⅱ. 문화 복지 후생사업

금고는 그 목적을 달성하기 위하여 문화 복지 후생사업의 전부 또는 일부를 행한다(법28①(2)). 문화 복지수생사업으로 노인복지, 보육·체육시설, 예식장·목욕탕 등의 사업을 운영하고 있다.[9]

문화 복지 후생사업에 대한 투자한도는 금고의 출자금 총액과 적립금 합계액의 50%를 초과하지 아니하는 범위에서 정관으로 정한다(법28②).

Ⅲ. 회원에 대한 교육사업

금고는 그 목적을 달성하기 위하여 회원에 대한 교육사업의 전부 또는 일부를 행한다(법28①(3)). 회원에 대한 교육사업으로 학원·독서실 운영, 장학사업 등을 하고 있다.[10]

회원에 대한 교육사업에 대한 투자한도는 금고의 출자금 총액과 적립금 합계액의 50%를 초과하지 아니하는 범위에서 정관으로 정한다(법28②).

Ⅳ. 지역사회 개발사업

금고는 그 목적을 달성하기 위하여 지역사회 개발사업의 전부 또는 일부를 행한다(법28①(4)). 지역사회 개발사업으로 구판·창고사업, 별정우체국 등을 운영 중에 있다.[11]

지역사회 개발사업에 대한 투자한도는 금고의 출자금 총액과 적립금 합계액의 50%를 초과하지 아니하는 범위에서 정관으로 정한다(법28②).

Ⅴ. 회원을 위한 공제사업

공제사업은 회원으로부터 공제료를 모아 공동준비재산을 마련해 놓고 일정

---

9) 행정안전부(2018), 69쪽.
10) 행정안전부(2018), 69쪽.
11) 행정안전부(2018), 69쪽.

기간 내에 회원에게 사망, 화재, 질병, 도난 등의 불의의 사고가 발생하였을 경우
에 그 회원이나 유가족에게 공제금을 지급함으로써 회원간에 상부상조를 도모하
는 것을 목적으로 하는 사업을 말한다.

금고는 그 목적을 달성하기 위하여 회원을 위한 공제사업의 전부 또는 일부
를 행한다(법28①(5)). 회원을 위한 공제사업 시행을 위하여 필요한 사항은 대통
령령으로 정한다(법28④).

1. 공제규정 인가

금고가 회원을 위한 공세사업을 하려면 공제규성을 정하여 행정안전부장관
의 인가를 받아야 한다(영13① 전단). 공제규정을 변경 또는 폐지하려는 경우에도
또한 같다(영13① 후단). 행정안전부장관은 공제규정을 인가하려는 때에는 미리
금융위원회와 협의하여야 한다(영13②).

금고가 사업주체가 되어 공제사업을 시행하고 있는 경우는 아직 없으며, 현
재 금고에서 취급하고 있는 공제사업은 중앙회의 사업을 대행하는 것으로 계약
당사자(공제자)는 중앙회이다.[12]

2. 공제규정 포함사항

공제규정에는 행정안전부령으로 정하는 바에 따라 사업의 실시방법, 공제계
약 및 공제료 등이 포함되어야 한다(영13③). 이에 따라 공제규정에는 다음의 사
항이 포함되어야 한다(시행규칙6).

(1) 공제사업의 실시에 관한 사항
공제규정에는 공제사업의 실시에 관한 사항인 ⅰ) 공제목적, 공제사업의 종
류 및 피공제자의 범위에 관한 사항(가목), ⅱ) 공제료의 수납, 공제금의 지급 및
공제료의 환급에 관한 사항(나목)이 포함되어야 한다(시행규칙6(1)).

(2) 공제계약에 관한 사항
공제규정에는 공제계약에 관한 사항인 ⅰ) 공제금액 및 공제기간에 관한 사

---

12) 행정안전부(2018), 68쪽.

항(가목), ⅱ) 공제금의 지급사유(나목), ⅲ) 공제계약의 무효원인(다목), ⅳ) 공제
자의 면책사유(라목), ⅴ) 공제자의 의무의 범위 및 그 의무의 이행시기(마목)가
포함되어야 한다(시행규칙6(2)).

(3) 공제료에 관한 사항

공제규정에는 공제료에 관한 사항인 ⅰ) 공제료의 계산에 관한 사항(가목),
ⅱ) 미수공제료의 계상범위 및 과태금 부과에 관한 사항(나목), ⅲ) 해약환급금의
계산에 관한 사항(다목), ⅳ) 미경과공제료에 관한 사항(라목)이 포함되어야 한다
(시행규칙6(3)).

(4) 책임준비금이나 그 밖의 준비금에 관한 사항

공제규정에는 책임준비금이나 그 밖의 준비금에 관한 사항인 ⅰ) 적립금과
특별위험준비금에 관한 사항(가목), ⅱ) 지급준비금에 관한 사항(나목), ⅲ) 가입
자 배당준비금에 관한 사항(다목)이 포함되어야 한다(시행규칙6(4)).

Ⅵ. 중앙회 또는 다른 금고가 위탁하는 사업

금고는 그 목적을 달성하기 위하여 중앙회 또는 다른 금고가 위탁하는 사업
의 전부 또는 일부를 행한다(법28①(6)).[13]
금고가 중앙회와 위탁사업의 계약을 체결하려는 때에는 ⅰ) 위탁사업의 대
상과 범위, ⅱ) 위탁기간, ⅲ) 그 밖에 위탁사업의 수행에 필요한 사항을 적은 서
면으로 하여야 한다(영12③).

Ⅶ. 국가나 공공단체가 위탁하는 사업

금고는 그 목적을 달성하기 위하여 국가나 공공단체가 위탁하거나 다른 법
령으로 금고의 사업으로 정하는 사업의 전부 또는 일부를 행한다(법28①(7)).

---

13) 개정 전에는 "중앙회가 위탁하는 사업"으로 규정되어 있었으나 2023. 4. 11. 개정으로 "중
앙회 또는 다른 금고가 위탁하는 사업"으로 개정되었으며, 개정 내용은 2023. 10. 12.부터
시행된다.

금고가 국가 또는 공공단체와 위탁사업의 계약을 체결하려는 때에는 ⅰ) 위탁사업의 대상과 범위, ⅱ) 위탁기간, ⅲ) 그 밖에 위탁사업의 수행에 필요한 사항을 적은 서면으로 하여야 한다(영12③).

Ⅷ. 의료지원사업

금고는 그 목적을 달성하기 위하여 의료지원사업의 전부 또는 일부를 행한다(법28①(8)).[14]

의료지원사업에 대한 투자한도는 금고의 출자금 총액과 적립금 합계액의 50%를 초과하지 아니하는 범위에서 정관으로 정한다(법28②).

Ⅸ. 부대사업

금고는 그 목적을 달성하기 위하여 앞의 제1호부터 제8호까지의 사업과 관련되는 부대사업의 전부 또는 일부를 행한다(법28①(9)).[15]

Ⅹ. 행정안전부장관의 승인을 받은 사업

금고는 그 목적을 달성하기 위하여 그 밖에 목적달성에 필요한 사업으로서 행정안전부장관의 승인을 받은 사업의 전부 또는 일부를 행한다(법28①(10)).

금고나 중앙회의 임직원 또는 청산인이 감독기관의 승인을 받아야 하는 사항에 관하여 승인을 받지 아니하거나 인가가 취소된 후에도 업무를 계속하여 수행한 경우에는 3년 이하의 징역이나 3천만원 이하의 벌금에 처한다(법85②(1)).

---

14) 2023. 4. 11. 개정으로 의료지원사업이 추가되었으며, 개정 내용은 2023. 10. 12.부터 시행된다.

15) 2023. 4. 11. 개정으로 제1호부터 제8호까지의 사업과 관련되는 부대사업이 추가되었으며, 개정 내용은 2023. 10. 12.부터 시행된다.

제4절 종류 및 신용사업 영위 여부

Ⅰ. 종류

새마을금고에는 지역금고와 직장금고가 있다(법2② 및 영6②, 새마을금고 설립인가 처리기준 참조).

1. 지역금고

지역금고란 금고 중 동일한 행정구역, 경제권 또는 생활권을 업무구역으로 하는 금고를 말하는 것(법2②)으로, 금고가 당해금고의 정관에서 금고의 업무구역을 "시·군·구, 읍, 면, 동의 일원"으로 하거나, "시·군·구, 읍, 면, 동에 있는 단체(시장, 상가명 등)의 경내"로 하는 새마을금고를 지역금고라 한다. 종전의 "단체금고"는 "지역금고"로 편입되어 2022년 12월 기준 지역금고는 1,197개이다.

2. 직장금고

직장금고란 당해금고의 정관에서 금고의 업무구역을 "직장(공공기관, 법인, 조합 등)의 경내 및 그 직장과 협력관계에 있는 법인, 단체 등의 경내"로 하는 새마을금고를 말한다.(새마을금고 설립인가 처리기준 참조). 2022년 12월 기준 직장금고는 97개이다.

Ⅱ. 신용사업 영위 여부

지역금고와 직장금고 모두 신용사업을 영위할 수 있다(법28①(1)).

제5절 업무구역

Ⅰ. 업무구역의 의의

업무구역은 금고의 설립과 회원의 자격을 결정하는 기준이 되는 조직구역이라는 의미와 금고의 사업활동이 미치는 사업구역이라는 두 가지의 의미가 있으나 여기서의 의미는 조직구역을 의미한다.

Ⅱ. 지역금고

지역금고는 동일한 행정구역, 경제권 또는 생활권을 업무구역으로 한다(법2①). 새마을금고 정관(예)(이하 "정관예") 제5조는 지역금고의 업무구역을 규정하고 있다.

「새마을금고 설립인가 처리기준」(행정안전부고시 제2021-22호)에 따르면 지역금고의 업무구역은 시·군·구 단위의 행정구역을 원칙으로 한다. 다만 생활권·경제권이 인접한 경우에는 지역을 관할하는 시장·군수·구청장간 협의를 통해 인접 시·군·구의 읍·면·동을 업무구역으로 할 수 있다(제4장).

Ⅲ. 직장금고

직장금고는 같은 직장을 업무구역으로 한다(법2① 및 법8 참조). 새마을금고 정관(예) 제5조는 직장금고의 업무구역을 규정하고 있다.

「새마을금고 설립인가 처리기준」(행정안전부고시 제2021-22호)에 따르면 직장금고의 업무구역은 직장 사업체 경내로 한다. 다만, 해당 직장 사업체와 협력관계에 있는 인접한 타 직장 사업체 경내까지를 업무구역으로 할 수 있다(제4장).

Ⅳ. 업무구역의 변경

업무구역 변경은 정관에서 표시된 업무구역이 축소되거나 확대되는 것으로서 업무구역을 변경하고자 하는 경우에는 총회에서 정관을 변경하고 인가권자의 인가를 받아 정관변경등기를 하여야 한다. 이는 업무구역이 정관의 절대적 필요적 기재사항이며 등기사항이기 때문이다(법8, 법45①)

제6절 진입규제

새마을금고 설립인가 업무 수행에 필요한 사항을 정함을 목적으로 「새마을금고 설립인가 처리기준」(행정안전부고시 제2021-22호)이 시행되고 있다.

Ⅰ. 인가요건

새마을금고 설립의 인가를 받으려는 자는 다음과 같은 요건을 모두 갖추어야 한다(법7의2①).

1. 회원수

한 금고의 회원 수는 100명 이상으로 한다(법9②).

2. 최저출자금 요건

최저출자금 요건을 규정하고 있는 이유는 금고의 자본적 기반이 취약하면 금융의 변화에 흔들리기 쉬워 신용기관으로서의 지위를 지키지 어렵다는 점, 금고의 자본금 성격은 주식회사의 자본금과 달리 본원적인 자금조달 수단이라기보다는 외부 부채인 예금과 적금 등에 대한 최종적인 담보로서의 성격을 유지한다는 점에 있다.

(1) 의의

일정한 금액 이상의 출자금을 보유하여야 한다(법7의2①(1)). 이에 따른 출자금은 회원의 자격이 있는 설립동의자(100명 이상)가 납입한 출자금의 총액(합병에 따른 설립의 경우에는 출자금 총액)으로 하되, 다음의 구분에 따른 기준에 맞아야 한다(영4①).

(2) 지역금고

지역금고의 경우 ⅰ) 주된 사무소가 특별시 또는 광역시에 소재하는 경우: 5
억원 이상(가목), ⅱ) 주된 사무소가 시(지방자치단체가 아닌 시를 포함)에 소재하는
경우: 3억원 이상(나목), ⅲ) 주된 사무소가 읍·면(광역시 또는 시에 설치된 읍·면을
포함)에 소재하는 경우: 1억원 이상(다목)의 출자금을 보유하여야 한다(영4①(1)).

(3) 지역금고 외의 금고

지역금고 외의 금고의 경우 1억원 이상의 출자금을 보유하여야 한다(영4①
(2)).

(4) 출자금 기준의 확인

금고별 출자금기준 충족여부를 확인함에 있어 예금 잔액증명서 및 통장 사
본을 제출받아 금융기관에 당해 금고 명의(발기인 대표자 명의로 금고명을 부기하여
개설)로 예치되어 있는지 여부를 확인하고, 회원의 자격이 있는 설립동의자가 자
기계산으로 출자금을 납입하였는지 여부를 설립동의자의 출자금원장, 출자증서,
납입확인서 등을 통하여 확인하여야 하며, 출자액 중에서 사무실 등 고정자산을
매입 또는 임차하거나 경비를 지출한 경우에는 계약서, 영수증 및 금융기관의 입
출금 거래내역서를 제출받아 지출의 적정여부를 확인하여야 한다. 특히, 금고의
출자금 중 한 회원이 출자할 수 있는 최고한도는 총 출자좌수의 15%를 초과할
수 없으므로 이의 준수여부도 확인하여야 한다.[16]

▶ 질의 회신 ◀

Q : 세종특별자치시의 경우 금고설립인가 요건으로 지역금고의 경우 출자금
보유액을 5억원 이상으로 하여야 하는지? 아니면 3억원 이상으로 하여야 하는지?

A : 새마을금고법 및 동법 시행령에서는 세종특별자치시의 경우는 출자금
보유액을 얼마로 정할지에 대해서는 명문화된 규정은 없습니다. 지방자치법 제2

---

16) 행정안전부(2018), 40-41쪽.

조 제1항 제1호 및 「세종특별자치시 설치 등에 관한 특별법」 제6조 제1항 및 제2항에 의거 세종특별자치시는 시군구를 두지 않는 광역지방자치단체로서 지위를 갖는다고 봄이 타당합니다. 또한 새마을금고법 시행령 제4조(인가의 세부요건) 제1항 제1호에서는 출자금의 기준을 지역금고의 주된 사무소의 소재지에 따라 정하고 있지만 그 지역의 인구 및 면적 규모 등도 포함하여 판단하여야 한다고 사료됩니다.

따라서 세종특별자치시 전체 또는 대다수지역을 업무구역으로 할 경우에는 지역금고 설립시 출자금은 특별시 또는 광역시에 준용하여 「새마을금고법」 제7조의2 제1항 및 동법 시행령 제4조 제1항 제1호 가목에 의거 처리함이 바람직하며, 세종특별자치시의 일부 또는 1개 읍면을 업무구역으로 할 경우에는 동법 다목에 따라 처리함이 타당할 것으로 사료됩니다. [관련근거 : 안전행정부 : 지역경제과-4132(2014. 06. 25)]

3. 인적 · 물적 시설 요건

회원의 보호가 가능하고 금고의 사업을 수행하기에 충분한 전문인력과 전산설비 등 물적 시설을 갖추고 있어야 한다(법7의2①(2)).

(1) 전문인력 요건

전문인력은 ⅰ) 임원이 법 제21조(임원의 결격 사유)에 따른 결격 사유에 해당하지 아니하여야 하고(제1호), ⅱ) 새마을중앙회가 실시하는 금고 설립에 필요한 교육과정 또는 이와 동등하다고 인정되는 교육과정을 이수한 사람을 임직원으로 확보(제2호)하여야 한다(영4②).

(2) 물적 시설 요건

물적 시설은 ⅰ) 업무 수행에 필요한 공간을 확보하여야 하고(제1호), ⅱ) 업무 수행에 필요한 전산설비(중앙회 전산설비와 호환이 가능하여야 한다)를 갖추어야(제2호) 한다(영4③).

▶ 질의 회신 ◀

Q : 새마을금고법 제18조(임원의 선임 등) 제5항의 규정에 따라 창립총회 시

의 임원선임에 있어서도 무기명 비밀투표로 선임하여야 하는 것인지?

A : 임원은 금고의 의사를 결정하는 중요한 구성원에 해당하기 때문에 신규 설립하는 금고의 창립총회에서도 기존 금고의 임원선임방법을 준용하여 무기명 비밀투표로 하는 것이 타당한 것으로 판단됩니다. 또한 임원 입후보자가 정수 이내일 경우에는 기존 금고의 임원선출 방법인 새마을금고법 제18조 제5항 단서 규정을 준용하여 총회가 따로 정하는 방법(예: 거수, 기립 등 득표수를 산정할 수 있는 방법)으로 선임할 수 있다고 판단됩니다. [관련근거 : 안전행정부 : 지역경제과-3296(2014. 05. 26)][17]

4. 사업계획의 타당성과 건전성 요건

사업계획이 타당하고 건전하여야 한다(법7의2①(3)). 따라서 ⅰ) 사업계획이 지속적으로 사업을 시행하기에 적합하고 사업개시 후 3년간의 추정재무제표와 수익 전망이 타당하여야 하고(제1호), ⅱ) 사업계획의 추진에 필요한 자금의 조달 방법이 적정하여야 하며(제2호), ⅲ) 지역경제 활성화 및 지역사회 공헌 등 지역 공동체 발전에 이바지(제3호)할 수 있어야 한다(영4④).

5. 발기인 요건

발기인이 충분한 출자능력, 건전한 재무상태 및 사회적 신용을 갖추어야 한다(법7의2①(4)). 따라서 발기인(개인인 경우로 한정)은 법 제21조(임원의 결격 사유)에 따른 임원의 결격 사유에 해당하지 아니하여야 한다(영4⑤).

금고를 설립하고자 하는 경우 50인 이상의 발기인이 있어야 하며, 설립신청이 있는 경우 발기인의 주민등록등본, 사업자등록증, 거주확인서, 재직증명서 등을 통하여 발기인이 창립총회 공고일 전일 현재 금고를 설립하고자 하는 지역(업무구역)에 6개월 이상 주소나 거소가 있는 자 또는 생업에 종사하는 자(법인·단체에 소속된 자를 포함)인지 여부를 확인하여야 한다.

또한 발기인은 법 제21조에 따른 임원의 결격사유에 해당하지 않는 자로서 출자 좌수 기준으로 100좌 이상, 출자금액 기준 100만원 이상 출자할 수 있는 능력이 있어야 하고, 설립인가 신청 직전년도 기준 연간 재산세 중 주택분, 토지분,

---

17) 행정안전부(2018), 42쪽.

건축물분 가운데 어느 하나가 발기인이 되고자 하는 자의 주소가 있는 시도별 평균 부과 금액 이상을 납부한 실적이 있어야 하며, 금융자산(재산세 납부 부동산 평가액 포함)이 금융부채보다 많아야 한다.18)

Ⅱ. 인가절차

1. 특별자치시장·특별자치도지사 또는 시장·군수·구청장의 인가

금고는 50명 이상의 발기인이 중앙회장("회장")이 정하는 정관례에 따라 정관을 작성하여 창립총회의 의결을 거친 뒤에 회장을 거쳐 특별자치시장·특별자치도지사 또는 시장·군수·구청장(구청장은 자치구의 구청장)의 인가를 받아 그 주된 사무소의 소재지에서 설립등기를 함으로써 성립한다(법7①).

금고의 정관에는 ⅰ) 목적(제1호), ⅱ) 명칭(제2호), ⅲ) 주된 사무소의 소재지(제3호), ⅳ) 해당 금고의 업무구역(제4호), ⅴ) 회원의 자격과 가입, 탈퇴 및 제명에 관한 사항(제5호), ⅵ) 출자 1좌의 금액과 납입 방법(제6호), ⅶ) 기관에 관한 사항 및 임원의 수와 선출에 관한 사항(제7호), ⅷ) 사업의 종류와 회계에 관한 사항(제8호), ⅸ) 공고 방법(제9호), ⅹ) 해산에 관한 사항(제10호), ⅺ) 그 밖에 필요한 사항(제11호)을 적어야 한다(법8).

창립총회의 의사(議事)는 발기인에게 금고 설립 동의서를 개의(開議) 전까지 제출한 자 과반수의 출석과 출석자 3분의 2 이상의 찬성으로 의결한다(법7②).

인가절차(인가신청서 제출 등)에 대해서는 행정안전부의 「새마을금고 설립인가 처리기준」이 규정하고 있다.

2. 창립총회의 의결

(1) 창립총회 공고 및 개최

금고를 설립하려는 발기인은 정관안과 사업계획안을 작성하고, ⅰ) 창립총회의 일시 및 장소(제1호), ⅱ) 회원의 자격(제2호), ⅲ) 창립총회에 부칠 사항(제3호)을 15일 이상 공고한 후 창립총회를 개최하여야 한다(영2①).

공고는 금고의 주된 사무소 게시판에 게시하는 방법으로 한다(영2②).

---

18) 행정안전부(2018), 41-42쪽.

(2) 창립총회의 의결사항

정관안, 사업계획안, 임원의 선임, 설립경비에 관한 사항 등 설립에 필요한 사항은 창립총회의 의결을 얻어야 한다(영2③).

3. 인가신청서 제출

(1) 인가신청서 첨부서류

발기인이 금고의 설립인가를 받으려는 때에는 설립인가 신청서에 ⅰ) 정관 (제1호), ⅱ) 창립총회 의사록 사본(제2호), ⅲ) 사업계획서(제3호), ⅳ) 발기인 대표와 임원의 이력서 및 취임승낙서(제4호), ⅴ) 금고 설립 동의서를 제출한 자의 명부(제5호)를 첨부하여 중앙회장을 거쳐 특별자치시장·특별자치도지사 또는 시장·군수·구청장(자치구의 구청장)에게 설립인가 신청을 해야 한다(영3①).

금고의 설립이 합병으로 인한 것이면 첨부서류 외에 그 설립되는 금고가 승계할 권리·의무의 범위를 의결한 합병총회의 의사록 사본을 첨부하여야 한다(영3②).

(2) 중앙회장의 인가신청서 제출기한

회장은 설립인가 신청서를 받은 날부터 30일 이내에 의견을 붙여 특별자치시장·특별자치도지사 또는 시장·군수·구청장에게 제출해야 한다(영3③).

4. 인가신청서 심사기간과 인가 여부 통지

특별자치시장·특별자치도지사 또는 시장·군수·구청장은 회장으로부터 설립인가 신청서를 받은 날부터 60일 이내에 인가 여부를 신청인에게 알려야 한다(영3④).

5. 설립인가서의 발급

금고의 설립인가권자는 금고의 설립을 인가하면 신청인에게 [별지 제2호서식]에 따른 설립인가서를 발급하여야 한다(시행규칙3).

6. 설립등기

설립인가를 받은 경우에는 그 설립인가서가 도달한 날부터 3주간 내에 ⅰ)

목적(제1호), ⅱ) 명칭(제2호), ⅲ) 업무구역(제3호), ⅳ) 사무소의 소재지(제4호), ⅴ) 설립인가 연월일(제5호), ⅵ) 출자 1좌의 금액(제6호), ⅶ) 존립 시기나 해산 사유를 정할 때에는 그 시기나 사유(제7호), ⅷ) 임원의 성명과 주소(제8호), ⅸ) 공고 방법(제9호)을 등기하여야 한다(법45①).

이에 따른 등기를 신청할 때에는 설립인가서, 창립총회 의사록 및 정관의 등본을 첨부하여야 한다(법45②).

▶ 질의 회신 ◀

[질의 배경]

○ A새마을금고는 2003. 3. 17 정관변경인가를 받아 분사무소를 설치하여 영업중에 있음

○ B새마을금고는 2005. 4. 13 동일지역에 분사무소 설치에 관하여 정관변경인가를 받았으나 현재까지 분사무소를 설치하지 않고 있는 상태임

○ C새마을금고에서는 A새마을금고 분사무소와 500m 이상 이격하여 분사무소를 설치하고자 새마을금고중앙회의 「새마을금고사무소설치에 관한 지침」 제7조 사무소의 설립절차에 따라 새마을금고중앙회와 사전협의를 거쳐 정관변경을 추진하고 있음

Q : 2005. 4. 13 정관변경인가를 받고 분사무소를 설치하지 않은 B새마을금고의 분사무소설치 인가가 현재까지 유효한지 여부?

Q : B새마을금고보다 C새마을금고가 먼저 중앙회와 분사무소 설치에 관하여 사전협의를 거치고, 중앙회를 경유하여 정관변경(사무소 소재지 변경)인가를 신청하는 경우 정관변경인가를 받고 분사무소를 설치하지 않은 B새마을금고의 기존 정관변경인가에 관계없이 C새마을금고에 정관변경인가를 하여도 되는지 여부?

A : B새마을금고 정관변경인가의 효력은 유효하지만, 새마을금고 사무소설치에관한지침 제3조 제1항에 "사무소"라 함은 금고가 제6조의 시설물 설치기준에 따른 인적·물적요건 등을 구비하고 정관변경 및 설치등기 절차 등을 이행하여 영업중이거나 영업을 준비중인 주된 사무소와 분사무소를 말한다고 규정하고 있는바, B새마을금고는 정관변경인가는 받았으나 분사무소를 설치하지 않아 동 지침의 "사무소"로 볼 수 없으므로 C금고가 분사무소를 설치하고자 할 경우 B새

마을금고의 정관상 분사무소와의 거리제한을 적용하지 않습니다. 따라서 C새마을
금고의 정관변경인가는 무방하다고 사료됩니다. [관련근거 : 행안부 : 지역경제과-
4977(2011. 07. 15)][19]

▶ 질의 회신 ◀

Q : 새마을금고 정관 중 업무구역과 회원변경에 관한 사항이 정관변경으로
만 가능한지? 해산 후 재설립을 하여야 하는지?

A : 새마을금고정관(예) 제5조(업무구역)[2001. 12. 20 개정]에 의하면 당초 지
역금고의 업무구역과 직장금고의 업무구역은 동일할 수 없으므로 지역금고가 직
장금고로 변경한다던지 직장금고가 지역금고로 변경할 수 없습니다. [관련근거 :
행안부 : 지역경제과-71(2011. 01. 05)]

▶ 질의 회신 ◀

Q : 현재 갑(甲)구에 소재한 새마을금고가 자치구간 경계변경으로 을(乙)구
로 편입될 경우 위 금고의 업무구역이 어떻게 변경되는지? 그리고 그 변경절차는
어떻게 되는지?

A : 현재 갑(甲)구에 소재하고 있는 ○○새마을금고가 자치구간 경계 변경으
로 을(乙)구로 편입된다고 하더라도 기존 고객이 현존하고 있는 갑구지역을 업무
구역에서 제외할 필요는 없고, 을구지역의 경우 을구지역에 다른 지역금고가 없
었다면 ○○새마을금고는 정관변경을 통하여 을구지역도 업무구역으로 삼아 영
업활동을 할 수 있으나 현재 을구지역에 다른 지역금고가 소재하고 있는바, 을구
지역에 소재한 지역금고의 업무구역에 중첩되지 않는 범위 내에서 ○○새마을금
고의 업무구역을 설정할 수 있을 것으로 사료됩니다. 즉, 예전부터 ○○새마을금
고와 거래한 회원들의 주소지나 생업의 소재지에 대하여는 동일한 생활권 또는
경제권으로 포함시켜 경계변경 이후 을구지역에 편입되었다고 하더라도 ○○새
마을금고의 업무구역으로 삼을 수 있습니다. 다만, 인접 새마을금고와 업무구역
이 중첩되지 않도록 행정안전부 지침에 따라 시장·군수·구청장과의 협의를 거
쳐 정관변경인가를 행하여야 할 것입니다. [관련근거 : 행안부 : 지역경제과-5063(2011.

---

07. 19)][20]

▶ 질의 회신 ◀

Q : 새마을금고 정관 중 업무구역과 회원변경에 관한 사항이 정관변경으로만 가능한지? 해산 후 재설립을 하여야 하는지?

A : 새마을금고정관(예) 제5조(업무구역)[2001. 12. 20 개정]에 의하면 당초 지역금고의 업무구역과 직장금고의 업무구역은 동일할 수 없으므로 지역금고가 직장금고로 변경한다던지 직장금고가 지역금고로 변경할 수 없습니다. [관련근거 : 행안부 : 지역경제과-71(2011. 01. 05)][21]

▶ 질의 회신 ◀

Q : 새마을금고가 설립된 직장의 주사무소 등의 이전에 따라 새마을금고의 주사무소 이전도 불가피한바, 이를 위한 해당 금고의 정관변경절차는?

A : 직장새마을금고의 경우 직장의 주사무소를 이전하는 경우 당해 새마을금고의 정관변경은 신소재지를 관할하는 인가권자가 인가하도록 하되, 정관변경의 인가와 동시에 구소재지의 새마을금고인가권자에게 통보하여 업무의 지도·감독에 혼선이 없도록 하여야 할 것입니다. [관련근거 : 내무부 : 국지 27074-831(1991. 01. 26)]

▶ 질의 회신 ◀

Q : 세종특별자치시의 경우 시·군·구 없는 행정체계로 인하여 금고의 업무구역을 "세종특별자치시의 일원으로 한다"라고만 명시하여도 되는지? 아니면 정관예에 따라 "세종특별자치시 ○○읍·면·동 ○○리의 일원으로 한다"라고 ○○읍·면·동 ○○리 단위까지 구체적으로 명시하여야 하는지?

A : 지역새마을금고 업무구역은 기초자치단체인 시·군·구(자치구를 말한다) 단위의 행정구역을 원칙으로 하고 있습니다. 따라서 세종특별자치시의 경우에는 기초자치단체가 없어 기초자치단체로 업무구역을 정하는 것이 가능하지 않으므로 세종특별자치시 전역을 업무구역으로 정하는 것도 가능하나, 업무구역을 보

---

20) 행정안전부(2018), 38쪽.
21) 행정안전부(2018), 39쪽.

다 명확히 할 수 있도록 업무무구역을 읍·면·동 또는 리까지 정해도 무방할 것으로 판단됩니다. [관련근거 : 안전행정부 : 지역경제과-3296(2014. 05. 26)]

▶ 질의 회신 ◀

Q : 금고정관에 주사무소의 위치를 동·리까지 표시하도록 규정하고 있는 바, 분사무소 설치를 위한 정관변경내용에 분사무소의 위치를 정확한 주소 전체가 아닌 "○○구 ○○동"까지로 표시해야 하는지 여부? 주소를 표시하여야 한다면 2014년 도로명주소 전면사용에 따라 전체 도로명 주소를 기재하면 되는지 여부?

A : 새마을금고 사무소의 소재지는 「새마을금고정관(예)」제4조(사무소 소재지)의 예시 "금고의 분사무소는 ○○시·도 ○○시·군·구 ○○읍·면·동 ○○리에 둔다"고 규정하고 있으나 2014. 1. 1일부터 「도로명주소법」이 전면시행됨을 감안하여 새마을금고의 주소는 도로명 새주소로 표시하여야 할 것입니다. 분사무소 주소표시와 관련하여서는 "「도로명주소법」에 따른 상업등기 등 사무처리지침(대법원 등기예규 제1437호(2011. 10. 28)"을 참조하시기 바랍니다. [관련근거 : 안전행정부 : 지역경제과-3512(2014. 06. 03)]

▶ 질의 회신 ◀

Q : 금고설립인가신청시(새마을금고법 시행령 제3조)에 명기되어 있지도 않은 인감증명서, 사업자등록증 등의 제출을 요구하는 것이 맞는지? 그리고 금고설립인가 이전에 회원이 출자금을 납부하는 것이 맞는지? 또한 구청의 요구대로 개인별 출자금 납입증명서를 구청에 제출해야 하는 것인지?

A : 금고설립동의서 명부의 진위여부를 확인하기 위하여 필요한 서류의 제출을 요구할 수 있습니다. 그리고 금고설립시 출자금 납입시기에 대해서는 새마을금고법 제9조 제1항에서 회원이 되고자 하는 자가 금고에 1좌 이상의 출자금을 현금으로 금고에 납입하여야 한다고 명시적으로 규정하고 있습니다. [관련근거 : 행안부 : 지역경제과-5189(2011. 07. 19)][22]

---

22) 행정안전부(2018), 34쪽.

▶ 질의 회신 ◀

Q : 새마을금고가 설립인가를 받지 못하여 법인격이 없는 상태에서 업무를 개시한 경우 고객에 대한 의무는?

A : 새마을금고가 새마을금고법에 의한 인가를 받지 못하고 그 설립등기를 못한 채 법인격이 없는 상태에서 새마을금고의 업무를 취급하였다 하더라도 장차 그 인가와 등기를 경유할 대비단계에서 새마을금고라는 명칭을 사용하여 업무를 개시한 것이라면 위 조합은 고객에 대한 관계에서 새마을금고법이 규정한 업무에 관한 기본적인 운용방침을 지켜야 할 의무가 있습니다. [관련근거 : 대법원 : 1988. 11. 22, 87다카734 판례 참조]

** 관련 판례: 대법원 1988. 11. 22. 선고 87다카734 판결

신용협동조합이 설립인가를 받지 못하여 법인격이 없는 상태에서 업무를 개시한 경우 고객에 대한 의무: S신용협동조합이 신용협동조합법에 의한 재무부장관(현행 금융위원회)의 인가를 받지 못하고 그 설립등기를 못한 채 법인격이 없는 상태에서 신용협동조합의 업무를 취급하였다 하더라도 장차 그 인가와 등기를 경유할 대비단계에서 신용협동조합이란 명칭을 사용하여 업무를 개시한 것이라면 위 조합은 고객에 대한 관계에서 신용협동조합법이 규정한 업무에 관한 기본적인 운용방침을 지켜야 할 의무가 있다고 하여야 할 것이다.

▶ 질의 회신 ◀

Q : 새마을금고 설립인가 신청서를 00구청에 제출한 지 5개월째 처리되지 않고 있는 과정에서 담당공무원이 9차례나 각각 다른 내용의 보완통지를 하면서까지 민원서류 처리를 시켜도 되는 것인지? 신청당시 서류가 미비하다면 일괄적으로 보완요구를 하여야 한다고 생각하는데 첨부서식에도 없는 보완서류를 계속 요구하면서까지 지연시켜도 되는지?

A : 민원인이 지역금고 설립을 위한 설립인가신청서를 제출한 경우 담당공무원은 그 설립인가신청서가 ⅰ) 새마을금고법령, 정관(예) 등 관련 법규를 준수하였는지, ⅱ) 사업계획서에 기재된 사업이 금고목적에 부합하는지, ⅲ) 임원으로 취임하는 자, 금고설립에 동의한 자 등의 자발적인 참여(명의대여의 경우 설립요건 미비)인지 여부 등을 확인하고 검토하여야 합니다. 따라서 인가요건 충족여부를 판단하

기 위하여 필요한 자료는 요구할 수 있다고 사료됩니다. [관련근거 : 행안부 : 지역
경제과-5189(2011. 07. 19)]23)

▶ 질의 회신 ◀
Q : 새마을금고의 인가가 군수를 경유하여 행안부장관에게 의견서를 송부
하는 것인지?
A : 정관변경과 관련하여 군수를 경유하여 행안부장관에게 의견서를 송부하
는 사항은 없으며, 기초자치단체장인 군수의 권한으로 정관변경인가가 종료됩니
다. [관련근거 : 행안부 : 온라인 질의회신(2012. 03. 13)]

▶ 질의 회신 ◀
Q : 새마을금고중앙회 의견 조회시 금고 설립인가 신청서류 공개범위는(다
수의 발기인 인적사항 등 개인정보 내재됨)?
A : 개인정보와 관련된 사항은 제공대상이 아니므로 삭제(성명, 주민번호, 주
소 등)하여 최소한의 필요한 부분만 공개하여야 합니다. 기타 사항에 대하여는
업무편람「설립신청검토」를 참조하여 필요에 따라 공개하시기 바랍니다. [관련근
거 : 행안부 : 지역경제과-8088(2011. 11. 09)]

▶ 질의 회신 ◀
Q : 새마을금고 설립인가서의 재발급이 가능한지?
A : 새마을금고법 시행규칙 제3조의 규정에서 "금고의 설립인가권자는 법
제7조 제1항 또는 법 제37조 제3항에 따라 설립을 인가하면 신청인에게 별지 제2
호 서식에 따른 설립인가서를 발급하여야 한다"라고 규정하고 있기 때문에 "인가
서의 재발급" 신청이 있는 경우 인가서를 재발급하여야 할 것입니다. [관련근거 :
행안부 : 지역경제과-2384(2012. 03. 29)]

▶ 질의 회신 ◀
Q : 새마을금고설립인가서를 재발급하여 주어야 하는 경우 재발급 근거 법

---
23) 행정안전부(2018), 46쪽.

령과 재발급 인가서 작성시점의 적용여부는?

　A : 인용 근거 법령은 새마을금고법 시행규칙 제3조의 규정에 근거하여 발급하면 가능할 것으로 사료되고, 재발급인가서 작성 시점 적용기준은 새마을금고(법인) 법률행위의 계속성(영속성) 등을 고려할 때 최초 인가서를 발급한 시점을 기준으로 재발급하여야 할 것으로 사료됩니다. [관련근거 : 행안부 : 지역경제과-2384(2012. 03. 29)]

　▶ 질의 회신 ◀

　Q : 새마을금고 설립인가서를 재발급할 경우 인가서 서식 및 서식에 포함된 내용적용방법은?

　A : 재발급 인가서에 기재할 내용은 공적장부인 새마을금고 "등기사항전부증명서(말소사항포함)" 또는 "사실 관계를 확인할 수 있는 증빙서류(최초 인가신청서 등)"를 새마을금고로부터 징구받아 이를 참조하여 기재하여야 할 것으로 사료됩니다. 다만, 현재(재발급)시점에서 공부(공적장부) 또는 사실관계를 확인할 수 있는 서류에 의하여 확인이 불가능한 경우에는 재발급 기준일 직전 총회개최일 기준으로 내용을 기재하여 재발급하면 될 것으로 사료됩니다. 따라서 새마을금고 설립인가서 기재사항 중 제1호(금고명칭), 제2호(대표자), 제6호(사무소의 소재지) 및 제7호(최초설립인가년월일)는 공적장부인 법인등기부등본을 확인하여 기재할 수 있을 것이고, 제3호(업무구역)는 최초인가신청서에 의하여 확인하여 기재할 수 있으며, 기타 확인이 불가능한 제4호(회원수) 및 제5호(총회개최일)는 재발급 기준일 직전 총회개최일 기준으로 기재하여 재발급하여야 할 것을 사료되고, 제7호(최초설립인가년월일) 및 제8호(교부사유)를 인가서 서식에 추가하여 기재하여야 할 것으로 사료됩니다.

　※ 참고적으로 인가서식의 기재방법은 별표와 같습니다. [관련근거 : 행안부 : 지역경제과-2384(2012. 03. 29)][24]

---

24) 행정안전부(2018), 47쪽.

Ⅲ. 인가취소

1. 취소사유

특별자치시장·특별자치도지사 또는 시장·군수·구청장은 금고가 ⅰ) 설립인가를 받은 날부터 90일이 지나도록 설립등기를 하지 아니한 경우(제1호), ⅱ) 거짓이나 그 밖의 부정한 방법으로 설립인가를 받은 경우(제2호), ⅲ) 설립인가의 요건을 갖추지 못하게 된 경우(제3호), ⅳ) 회원이 1년 이상 계속하여 100명 미만인 경우(제4호), ⅴ) 정당한 사유 없이 1년 이상 계속하여 사업을 시행하지 아니한 경우(제5호), ⅵ) 임직원에 대한 제재처분(제74조의2) 및 제74조의3 제1항25)에 따른 조치(제79조 제7항에 따라 준용되는 경우를 포함) 등을 이행하지 아니한 경우(제6호), ⅶ) 제79조 제6항에 따른 합병 권고를 받은 날부터 6개월 내에 총회의 의결을 거치지 아니한 경우(제7호)에는 새마을금고의 설립인가를 취소할 수 있다(법74의3② 본문). 다만, 위 ⅱ)의 경우에는 취소하여야 한다(법74의3② 단서).

2. 중앙회장의 의견 청취

특별자치시장·특별자치도지사 또는 시장·군수·구청장이 설립인가를 취소하려면 중앙회장의 의견을 들어야 한다(법74의3③).

3. 중앙회장의 인가취소 요청

회장은 금고가 인가취소 사유에 해당하는 경우에는 특별자치시장·특별자치도지사 또는 시장·군수·구청장에게 해당 금고의 설립인가 취소를 요청하여야 한다(법74의3④).

4. 인가취소의 공고

특별자치시장·특별자치도지사 또는 시장·군수·구청장은 금고의 설립인가

---

25) ① 주무부장관은 금고 또는 중앙회가 이 법 또는 이 법에 따른 명령을 위반하여 건전한 운영을 해칠 수 있다고 인정하는 경우에는 금고 또는 중앙회에 대하여 다음 각 호의 어느 하나에 해당하는 조치를 할 수 있다.
   1. 경고 또는 주의
   2. 위반행위에 대한 시정명령
   3. 6개월 이내의 업무의 전부 또는 일부 정지

를 취소한 경우에는 즉시 그 사실을 공고하여야 한다(법74의3⑤).

5. 인가취소와 청문

특별자치시장·특별자치도지사 또는 시장·군수·구청장이 설립인가를 취소하려면 미리 그 처분의 상대방 또는 그 대리인에게 의견을 진술할 기회를 주어야 한다(법83 본문). 다만, 그 처분의 상대방 또는 그 대리인이 정당한 사유 없이 이에 응하지 아니하거나 주소불명 등으로 의견 진술의 기회를 줄 수 없는 경우에는 그러하지 아니하다(법83 단서).

6. 인가취소와 해산

새마을금고는 설립인가의 취소사유가 있을 때에는 해산한다(법36(4)).

Ⅳ. 위반시 제재

금고나 중앙회의 임직원 또는 청산인이 감독기관의 인가나 승인을 받아야 하는 사항에 관하여 인가나 승인을 받지 아니하거나 인가가 취소된 후에도 업무를 계속하여 수행한 경우(제1호), 또는 총회나 이사회의 의결이 필요한 사항에 대하여 의결을 거치지 아니하고 집행한 경우(제4호)에는 3년 이하의 징역이나 3천만원 이하의 벌금에 처한다(법85②(1)(4)).

회 원

제1절 서설

회원은 법률적 개념으로는 새마을금고의 구성원이며, 경제적 개념으로는 사업과 경영의 주체로서 소유자이고 이용자인 동시에 운영자이며, 운영자라는 근본사상을 기초로 하여 새마을금고에 관한 법률관계를 규율하고 있다. 즉 회원은 새마을금고의 소유자·이용자·운영자의 지위를 동시에 가진다. 이는 새마을금고가 주식회사와 구별되는 가장 큰 특징이다.[1]

새마을금고의 회원은 자연인뿐만 아니라 법인·단체도 회원이 될 수 있으며, 이 경우 법인·단체의 대표자가 회원으로서 그 법인·단체의 의사를 총회에서 행사할 수도 있고 대리인이 선임된 경우에는 대리인이 그 의사를 총회에서 행사할 수도 있다.

새마을금고는 회원의 인적 결합체로서 회원에 의해 소유되고 운영된다. 회원은 소유자이며 운영자로서 새마을금고 소유지배구조에 있어서 가장 기본적인

---

1) 김규호(2016), "신용협동조합 지배구조의 문제점과 개선방안", 한밭대학교 창업경영대학원 석사학위논문(2016. 2), 28쪽.

구성요소이다. 회원은 소유자로서 새마을금고의 자본조달에 대한 책임을 진다. 또한 임원선거에서 새마을금고의 경영자와 감독자를 선임하는 중요한 역할을 한다.[2]

제2절 자격 등

Ⅰ. 자격

금고의 회원은 그 금고의 정관으로 정하는 업무구역에 주소나 거소가 있는 자 또는 생업에 종사하는 자로서 출자 1좌 이상을 현금으로 납입한 자로 한다(법9①).

1. 지역금고

지역금고의 회원은 본 금고의 업무구역 안에 주소나 거소가 있는 자 또는 생업에 종사하는 자(법인·단체에 소속된 자 포함) 중에서 회원으로 가입한 자로 한다(법9①, 정관예8). 또는 지역금고의 회원은 ○○(단체명·시장·상가명)에 소속된 자와 그의 배우자 및 직계혈족인 자 중에서 회원으로 가입한 자로 한다(법9①, 정관예8).

2. 직장금고

직장금고의 회원은 ○○(공공기관명, 법인·조합 등의 직장명)에 소속된 자와 그의 배우자 및 직계혈족인 자 또는 ○○과 협력관계에 있는 법인·단체에 소속된 자 중에서 회원으로 가입한 자로 한다(법9①, 정관예8).

▶ 질의 회신 ◀

Q : 새마을금고 정관으로 정하는 업무구역이 "○○시"인 경우, 회원의 주소

---

2) 김규호(2016), 52쪽.

가 ○○시 ○○면 ○○번지로 되어 있으나 실제 거주하지 아니하고 주민등록상 주소만 ○○시 ○○면 ○○번지로 되어 있는 경우에도 업무구역에 주소가 되어 있는 경우로 보아 회원자격에 문제가 되지 않는지?

A : 새마을금고법에서는 주소의 개념에 대하여 별도로 규정하고 있지는 않으나 「민법」 제18조 제1항에서 주소의 개념을 생활의 근거가 되는 곳으로 규정하고 있습니다. 그리고 「새마을금고법」 제9조에 따라 동일한 행정구역, 경제권 또는 생활권을 금고의 업무구역으로 하고 있으며, 업무구역에 주소나 거소가 있는 자 또는 생업에 종사하는 자를 회원으로 보고 있으므로 지역을 기반으로 하는 새마을금고의 특성상 금고의 회원은 해당 시역을 생활의 근거로 삼고 있는 자가 되어야 한다고 봄이 타당하다고 판단됩니다.

따라서 실제 거주하지 아니하고 주민등록상 주소만 되어 있는 경우에는 그 주소가 실제생활의 근거인지 여부를 객관적인 사실관계 입증을 통해 회원자격여부를 판단하여야 함이 바람직한 것으로 판단됩니다. [관련근거 : 안전행정부 지역경제과-7556(2013. 12. 09)]3)

Ⅱ. 가입

금고는 정당한 사유 없이 회원이 될 수 있는 자격을 가진 자의 가입을 거절할 수 없으며, 가입에 관하여 필요한 사항은 정관으로 정한다(법9③).

1. 가입신청서 제출

금고의 회원으로 가입하고자 하는 자는 ⅰ) 주소 또는 거소, 성명 및 주민등록번호(제1호), ⅱ) 회원가입시에 출자하고자 하는 출자 좌수(제2호)의 사항을 기재한 회원가입신청서를 금고에 제출하여야 한다(법9③, 정관예9①).

2. 자격심사

금고가 회원가입신청서를 접수한 때에는 이를 심사하여 회원 자격에 적합하다고 판단될 때에는 출자좌수에 상응한 출자금을 납입하게 하고 지체 없이 회원

---

3) 행정안전부(2018), 53쪽.

명부에 회원으로 등재하여야 한다(법9③, 정관예9②).

3. 주소나 거소 또는 생업 종사 여부 확인

회원 자격 유무를 심사하는 경우 회원가입신청서에 기재된 주소나 거소 또는 생업 종사 여부를 확인할 수 있는 서류를 징구하여야 한다(법9③, 정관예9③).

4. 출자금 납입

회원가입을 신청한 자는 출자금을 납입함으로써 금고의 회원이 된다(법9③, 정관예9④).

Ⅲ. 탈퇴

1. 임의탈퇴

회원은 언제라도 서면으로 탈퇴의 뜻을 통고하고 탈퇴할 수 있다(법10①, 정관예12①).

2. 당연탈퇴

회원이 ⅰ) 사망한 경우(법인은 해산한 경우)(제1호), ⅱ) 파산선고를 받은 경우(제2호), ⅲ) 피성년후견인이 된 경우(제3호), ⅳ) 회원의 자격을 잃은 경우(제4호)의 어느 하나에 해당하는 경우에는 당연히 금고에서 탈퇴한 것으로 본다(법10②).

3. 자격상실

회원의 당연탈퇴 사유인 자격상실(법10②(4))에 관한 사항은 정관으로 정한다(법10③). 자격상실의 요건은 ⅰ) 업무구역에 속하지 아니한 때(제1호), ⅱ) 출자좌수가 1좌 미만이 될 때(제2호)의 어느 하나와 같다(정관예12②).

Ⅳ. 제명

1. 제명 사유

회원이 ⅰ) 1년 이상의 장기간에 걸쳐 대출금 상환을 지체한 경우(제1호), ⅱ) 금고의 사업집행을 고의로 방해한 사실이 입증된 경우(제2호), ⅲ) 2년 이상 계속하여 금고의 사업을 이용하지 아니한 경우(제3호), ⅳ) 고의 또는 중대한 과실로 금고에 직접적인 재산상의 손해를 끼친 경우(제4호)의 어느 하나에 해당하는 경우에는 총회의 의결로 제명할 수 있다(법10의2①).

2. 제명 사유의 통지 및 의견진술 기회 부여

금고는 회원을 제명하려면 총회 개최일 10일 전까지 그 회원에게 제명의 사유를 알리고 총회에서 의견을 진술할 기회를 주어야 한다(법10의2②).

3. 회원가입 제한

제명된 자에 대하여 해당 금고는 제명된 날부터 2년 간 회원가입을 제한할 수 있다(법10의2③).

Ⅴ. 의결 취소의 소 등

1. 의결 취소 또는 무효확인의 사유

회원은 총회(창립총회를 포함)의 소집 절차, 의결방법, 의결내용 또는 임원의 선거가 법령이나 법령에 따른 행정처분 또는 정관을 위반한 것을 사유로 하여 그 의결이나 선거에 따른 당선의 취소 또는 무효확인을 청구하는 소(訴)를 제기할 수 있다(법11의2①).

2. 상법의 준용

소에 관하여는 상법 제376조(결의취소의 소), 제377조(제소주주의 담보제공의무), 제378조(결의취소의 등기), 제379조(법원의 재량에 의한 청구기각), 제380조(결의무효 및 부존재확인의 소), 제381조(부당결의의 취소, 변경의 소)를 준용한다(법11의2②).

제3절 책임

회원의 책임은 그 출자액을 한도로 한다(법9⑩).

제4절 의결권 및 선거권

Ⅰ. 평등한 의결권과 선거권 보유

회원은 출자좌수에 관계없이 평등한 의결권과 선거권을 가진다(법9⑤ 본문).

Ⅱ. 의결권과 선거권 제한

미성년자 또는 본 금고에 회원으로 가입한 후 6월이 경과되지 아니한 회원은 의결권과 선거권을 가지지 아니한다(법9⑤ 단서, 정관예10① 단서).

Ⅲ. 의결권의 대리

1. 의결권의 대리행사

회원은 다른 회원을 대리인으로 하여 의결권을 행사할 수 있다(법9⑥ 전단). 이 경우 한 회원이 대리할 수 있는 회원의 수는 2명을 초과할 수 없다(법9⑥ 후단).

2. 대리인의 자격

회원은 다른 회원을 대리인으로 하여 그의 의결권을 행사할 수 있다(정관예10② 전단). 이 경우 그 회원은 출석한 것으로 본다(정관예10② 후단). 다만, 제24조의 단서(＝재적회원이 300인을 초과하는 경우에는 151인 이상 출석으로 개의하고 출석회원 과반수의 찬성으로 의결)의 규정에 의하여 개의 및 의결하는 경우에는 그러하지 아니하다(정관예10② 단서).

3. 대리권의 증명

1회원이 대리할 수 있는 회원의 수는 2인 이내로 하고 대리인은 대리권을 증명하는 서면을 금고에 제출하여야 한다(정관예10③).

4. 관련 판례

** 대법원 1998. 10. 13. 선고 97다44102 판결

[1] 새마을금고의 회원으로부터 대리인이 기재되지 않은 백지위임장이 제출되고 총회시까지 대리인이 보충기재되지 아니한 경우, 그 위임장을 소지한 자를 대리인으로 지정한 것으로 보아야 할 것인지 여부(적극): 새마을금고법과 정관에 따라 새마을금고의 회원이 다른 회원을 대리인으로 하여 의결권 등을 행사함에 있어 미리 대리인을 지정하지 아니하고 위임장 소지인으로 하여금 대리권을 행사하게 할 의도로 위임장에 대리인의 성명을 기재하지 아니한 경우, 총회 개최시까지 위임장에 대리인의 성명이 보충되지 아니하였다고 하더라도 그 위임장을 소지한 자를 대리인으로 지정한 것으로 보아야 할 것이므로 그 위임장을 소지한 자가 총회에 출석한 이상 그 회원 역시 총회에 출석한 것으로 보아야 한다.

[2] 새마을금고의 회원으로부터 대리인이 기재되지 않은 백지위임장이 제출되었으나 그 위임장을 소지한 대리인이 실제 정기총회에 출석하지 아니한 경우 본인이 출석한 것으로 볼 수 있는지 여부(소극): 새마을금고의 회원이 대리인의 성명을 기재하지 아니한 위임장을 제출한 경우 그 회원이 총회에 출석한 것으로 보는 것은 그로부터 대리권을 수여받은 대리인이 총회에 출석하였음을 전제로 하는 것이므로, 대리인이 기재되지 아니한 위임장을 제출한 회원들을 대리할 회원이 지정되고 나아가 그들이 총회에 출석하였음을 인정할 수 없는 경우에는, 회원이 새마을금고로 하여금 대리인을 지정하게 하여 그 대리인으로 하여금 의결권 등을 행사하도록 하기 위하여 새마을금고에게 대리인의 성명이 기재되지 아니한 위임장을 제출하였다는 사실만으로는 그 회원이 총회에 출석한 것으로 볼 수 없다.

제
3
장

출 자

제1절 종류 및 내용

Ⅰ. 출자금

1. 1좌 이상 출자

금고의 회원은 출자 1좌 이상을 현금으로 납입한 자로 한다(법9①). 금고의 자본금은 회원이 납입한 출자금(제9조의2의 출자배당금의 출자전환에 따른 출자금을 포함), 회전출자금 및 우선출자금(누적되지 아니하는 것만 해당)의 총액으로 한다(법 9⑪).[1]

2. 출자 1좌의 금액

출자 1좌의 금액은 정관으로 정한다(법9④ 전단). 정관예에 따르면 금고의 출자 1좌의 금액은 ○○○원으로 한다(정관예15①).

회원의 출자 1좌당 금액은 설립하려는 금고의 자본금 규모와 창립 당시의

---

1) [개정 2023. 4. 11.][시행일: 2023. 10. 12.]

회원수에 따라 달라질 수 있으나, 출자금액이 너무 크면 회원에게 부담이 되고 지나치게 작으면 회원들의 책임감이 약해지는 단점이 있으므로 신중을 기하되 현재 상당수의 금고가 출자 1좌당 금액을 1만원 정도로 하고 있다.[2]

3. 회원 1인당 출자한도

한 회원이 가질 수 있는 출자좌수의 최고한도는 총출자좌수의 15%를 초과할 수 없다(법9④ 후단).

4. 질권설정 금지

출자금은 질권의 목적이 될 수 없다(법9⑧).

5. 상계 금지

회원이 금고에 납입할 출자금은 금고에 대한 채권과 상계하지 못한다(법9⑦).

6. 출자금 납입방법

출자금은 현금으로 납입하여야 한다(정관예15② 본문). 다만, 회원의 편의를 위해 회원가입시 납입하는 출자금 외의 출자금은 이를 분할하여 납입하게 할 수 있다(정관예15② 단서).

Ⅱ. 출자배당금의 출자전환

금고는 정관으로 정하는 바에 따라 회원의 출자액에 대한 배당금액의 전부 또는 일부를 그 회원으로 하여금 출자하게 할 수 있다(법9의2 전단). 이 경우 그 회원은 배당받을 금액을 금고에 대한 채무와 상계할 수 없다(법9의2 후단).[3]

---

2) 행정안전부(2018), 40쪽.
3) [제9조의2 신설 2023. 4. 11.][시행일: 2023. 10. 12.]

Ⅲ. 회전출자

금고는 출자 외에 정관으로 정하는 바에 따라 그 사업의 이용실적에 따라 회원에게 배당할 금액의 전부 또는 일부를 그 회원으로 하여금 출자하게 할 수 있다(법9의3 전단). 이 경우 그 회원은 배당받을 금액을 금고에 대한 채무와 상계할 수 없다(법9의3 후단).[4]

Ⅳ. 우선출자

1. 서설

(1) 의의

우선출자란 우선적 배당을 받을 목적으로 하는 출자로서 회원보다 우선적으로 배당을 받는 출자를 말한다.

(2) 제도적 취지

우선출자제도의 도입은 자본조달 능력이 취약한 금고의 현실을 고려하여 자본금의 확충으로 금고의 경영안정과 사업 활성화를 도모하기 위함이다.

2. 우선출자 발행 등

(1) 우선출자 발행

금고는 자기자본의 확충을 통한 경영의 건전성을 도모하기 위하여 정관으로 정하는 바에 따라 잉여금배당에서 우선적 지위를 가지는 우선출자를 하게 할 수 있다(법9의4①).[5]

금고의 우선출자에 관하여는 제70조의2 제2항부터 제4항까지 및 제70조의3부터 제70조의6까지를 준용한다(법9의4②).

(2) 우선출자 1좌의 금액 및 우선출자의 총액

우선출자 1좌의 금액은 출자 1좌의 금액과 같아야 하며, 우선출자의 총액은

---

4) [제9조의3 신설 2023. 4. 11.][시행일: 2023. 10. 12.]
5) [제9조의4 신설 2023. 4. 11.][시행일: 2023. 10. 12.]

납입 출자금의 2분의 1을 초과할 수 없다(법9의4②, 법70의2②).

(3) 의결권과 선거권 불인정

우선출자자는 의결권 및 선거권이 없다(법9의4②, 법70의2③).

(4) 우선출자에 대한 배당과 배당률

우선출자에 대한 배당은 출자에 대한 배당보다 우선하여 실시하되, 그 배당률은 정관으로 정하는 최저배당률과 최고배당률 사이에서 정기총회에서 정한다(법9의4②, 법70의2④).

(5) 우선출자 발행사항의 공고

금고는 우선출자를 하게 할 때에는 우선출자의 납입일 2주 전까지 발행하려는 우선출자증권의 내용, 좌수(座數), 발행가액, 납입일 및 모집방법을 공고하고 출자자와 우선출자자에게 알려야 한다(영41의2).

3. 우선출자의 청약 등

(1) 우선출자의 청약

우선출자의 청약을 하려는 자는 우선출자청약서에 인수하려는 우선출자의 좌수 및 인수가액과 주소를 적고 기명날인 또는 서명하여야 한다(영41의3①).

우선출자청약서의 서식은 이사장이 정하되, ⅰ) 금고의 명칭(제1호), ⅱ) 출자 1좌의 금액 및 총좌수(제2호), ⅲ) 우선출자 총좌수의 최고한도(제3호), ⅳ) 이미 발행한 우선출자의 종류 및 종류별 좌수(제4호), ⅴ) 발행하려는 우선출자증권의 발행가액 및 납입일(제5호), ⅵ) 발행하려는 우선출자의 액면금액·내용 및 좌수(제6호), ⅶ) 우선출자의 매입소각을 하는 경우에는 그에 관한 사항(제7호)이 포함되어야 한다(영41의3②).

(2) 우선출자 금액의 납입 등

우선출자의 청약을 한 자는 이사장이 배정한 우선출자의 좌수에 대하여 우선출자를 인수할 수 있다(영41의4①). 이에 따라 우선출자를 인수하려는 자는 납입일까지 우선출자 발행가액 전액을 납입하여야 한다(영41의4②).

우선출자를 인수한 자는 우선출자 발행가액의 납입일의 다음 날부터 우선출자자가 된다(영41의4③).

4. 우선출자증권의 발행 등

(1) 우선출자증권의 발행

금고는 우선출자의 납입기일 후 지체 없이 우선출자증권을 발행하여야 한다(법9의4②, 법70의3①). 우선출자증권("증권")은 기명식으로 하되, 우선출자의 전액을 납입한 후가 아니면 증권을 발행할 수 없다(영41의5).

(2) 우선출자증권의 기재사항

증권에는 ⅰ) 금고의 명칭(제1호), ⅱ) 우선출자의 액면금액(제2호), ⅲ) 우선출자의 내용(제3호), ⅳ) 증권번호(제4호), ⅴ) 발행 연월일(제5호), ⅵ) 우선출자 좌수(제6호), ⅶ) 우선출자자의 성명(법인인 경우에는 법인의 명칭)(제7호)을 적고 이사장이 기명날인 또는 서명하여야 한다(영41의6).

(3) 우선출자자명부의 비치 및 기재사항

이사장은 우선출자자명부를 작성하여 주된 사무소에 갖추어 두어야 한다(법9의4②, 법70의3②).

금고는 주된 사무소에 우선출자자명부를 갖추어 두고 ⅰ) 증권소유자의 성명과 주소(제1호), ⅱ) 증권의 수와 번호(제2호), ⅲ) 증권의 취득 연월일(제3호)을 적어야 한다(영41의7).

(4) 우선출자자명부의 열람 및 사본 청구

회원, 우선출자자 또는 금고의 채권자는 영업시간 내에 우선출자자명부를 열람할 수 있으며, 금고에서 정한 비용을 내고 그 사본을 청구할 수 있다(법9의4②, 법70의3③).

5. 우선출자의 매입소각

금고는 이사회의 의결을 거쳐 우선출자를 매입하여 소각할 수 있다(영41의8).

6. 우선출자자의 책임

우선출자자의 책임은 그가 가진 우선출자의 인수가액(引受價額)을 한도로 한다(법9의4②, 법70의4).

7. 우선출자의 양도

(1) 양도와 그 효력

우선출자는 양도할 수 있다(법9의4②, 법70의5① 본문). 다만, 우선출자증권 발행 전의 양도는 금고에 대하여 효력이 없다(법9의4②, 법70의5① 단서).

(2) 양도방법

우선출자를 양도하는 때에는 우선출자증권을 교부하여야 한다(법9의4②, 법70의5②).

(3) 점유자의 소지인 추정

우선출자증권의 점유자는 적법한 소지인으로 추정한다(법9의4②, 법70의5③).

(4) 증권 명의변경의 대항력

우선출자증권의 명의변경은 취득자의 성명과 주소를 우선출자자명부에 등록하고 그 성명을 증권에 적지 아니하면 금고나 그 밖의 제3자에게 대항하지 못한다(법9의4②, 법70의5④).

(5) 등록질권의 대항력

우선출자증권을 질권의 목적으로 하는 경우에는 질권자의 성명 및 주소를 우선출자자명부에 등록하지 아니하면 금고나 그 밖의 제3자에게 대항하지 못한다(법9의4②, 법70의5⑤).

8. 우선출자자 총회

(1) 정관변경

금고는 정관이 변경되어 우선출자자에게 손해를 미치게 되는 경우에는 우선출자자총회의 의결을 받아야 한다(법9의4②, 법70의6①).

(2) 의결정족수

우선출자자 총회의 의결은 발행한 우선출자 총좌수의 과반수의 출석과 출석한 출자좌수의 3분의 2 이상의 찬성이 있어야 한다(법9의4②, 법70의6②).

(3) 운영사항

우선출자자 총회의 운영 등에 필요한 사항은 정관으로 정한다(법9의4②, 법70의6③).

9. 통지와 최고

우선출자 신청인 또는 우선출자자에 대한 통지나 최고는 따로 그 주소를 금고에 통지한 경우를 제외하고는 우선출자청약서 또는 우선출자자명부에 적힌 주소로 한다(영41의9).

제2절 출자금의 환급 등

Ⅰ. 환급청구권과 환급정지

1. 금고의 환급 의무

임의탈퇴한 회원(당연탈퇴한 것으로 보는 경우와 제명된 경우를 포함)은 정관으로 정하는 바에 따라 그의 예탁금 및 적금의 환급을 청구할 수 있다(법10④). 이에 따라 금고는 탈퇴 또는 제명된 회원의 청구에 따라 그의 예탁금 및 적금을 환급한다(정관예14①).

2. 환급청구권의 행사시기

임의탈퇴한 회원은 탈퇴 당시 회계연도 다음 회계연도부터 정관으로 정하는

바에 따라 출자금의 환급을 청구할 수 있다(법10⑤). 이에 따라 탈퇴 또는 제명된
회원은 출자금 및 그에 대한 배당금을 탈퇴 또는 제명된 날이 속하는 회계연도
의 결산총회 의결 후 환급할 수 있다(정관예14②).

3. 환급청구권의 행사기간

출자금 환급청구권은 환급을 청구할 수 있는 날부터 출자금은 2년간, 예탁
금·적금은 5년간 행사하지 아니하면 시효의 완성으로 소멸한다(법10⑦).

4. 환급정지

탈퇴 또는 제명된 회원이 금고에 대하여 채무가 있을 때에는 환급을 정지할
수 있다(정관예14④).

5. 자본금 감소와 출자금 감액 지급

금고의 자본금이 감소된 경우에는 탈퇴회원의 출자금을 감액하여 지급할 수
있다(정관예14⑤).

Ⅱ. 탈퇴 회원의 손실액 부담

금고는 금고의 재산으로 그 채무를 다 갚을 수 없는 경우에는 출자금을 환
급할 때 탈퇴하거나 제명된 회원이 부담하여야 할 손실액을 빼고 환급할 수 있
다(법10⑥, 정관예14⑥ 전단). 이 경우 손실액 계산은 중앙회장이 정하는 바에 따른
다(정관예14⑥ 후단).

Ⅲ. 우선변제

금고는 회원이 금고에 대한 채무를 이행하지 아니하면 그 회원의 출자금·
예탁금 및 적금에서 우선변제를 받는다(법11).

제3절 출자금의 양도

Ⅰ. 회원간 양도

회원은 이사장의 승인을 받아 그의 출자금을 다른 회원에게 양도할 수 있다
(법9⑨ 전단). 출자금의 양도·양수는 금고의 회원 간에 한하며 회원이 출자금을
양도·양수하고자 할 때에는 이사장의 승인을 얻어야 한다(정관예16①).

Ⅱ. 권리의무의 승계

출자금을 양수한 회원은 그 출자금을 양도한 회원의 출자금에 관한 재산상
의 권리의무를 승계한다(법9⑨ 후단, 정관예16②).

Ⅲ. 출자금의 공유 금지

출자금은 이를 공유할 수 없다(정관예16③).

지배구조

제1절 서설

Ⅰ. 의의

새마을금고법은 새마을금고의 지배구조에 대하여 지역금고와 직장금고를 포함한 새마을금고와 중앙회를 구분하여 별도로 규정하고 있다. 새마을금고는 회원이 출자하여 설립한 1차 금고이고, 중앙회는 1차 금고들이 출자하여 설립한 2차 금고에 해당하므로 협동조합이라는 본질에서는 동일하다. 그러나 양자는 규모나 역할, 사업의 전개 방식 등에서 비교할 수 없는 차이가 있기 때문에 지배구조의 내용에 있어서도 상당한 차이가 있다.

지배구조는 새마을금고와 중앙회로 구분하여 설명할 수 있다. 금고(중앙회)는 의사결정기관으로 총회·대의원회, 업무집행기관으로 이사회, 이사장(회장) 및 상근이사(신용공제대표이사, 지도이사, 전무이사 등), 그리고 감독기관으로 감사(감사위원회)를 두고 있다. 금고의 사업규모에 따라 전문성의 강화를 위하여 상근이사, 사외이사를 두도록 하고 있다. 중앙회도 이사회 운영의 전문성과 효율성을 도모하기 위하여 인사추천위원회를 두고 있다.

새마을금고법은 금고의 기관구성과 관련하여 금고의 의사를 결정하는 총회 (법12①) 또는 총회에 갈음하여 조합의 의사를 결정하는 대의원회(법16), 금고의 업무집행에 관한 의사결정기관인 이사회(법17)와 금고의 대표기관인 이사장(상근 이사)(법18), 금고의 재산과 업무집행상황을 감사하는 감사(법18)에 대하여 규정하고 있다. 금고의 총회는 금고의 의사를 결정하는 의사결정기관이며 금고에 반드시 있어야 하는 필수적인 법정기관이다.

Ⅱ. 구성

1. 총회와 대의원회

금고의 총회는 이사장을 포함한 회원 전원으로 구성되고 임원의 선출이나 정관의 변경 등과 같은 중요한 사항을 의결하는 최고의사결정기관이다(법12). 금고는 정관으로 정하는 바에 따라 일정한 사항을 제외하고 총회의 의결에 관하여 총회를 갈음하는 대의원회를 둘 수 있다(법16). 회원은 출자액의 많고 적음에 관계없이 금고의 결의와 선거에 있어서 평등한 선거권 및 의결권을 갖는다(법9). 이는 협동조합의 기본원칙에 따른 것으로서 주식회사에서 주식수에 따라 의결권을 부여하는 것과는 구별된다. 1인 1표제는 금고가 인적 결합체라는 특성을 반영한 것으로서 금고의 민주성을 실현하는 내용이다.

금고는 회원의 인적결합체로서 사업활동이나 운영이 전체 구성원의 통합된 의사에 따라 이루어져야 한다. 총회는 개별 회원의 의사를 금고 전체의 의사로 묶어 내는 장치로서 전체 회원으로 구성되고 총회 의결로 금고의 조직·운영에 관한 기본적인 사항과 경영에 관한 중요사항을 결정하는 금고의 최고의사결정기관이 법정기관이다.

총회는 필수기관으로 반드시 금고에 두어야 하고 정관변경, 해산·합병 등 금고의 존립에 관한 기본적인 사항의 결정과 총회에서 결정하는 정관으로 다른 기관에 위임하지 않은 것은 총회의 의결에 의해서만 가능하다. 이러한 의미에서 총회는 금고의 최고기관이다. 다만 권한분배에 관한 규정에 의해 부여된 금고의 각 기관의 권한을 침해할 수는 없다. 이는 각 기관의 독립적 기능을 확보하기 위한 것이다.

새마을금고는 정관에 의하여 일정한 사항 이외의 사항에 대하여 총회에 갈음하는 대의원회를 둘 수 있으며 대의원회의 행위는 총회와 동일한 법적 효력이 있다. 대의원회는 구성원의 수가 많고 구역이 광범위할 경우 총회 소집장소, 결의방법 등에서 발생할 수 있는 번잡과 비능률을 피하기 위하여 채택하는 대의제도이다. 대의원회는 이사장과 대의원으로 구성되며 대의원은 회원이어야 하며 대리할 수 없으며, 대의원의 자격, 선임방법을 정관에 정하도록 하고 있다.

2. 이사회와 이사장

(1) 이사회

이사회는 금고의 업무집행에 관한 주요사항의 의사결정과 이사회의 의결사항에 대한 이사장(상근이사)의 업무집행상황을 감독하는 회의체기관이자 필수기관이다(법17). 금고에서 이사회를 둔 취지는 총회소집의 번잡함을 피함과 동시에 이사장의 독단을 방지하고 업무집행에 신중을 기하여 합리적인 운영을 도모하려는 것이다.

(2) 이사장

이사장은 금고를 대표하며 업무를 집행하는 대표기관이자 업무집행기관이다. 다만 이사장이 상근인 경우로서 상근이사를 두는 경우에는 이사장은 정관으로 정하는 바에 따라 업무의 일부를 상근이사에게 위임·전결을 처리하도록 하여야 하며, 이사장이 비상근인 경우에는 상근이사가 업무를 집행한다. 이 경우에는 상근이사가 이사장을 대신하여 업무의 전부 또는 일부를 집행하는 기관이 된다. 이사장은 상근 또는 비상근으로 할 수 있다(법18③).

이사장은 금고를 대표하며 회원 중에서 회원이 총회 또는 총회 외에서 투표로 직접 선출, 대의원회가 선출, 이사회가 이사 중에서 선출할 수 있다.

3. 감사

새마을금고의 감사는 금고의 재산과 업무집행상황을 감사하는 감사기관으로 3명 이하를 둘 수 있으며, 상근 또는 비상근으로 할 수 있다. 감사는 반드시 두어야 하는 필수적 법정기관이며, 독임기관이고 상설기관이다. 금고의 감사는 1

인을 상근으로 할 수 있고 2인 모두를 비상근으로 할 수 있으나 자산 등 사업규모가 대통령령으로 정하는 기준 이상에 해당하는 새마을금고에는 회원이 아닌 상근감사 1명을 두어야 한다. 상근감사는 인사추천위원회의 추천을 거쳐 총회에서 선출하며 감사의 임기는 3년이다.

감사는 재산 상황이나 업무집행에 부정한 사실이 있는 것을 발견하면 총회에 보고하여야 하고, 그 내용을 총회에 신속히 보고하여야 할 필요가 있으면 정관으로 정하는 바에 따라 조합장에게 총회의 소집을 요구하거나 총회를 소집할 수 있다. 또한 감사는 새마을금고의 재산과 업무집행상황을 감사하며, 전문적인 회계감사가 필요하다고 인정되면 중앙회에 회계감사를 의뢰할 수 있다.

제2절 총회와 대의원회

Ⅰ. 정기총회와 임시총회

금고에 총회를 두며(법12①), 총회는 회원으로 구성하며 이사장이 소집한다(법12③).

1. 정기총회 소집

정기총회는 매 사업연도 종료 후 2개월 이내에 개최하며, 그 일시 및 장소는 이사회에서 정한다(법12②, 정관예18).

2. 임시총회 소집

임시총회는 ⅰ) 이사장이 필요하다고 인정한 때(제1호), ⅱ) 이사회가 필요하다고 인정하여 서면으로 소집을 요구한 때(제2호), ⅲ) 회원 3분의 1 이상이 그들의 대표자를 선임한 후 회의의 목적과 이유를 기재하고 서명날인한 서면으로 그 소집을 요구한 때(제3호), ⅳ) 감사가 감사결과 금고의 재산 상황 또는 업무집행에 부정한 사실이 발견되어 그 내용을 총회에 신속히 보고할 필요가 있다고 판단(감사가 2인 이상인 경우에는 합의하여 판단)하여 회의의 목적과 소집 이유를 적

은 서면으로 그 소집을 요구한 때(제4호), ⅴ) 중앙회장이 법 제79조(중앙회의 금
고에 대한 지도·감독) 제1항의 규정에 의한 감독상 필요하여 그 소집을 요구한 때
(제5호)에 이사장이 이를 소집한다(법12②, 정관예19①).

위의 ⅱ), ⅲ), ⅳ)에 의한 요구가 있을 때에는 이사장은 2주일 이내에 총회
를 개최하여야 한다(정관예19②).

Ⅱ. 총회 의결사항 등

1. 총회 의결사항

다음의 사항, 즉 ⅰ) 정관의 변경(제1호), ⅱ) 해산, 합병 또는 휴업(제2호),
ⅲ) 임원의 선임(이사장의 선임은 정관으로 이사장을 총회에서 선출하도록 한 경우로
한정)과 해임(제3호), ⅳ) 기본재산의 처분(제4호), ⅴ) 결산보고서(사업보고서·재무
상태표·손익계산서와 잉여금처분안 또는 손실금처리안을 포함)의 승인(제5호), ⅵ) 사
업계획, 예산의 결정(제6호), ⅶ) 경비의 부과와 징수 방법(제7호), ⅷ) 규약의 제
정·변경 및 이사회가 정하는 중요한 사항(제8호)은 총회의 의결이 있어야 한다
(법12④, 정관예25).

위 ⅳ)에서 기본재산이란 업무용 부동산과 이사회의 의결로 기본재산으로
정한 재산을 말한다(정관예26①). 기본재산의 처분이라 함은 기본재산을 매도·증
여·교환 또는 담보 제공하는 행위를 말한다(정관예26②).

2. 정관변경의 인가와 효력 발생

위의 정관의 변경은 회장을 거쳐 특별자치시장·특별자치도지사 또는 시장·
군수·구청장의 인가를 받지 아니하면 그 효력을 발생하지 아니한다(법12⑤).

(1) 정관변경 인가신청

금고는 정관의 변경인가를 받으려는 경우에는 정관 변경인가 신청서에 ⅰ)
정관 변경 내용과 그 변경 사유를 적은 서류(제1호), ⅱ) 정관 변경안(제2호), ⅲ)
정관의 변경을 의결한 총회의 의사록 사본(제3호)을 첨부하여 회장을 거쳐 특별
자치시장·특별자치도지사 또는 시장·군수·구청장에게 정관의 변경인가를 신청
해야 한다(영4의2①).

(2) 중앙회장의 의견 첨부와 제출 기간

회장은 정관 변경인가 신청서를 받은 날부터 30일 이내에 의견을 붙여 특별자치시장·특별자치도지사 또는 시장·군수·구청장에게 제출해야 한다(영4의2②).

(3) 변경인가 여부의 금고 통지 기간

특별자치시장·특별자치도지사 또는 시장·군수·구청장은 회장으로부터 정관 변경인가 신청서를 받은 날부터 60일 이내에 변경인가 여부를 금고에 알려야 한다(영4의2③).

Ⅲ. 총회의 개의와 의결

1. 총회의 보통결의

총회는 새마을금고법에 다른 규정이 있는 경우 외에는 재적회원 과반수의 출석으로 개의하고 출석회원 과반수의 찬성으로 의결한다(법13① 본문).

재적회원이 300명을 초과하는 경우에는 151명 이상 출석으로 개의하고 출석회원 과반수의 찬성으로 의결할 수 있다(법13① 단서).

2. 총회의 특별결의

ⅰ) 정관의 변경(법12④(1)), ⅱ) 해산, 합병 또는 휴업(법12④(2))은 재적회원 과반수(재적회원이 300명을 초과하는 경우에는 151명 이상의 회원)의 출석과 출석회원 3분의 2 이상의 찬성으로 의결하여야 한다(법13②).

Ⅳ. 총회의 소집

1. 회원의 소집 요구

회원은 회원 3분의 1 이상의 동의를 받아 회의의 목적과 이유를 적고 서명날인한 서면을 제출하여 임시총회의 소집을 이사장에게 요구할 수 있다(법14①).

회원의 총회 소집 요구가 있으면 이사장은 요구가 있는 날부터 2주일 이내에 총회를 개최하여야 한다(법14③).

2. 감사의 소집 요구

감사는 감사를 실시한 결과 금고의 재산 상황 또는 업무집행에 부정한 사실이 발견되어 그 내용을 총회에 신속히 보고할 필요가 있을 때에는 회의의 목적과 소집 이유를 적은 서면을 제출하여 총회의 소집을 이사장에게 요구할 수 있다(법14②).

감사의 총회 소집 요구가 있으면 이사장은 요구가 있는 날부터 2주일 이내에 총회를 개최하여야 한다(법14③).

3. 감사의 총회소집

총회를 소집할 자가 없거나 이사장의 총회 개최 기간인 2주일 이내(법14③)에 정당한 사유 없이 이사장이 총회를 개최하지 아니하면 감사가 5일 이내에 총회를 소집하여야 하며, 이 경우 감사가 의장의 직무를 대행한다(법14④).

감사가 총회를 소집할 때에는 소집 공고 전에 회장에게 알려야 한다(법14⑥).

4. 회원대표의 총회소집

감사가 총회 소집 기간인 5일 이내(법14④)에 총회를 소집하지 아니하면 총회 소집을 요구한 회원의 대표가 총회를 개최하며, 이 경우 그 회원의 대표가 의장의 직무를 대행한다(법14⑤).

회원대표가 총회를 소집할 때에는 소집 공고 전에 회장에게 알려야 한다(법14⑥).

5. 중앙회장의 총회소집

중앙회장이 법 제79조(중앙회의 금고에 대한 지도·감독) 제1항의 규정에 의한 감독상 필요하여 그 소집을 요구하였음에도 이사장이 총회를 소집하지 아니한 때에는 중앙회장이 지정한 자가 총회를 소집한다(정관예22①). 이 경우 중앙회장이 지정한 자가 의장의 직무를 대행한다(정관예22②).

V. 총회의 소집방법

1. 회원에 대한 통지

금고가 그 회원에게 하는 통지는 회원명부에 적은 회원의 주소 또는 거소로 한다(법15①).

2. 총회소집의 통지 기간

총회는 개최일 7일 전까지 그 회의의 개회 일시, 개회장소, 회의목적사항 등을 금고의 게시판(분사무소의 게시판을 포함)에 공고함과 아울러 회원에게 서면의 통지서를 발송하여야 한다(법15②, 정관예23①).

재적회원 과반수가 출석하지 아니하여 총회를 개의하지 못한 때에는 15일 이내에 앞의 제1항의 규정에 의한 소집절차를 이행하여야 한다(정관예23②).

VI. 의결권의 제한 등

1. 의결권 제한사항

총회에서는 공고한 사항에 대하여만 의결할 수 있다(법13③ 본문). 다만, 긴급한 사항으로서 재적회원 과반수(재적회원이 300명을 초과하는 경우에는 151명 이상의 회원)의 출석과 출석회원 3분의 2 이상의 찬성이 있는 경우에는 그러하지 아니하다(법13③ 단서).

2. 이해상충과 결의 배제

금고와 특정회원과의 관련 사항을 의결하는 경우에는 그 회원은 의결권이 없다(법13④).

VII. 총회 의사록

1. 총회 의사록 작성

금고는 총회 의사록을 작성하여야 한다(법12⑥).

2. 총회 의사록 기재사항과 기명날인

총회 의사록에는 총회의 진행 상황 및 결괴를 적고, 의징과 총회에서 신출한 5명 이상의 출석회원이 기명날인하여야 한다(영5).

Ⅷ. 대의원회

1. 설치와 구성

회원이 300명을 초과하는 금고는 총회를 갈음할 대의원회를 둘 수 있다(법16①). 금고의 대의원회는 그 금고의 이사장과 대의원으로 구성한다(영6①).[1]

2. 대의원 자격

대의원의 자격은 정관으로 정하되, 회원으로 가입한 후 1년이 지난 자이어야 한다(영6② 본문). 다만, 금고가 설립된 후 1년이 지나지 아니하였거나 직장금고의 경우에는 그러하지 아니하다(영6② 단서).

3. 대의원의 정수, 임기 및 선임방법

(1) 대의원의 정수

대의원의 정수는 100인 이상으로 하고 선거구별로 회원 수에 비례한 정수를 정하여 선임한다(영6③, 정관예28② 전단). 이 경우 선거구와 대의원 정수는 이사회의 의결을 얻어 규정으로 정한다(영6③, 정관예28② 후단).

---

[1] 금고의 주된 의사결정이 원활히 이루어질 수 있도록 대의원제를 채택하는 취지는 이해한다. 그러나 1주당 1표의 원칙이 지배하고, 주주의 숫자도 훨씬 많은 상장법인의 경우에도 주주총회 참여 독려 및 내실 있는 의결권 행사를 위한 전자투표 편의성 제고 등 각종 방안이 제시되고 있는 상황에서 대의원제를 통해 집단행동의 문제를 해소하겠다는 방안은 다소 안일하다. 현행 대의원제가 회원의 의사를 보다 합리적으로 반영하도록 개선하는 방안도 제시되고 있지만, 굳이 중간적 기구를 두어 이사장의 대리문제를 방조하도록 하는 것보다는 총회를 활성화하고 이사회의 감시·견제 기능을 회복하도록 하는 방안도 장기적으로 고민해야 할 것이다. 최근 브라질, 아일랜드 등에서는 협동조합형 금융기관들이 전자투표 제도나 위임장 권유 제도를 활성화하는 방안을 모색하기 시작했다는 점도 참고할 필요가 있다(김정연(2019), 41쪽).

(2) 대의원의 임기

대의원의 임기는 3년으로 한다(법16②). 대의원 중 일부의 궐원으로 인한 재선거 또는 보궐선거로 선임된 대의원의 임기는 ⅰ) 재선거의 경우에는 재선거 실시 전에 실시한 선거로 선출된 대의원의 남은 임기(제1호), ⅱ) 보궐선거의 경우에는 전임자의 남은 임기(제2호)로 한다(법16③).[2]

(3) 대의원의 선임방법

대의원 선거는 투표로써 한다(영6④, 정관예28③ 본문). 다만, 대의원선거회의(직장금고는 이사회)에서 따로 선거방법을 정하는 경우에는 그 방법으로 선거할 수 있다(영6④, 정관예28③ 단서).

4. 겸직금지

대의원은 ⅰ) 해당 금고의 임직원(이사장 제외), ⅱ) 다른 금고의 대의원, ⅲ) 다른 금고의 임직원을 겸할 수 없다(법16⑤).

5. 총회 규정 준용과 의결권 대리행사 제한

대의원회에는 총회에 관한 규정을 준용하되, 그 의결권은 대리인으로 하여금 행사하게 할 수 없다(법16⑥, 정관예28③).

6. 관련 판례

** 대법원 2012. 4. 12. 선고 2011다92251 판결

새마을금고는 회원들이 자신들의 이익을 옹호하기 위하여 자주적으로 결성한 임의단체로서 그 내부 운영에 있어서 금고 정관 및 다수결에 의한 자치가 보장되므로, 새마을금고가 자체적으로 마련한 대의원선거규약은 일종의 자치적 법규범으로서 새마을금고법 및 새마을금고 정관과 더불어 법적 효력을 가진다고 보아야 하고, 선거의 절차에서 법령에 위반한 사유가 있는 경우 그 사정만으로 당해 선거에 의한 당선이 무효가 되는 것은 아니고, 그와 같은 법령에 위반한 행

---

2) 부칙 <법률 제19329호, 2023. 4. 11.> 제2조(재선거로 선임된 대의원의 임기에 관한 적용례) 제16조 제3항의 개정규정(제58조 제6항에서 준용하는 경우를 포함)은 이 법 시행 이후 선임되는 대의원부터 적용한다.

위로 선거의 기본이념인 선거의 자유와 공정을 현저히 침해하고 그로 인하여 선거의 결과에 영향을 미쳤다고 인정될 때에만 당해 선거 및 그에 의한 당선인결정이 무효로 된다(대법원 2003. 12. 26. 선고 2003다11837 판결 등 참조).

원심은 제1심의 판단을 인용하여, 이 사건 대의원선거에서 원고 금고의 회원 중 7명이 두 개의 선거구에서 이중투표를 한 위법이 있다는 피고의 주장을 배척하는 한편, 그 판시와 같은 사정을 종합하여 보면, 이 사건 대의원선거에서 당초 작성된 선거인명부상의 주소지 선거구가 아닌 다른 선거구에서 투표를 하고 대의원으로 당선된 23명의 선출과정에 절차상 하자가 있긴 하나, 위 하자를 위 대의원들의 당선을 무효로 할 만큼의 하자라고 보기는 어렵다는 이유로, 위 대의원 23명의 당선이 무효임을 전제로 하는 피고의 주장을 배척하였다.

앞서 본 법리와 기록에 비추어 살펴보면, 원고 금고의 일부 회원들이 그 대의원선거규약을 위반하여 선거인명부상의 주소지 선거구가 아닌 다른 선거구에서 투표를 하고 대의원으로 당선되었다고 하더라도, 그 회원들이 실제 주소지 또는 근무지를 소명하고 선거권 내지 피선거권을 행사하였고, 각 선거구별 대의원 정수가 원고 금고의 대의원선거규약에서 정한 대로 유지된 이상, 위 대의원선거규약을 위반한 행위로 이 사건 대의원선거의 공정을 현저히 침해하였다거나 그로 인하여 이 사건 대의원선거의 결과에 영향을 미쳤다고 보기는 어렵다. 이와 같은 취지에서 위 대의원들의 당선을 무효로 볼 수 없다고 한 원심의 판단은 정당한 것으로 수긍할 수 있고, 거기에 상고이유로 주장하는 바와 같은 헌법상의 평등권을 위배한 위법이 없고, 새마을금고법 등 관련 법령이나 대법원 판례를 위배한 위법이 없다.

제3절 이사회

I. 서설

이사회는 법인인 금고의 업무집행에 관한 의사를 결정하기 위하여 구성되는 법정·상설·필수기관이며, 정관이나 총회의 의결에 의하여 이를 두지 않거나 그 운영을 일시적으로 보류할 수 없다. 새마을금고법과 정관은 이사회의 경영자 지원과 경영자 통제에 대하여 함께 규정하고 있다. 이사회는 총회의 권한으로 규정된 사항 이외의 모든 업무집행에 관한 의사결정권을 가지고 있으며, 이사회에서 결정된 업무집행 사항은 이사장, 상근이사 그리고 간부직원이 집행하게 된다. 반면 이사회는 이사회에서 결의된 사항에 대하여 이사장, 상근이사 그리고 간부직원의 업무집행을 감독하고, 필요한 사항을 보고하도록 요구할 수 있다. 즉 이사회는 경영진의 업무집행에 대한 적법성, 타당성, 효율성 여부에 대한 포괄적인 감독권한을 갖는다.

Ⅱ. 이사회의 설치 및 구성

1. 설치

금고에 이사회를 둔다(법17①).

2. 구성

이사회는 이사장을 포함한 이사로 구성하며, 이사장이 이를 소집한다(법17②). 2021년 10월 19일 개정 전에는 금고 부이사장 제도를 규정하고 있었다. 그러나 금고 부이사장은 특별한 역할을 부여받고 있지 아니하여 선거 비용 발생에 비해 제도를 유지할 실익이 적다는 지적이 제기되고 있었다. 이에 금고 부이사장 제도를 폐지하였다.

Ⅲ. 이사회의 소집

이사회의 소집방법 등은 정관으로 정하는 바에 따른다(법17⑥).

1. 이사회의 소집

이사회는 분기마다 1회 개최함을 원칙으로 하고 ⅰ) 이사장이 필요하다고 인정한 때(제1호), ⅱ) 이사 3분의 1 이상의 요구가 있을 때(제2호), ⅲ) 감사의 요구가 있을 때(제3호)에는 이사회를 개최하여야 한다(정관예30①).

위 ⅱ) 및 ⅲ)에 의한 소집요구는 회의의 목적과 소집 이유를 적은 서면으로 하여야 한다(정관예30② 전단). 이 경우 이사장이 정당한 이유 없이 7일 이내에 소집하지 아니한 때에는 이사회의 소집을 요구한 이사의 대표 또는 감사가 이사회를 소집한다(정관예30② 후단). 이 경우에는 이사 중에서 선임된 이사가 의장의 직무를 대행한다(정관예30③).

2. 이사회 소집방법

이사회의 소집방법은 그 개최일 3일 전까지 그 회의의 일시·장소·목적 사항 등을 기재한 서면으로 이사회의 구성원 및 감사에게 통지하는 것으로 한다(정관예30④ 전단). 다만, 이사회 구성원 전원의 동의가 있거나 또는 긴급을 요한 경우에는 그러하지 아니하다(정관예30④ 후단).

Ⅳ. 이사회의 결의사항 등

1. 이사회의 결의사항

이사회는 ⅰ) 규정의 제정, 변경 또는 폐지(제1호), ⅱ) 사업 집행에 대한 기본방침의 결정(제2호), ⅲ) 소요 자금의 차입(다만, 중앙회에서 차입할 경우는 최고한도)(제3호), ⅳ) 정관으로 정하는 간부 직원의 임면과 직원의 징계(제4호), ⅴ) 총회로부터 위임된 사항과 총회에 부칠 사항(제5호), ⅵ) 그 밖에 이사장이 회의에 부치는 사항(제6호)을 의결한다(법17③).

2. 이사회의 개의와 결의

이사회는 재적이사 과반수의 출석으로 개의하고 출석이사 과반수의 찬성으로 의결한다(법17⑤).

3. 이사의 의결권 제한

금고와 특정 이사와의 관련 사항을 의결하는 경우에는 그 이사는 의결권이 없다(정관예31③).

4. 관련 판례

① 대법원 1987. 11. 10. 선고 87도993 판결

새마을금고 이사장이 이사회의 결의없이 한 채무부담이행의 효력(무효): 새마을금고법 제13조(현행 제17조) 제3항 제3호, 제16조(현행 제28조) 제1항, 제3항, 동법 시행령 제22조(현행 제14조) 제1항의 규정에 비추어 새마을금고의 이사장이 이사회의 의결없이 개인으로부터 자금을 차입하거나 채무를 부담하는 행위는 당연무효이므로 피고인이 금고 이사장으로서의 임무에 위배하여 공소외인에게 금고 이사장 명의로 채무를 부담하는 각서를 작성·교부하였다 하더라도 당시 이사회의 의결을 거치지 아니하였으니 공소외인은 위 각서상의 채권을 취득할 수 없음은 물론 금고도 채무를 부담하지 않으며 따라서 동 금고에 아무런 손해도 발생하지 아니한다는 이유로 배임죄에 관하여 무죄를 선고하였는바, 위의 판단은 정당하다.

② 대법원 1985. 2. 26. 선고 84다카527 판결

새마을금고 이사장이 이사회의 의결없이 한 비조합원으로부터의 자금차입이나 약속어음 배서행위의 효력: 새마을금고법 제13조(현행 제17조) 제3항 제3호 소정의 소요자금의 차입에는 이사회의 의결을 얻어야 한다고 한 규정과 동법 제16조(현행 제28조) 제1항 제1호 소정의 금고의 신용사업으로는 회원으로부터의 예탁금, 적금의 수입과 회원에 대한 자금의 대출로 한정하고 있는 점 및 동법 제7조(현행 제9조) 소정의 회원의 자격, 출자에 관한 규정 등과 동법의 목적으로 하는 바에 비추어 새마을금고 이사장이 이사회의 의결 없이 한 비조합원으로부터의 자금차입이나 약속어음 배서행위는 무효라고 해석함이 상당하다.

Ⅴ. 이사장의 이사회 보고사항

이사장은 ⅰ) 감사결과, ⅱ) 경영평가결과, ⅲ) 검사결과를 이사회에 보고하여야 한다(법17④).

Ⅵ. 이사회 의사록 작성

이사회의 의사록에는 의사의 경과 및 결과를 기재하고 의장과 출석한 이사 전원이 기명·날인하여야 한다(법17⑥, 정관예31②).

제4절 임원

Ⅰ. 임원의 정수 등

1. 임원의 정수 및 겸직금지

금고의 임원으로 이사장 1명을 포함한 7명 이상 15명 이하의 이사와 3명 이하의 감사를 두며, 임원은 금고의 다른 직(職)을 겸할 수 없다(법18①).

이사 및 감사의 수는 금고의 실정에 따라 이사장 1명을 포함하여 7명 이상 15명 이하의 이사와 3명 이하의 감사를 정하여야 한다.

2. 상근임원

(1) 상근임원의 수

금고의 자산 규모, 재무구조 등을 고려하여 대통령령으로 정하는 금고의 경우에는 정관으로 정하는 바에 따라 임원 중 1명 이상을 상근으로 할 수 있되, 상근하는 임원의 수는 이사장을 포함한 이사 중 2명, 감사 중 1명을 초과할 수 없다(법18② 전단). 이 경우 상근하는 임원은 금고 업무에 대한 전문지식과 경험이 풍부한 사람으로서 대통령령으로 정하는 요건을 갖춘 사람 중에서 제4항부터 제9항까지에 따라 선임하거나 선출하여야 한다(법18② 후단).[3]

---

3) 부칙 <법률 제19329호, 2023. 4. 11.> 제3조(상근이사장 및 상근감사의 요건에 관한 적용례) 제18조 제2항 후단의 개정규정은 이 법 시행일 이후 상근이사장 또는 상근감사를 선출하는 경우부터 적용한다. 다만, 이 법 시행일 당시 재임 중인 상근이사장 또는 상근감사의 임기만료 전에 퇴임, 해임 등의 사유가 발생하여 제20조 제2항의 개정규정에 따라 상근이사장 또는 상근감사를 보선하는 경우에는 종전의 제18조 제2항에 따른다.

이에 따라 상근임원을 둘 수 있는 금고의 자산규모, 재무구조 및 상근임원의 수는 ⅰ) 자산이 500억원 이상 2,000억원 미만인 금고로서 경영상태 평가 결과가 행정안전부장관이 정하는 기준을 충족하는 금고: 1명(제1호), ⅱ) 자산이 2,000억원 이상 5,000억원 미만인 금고로서 경영상태 평가 결과가 행정안전부장관이 정하는 기준을 충족하는 금고: 2명 이하(제2호), ⅲ) 자산이 5,000억원 이상인 금고로서 경영상태 평가 결과가 행정안전부장관이 정하는 기준을 충족하는 금고: 3명 이하(제3호)로 한다(영7 본문). 이 경우 자산은 직전 사업연도 평균 잔액으로 계산한 총자산을 기준으로 한다(영7 단서).

(2) 상근이사의 자격 요건

상근이사의 선출 여부는 임의이나, 이사장이 상근하지 아니하는 지역금고의 경우에는 상근이사를 두어야 한다(법18③).

상근하는 임원 중 이사장이 아닌 이사(상근이사)는 이사회의 추천을 받아 총회에서 선임한다(법18④).

(3) 임원의 명예직과 상근임원의 보수

금고의 임원은 명예직으로 한다(법18⑩ 본문). 다만, 상근임원에게는 급여를 지급할 수 있다(법18⑩ 단서).

3. 상근임원을 둘 수 없는 금고

직전 사업연도 평균잔액으로 계산한 자산 500억원 미만인 금고와 직전 사업연도 평균잔액으로 계산한 자산이 500억원 이상이면서 경영실태평가등급이 4등급 이하인 금고 및 직장금고 중 상근임원을 두지 않기로 한 금고는 상근임원을 둘 수 없는 금고에 해당한다.

정관예 제37조는 아래의 2가지 경우를 규정하고 있다. 첫째, 금고의 임원으로서 이사장 1명을 포함한 이사 ○명 이상 ○명 이하와 감사 ○명 이하를 둔다(정관예37). 둘째, 금고의 임원으로서 이사장 1명을 포함한 이사 ○명과 감사 ○명을 둔다(정관예37).

4. 상근임원을 둘 수 있는 금고

직전 사업연도 평균잔액으로 계산한 자산 500억원 이상 1,000억원 미만인 금고로서 경영실태평가등급이 3등급 이상인 금고는 1명, 직전 사업연도 평균잔액으로 계산한 자산 1,000억원 이상 금고로서 경영실태 평가등급이 3등급 이상인 금고는 3명 이하의 상근임원을 둘 수 있는 금고에 해당한다.

5. 이사장이 상근하는 금고

(1) 제1례: 상근이사와 상근감사를 두지 않는 금고

금고의 임원으로서 이사장 1명을 포함한 이사 ○명 이상 ○명 이하와 감사 ○명 이하를 둔다(정관예37①).

금고는 법 제18조 제2항의 규정에 따라 이사장을 상근으로 한다(정관예37②). 상근임원은 규정이 정하는 바에 따라 보수를 지급할 수 있다(정관예37③).

(2) 제2례: 상근이사를 두는 금고

금고의 임원으로서 이사장 1명을 포함한 이사 ○명 이상 ○명 이하와 감사 ○명 이하를 둔다(정관예37①).

금고는 법 제18조 제2항 및 제3항의 규정에 따라 이사장과 이사 1명을 상근으로 한다(정관예37②). 상근임원은 규정이 정하는 바에 따라 보수를 지급할 수 있다(정관예37③).

상근하는 이사는 영 제8조의 규정에 의한 자격요건을 충족한 사람이어야 한다(정관예37④).

(3) 제3례: 상근감사를 두는 금고

금고의 임원으로서 이사장 1명을 포함한 이사 ○명 이상 ○명 이하와 감사 ○명 이하를 둔다(정관예37①).

금고는 법 제18조 제2항의 규정에 따라 이사장과 감사 1명을 상근으로 한다(정관예37②). 상근임원은 규정이 정하는 바에 따라 보수를 지급할 수 있다(정관예37③).

(4) 제4례: 상근이사와 상근감사를 두는 금고

금고의 임원으로서 이사장 1명을 포함한 이사 ○명 이상 ○명 이하와 감사 ○명 이하를 둔다(정관예37①).

금고는 법 제18조 제2항 및 제3항의 규정에 따라 이사장과 이사 1명, 감사 1명을 상근으로 한다(정관예37②). 상근임원은 규정이 정하는 바에 따라 보수를 지급할 수 있다(정관예37③).

상근하는 이사는 영 제8조의 규정에 의한 자격요건을 충족한 사람이어야 한다(정관예37④).

6. 이사장이 상근하지 않는 금고

(1) 제1례: 상근이사를 두는 금고

금고의 임원으로서 이사장 1명을 포함한 이사 ○명 이상 ○명 이하와 감사 ○명 이하를 둔다(정관예37①).

금고는 법 제18조 제3항의 규정에 따라 이사 ○명(1명 또는 2명)을 상근으로 한다(정관예37②). 상근임원은 규정이 정하는 바에 따라 보수를 지급할 수 있다(정관예37③).

상근하는 이사는 영 제8조의 규정에 의한 자격요건을 충족한 자이어야 한다(정관예37④). 상근하지 않는 임원은 그 임기 중(당선이 결정된 때부터 임기개시 전일까지의 기간을 포함)에 상근으로 변경할 수 없다(정관예37⑤).

(2) 제2례: 상근이사와 상근감사를 두는 금고

금고의 임원으로서 이사장 1명을 포함한 이사 ○명 이상 ○명 이하와 감사 ○명 이하를 둔다(정관예37①).

금고는 법 제18조 제3항의 규정에 따라 이사 ○명(1명 또는 2명), 감사 1명을 상근으로 한다(정관예37②). 상근임원은 규정이 정하는 바에 따라 보수를 지급할 수 있다(정관예37③).

상근하는 이사는 영 제8조의 규정에 의한 자격요건을 충족한 자이어야 한다(정관예37④). 상근하지 않는 임원은 그 임기 중(당선이 결정된 때부터 임기개시 전일까지의 기간을 포함)에 상근으로 변경할 수 없다(정관예37⑤).

Ⅱ. 임원의 선출

1. 이사장의 선출

(1) 이사장 선출방법을 선택할 수 있는 금고의 범위

이사장은 회원 중에서 회원의 무기명 비밀투표로 직접 선출한다(법18⑤ 본문). 다만, ⅰ) 이사장을 선출하는 연도의 전전 사업연도의 총자산(해당 사업연도의 평균 잔액으로 계산한 총자산)이 2,000억원 미만인 지역금고(제1호), ⅱ) 지역금고 외의 금고(제2호)의 이사장은 회원의 투표로 직접 선출하는 방법, 총회에서 선출하는 방법 또는 대의원회에서 선출하는 방법 중 정관으로 정하는 방법을 택하여 선출할 수 있다(법18⑤ 단서, 영8의2).

2021년 10월 19일 개정 전에는 금고 이사장 선출 시 총회 선출, 대의원회 선출, 회원 투표로 직접 선출하는 방법 중 정관으로 정하는 방법을 택하여 선출하도록 규정하고 있었다. 그러나 실제로는 80%가량의 금고에서 간선제 방식으로 이사장을 선출하고 있고 선거 과정에서 선거부정 등이 발생하는 사례가 나타나고 있었다. 이에 소규모 금고 등 일부 금고를 제외하고는 이사장을 회원의 투표로 직접 선출하도록 하였다.

(2) 회원의 투표로 직접 선출하는 경우

회원의 투표로 직접 선출하는 경우 투표의 방법·절차, 투표의 사전 통지 등에 필요한 사항은 정관으로 정한다(법18⑥).

(3) 이사장 후보자가 1명인 경우

이사장 후보자가 1명인 경우에는 정관으로 따로 정하는 방법에 따라 이사장을 선출할 수 있다(법18⑦).

(4) 이사장 선출 방법에 따른 당선인 결정

이사장의 선출 방법에 따른 당선인의 결정은 ⅰ) 회원의 투표로 직접 선출하는 경우에는 최다득표자를 당선인으로 결정하고(제1호), ⅱ) 총회에서 선출하거나 대의원회에서 선출하는 경우에는 과반수득표자를 당선인으로 결정한다(다만, 과반수득표자가 없는 경우에는 1위와 2위의 다수득표자만을 후보자로 하여 다시 투표를 실시하여 최다득표자를 당선인으로 결정)(제2호)(법18⑧).

2. 이사장을 제외한 임원의 선출

이사장을 제외한 임원은 총회에서 무기명 비밀투표로 선출하되, 다수득표자 순으로 임원의 정수에 해당하는 사람으로 한다(법18⑨ 본문). 다만, 이사장을 제외한 임원의 후보자가 각각 그 정수 이내일 경우에는 정관으로 따로 정하는 방법에 따라 선출할 수 있으며, 이사장을 회원의 투표로 직접 선출하는 경우에는 이사장을 제외한 임원도 같은 방법으로 이사장과 동시에 선출할 수 있다(법18⑨ 단서).

3. 임원의 선임 방법과 절차 등

임원의 선임 방법과 절차 등에 관하여 새마을금고법에서 정한 사항 외에 필요한 사항은 정관으로 정한다(법18⑪).

4. 관련 판례

** 대법원 2006. 2. 10. 선고 2005다58359 판결

당선결정 무효확인: 새마을금고의 임원선거에서 왼쪽부터 오른쪽으로 "입후보 부문", "기호", "성명", "기표란" 등 4개의 란으로 나뉘어진 투표지 중 "기표란"이 아니라 별도의 구분 없이 가운데 부분에 "이사장"이라는 글자만이 기재되어 있는 "입후보 부문"란의 "이사장" 기재 윗 부분에 기표한 투표지에 대하여, 비록 그 기표의 위치가 특정 입후보자의 기호나 성명란의 높이와 정확하게 일치한다 하더라도, 이러한 사정만으로는 위 금고의 임원선거규약에서 유효투표로 규정하고 있는 "기표란 외에 기표된 것으로서 어느 후보자에게 기표한 것인지가 명확한 경우"이거나 "두 후보자란의 구분선상에 기표된 것으로서 어느 후보자에게 기표한 것인지가 명확한 경우"에 해당한다고 볼 수 없어 이를 무효표라고 판단한 원심을 수긍한 사례.

Ⅲ. 임원의 직무

1. 이사장의 직무

(1) 대표권과 업무집행권

이사장은 금고를 대표하고, 금고의 업무를 총괄한다(법19①).

(2) 총회와 이사회 의장

이사장은 총회와 이사회의 의장이 된다(법19②).

(3) 직무대행 및 임시대표이사 지정

이사장의 자리가 비거나 사고가 있으면 이사회가 정하는 이사가 그 직무를 대행한다(법19③ 본문). 다만, 이사장이 구속되거나 60일 이상의 장기입원 등의 사유로 금고의 업무를 집행할 수 없고 총회를 소집할 여유가 없을 때에는 회장은 임원 중에서 임시대표이사를 지정할 수 있다(법19③ 단서).

(4) 이사장의 의무
(가) 총회와 이사회 의결 참가의무

이사장은 정관에서 따로 정한 경우를 제외하고는 총회와 이사회의 의결에 참가한다(정관예32③).

(나) 정관과 총회의사록 비치의무

이사장은 정관과 총회의사록 및 회원명부(대의원명부를 포함)를 주된 사무소에 비치하여야 한다(정관예32④).

(다) 이사회 보고의무

이사장은 ⅰ) 법 제76조(외부 감사)에 따른 감사 결과(제1호), ⅱ) 법 제79조(중앙회의 금고에 대한 지도·감독) 제6항에 따른 경영평가 결과(제2호), ⅲ) 법 제74조(감독 등) 제3항, 제79조 제3항 및 제81조(회원의 검사 청구) 제1항에 따른 검사 결과(제3호)를 이사회에 보고하여야 한다(정관예32⑥).

2. 감사의 직무

(1) 재산과 업무집행상황 감사권

감사는 금고의 재산과 업무 집행상황에 대하여 분기마다 1회 이상 감사하고 그 결과를 총회와 이사회에 보고하여야 한다(법19④).

(2) 상법의 준용

감사의 직무에 관하여는 상법 제402조, 제412조의5, 제413조 및 제413조의2를 준용한다(법19⑤). 여기서는 준용규정을 살펴본다.

(가) 유지청구권

이사가 법령 또는 정관에 위반한 행위를 하여 이로 인하여 금고에 회복할 수 없는 손해가 생길 염려가 있는 경우에는 감사는 금고를 위하여 이사에 대하여 그 행위를 유지할 것을 청구할 수 있다(상법402).

(나) 자회사의 조사권

1) 보고요구권

감사는 그 직무를 수행하기 위하여 필요한 때에는 자회사에 대하여 영업의 보고를 요구할 수 있다(상법412의5①).

2) 조사권

감사는 자회사가 지체없이 보고를 하지 아니할 때 또는 그 보고의 내용을 확인할 필요가 있는 때에는 자회사의 업무와 재산상태를 조사할 수 있다(상법412의5②).

3) 자회사의 수인의무

자회사는 정당한 이유가 없는 한 이상의 보고 또는 조사를 거부하지 못한다(상법412의5③).

(다) 회원 총회에서의 의견진술

감사는 이사가 회원총회에 제출할 의안 및 서류를 조사하여 법령 또는 정관에 위반하거나 현저하게 부당한 사항이 있는지의 여부에 관하여 회원총회에 그 의견을 진술하여야 한다(상법413)

(라) 감사록의 작성

감사는 감사에 관하여 감사록을 작성하여야 한다(상법413의2①). 감사록에는 감사의 실시요령과 그 결과를 기재하고 감사를 실시한 감사가 기명날인 또는 서명하여야 한다(상법413의2②).

(3) 감사의 대표권

금고와 이사장 사이에 소송, 계약 등의 법률행위를 하는 경우에는 감사가 금고를 대표한다(법19⑥).

(4) 총회 또는 이사회 출석·의견진술권

감사는 총회나 이사회에 출석하여 그 의견을 진술할 수 있다(법19⑦).

(5) 출자법인에 대한 영업보고 요구 등

감사는 그 직무를 수행하기 위하여 필요한 때에는 출자법인(금고가 출자법인 지분의 50%를 초과하여 보유하고 있는 경우에 한한다)에 대하여 영업의 보고를 요구할 수 있으며, 그 법인이 지체없이 보고를 하지 아니할 때 또는 그 보고의 내용을 확인할 필요가 있는 때에는 그 법인의 업무와 재산상태를 조사할 수 있다(정관예34②).

(6) 이사장의 총회 제출 서류 조사와 의견 진술 의무

감사는 이사장이 총회에 제출할 의안 및 서류를 조사하여 법령 또는 정관에 위반하거나 현저하게 부당한 사항이 있는지의 여부에 관하여 총회에서 그 의견을 진술하여야 한다(정관예34③).

Ⅳ. 임원의 해임

임원은 총회의 의결로써 해임하며, 그 절차나 그 밖에 필요한 사항은 대통령령으로 정한다(법19⑧).

1. 회원의 해임요구

총회에서 임원의 해임의결을 하려면 재적회원 3분의 1 이상의 요구가 있어야 한다(영9①). 이에 임원의 해임요구는 재적회원 3분의 1 이상이 기명·날인한 서면으로 하여야 한다(정관예41①).

2. 해임요구 사항 통지와 변명 기회 부여

이사장은 해임 요구가 있으면 늦어도 총회 개최일 7일 전까지 해당 임원에게 해임 요구에 관한 사항을 알리고 총회에서 변명할 기회를 주어야 한다(영9②).

3. 이사장의 해임의결과 의결 참가 제한

이사장의 해임을 의결하는 총회에서는 그 이사장은 의결에 참가할 수 없고 의장은 이사장 직무대행 규정에 의한 임원 순으로 의장의 직무를 대행한다(영9③, 정관예41②).

4. 해임의결의 효력

임원의 해임이 총회에서 의결된 때에는 당해 임원은 그날부터 해임된 것으로 본다(영9③, 정관예41③).

V. 직원의 임면

금고의 직원으로서 전무, 상무 및 그 밖의 직원을 둘 수 있으며, 전무나 상무를 둘 수 있는 금고와 직원의 자격 등 필요한 사항은 대통령령으로 정한다(법19⑨). 직원은 간부직원으로 전무·상무와 기타 직원으로 구분한다(정관예45①).

1. 간부직원

(1) 간부직원(전무, 상무) 설치 금고

간부직원으로 전무나 상무를 둘 수 있는 금고는 직전 사업연도 말 현재 총자산 규모가 다음의 기준 이상인 금고로서 재무구조·경영실적 등이 회장이 정하는 기준에 적합한 금고로 한다(영10①). 즉 ⅰ) 전무를 둘 수 있는 금고: 1,000억원 이상(제1호), ⅱ) 상무를 둘 수 있는 금고: 500억원 이상(제2호)인 금고이다.

(2) 간부직원의 자격요건

간부직원은 법 제21조(임원의 결격 사유) 제1항 제1호부터 제15호까지 및 제

18호에 해당하지 아니하는 자로서 회장이 실시하는 전형시험에 합격한 자이어야
한다(영10②). 임원의 결격 사유에 관하여는 뒤에서 살펴본다.

(3) 총회와 이사회 출석과 의견진술

금고의 간부직원은 총회와 이사회에 출석하여 그 의견을 진술할 수 있다(정
관예46④).

2. 기타 직원

(1) 직원의 임면권

금고의 직원은 이사장이 임면(任免)하되 그 임면에 관한 자격기준 및 금고
직원 간 교류 등에 관하여 필요한 사항은 회장이 정한다(영10③).

(2) 인사관리위원회의 구성·운영

금고 직원에 대한 인사·보수 제도의 균형을 유지하고 인사교류에 관한 사
항을 협의·조정하기 위하여 중앙회의 정관으로 정하는 바에 따라 특별시·광역
시·도·특별자치도 및 시·군·구(자치구만 해당)별로 인사관리위원회를 구성·운
영할 수 있다(영10④).

(3) 성실의무

금고의 직원은 법·영·규칙·정관·규정 및 총회나 이사회의 의결을 준수하
고 금고를 위하여 성실히 그 직무를 수행하여야 한다(정관예46①).

(4) 금고 또는 타인에 대한 손해배상책임

직원이 그 직무를 수행함에 있어서 고의 또는 중대한 과실로 금고 또는 타
인에게 끼친 손해에 대하여는 손해배상의 책임을 진다(정관예46②).

(5) 신원보증의무

직원은 그 직무에 관하여 신원보증을 하여야 하며, 신원보증의 기준은 중앙
회장이 정하는 바에 의한다(정관예46③).

(6) 관련 판례

** 제주지법 1987. 8. 28. 선고 86가합271 제2민사부판결

새마을금고 임원의 강요에 의하여 그들의 횡령행위를 방조한 동 금고 직원의 불법행위책임: 새마을금고의 직원이 그 임원의 횡령행위를 방조하여 새마을금고에 손해를 입히게 된 근본 원인이 직원으로 하여금 그러한 행위를 하도록 강요한 위 임원의 직무상 불법한 지시에 기인한 것이라면 임원이 직원의 불법행위를 스스로 야기시켰다 하겠고, 임원의 그러한 행위에 대한 책임은 결국 새마을금고에 돌아간다 할 것이므로 새마을금고 직원에게 위 횡령행위로 인한 손해배상을 구할 수 없다.

Ⅵ. 임원의 임기

1. 이사장 및 이사의 임기

이사장 및 이사의 임기는 4년으로 한다(법20① 전단).[4]

---

4) 부칙 <법률 제18492호, 2021. 10. 19.> 제3조(이사장의 임기 및 선출 등에 관한 특례)
① 2019년 3월 22일부터 2023년 3월 21일까지의 기간 동안 이사장의 임기가 개시되었거나 개시되는 경우에는 제20조 제1항에도 불구하고 해당 이사장의 임기는 2025년 3월 20일까지로 한다. 다만, 2021년 3월 21일부터 이 법 시행일 전에 새로이 선출되거나 임기가 개시되는 이사장의 임기는 제20조 제1항에 따른 임기만료일까지로 한다.
② 제1항 단서에 따라 임기가 만료되는 이사장 다음에 새로이 임기가 개시되는 이사장의 경우에는 제20조 제1항에도 불구하고 해당 이사장의 임기는 2029년 3월 20일까지로 한다.
③ 제1항 본문에 따라 임기가 2025년 3월 20일에 만료되는 이사장 선거는 2025년 3월 12일에 동시 실시하고, 이후 임기만료에 따른 이사장 선거는 임기가 만료되는 해당 연도 3월의 두 번째 수요일에 동시 실시한다.
④ 2023년 3월 22일 이후 재선거 또는 보궐선거로 선출되는 이사장의 임기는 전임자 임기의 남은 기간으로 한다. 다만, 그 실시사유가 발생한 날부터 임기만료일까지의 기간이 1년 미만인 경우에는 재선거 또는 보궐선거를 실시하지 아니한다.
⑤ 2023년 3월 22일 이후 다음 각 호의 어느 하나에 해당하는 금고에서 선출된 이사장의 임기는 그 임기개시일부터 제1항 본문에 따른 임기만료일(이후 매 4년마다 도래하는 임기만료일을 포함하며, 이하 "동시선거임기만료일"이라 한다)까지의 기간이 2년 이상인 경우에는 해당 동시선거임기만료일까지로 하고, 그 임기개시일부터 최초로 도래하는 동시선거임기만료일까지의 기간이 2년 미만인 경우에는 차기 동시선거임기만료일까지로 한다.
1. 제7조에 따라 새로 설립하는 금고
2. 제37조에 따라 합병하는 금고
⑥ 다음 각 호의 어느 하나에 해당하는 경우 해당 금고는 이사회 의결에 따라 제3항에 따른 이사장 동시선거를 실시하지 아니할 수 있다.
1. 제37조 제1항에 따른 합병의결이 있는 때
2. 다음 각 목의 어느 하나에 해당하여 주무부장관 또는 중앙회장이 선거를 실시하지 아

2. 감사의 임기

감사의 임기는 3년으로 한다(법20① 후단).

3. 재선거 또는 보궐선거로 선임된 임원의 임기

임원 중 일부의 궐원으로 인한 재선거 또는 보궐선거로 선임된 임원의 임기는 ⅰ) 재선거의 경우에는 재선거 실시 전에 실시한 선거로 선출된 임원의 남은 임기(제1호), ⅱ) 보궐선거의 경우에는 전임자의 남은 임기(제2호)로 한다(법20②).5)

4. 이사장의 연임

이사장은 2차에 한정하여 연임할 수 있다(법20③ 전단). 이 경우 이사장이 임기만료일 전 2년부터 임기만료일까지 퇴임한 경우에는 1회를 재임한 것으로 보고, 임기만료에 따라 퇴임한 이사장이 임기만료 후 2년 이내에 이사장으로 선임되는 경우에는 연임한 것으로 본다(법20③ 후단).

니하도록 권고한 때
　　가. 이 법에 따라 합병 권고·요구 또는 명령을 받은 경우
　　나. 거액의 금융사고, 천재지변 등으로 선거를 실시하기 곤란한 경우
⑦ 제6항에 따라 이사장 동시선거를 실시하지 아니하였으나 같은 항 각 호에 해당하지 아니하게 된 때에는 지체 없이 이사회 의결로 선거일을 지정하여 30일 이내에 이사장 선거를 실시하여야 한다. 이 경우 이사장의 임기는 제3항에 따른 이사장 동시선거를 실시하지 아니하여 선출하지 못한 이사장 임기의 남은 기간으로 하며, 그 기간이 1년 미만인 경우에는 해당 이사장 선거를 실시하지 아니한다.
⑧ 제1항 본문, 제2항 또는 제5항에 따라 이사장의 임기가 단축되는 경우에는 해당 임기를 제20조 제1항 단서에 따른 연임제한 횟수에 포함하지 아니한다.
⑨ 제4항 단서에 따라 재선거 또는 보궐선거를 실시하지 아니하는 경우 또는 제7항 후단에 따라 이사장을 선출하지 아니한 경우 이사장의 직무는 제4항 단서의 경우에는 전임 이사장 임기만료일까지, 제7항 후단의 경우에는 제3항에 따른 이사장 동시선거를 실시하지 아니하여 선출하지 못한 이사장의 임기만료일까지 제19조 제3항에 따른 직무대행자가 대행한다.
5) 부칙 <법률 제19329호, 2023. 4. 11.> 제4조(재선거로 선임된 임원의 임기에 관한 적용례) 제20조 제2항의 개정규정(제64조의2 제6항에서 준용하는 경우를 포함)은 이 법 시행 이후 선임되는 임원부터 적용한다[시행일: 2023. 10. 12.].

5. 퇴임 임원의 권리의무

임원의 수가 그 정수를 결한 경우에는 임기의 만료 또는 사임으로 말미암아 퇴임한 임원은 새로 선임된 임원이 취임할 때까지 그 권리·의무가 있다(정관예38 ③).

▶ 질의 회신 ◀

Q : 2001년 2월에 보궐선거를 통하여 이사장으로 선출된 A가 2003년 2월, 2007년 2월, 2011년 2월에 선출되어 현재 재임 중에 있는 경우, 2015년 2월에 예정된 이사장 선거에 출마할 수 있는지?

A : 법률 제10437호(2011.3.8)로 개정된 새마을금고법 제20조 제1항 단서에 따라 이사장은 2차에 한정하여 연임할 수 있으며, 같은 법 부칙 제3조(이사장 연임 제한에 관한 적용례)에 따라 법 제20조 제1항 단서의 개정 규정은 2005년 11월 5일 이후 최초로 선임된 이사장부터 적용됩니다. 따라서 A의 연임제한은 2007년 2월의 선임시점부터 적용되고, 2011년 2월 실시된 이사장 선거가 1차 연임, 2015년 2월에 실시되는 이사장 선거가 2차 연임에 해당되어 2015년 2월 선거까지 출마할 수 있는 것입니다. [관련근거 : 안행부 : 지역경제과 국민신문고 회신(2013. 8. 7)][6]

Ⅶ. 임원의 결격사유

1. 임원의 자격제한

(1) 입법취지

새마을금고는 협동조직으로서 새마을금고법이라는 특별법에 의하여 그 설립목적과 목적 사업이 직접 규정되어 있는 공공성이 강한 특수법인으로서 주된 업무가 금융업인바, 그 경영을 책임지는 임원은 고도의 윤리의식과 준법의식을 가질 필요가 있고 임원의 불법행위로 인한 손해는 국가경제 및 회원에게 막대한 피해를 줄 뿐만 아니라 그 피해가 다수의 회원에게 직접적으로 연결되는 점을 감안하여 새마을금고의 건실한 준법운영을 도모하기 위하여 금고의 임원이 될

---

6) 행정안전부(2018), 62쪽.

수 있는 자의 자격을 법률로써 엄격히 제한하고자 하는 것이다.[7]

(2) 제한 사유

다음의 어느 하나에 해당하는 사람, 즉 ⅰ) 미성년자·피성년후견인 또는 피한정후견인(제1호), ⅱ) 파산선고를 받고 복권되지 아니한 사람(제2호), ⅲ) 법 제85조 제1항,[8] 형법 제355조부터 제357조[9]까지의 죄(금고나 중앙회의 사업과 관련

---

7) 헌법재판소 2005. 12. 22. 선고 2005헌마263 전원재판부(새마을금고 임원의 결격사유를 어떻게 정하는가 하는 문제는 새마을금고의 업무특성, 새마을금고의 경영실태와 국민경제에 미치는 영향력 등 제반 사정을 고려하여 새마을금고의 임원에게 필요하다고 판단되는 준법의식 내지 윤리성의 정도에 따라 정하여야 할 것으로서 여기에는 입법자의 광범위한 재량이 허용되어 있다 할 것이다. 새마을금고는 우리나라 고유의 상부상조정신에 입각하여 자금의 조성 및 이용과 회원의 경제적·사회적·문화적 지위의 향상 및 지역사회개발을 목적으로 한 자조적인 협동조직인바, 새마을금고 임원이 그 지위를 불법적으로 이용하여 이익을 추구하게 되면 그로 인한 피해는 다수의 회원에게 집단적으로 미치고 그 피해액수도 일반적인 재산범죄의 경우와는 비교가 되지 않을 정도로 클 가능성이 많으며 새마을금고에 대한 신뢰가 붕괴되어 그 존립이 위태롭게 될 우려가 있다. 또한 새마을금고가 지역 금융시장에서 차지하는 비중과 영향력은 상당하지만 그에 반해 새마을금고의 불법적 운영을 자율적으로 통제할 수 있는 능력이 이에 미치지 못함으로써 각종 불법적인 운영이 끊이지 않고 있는 것이 현실이다. 이러한 사정에 비추어 볼 때 새마을금고의 경영을 책임지는 임원에 대하여는 강한 윤리성 내지 준법의식이 요청된다 할 것이고, 특히 금고 또는 연합회의 사업과 관련한 업무상배임죄는 새마을금고의 경영에 직접적인 영향을 미친다는 점에서 금고 또는 연합회의 사업과 관련하여 업무상배임죄를 범한 자에 대하여는 한층 더 엄격하게 임원자격을 제한할 필요가 있다).

8) 제85조(벌칙) ① 금고 또는 중앙회의 임직원이 다음의 어느 하나에 해당하는 행위를 한 경우에는 5년 이하의 징역 또는 5천만원 이하의 벌금에 처한다.
  1. 자금을 금고나 중앙회의 사업 목적 외에 사용·대출하거나 금고나 중앙회의 재산을 투기 목적으로 처분하거나 이용한 경우
  2. 제80조 제1항에 따른 경영지도 사항을 이행하지 아니한 경우

9) 제355조(횡령, 배임) ① 타인의 재물을 보관하는 자가 그 재물을 횡령하거나 그 반환을 거부한 때에는 5년 이하의 징역 또는 1천500만원 이하의 벌금에 처한다.
  ② 타인의 사무를 처리하는 자가 그 임무에 위배하는 행위로써 재산상의 이익을 취득하거나 제삼자로 하여금 이를 취득하게 하여 본인에게 손해를 가한 때에도 전항의 형과 같다.
  제356조(업무상의 횡령과 배임) 업무상의 임무에 위배하여 제355조의 죄를 범한 자는 10년 이하의 징역 또는 3천만원 이하의 벌금에 처한다.
  제357조(배임수증재) ① 타인의 사무를 처리하는 자가 그 임무에 관하여 부정한 청탁을 받고 재물 또는 재산상의 이익을 취득하거나 제3자로 하여금 이를 취득하게 한 때에는 5년 이하의 징역 또는 1천만원 이하의 벌금에 처한다.
  ② 제1항의 재물 또는 재산상 이익을 공여한 자는 2년 이하의 징역 또는 500만원 이하의 벌금에 처한다.
  ③ 범인 또는 그 사정을 아는 제3자가 취득한 제1항의 재물은 몰수한다. 그 재물을 몰수하기 불가능하거나 재산상의 이익을 취득한 때에는 그 가액을 추징한다.

된 죄만 해당)를 범하여 금고 이상의 실형을 선고받고 그 집행이 끝나거나(집행이 끝난 것으로 보는 경우를 포함) 집행이 면제된 날부터 5년이 지나지 아니한 사람(제 3호), iv) 제3호의 죄를 범하여 금고 이상의 형의 집행유예를 선고받고 그 집행유 예 기간이 끝난 날부터 3년이 지나지 아니한 사람(제4호), v) 제3호의 죄를 범하 여 금고 이상의 형의 선고유예를 받고 그 선고유예 기간이 끝난 날부터 3년이 지 나지 아니한 사람(제5호), vi) 제3호의 죄를 범하여 벌금형을 선고받고 그 형이 확정된 후 3년이 지나지 아니한 사람(제6호),10) vii) 법 제85조 제3항 또는 위탁선 거법 제58조, 제59조, 제61조부터 제66조까지에 규정된 죄를 범하여 100만원 이 상의 벌금형을 선고받고 그 형이 확정된 후 3년이 지나지 아니한 사람(제8호), viii) 제3호의 죄 외의 죄로 금고 이상의 실형을 선고받고 그 집행이 끝나거나 집 행이 면제된 날부터 3년이 지나지 아니한 사람(제9호), ix) 제3호의 죄 외의 죄로 금고 이상의 형의 집행유예를 선고받고 그 집행유예 기간 중에 있는 사람(제10 호), x) 제3호의 죄 외의 죄로 금고 이상의 형의 선고유예를 받고 그 선고유예 기간 중에 있는 사람(제11호), xi) 금고의 임직원으로 재임 또는 재직 중 다른 임 직원에게 형법 제257조 제1항, 제260조 제1항, 제261조(제260조 제2항의 죄를 범한 경우는 제외), 제262조(제260조 제2항의 죄를 범한 경우는 제외하며, 제257조의 예에 따 르는 경우로 한정) 또는 제324조의 죄를 범하여 300만원 이상의 벌금형을 선고받 고 그 형이 확정된 후 3년이 지나지 아니한 사람(제11의2호), xii) 금고의 임직원 으로 재임 또는 재직 중 다른 임직원에게 형법 제303조 제1항 또는 「성폭력범죄 의 처벌 등에 관한 특례법」 제10조 제1항의 죄를 범하여 100만원 이상의 벌금형 을 선고받고 그 형이 확정된 후 3년이 지나지 아니한 사람(제11의3호), xiii) 새마 을금고법 또는 대통령령으로 정하는 금융 관련 법령("금융관계법령")11)에 따라 징 계면직 또는 해임된 사람으로서 징계면직 또는 해임된 날부터 5년이 지나지 아 니한 사람(제12호), xiv) 새마을금고법 또는 금융관계법령에 따라 직무정지(업무의

---

10) 제7호 삭제 <2023. 4. 11.>
11) "대통령령으로 정하는 금융 관련 법령"이란 다음의 법률을 말한다(영10의2). 1. 금융산업 구조개선법, 2. 금융실명법, 3. 금융위원회법, 4. 금융지주회사법, 5. 농업협동조합법, 6. 대부업법, 7. 보험업법, 8. 산림조합법, 9. 상호저축은행법, 10. 수산업협동조합법, 11. 신용정보법, 12. 신용협동조합법, 13. 여신전문금융업법, 14. 외국환거래법, 15. 은행법, 16. 자본시장법, 17. 전자금융거래법, 18. 중소기업은행법, 19. 특정금융정보법, 20. 한국산업 은행법, 21. 한국수출입은행법, 22. 한국은행법, 23. 한국주택금융공사법, 24. 온라인투자 연계금융업법, 25. 금융소비자보호법

집행정지를 포함) 또는 정직의 제재조치를 받은 사람으로서 제재조치 종료일부터 4년이 지나지 아니한 사람(제12의2호), ⅹⅴ) 새마을금고법 또는 금융관계법령에 따라 재직 뜨는 재임 중이었더라면 징계면직 또는 해임요구의 조치를 받았을 것으로 통보된 퇴임 직원이나 임원으로서 그 통보가 있은 날부터 5년(통보가 있은 날부터 5년이 퇴직 또는 퇴임한 날부터 7년을 초과하는 경우에는 퇴직 또는 퇴임한 날부터 7년으로 한다)이 지나지 아니한 사람(제13호), ⅹⅵ) 새마을금고법 또는 금융관계법령에 따라 재임 또는 재직 중이었더라면 직무정지 또는 정직의 제재조치를 받았을 것으로 통보된 퇴임 임원이나 퇴직한 직원으로서 그 통보가 있은 날부터 4년(통보가 있은 날부터 4년이 퇴임 또는 퇴직한 날부터 6년을 초과하는 경우에는 퇴임 또는 퇴직한 날부터 6년으로 한다)이 지나지 아니한 사람(제13의2호), ⅹⅶ) 법원의 판결이나 다른 법률에 따라 자격을 잃거나 정지된 사람(제14호), ⅹⅷ) 공공기관 또는 다른 법인이나 회사에서 징계면직된 사람으로서 징계면직된 날부터 2년이 지나지 아니한 사람(제15호), ⅹⅸ) 회원으로서 임원 선임 선거일공고일 현재의 정관으로 정하는 출자좌수 이상을 2년 이상 계속 보유하고 있지 아니한 사람(다만, 설립이나 합병 후 2년이 지나지 아니한 금고의 경우에는 그러하지 아니하다)(제16호), ⅹⅹ) 임원 선임 선거일공고일 현재 해당 금고에 대하여 정관으로 정하는 금액이나 기간을 초과하는 채무를 연체한 사람(제17호), ⅹⅸ) 그 밖에 정관으로 정하는 자격 제한 사유에 해당하는 사람(제18호)은 금고의 임원이 될 수 없다(법21① 본문). 다만, 상근이사는 제16호를 적용하지 아니한다(법21① 단서).[12]

2. 임원 결격사유의 발생과 당연 퇴임

임원에게 위의 임원 결격사유(제12호의2는 제외)에 따른 사유가 발견되거나 발생한 경우에는 해당 임원은 당연 퇴임된다(법21②).

3. 퇴직 전 행위의 효력 유지

퇴임한 임원이 퇴임 전에 관여한 행위는 그 효력을 잃지 아니한다(법21③).

---

12) 부칙 <법률 제19329호, 2023. 4. 11.> 제6조(임원의 결격사유에 관한 경과조치) 이 법 시행 당시 재임 중인 임원에 대해서는 제21조 제1항의 개정규정(제64조의2 제6항에서 준용하는 경우를 포함)에도 불구하고 해당 임원의 임기가 만료될 때까지는 종전의 규정에 따른다.

4. 범죄경력조회 등 협조 요청과 결과 회보

금고와 중앙회는 임원 또는 임원 후보자에게 제1항의 결격사유가 있는지를 확인하기 위하여 주된 사무소를 관할하는 경찰관서의 장에게 제1항 제3호부터 제6호까지 및 제8호부터 제11호까지, 제11호의2 및 제11호의3에 해당하는 범죄의 경력조회 등 필요한 협조를 요청할 수 있고, 해당 경찰관서의 장은 그 결과를 회보하여야 한다(법21④).[13]

5. 관련 판례

** 헌법재판소 2010. 10. 28. 선고 2008헌마612, 2009헌마88(병합) 전원재판부

새마을금고법 제22조 제2항 위반죄로 벌금형을 선고받을 경우 그 선고받은 벌금액수에 상관없이 해당 임원이 당연퇴임되도록 규정한 새마을금고법(2007. 5. 25. 법률 제8485호로 전부 개정된 것, 이하 같다) 제21조 제2항, 제1항 제10호가 과잉금지원칙을 위반하여 직업선택의 자유를 침해하는지 여부

(1) 새마을금고는 금융업을 주된 사업으로 영위하므로 그 경영을 책임지는 임원으로서는 금융기관 임원에게 요구되는 고도의 윤리성 내지 준법의식을 가질 필요가 있을 뿐만 아니라, 임원으로 선출되는 과정에서 나타나는 부정·타락행위를 방지하고 선거의 공정성을 확보해야 할 필요가 있는데, 이 사건 법률조항은 선거의 공정성을 가장 쉽게 해치는 기부행위를 하여 벌금형 이상의 형을 선고받을 경우 선출된 새마을금고 임원직에서 자동으로 퇴직시킴으로써 위와 같은 입법목적을 도모하고 있는바, 그 입법목적은 정당하고 수단은 적절하다.

(2) 이 사건 법률조항은 새마을금고법상 기부행위금지조항 위반죄로 법원으로부터 선고받는 벌금형의 액수에 상관없이 벌금형을 선고받기만 하면 임원직에서 당연퇴임되도록 하고 있으나, ⅰ) 선출직 금융기관 임원에 대해 어떤 종류의 형벌을 얼마만큼 선고받았는지를 기준으로 어느 정도의 신분상 불이익을 가할 것인지는 광범위한 입법재량에 속하는 점, ⅱ) 경미한 사안의 경우 벌금형의 선고유예를 하거나 사회상규에 반하지 아니하는 '정당행위'로 위법성이 조각될 여

---

13) [개정: 2023. 4. 11.][시행일: 2023. 10. 12.]

지도 있으므로, 벌금형 하한이 없다는 이유만으로 법관의 양형재량의 여지가 비합리적으로 축소되었다고 볼 수도 없는 점, iii) 벌금액수의 최저한을 어느 정도로 설정해야 최소한의 침해가 되는 것인지를 산술적으로 평가하는 깃도 매우 어려운 점 등에 비추어 보면, 침해의 최소성 요건을 충족하지 못하였다고 볼 수는 없다.

(3) 이 사건 법률조항에 의하여 임원직 자체를 박탈당하는 사익이 적지 않다고 할 것이지만, 새마을금고 임원선거과정의 공정성을 확보하고 금융기관 임원으로서의 직무의 윤리성과 준법의식을 제고하려는 공익이 사익보다 월등하게 중요한 공익이라 할 것이므로, 법익의 均형성 요건도 충족하였다.

Ⅷ. 벌금형의 분리 선고

형법 제38조(경합범과 처벌례)에도 불구하고 제21조(임원의 결격 사유) 제1항 제8호·제11호의2 또는 제11호의3에 규정된 죄와 다른 죄의 경합범에 대하여 벌금형을 선고하는 경우에는 이를 분리하여 선고하여야 한다(법21의2).[14]

새마을금고 임원이나 임원이 되고자 하는 사람의 직업선택의 자유를 보장할 수 있도록 새마을금고 선거범죄와 다른 죄의 경합범에 대하여 벌금형을 선고하는 경우 이를 분리하여 선고하도록 하였다.

Ⅸ. 임원의 선거운동

1. 위탁선거법

(1) 위탁선거법의 우선 적용

공공단체등 위탁선거에 관한 법률("위탁선거법")은 "공공단체등"의 위탁선거에 관하여 다른 법률에 우선하여 적용한다(위탁선거법5). 농업협동조합법에 따른 농업협동조합과 중앙회, 수산업협동조합법에 따른 조합과 중앙회 및 산림조합법에 따른 조합과 중앙회, 새마을금고법에 따른 금고와 중앙회는 "공공단체등"에 해당하므로(위탁선거법3(1) 가목 및 나목) 농업협동조합법, 수산업협동조합법, 산림

---

14) [개정: 2023. 4. 11.][시행일: 2023. 10. 12.]

조합법, 새마을금고법에 우선하여 적용된다.

새마을금고법에 따른 금고 이사장(법23의2①) 및 중앙회장(법64의2⑥, 법23의2①)만이 의무위탁 대상이다. 이에 따라 의무위탁 대상이 아닌 이사장 및 중앙회장 외 임원들의 경우에는 위탁선거법이 적용되지 않고 새마을금고법이 적용된다.[15]

여기서는 현재 농업협동조합법, 수산업협동조합법 및 산림조합법에 따른 조합 및 중앙회에 적용되는 규정을 소개한다. 이 규정은 향후 위탁선거법 관련 규정이 개정되면 새마을금고법에 따른 새마을금고 및 중앙회에 적용될 것이기 때문이다.

(2) 개념의 정리

"위탁단체"란 임원 등의 선출을 위한 선거의 관리를 선거관리위원회에 위탁하는 공공단체등을 말한다(위탁선거법3(2)). "관할위원회"란 위탁단체의 주된 사무소 소재지를 관할하는 선거관리위원회법에 따른 구·시·군선거관리위원회(세종특별자치시선거관리위원회를 포함)를 말한다(위탁선거법3(3) 본문). 다만, 법령에서 관할위원회를 지정하는 경우에는 해당 선거관리위원회를 말한다(위탁선거법3(3) 단서). "위탁선거"란 관할위원회가 공공단체등으로부터 선거의 관리를 위탁받은 선거를 말한다(위탁선거법3(4)).

"선거인"이란 해당 위탁선거의 선거권이 있는 자로서 선거인명부에 올라 있는 자를 말한다(위탁선거법3(5)). "동시조합장선거"란 농업협동조합법, 수산업협동조합법 및 산림조합법에 따라 관할위원회에 위탁하여 동시에 실시하는 임기만료에 따른 조합장선거를 말한다(위탁선거법3(6)).

"정관등"이란 위탁단체의 정관, 규약, 규정, 준칙, 그 밖에 위탁단체의 조직 및 활동 등을 규율하는 자치규범을 말한다(위탁선거법3(7)).

(3) 선거기간

선거별 선거기간 ⅰ) 농업협동조합법, 수산업협동조합법 및 산림조합법에

---

15) 위탁선거법 제4조 제2호 임의위탁선거 부분에서 새마을금고와 그 중앙회는 제외하고 의무위탁선거 부분으로의 개정이 필요하다. 또한 농업협동조합법, 수산업협동조합법 및 산림조합법에 따른 조합 및 중앙회에 적용되는 규정에 향후 새마을금고법에 따른 새마을금고 및 중앙회도 추가될 것으로 예상된다.

따른 조합장선거("조합장선거"): 14일(제1호), ⅰ) 조합장선거 외의 위탁선거: 관할 위원회가 해당 위탁단체와 협의하여 정하는 기간(제2호)이다(위탁선거법13①).

"선거기간"이란 후보자등록마감일의 다음 날부디 선거일까지를 말하나(위탁선거법13②).

(4) 선거운동

농업협동조합법에 따른 농업협동조합과 중앙회, 수산업협동조합법에 따른 조합과 중앙회 및 산림조합법에 따른 조합이 위탁하는 선거에만 아래 사항이 적용된다(위탁선서법22 선난).

(가) 선거운동의 정의

"선거운동"이란 당선되거나 되게 하거나 되지 못하게 하기 위한 행위를 말한다(위탁선거법23 본문). 다만, ⅰ) 선거에 관한 단순한 의견개진 및 의사표시(제1호), ⅱ) 입후보와 선거운동을 위한 준비행위(제2호)는 선거운동으로 보지 아니한다(위탁선거법23 단서).

(나) 선거운동의 주체 · 기간 · 방법

1) 주체와 방법

후보자는 선거공보(위탁선거법25), 선거벽보(위탁선거법26), 어깨띠 · 윗옷 · 소품(위탁선거법27), 전화를 이용한 선거운동(위탁선거법28), 정보통신망을 이용한 선거운동(위탁선거법29), 명함을 이용한 선거운동(위탁선거법30), 선거일 후보자 소개 및 소견발표(위탁선거법30의2)의 방법으로 선거운동을 하는 경우를 제외하고는 누구든지 어떠한 방법으로도 선거운동을 할 수 없다(위탁선거법24①).

2) 기간

선거운동은 후보자등록마감일의 다음 날부터 선거일 전일까지에 한정하여 할 수 있다(위탁선거법24② 본문). 다만, ⅰ) 농업협동조합법, 수산업협동조합법에 따른 중앙회장선거(위탁선거법24③(3))의 후보자가 선거일 또는 결선투표일에 문자메시지를 전송하는 방법(위탁선거법28(2))으로 선거운동을 하는 경우(제1호), ⅱ) 후보자가 선거일 또는 결선투표일에 자신의 소견을 발표(위탁선거법30의2)하는 경우에는 그러하지 아니하다(위탁선거법24② 단서)

3) 선거별 선거운동방법

선거별 선거운동방법은 다음과 같다(위탁선거법24③). 즉 ⅰ) 농협 조합장의 경우 조합원이 총회 외에서 투표로 직접 선출하는 조합장 선거, 수협 조합장의 경우 총회 외에서 투표로 직접 선출하는 조합장 선거, 그리고 산림조합 조합장의 경우 총회 외에서 직접투표로 선출하는 조합장 선거: 선거공보(위탁선거법25), 선거벽보(위탁선거법26), 어깨띠·윗옷·소품(위탁선거법27), 전화를 이용한 선거운동(위탁선거법28), 정보통신망을 이용한 선거운동(위탁선거법29), 명함을 이용한 선거운동(위탁선거법30)의 방법(제1호), ⅱ) 농협 조합장의 경우 조합원이 총회에서 선출하는 조합장 선거, 수협 조합장의 경우 총회에서 선출하는 조합장 선거, 그리고 산림조합 조합장의 경우 총회에서 선출하는 조합장 선거: 선거공보(위탁선거법25), 선거벽보(위탁선거법26), 어깨띠·윗옷·소품(위탁선거법27), 전화를 이용한 선거운동(위탁선서법28), 정보통신망을 이용한 선거운동(위탁선거법29), 명함을 이용한 선거운동(위탁선거법30), 선거일 후보자 소개 및 소견발표(위탁선거법30의2)의 방법(제2호), ⅲ) 농협 중앙회장 선거, 수협 중앙회장 선거, 농협 조합장의 경우 대의원회에서 선출하는 조합장선거, 수협 조합장의 경우 대의원회에서 선출하는 조합장선거: 선거공보(위탁선거법25), 전화를 이용한 선거운동(위탁선거법28), 정보통신망을 이용한 선거운동(위탁선거법29), 명함을 이용한 선거운동(위탁선거법30), 선거일 후보자 소개 및 소견발표(위탁선거법30의2)의 방법(제30조에 따른 방법은 중앙회장선거에 한정)(제3호)으로 선거운동을 할 수 있다(위탁선거법24③).

** 관련 판례: 헌법재판소 2019. 7. 25. 선고 2018헌바85 전원재판부

위탁선거법 제23조는 선거운동을 "당선되거나 되게 하거나 되지 못하게 하기 위한 행위"라고 정의하고, 다만 "선거에 관한 단순한 의견개진 및 의사표시" 또는 "입후보와 선거운동을 위한 준비행위"에 해당하는 행위는 선거운동으로 보지 아니한다고 규정하고 있다. 즉 위탁선거법상 "선거운동"이라 함은 위탁선거법 제3조에서 규정한 위탁선거에서 특정 후보자의 당선 내지 이를 위한 득표에 필요한 모든 행위 또는 특정 후보자의 낙선에 필요한 모든 행위 중 당선 또는 낙선을 위한 것이라는 목적의사가 객관적으로 인정될 수 있는 능동적, 계획적 행위를 말하는 것으로 풀이할 수 있다. 선거에 관한 단순한 의견개진 등과 구별되는 선거운동의 표지로 당선 내지 득표(반대후보자의 낙선)에의 목적성, 그 목적성의 객관적 인식가능성, 능동성 및 계획성이 요구된다 할 것이다(헌재 1994. 7. 29. 93헌가4 등 참조). 위탁선거법 제23조 제2호의 "입후보와 선거운동을 위한 준비행위"

에서 "입후보"는 위탁선거에 후보자로 나서는 것을 의미하고, "선거운동을 위한 준비행위"라 함은 비록 선거를 위한 행위이기는 하나 특정 후보자의 당선을 목적으로 표를 얻기 위한 행위가 아니라 단순히 장래의 선거운동을 위한 내부적·절차적 준비행위를 가리키는 것으로, 선거운동에 해당하지 아니하는 것을 의미한다(헌재 2005. 10. 27. 2004헌바41 참조).

선거운동과 선거운동에 이르지 않는 "입후보와 선거운동을 위한 준비행위"를 위와 같이 풀이할 수 있으므로, 건전한 상식과 통상적인 법감정을 가진 사람이면 누구나 그러한 표지를 갖춘 "선거운동"과 "입후보와 선거운동을 위한 준비행위"를 구분할 수 있고, 법집행사의 사의를 허용할 소지를 제거할 수 있다.

(다) 선거공보

1) 선거공보 1종 작성과 제출

후보자는 선거운동을 위하여 선거공보 1종을 작성할 수 있다(위탁선거법25① 전단). 이 경우 후보자는 선거인명부확정일 전일까지 관할위원회에 선거공보를 제출하여야 한다(위탁선거법25① 후단).

2) 선거공보의 발송

관할위원회는 제출된 선거공보를 선거인명부확정일 후 2일까지 투표안내문과 동봉하여 선거인에게 발송하여야 한다(위탁선거법25②).

3) 선거공보 미제출의 효과

후보자가 선거인명부확정일 전일까지 선거공보를 제출하지 아니하거나 규격을 넘는 선거공보를 제출한 때에는 그 선거공보는 발송하지 아니한다(위탁선거법25③).

4) 제출된 선거공보의 정정 또는 철회 제한

제출된 선거공보는 정정 또는 철회할 수 없다(위탁선거법25④ 본문). 다만, 오기나 위탁선거법에 위반되는 내용이 게재되었을 경우에는 제출마감일까지 해당 후보자가 정정할 수 있다(위탁선거법25④ 단서).

5) 선거인의 이의제기 등

선거인은 선거공보의 내용 중 경력·학력·학위·상벌에 관하여 거짓으로 게재되어 있음을 이유로 이의제기를 하는 때에는 관할위원회에 서면으로 하여야 하고, 이의제기를 받은 관할위원회는 후보자와 이의제기자에게 그 증명서류의 제출을 요구할 수 있으며, 그 증명서류의 제출이 없거나 거짓 사실임이 판명된 때에는 그 사실을 공고하여야 한다(위탁선거법25⑤).

관할위원회는 허위게재사실을 공고한 때에는 그 공고문 사본 1매를 선거일에 투표소의 입구에 첩부하여야 한다(위탁선거법25⑥).

6) 중앙선거관리위원회규칙

선거공보의 작성수량·규격·면수·제출, 그 밖에 필요한 사항은 중앙선거관리위원회규칙으로 정한다(위탁선거법25⑦).

(라) 선거벽보

1) 선거벽보 1종 작성과 제출

후보자는 선거운동을 위하여 선거벽보 1종을 작성할 수 있다(위탁선거법26① 전단). 이 경우 후보자는 선거인명부확정일 전일까지 관할위원회에 선거벽보를 제출하여야 한다(위탁선거법26① 후단).

2) 선거벽보의 첩부

관할위원회는 제출된 선거벽보를 제출마감일 후 2일까지 해당 위탁단체의 주된 사무소와 지사무소의 건물 또는 게시판에 첩부하여야 한다(위탁선거법26②).

3) 선거공보 규정의 준용

법 제25조 제3항부터 제6항까지의 규정은 선거벽보에 이를 준용한다(위탁선거법26③ 전단). 이 경우 "선거공보"는 "선거벽보"로, "발송"은 "첩부"로, "규격을 넘는"은 "규격을 넘거나 미달하는"으로 본다(위탁선거법26③ 후단).

4) 중앙선거관리위원회규칙

선거벽보의 작성수량·첩부수량·규격·제출, 그 밖에 필요한 사항은 중앙선거관리위원회규칙으로 정한다(위탁선거법26④).

(마) 어깨띠·윗옷·소품

후보자는 선거운동기간 중 어깨띠나 윗옷(上衣)을 착용하거나 소품을 이용하여 선거운동을 할 수 있다(위탁선거법27).

(바) 전화를 이용한 선거운동

후보자는 선거운동기간 중 ⅰ) 전화를 이용하여 송화자·수화자 간 직접 통화하는 방법(제1호), ⅱ) 문자(문자 외의 음성·화상·동영상 등은 제외)메시지를 전송하는 방법(제2호)으로 선거운동을 할 수 있다(위탁선거법28 본문). 다만, 오후 10시부터 다음 날 오전 7시까지는 그러하지 아니하다(위탁선거법28 단서).

(사) 정보통신망을 이용한 선거운동

1) 선거운동 방법

후보자는 선거운동기간 중 ⅰ) 해당 위탁단체가 개설·운영하는 인터넷 홈페이지의 게시판·대화방 등에 글이나 동영상 등을 게시하는 방법(제1호), ⅱ) 전자우편(컴퓨터 이용자끼리 네트워크를 통하여 문자·음성·화상 또는 동영상 등의 정보를 주고받는 통신시스템)을 전송하는 방법(제2호)으로 선거운동을 할 수 있다(위탁선거법29①).

2) 정보통신서비스 제공자에 대한 정보 삭제 요청

관할위원회는 위탁선거법에 위반되는 정보가 인터넷 홈페이지의 게시판·대화방 등에 게시된 때에는 그 인터넷 홈페이지의 관리자·운영자 또는 정보통신망법 제1항 제3호에 따른 정보통신서비스 제공자("정보통신서비스 제공자")에게 해당 정보의 삭제를 요청할 수 있다(위탁선거법29② 전단). 이 경우 그 요청을 받은 인터넷 홈페이지의 관리자·운영자 또는 정보통신서비스 제공자는 지체 없이 이에 따라야 한다(위탁선거법29② 후단).

3) 정보 삭제와 이의신청

정보가 삭제된 경우 해당 정보를 게시한 사람은 그 정보가 삭제된 날부터 3일 이내에 관할위원회에 서면으로 이의신청을 할 수 있다(위탁선거법29③).

4) 중앙선거관리위원회규칙

위법한 정보의 게시에 대한 삭제 요청, 이의신청, 그 밖에 필요한 사항은 중앙선거관리위원회규칙으로 정한다(위탁선거법29④).

(아) 명함을 이용한 선거운동

후보자는 선거운동기간 중 다수인이 왕래하거나 집합하는 공개된 장소에서 길이 9센티미터 너비 5센티미터 이내의 선거운동을 위한 명함을 선거인에게 직접 주거나 지지를 호소하는 방법으로 선거운동을 할 수 있다(위탁선거법30 본문).

다만, 중앙선거관리위원회규칙으로 정하는 장소에서는 그러하지 아니하다(위탁선거법30 단서). 여기서 "중앙선거관리위원회규칙으로 정하는 장소"란 ⅰ) 병원·종교시설·극장의 안(제1호), ⅱ) 위탁단체의 주된 사무소나 지사무소의 건물의 안(제2호)을 말한다(공공단체등 위탁선거에 관한 규칙15).

(자) 선거일 후보자 소개 및 소견발표

1) 기호순에 따른 소개와 소견발표 시간

조합장선거 또는 중앙회장선거에서 투표관리관 또는 투표관리관이 지정하는 사람("투표관리관등")은 선거일 또는 결선투표일(중앙회장선거에 한정)에 투표를 개시하기 전에 투표소 또는 총회나 대의원회가 개최되는 장소("투표소등")에서 선거인에게 기호순에 따라 각 후보자를 소개하고 후보자로 하여금 조합운영에 대한 자신의 소견을 발표하게 하여야 한다(위탁선거법30의2① 전단). 이 경우 발표시간은 후보자마다 10분의 범위에서 동일하게 배정하여야 한다(위탁선거법30의2① 후단).

2) 소견발표 포기 의제

후보자가 자신의 소견발표 순서가 될 때까지 투표소등에 도착하지 아니한 때에는 소견발표를 포기한 것으로 본다(위탁선거법30의2②).

3) 후보자의 허위사실 공표 또는 후보자 비방에 대한 조치

투표관리관등은 후보자가 제61조(허위사실 공표죄) 또는 제62조(후보자 등 비방죄)에 위반되는 발언을 하는 때에는 이의 중지를 명하여야 하고 후보자가 이에 따르지 아니하는 때에는 소견발표를 중지시키는 등 필요한 조치를 취하여야 한다(위탁선거법30의2③).

4) 소견발표 방해자에 대한 제지와 퇴장

투표관리관등은 투표소등에서 후보자가 소견을 발표하는 것을 방해하거나 질서를 문란하게 하는 사람이 있는 때에는 이를 제지하고, 그 명령에 불응하는 때에는 투표소등 밖으로 퇴장시킬 수 있다(위탁선거법30의2①).

5) 중앙선거관리위원회규칙

후보자 소개 및 소견발표 진행, 그 밖에 필요한 사항은 중앙선거관리위원회규칙으로 정한다(위탁선거법30의2④).

(차) 지위를 이용한 선거운동금지 등

위탁단체의 임직원은 ⅰ) 지위를 이용하여 선거운동을 하는 행위(제1호), ⅱ) 지위를 이용하여 선거운동의 기획에 참여하거나 그 기획의 실시에 관여하는 행위(제2호), ⅲ) 후보자(후보자가 되려는 사람을 포함)에 대한 선거권자의 지지도를 조사하거나 이를 발표하는 행위(제3호)를 할 수 없다(위탁선거법31).

(5) 기부행위

(가) 기부행위의 정의

위탁선거법에서 "기부행위"란 ⅰ) 선거인(선거인명부를 작성하기 전에는 그 선거인명부에 오를 자격이 있는 자를 포함)이나 그 가족(선거인의 배우자, 선거인 또는 그 배우자의 직계존비속과 형제자매, 선거인의 직계존비속 및 형제자매의 배우자)(제1호), ⅱ) 선거인이나 그 가족이 설립·운영하고 있는 기관·단체·시설(제2호)을 대상으로 금전·물품 또는 그 밖의 재산상 이익을 제공하거나 그 이익제공의 의사를 표시하거나 그 제공을 약속하는 행위를 말한다(위탁선거법32).

** 관련 판례: 대법원 2021. 7. 21. 선고 2021도6073 판결

[1] 위탁선거법 제35조 제1항은 후보자 등이 기부행위제한기간 중 기부행위를 하는 것을 제한하고 제59조에서 이를 위반한 자를 처벌하도록 정하고 있다. 위탁선거법이 정하는 "기부행위"는 선거인 등을 대상으로 금전 등을 제공하는 등의 행위를 말하고(위탁선거법 제32조), "선거인"은 해당 위탁선거의 선거권이 있는 자로서 선거인명부에 올라 있는 자를 말하며(위탁선거법 제3조 제5호), "선거권"은 해당 법령이나 정관 등이 정하는 바에 의하는데(위탁선거법 제12조), 농업협동조합법 제26조는 지역농업협동조합("지역농협")의 경우 조합원이 선거권을 가진다고 정하고 있으므로, 결국 지역농협인 회덕농협의 조합장 선거와 관련하여 기부행위제한 위반으로 인한 위탁선거법 위반죄가 성립하기 위해서는 금전 등을 제공받은 상대방이 조합원 등이어야 한다.

한편 농업협동조합법 및 같은 법 시행령에 의하면, 지역농협 조합원은 해당 지역농협의 구역에 주소 등이 있는 농업인이어야 하는데(농업협동조합법 제19조 제1항), 여기서 농업인이라 함은 "1,000㎡ 이상 농지를 경영하거나 경작하는 자", "1년 중 90일 이상 농업에 종사하는 자", "일정 기준 이상의 누에 또는 가축을 사육하거나 원예작물을 재배하는 자", "660㎡ 이상의 농지에서 채소·과수 또는 화훼를 재배하는 자" 중 어느 하나에 해당하여야 한다(농업협동조합법 제19조 제4항, 같은 법 시행령 제4조 제1항). 그리고 일단 조합원이 되었더라도 위와 같은 조합원 자격을 상실하는 때에는 별도의 절차 없이 지역농협에서 당연 탈퇴된다(농업협동조합법 제29조 제2항 제1호).

[2] H농협은 정관에서 조합원의 자격, 조합원의 당연 탈퇴사유에 관하여 농

업협동조합법과 동일한 내용의 규정을 두고 매년 조합원 자격 여부를 확인하기 위한 실태조사를 실시하였는데, C가 2016년부터 2019년까지 매년 농업인으로서 조합원 자격을 유지하고 있다면서 소명자료로 제출한 임대차계약서의 기재내용에 의문이 있는 점, 위 임대차계약상의 토지소유자가 제1심에서 증언한 내용 등에 비추어 보면, C는 적어도 2016년경부터 농업협동조합법이 정하는 농업인의 요건을 충족하지 못하였고, 이에 따라 농업협동조합법 및 H농협 정관에 의해 조합원 자격이 없는 경우에 해당하여 H농협에서 당연 탈퇴되었다고 봄이 타당하다.

[3] 기부행위의 상대방인 C가 H농협 조합원에 해당하지 않는 이상, 피고인의 판시 행위는 위탁선거법 제59조, 제35조 제1항이 정한 기부행위제한 위반에 해당하지 않는다.

[4] 검사는 대법원 2005. 8. 19. 선고 2005도2245 판결을 원용하면서, 위탁선거법 제32조에서 정한 기부행위의 상대방에 "선거인명부를 작성하기 전에는 그 선거인명부에 오를 자격이 있는 자"가 포함되는데 C는 "선거인명부에 오를 자격이 있는 자"에 해당하므로 기부행위의 상대방에 해당한다고 주장하나, 위 대법원판결의 취지에 비추어 보더라도 선거인명부 작성 전이기만 하면 누구나 선거인명부에 오를 자격이 있는 자에 해당하는 것은 아닌바, C가 농업협동조합법이 정하는 농업인의 요건을 충족시키지 못하는 위와 같은 사정을 감안하면 선거인명부 작성일의 이틀 전인 "2019. 5. 14. 자 기부행위제한 위반" 당시 C가 다가올 선거일을 기준으로 선거인으로 될 수 있는 자에 해당한다는 점 역시 합리적인 의심을 할 여지가 없을 정도로 증명되었다고 보기에 부족하다.

(나) 기부행위로 보지 아니하는 행위

다음의 어느 하나에 해당하는 행위는 기부행위로 보지 아니한다(위탁선거법 33①).

1) 직무상의 행위

직무상의 행위인 ⅰ) 기관·단체·시설(나목에 따른 위탁단체를 제외)이 자체사업계획과 예산에 따라 의례적인 금전·물품을 그 기관·단체·시설의 명의로 제공하는 행위(포상을 포함하되, 화환·화분을 제공하는 행위는 제외한다. 이하 나목에서 같다)(가목), ⅱ) 위탁단체가 해당 법령이나 정관등에 따른 사업계획 및 수지예산에 따라 집행하는 금전·물품을 그 위탁단체의 명의로 제공하는 행위(나목), ⅲ)

물품구매·공사·역무의 제공 등에 대한 대가의 제공 또는 부담금의 납부 등 채무를 이행하는 행위(다목), iv) 가목부터 다목까지의 규정에 따른 행위 외에 법령에 근거하여 물품 등을 찬조·출연 또는 제공하는 행위(라목)는 기부행위로 보지 않는다(법33①(1)).

  2) 의례적 행위

  의례적 행위는 i) 민법 제777조(친족의 범위)에 따른 친족("친족")의 관혼상제의식이나 그 밖의 경조사에 축의·부의금품을 제공하는 행위(가목), ii) 친족 외의 사람의 관혼상제의식에 통상적인 범위[축의·부의금품: 5만원 이내 = 공공단체 등 위탁선거에 관한 규칙16(1)]에서 축의·부의금품(회원·회분을 제외)을 제공하거나 주례를 서는 행위(나목), iii) 관혼상제의식이나 그 밖의 경조사에 참석한 하객이나 조객 등에게 통상적인 범위[음식물: 3만원 이내, 답례품: 1만원 이내 = 공공단체등 위탁선거에 관한 규칙16(2)(3)]에서 음식물 또는 답례품을 제공하는 행위(다목), iv) 소속 기관·단체·시설(위탁단체는 제외)의 유급 사무직원이나 친족에게 연말·설 또는 추석에 의례적인 선물[선물: 3만원 이내공공단체등 위탁선거에 관한 규칙16(4)]을 제공하는 행위(라목), v) 친목회·향우회·종친회·동창회 등 각종 사교·친목 단체 및 사회단체의 구성원으로서 그 단체의 정관 등 또는 운영관례상의 의무에 기하여 종전의 범위에서 회비를 납부하는 행위(마목), vi) 평소 자신이 다니는 교회·성당·사찰 등에 통상의 예에 따라 헌금(물품의 제공을 포함)하는 행위(바목)는 기부행위로 보지 않는다(법33①(2)).

  3) 구호적·자선적 행위

  공직선거법 제112조 제2항 제3호에 따른 구호적·자선적 행위에 준하는 행위는 기부행위로 보지 않는다(법33①(3)). 즉 공직선거법 제112조 제2항 제3호의 구호적·자선적 행위를 살펴보면 i) 법령에 의하여 설치된 사회보호시설중 수용보호시설에 의연금품을 제공하는 행위(가목), ii) 재해구호법의 규정에 의한 구호기관(전국재해구호협회를 포함) 및 대한적십자사 조직법에 의한 대한적십자사에 천재·지변으로 인한 재해의 구호를 위하여 금품을 제공하는 행위(나목), iii) 장애인복지법 제58조에 따른 장애인복지시설(유료복지시설을 제외)에 의연금품·구호금품을 제공하는 행위(다목), iv) 국민기초생활 보장법에 의한 수급권자인 중증장애인에게 자선·구호금품을 제공하는 행위(라목), v) 자선사업을 주관·시행하는 국가·지방자치단체·언론기관·사회단체 또는 종교단체 그 밖에 국가기관이나 지방자치단체의 허가를 받아 설립된 법인 또는 단체에 의연금품·구호금품을 제공하는 행위(다만, 광범위한 선거구민을 대상으로 하는 경우 제공하는 개별 물품 또는 그 포장지에 직명·성명 또는 그 소속 정당의 명칭을 표시하여 제공하는 행위는 제외)(마목), vi) 자선·구호사업을 주관·시행하는 국가·지방자치단체, 그 밖의 공공기관·법인을 통하여 소년·소녀가장과 후원인으로 결연을 맺고 정기적으로 제공하여 온 자선·구호금품을 제공하는 행위(바목), vii) 국가기관·지방자치단체 또는 구호·자선단체가 개최하는 소년·소녀가장, 장애인, 국가유공자, 무의탁노인, 결식자, 이재민, 국민기초생활 보장법에 따른 수급자 등을 돕기 위한 후원회 등의 행사에 금품을 제공하는 행위(다만, 개별 물품 또는 그 포장지에 직명·성명 또는 그 소속 정당의 명칭을 표시하여 제공하는 행위는 제외)(사목), viii) 근로청소년을 대상으로 무료학교(야학을 포함)를 운영하거나 그 학교에서 학생들을 가르치는 행위(아목)는 기부행위로 보지 않는다(법33①(3)).

** 관련 판례: 대법원 2022. 2. 24. 선고 2020도17430 판결

위탁선거법 제33조 제1항 제1호 (나)목의 "직무상의 행위"에 해당하기 위한 요건 및 그중 위탁단체가 금품을 위탁단체의 명의로 제공하는 것에 해당하는지 판단하는 방법: 위탁선거법 제33조 제1항 제1호 (나)목이 규정한 "직무상의 행위"에 해당하는 경우 조합장의 재임 중 기부행위금지 위반을 처벌하는 같은 법 제59조 위반죄의 구성요건해당성이 없게 되는바, 위 "직무상의 행위"에 해당하기 위해서는 위탁선거법 제33조 제1항 제1호 (나)목이 규정한 바와 같이 위탁단체가 금품을 그 위탁단체의 명의로 제공하여야 할 뿐만 아니라 금품의 제공은 위탁단체의 사업계획 및 수지예산에 따라 집행되어야 하고, 이러한 사업계획 및 수지예산은 법령이나 정관 등에 근거한 것이어야 한다.

여기서 위탁단체가 금품을 그 위탁단체의 명의로 제공하는 것에 해당하는지 여부는 대상자 선정과 그 집행과정에서 사전계획·내부결재나 사후보고 등 위탁단체 내부의 공식적 절차를 거쳤는지, 금품 제공이 위탁단체의 사업수행과 관련성이 있는지, 금품 제공 당시 제공의 주체가 위탁단체임을 밝혔는지, 수령자가 금품 제공의 주체를 위탁단체로 인식했는지, 금품의 제공 여부는 물론 제공된 금품의 종류와 가액·제공 방식 등에 관해 기존에 동일하거나 유사한 관행이 있었는지, 그 밖에 금품 제공에 이른 동기와 경위 등을 종합적으로 고려하여 판단하여야 한다.

단순히 제공된 금품이 위탁단체의 사업계획 및 수지예산에 따라 집행되었다는 사정만으로는 위와 같은 "직무상의 행위"에 해당한다고 할 수 없고, 특히 직무행위의 외관을 빌렸으나 실질적으로는 금품 제공의 효과를 위탁단체의 대표자 개인에게 돌리려는 의도가 드러나는 경우에는 "직무상의 행위"로 볼 수 없다.

(다) 기부행위제한기간

기부행위를 할 수 없는 기간("기부행위제한기간")은 ⅰ) 임기만료에 따른 선거: 임기만료일 전 180일부터 선거일까지(제1호), ⅱ) 해당 법령이나 정관등에 따른 재선거, 보궐선거, 위탁단체의 설립·분할 또는 합병으로 인한 선거: 그 선거의 실시 사유가 발생한 날부터 선거일까지(제2호)이다(위탁선거법34).

(라) 기부행위 제한

1) 후보자 등의 기부행위 제한

후보자(후보자가 되려는 사람을 포함), 후보자의 배우자, 후보자가 속한 기관·단체·시설은 기부행위제한기간 중 기부행위를 할 수 없다(위탁선거법35①).

2) 기부행위 의제

누구든지 기부행위제한기간 중 해당 위탁선거에 관하여 후보자를 위하여 기부행위를 하거나 하게 할 수 없다(위탁선거법35② 전단). 이 경우 후보자의 명의를 밝혀 기부행위를 하거나 후보자가 기부하는 것으로 추정할 수 있는 방법으로 기부행위를 하는 것은 해당 위탁선거에 관하여 후보자를 위한 기부행위로 본다(위탁선거법35② 후단).

3) 기부의 의사표시 승낙 등 제한

누구든지 기부행위제한기간 중 해당 위탁선거에 관하여 제1항 또는 제2항에 규정된 자로부터 기부를 받거나 기부의 의사표시를 승낙할 수 없다(위탁선거법35③).

4) 기부행위의 지시·권유·알선 또는 요구 제한

누구든지 제1항부터 제3항까지 규정된 행위에 관하여 지시·권유·알선 또는 요구할 수 없다(위탁선거법35④).

5) 조합장의 재임 중 기부행위 제한

농업협동조합법, 수산업협동조합법 및 산림조합법에 따른 조합장·중앙회장은 재임 중에 기부행위를 할 수 없다(위탁선거법35⑤).

　　** 관련 판례: 대법원 2022. 2. 24. 선고 2020도17430 판결

　　위탁선거법 제59조, 제35조 제5항이 농업협동조합 조합장으로 하여금 재임 중 일체의 기부행위를 할 수 없도록 규정한 취지: 농업협동조합("농협")은 농업협동조합법이 정하는 국가적 목적을 위하여 설립되는 공공성이 강한 법인으로, 위탁선거법 제59조, 제35조 제5항이 농협의 조합장으로 하여금 선거 관련 여부를 불문하고 재임 중 일체의 기부행위를 할 수 없도록 규정한 취지는 기부행위라는 명목으로 매표행위를 하는 것을 방지함으로써 조합장 선거의 공정성을 확보하기 위한 것이다. 즉, 위와 같은 기부행위가 조합장의 지지기반을 조성하는 데에 기여하거나 조합원에 대한 매수행위와 결부될 가능성이 높아 이를 허용할 경우 조합장 선거 자체가 후보자의 인물·식견 및 정책 등을 평가받는 기회가 되기보다는 후보자의 자금력을 겨루는 과정으로 타락할 위험성이 있어 이를 방지하기 위한 것이다. 특히 농협 조합장은 조합원 중에서 정관이 정하는 바에 따라 조합원이 총회 또는 총회 외에서 투표로 직접 선출하거나, 대의원회가 선출하거나, 이사회가 이사 중에서 선출하므로(농업협동조합법 제45조 제5항), 조합장 선거는 투표자들이 비교적 소수로서 서로를 잘 알고 있고 인정과 의리를 중시하는 특정집단 내에서 이루어지며, 적은 표 차이로 당락이 결정되고 그 선거운동방법은 후보자와 선거인의 직접적인 접촉이 주를 이루게 되며, 이에 따라 후보자의 행위가 선거의 당락에 직접적으로 영향을 미친다는 특징이 있다. 뿐만 아니라 조합장 선거의 당선인은 지역농협을 대표하고 총회와 이사회의 의장이 되며, 지역농협의 직원을 임면하는 등(농업협동조합법 제46조 제1항, 제3항, 제56조 제1항) 지역농협의 존속·발전에 상당한 영향력을 미칠 수 있기 때문에 선거인의 입장에서 누가 조합장으로 당선되는지가 중요하고, 조합장 선거에 관심이 높을 수밖에 없다. 위와 같은 특성으로 인하여 조합장 선거는 자칫 과열·혼탁으로 빠질 위험이 높아 선거의 공정성 담보가 보다 높게 요구된다고 할 것인바, 조합장으로 하여금 재임 중 일체의 기부행위를 금지하는 것은 위탁선거가 가지는 고유한 특성을 고려하여 위탁선거의 과열과 혼탁을 방지하고 나아가 선거의 공정성 담보를 도모하기 위함이다(대법원 2021. 4. 29. 선고 2019도14338 판결; 헌법재판소 2018. 2. 22. 선고 2016헌바370 전원재판부 결정 등 참조).

(6) 조합장 등의 축의 · 부의금품 제공제한

농업협동조합법, 수산업협동조합법 및 산림조합법에 따른 조합 · 중앙회("조합등")의 경비로 관혼상제의식이나 그 밖의 경조사에 축의 · 부의금품을 제공하는 경우에는 해당 조합등의 경비임을 명기하여 해당 조합등의 명의로 하여야 하며, 해당 조합등의 대표자의 직명 또는 성명을 밝히거나 그가 하는 것으로 추정할 수 있는 방법으로 하는 행위는 기부행위로 본다(위탁선거법36).

(7) 선거일 후 답례금지

후보자, 후보자의 배우자, 후보자가 속한 기관 · 단체 · 시설은 선거일 후 당선되거나 되지 아니한 데 대하여 선거인에게 축하 · 위로나 그 밖의 답례를 하기 위하여 ⅰ) 금전 · 물품 또는 향응을 제공하는 행위(제1호), ⅱ) 선거인을 모이게 하여 당선축하회 또는 낙선에 대한 위로회를 개최하는 행위(제2호)를 할 수 없다(위탁선거법37).

(8) 호별방문 등의 제한

누구든지 선거운동을 위하여 선거인(선거인명부작성 전에는 선거인명부에 오를 자격이 있는 자를 포함)을 호별로 방문하거나 특정 장소에 모이게 할 수 없다(위탁선거법38).

(9) 위반시 제재
(가) 형사제재

농업협동조합법, 수산업협동조합법 및 산림조합법에 따른 조합 · 중앙회가 위탁하는 선거에는 아래에서 살펴보는 벌칙 규정이 적용된다(위탁선거법57① 본문).

1) 매수 및 이해유도죄

선거운동을 목적으로 ⅰ) 선거인(선거인명부를 작성하기 전에는 그 선거인명부에 오를 자격이 있는 자를 포함)이나 그 가족 또는 선거인이나 그 가족이 설립 · 운영하고 있는 기관 · 단체 · 시설에 대하여 금전 · 물품 · 향응이나 그 밖의 재산상 이익이나 공사(公私)의 직을 제공하거나 그 제공의 의사를 표시하거나 그 제공을 약속한 자(제1호), ⅱ) 후보자가 되지 아니하도록 하거나 후보자가 된 것을 사퇴하게 할 목적으로 후보자가 되려는 사람이나 후보자에게 제1호에 규정된 행위를

한 자(제2호), iii) 제1호 또는 제2호에 규정된 이익이나 직을 제공받거나 그 제공
의 의사표시를 승낙한 자(제3호), iv) 제1호부터 제3호까지에 규정된 행위에 관하
여 지시 · 권유 · 알선하거나 요구한 자(제4호), ⅴ) 후보자등록개시일부터 선거일
까지 포장된 선물 또는 돈봉투 등 다수의 선거인(선거인의 가족 또는 선거인이나 그
가족이 설립 · 운영하고 있는 기관 · 단체 · 시설을 포함)에게 배부하도록 구분된 형태로
되어 있는 금품을 운반한 자(제5호)는 3년 이하의 징역 또는 3천만원 이하의 벌
금에 처한다(위탁선거법58).

　　법 제58조의 죄를 범한 자가 받은 이익은 몰수한다(위탁선거법60 본문). 다
만, 그 전부 또는 일부를 몰수할 수 없는 때에는 그 가액을 추징한다(위탁선거법
60 단서).

　　2) 기부행위의 금지 · 제한 등 위반죄

　　법 제35조(기부행위제한)를 위반한 자[제68조(과태료의 부과) 제3항에 해당하는
자 제외]는 3년 이하의 징역 또는 3천만원 이하의 벌금에 처한다(법59). 법 제59
조의 죄를 범한 자가 받은 이익은 몰수한다(법60 본문). 다만, 그 전부 또는 일부
를 몰수할 수 없는 때에는 그 가액을 추징한다(위탁선거법60 단서).

　　** 관련 판례: 대법원 2022. 2. 24. 선고 2020도17430 판결

　　[1] 위탁선거법 제32조에 해당하는 금전 · 물품 등의 제공행위는 같은 법 제
33조에서 허용되는 것으로 열거된 행위에 해당하지 않는 이상, 조합장 등의 재임
중 기부행위금지 위반을 처벌하는 같은 법 제59조의 구성요건해당성이 인정되는
지 여부(적극): 위탁선거법 제35조 제5항은 "농업협동조합법에 따른 조합장 등은
재임 중에 기부행위를 할 수 없다"고 규정하고 제59조는 이를 위반한 자를 처벌
하도록 규정하고 있으며, 제32조는 위와 같이 금지되는 기부행위의 정의를 "선거
인(선거인명부를 작성하기 전에는 그 선거인명부에 오를 자격이 있는 자를 포함)이나 그
가족(선거인의 배우자, 선거인 또는 그 배우자의 직계존비속과 형제자매, 선거인의 직계
존비속 및 형제자매의 배우자), 선거인이나 그 가족이 설립 · 운영하고 있는 기관 ·
단체 · 시설을 대상으로 금전 · 물품 또는 그 밖의 재산상 이익을 제공하거나 그
이익제공의 의사를 표시하거나 그 제공을 약속하는 행위"로 규정한 후, 제33조에
서 기부행위로 보지 않는 행위로서 직무상의 행위, 의례적 행위 등을 열거하면서
같은 조 제1항 제1호 (나)목에서 직무상의 행위 중 하나로서 "위탁단체가 해당

법령이나 정관 등에 따른 사업계획 및 수지예산에 따라 집행하는 금전·물품("금품")을 그 위탁단체의 명의로 제공하는 행위"를 규정하고 있다. 이러한 위탁선거법의 규정방식에 비추어, 위탁선거법 제32조에 해당하는 금품 등의 제공행위는 같은 법 제33조에서 허용되는 것으로 열거된 행위에 해당하지 아니하는 이상, 조합장 등의 재임 중 기부행위금지 위반을 처벌하는 같은 법 제59조의 구성요건해당성이 인정된다(위탁선거법과 유사한 규정을 둔 농업협동조합법 위반 사건에 관한 대법원 2007. 10. 26. 선고 2007도5858 판결 등 참조).

[2] 출연자와 기부행위자가 외형상 일치하지 않는 경우, 실질적 기부행위자를 특정하는 방법 / 위탁선거법상 금지되는 기부행위의 구성요건에 해당하는 행위에 위법성 조각사유가 인정되는지 판단하는 방법: 기부행위는 그 출연자가 기부행위자가 되는 것이 통례이지만, 그 기부행위를 한 것으로 평가되는 주체인 기부행위자는 항상 그 금품 또는 재산상 이익 등의 사실상 출연자에 한정되는 것은 아니며, 출연자와 기부행위자가 외형상 일치하지 않는 경우에는 그 금품이나 재산상 이익 등이 출연된 동기 또는 목적, 출연행위와 기부행위의 실행경위, 기부자와 출연자 그리고 기부받는 자와의 관계 등 모든 사정을 종합하여 실질적 기부행위자를 특정하여야 한다(위탁선거법과 유사한 규정을 둔 농업협동조합법 위반에 관한 대법원 2007. 10. 26. 선고 2007도5858 판결 등 참조).

다만 위탁선거법상 금지되는 기부행위의 구성요건에 해당하는 행위라고 하더라도, 그것이 지극히 정상적인 생활형태의 하나로서 역사적으로 생성된 사회질서의 범위 안에 있는 것이라고 볼 수 있는 경우에는 일종의 의례적 행위나 직무상의 행위로서 사회상규에 위배되지 아니하여 위법성이 조각되는 경우가 있을 수 있지만, 이러한 위법성조각사유의 인정은 신중하게 하여야 하고(대법원 2017. 3. 9. 선고 2016도21295 판결 등 참조), 그 판단에 있어서는 기부대상자의 범위와 지위 및 선정 경위, 기부행위에 제공된 금품 등의 종류와 가액, 기부행위 시점, 기부행위와 관련한 기존의 관행, 기부행위자와 기부대상자와의 관계 등 제반 사정을 종합적으로 고려하여야 한다.

3) 허위사실 공표죄

당선되거나 되게 할 목적으로 선거공보나 그 밖의 방법으로 후보자(후보자가 되려는 사람을 포함)에게 유리하도록 후보자, 그의 배우자 또는 직계존비속이나 형제자매에 관하여 허위의 사실을 공표한 자는 3년 이하의 징역 또는 3천만원 이하의 벌금에 처한다(위탁선거법61①).

당선되지 못하게 할 목적으로 선거공보나 그 밖의 방법으로 후보자에게 불리하도록 후보자, 그의 배우자 또는 직계존비속이나 형제자매에 관하여 허위의 사실을 공표한 자는 5년 이하의 징역 또는 500만원 이상 5천만원 이하의 벌금에 처한다(위탁선거법61②).

4) 후보자 등 비방죄

선거운동을 목적으로 선거공보나 그 밖의 방법으로 공연히 사실을 적시하여 후보자(후보자가 되려는 사람을 포함한다), 그의 배우자 또는 직계존비속이나 형제자매를 비방한 자는 2년 이하의 징역 또는 2천만원 이하의 벌금에 처한다(위탁선거법62 본문). 다만, 진실한 사실로서 공공의 이익에 관한 때에는 처벌하지 아니한다(위탁선거법62 단서).

5) 사위등재죄

거짓의 방법으로 선거인명부에 오르게 한 자는 1년 이하의 징역 또는 1천만원 이하의 벌금에 처한다(위탁선거법63①).

선거인명부작성에 관계 있는 자가 선거인명부에 고의로 선거권자를 기재하지 아니하거나 거짓 사실을 기재하거나 하게 한 때에는 3년 이하의 징역 또는 3천만원 이하의 벌금에 처한다(위탁선거법63②).

6) 사위투표죄

성명을 사칭하거나 신분증명서를 위조 또는 변조하여 사용하거나 그 밖에 거짓의 방법으로 투표하거나 하게 하거나 또는 투표를 하려고 한 자는 1년 이하의 징역 또는 1천만원 이하의 벌금에 처한다(위탁선거법64①).

선거관리위원회의 위원·직원·투표관리관 또는 투표사무원이 제1항에 규정된 행위를 하거나 하게 한 때에는 3년 이하의 징역에 처한다(위탁선거법64②).

7) 선거사무관계자나 시설 등에 대한 폭행·교란죄

다음의 어느 하나에 해당하는 자, 즉 ⅰ) 위탁선거와 관련하여 선거관리위원회의 위원·직원, 공정선거지원단원, 그 밖에 위탁선거 사무에 종사하는 사람을 폭행·협박·유인 또는 불법으로 체포·감금한 자(제1호), ⅱ) 폭행하거나 협박하여 투표소·개표소 또는 선거관리위원회 사무소를 소요·교란한 자(제2호), ⅲ) 투표용지·투표지·투표보조용구·전산조직 등 선거관리 및 단속사무와 관련한 시설·설비·장비·서류·인장 또는 선거인명부를 은닉·파손·훼손 또는 탈취한 자(제3호)는 1년 이상 7년 이하의 징역 또는 1천만원 이상 7천만원 이하의 벌금에 처한다(위탁선거법65).

8) 각종 제한규정 위반죄

다음의 어느 하나에 해당하는 자, 즉 ⅰ) 법 제24조를 위반하여 후보자가 아닌 자가 선거운동을 하거나 제25조부터 제30조의2까지의 규정에 따른 선거운동 방법 외의 방법으로 선거운동을 하거나 선거운동기간이 아닌 때에 선거운동을 한 자(다만, 제24조의2 제7항에 따라 선거운동을 한 예비후보자는 제외)(제1호), ⅱ) 법 제24조의2 제7항을 위반하여 선거운동을 한 자(제1호의2), ⅲ) 법 제25조에 따른 선거공보의 종수·수량·면수 또는 배부방법을 위반하여 선거운동을 한 자(제2호), ⅳ) 법 제26조에 따른 선거벽보의 종수·수량 또는 첩부방법을 위반하여 선거운동을 한 자(제3호), ⅴ) 법 제27조를 위반하여 선거운동을 한 자(제4호), ⅵ) 법 제28조에 따른 통화방법 또는 시간대를 위반하여 선거운동을 한 자(제5호), ⅶ) 법 제29조를 위반하여 해당 위탁단체가 아닌 자가 개설·운영하는 인터넷 홈페이지를 이용하여 선거운동을 한 자(제6호), ⅷ) 법 제30조에 따른 명함의 규격 또는 배부방법을 위반하여 선거운동을 한 자(제7호), ⅸ) 법 제30조의2 제4항을 위반하여 투표관리관등의 제지명령에 불응한 자(제7호의2), ⅹ) 법 제31조를 위반한 자(제8호), ⅺ) 법 제36조를 위반하여 축의·부의금품을 제공한 자(제9호), ⅻ) 법 제37조를 위반한 자(제10호), ⅹⅲ) 법 제38조를 위반한 자(제11호), ⅹⅳ) 법 제73조(위반행위에 대한 조사 등) 제3항을 위반하여 출입을 방해하거나 자료제출의 요구에 응하지 아니한 자 또는 허위자료를 제출한 자(제12호), ⅹⅴ) 법 제75조(위탁선거범죄신고자 등의 보호) 제2항을 위반한 자(제13호)는 2년 이하의 징역 또는 2천만원 이하의 벌금에 처한다(위탁선거법66).

9) 공소시효

위탁선거법에 규정한 죄의 공소시효는 해당 선거일 후 6개월(선거일 후 행하여진 범죄는 그 행위가 있는 날부터 6개월)이 지남으로써 완성한다(위탁선거법71 본문). 다만, 범인이 도피한 때나 범인이 공범 또는 범죄의 증명에 필요한 참고인을 도피시킨 때에는 그 기간은 3년으로 한다(위탁선거법71 단서).

(나) 과태료

법 제29조(정보통신망을 이용한 선거운동) 제2항에 따른 관할위원회의 요청을 이행하지 아니한 자에게는 100만원 이하의 과태료를 부과한다(위탁선거법68②).

　　법 제35조(기부행위제한) 제3항을 위반하여 금전·물품이나 그 밖의 재산상 이익을 제공받은 자(그 제공받은 금액 또는 물품의 가액이 100만원을 초과한 자는 제외)에게는 그 제공받은 금액이나 가액의 10배 이상 50배 이하에 상당하는 금액의 과태료를 부과하되, 그 상한액은 3천만원으로 한다(위탁선거법68③ 본문). 다만, 제공받은 금액 또는 음식물·물품(제공받은 것을 반환할 수 없는 경우에는 그 가액에 상당하는 금액) 등을 선거관리위원회에 반환하고 자수한 경우에는 그 과태료를 감경 또는 면제할 수 있다(위탁선거법68③ 단서).

2. 임원의 선거운동 제한

(1) 입법목적

　　새마을금고는 다수의 일반 국민들을 대상으로 금융업을 주로 하게 되므로 금융기관 유사의 지위를 가지는 새마을금고에 대한 국민의 신뢰를 보호할 필요가 있고, 새마을금고 임원이 사익을 취하기 위하여 금융기관에 손해를 끼칠 경우 이 손해는 비단 해당 금융기관 또는 그 기관 내 회원들에게만 영향을 미치는 것이 아니라 새마을금고를 신뢰하여 금융거래를 하려는 수많은 사람들에게까지 영향을 미친다는 점에서, 새마을금고의 경영을 책임지는 임원은 금융기관의 임원에게 요구되는 고도의 윤리성 내지 준법의식을 가질 필요가 있다. 또한 새마을금고의 임원은 총회에서 회원들에 의해, 또는 대의원회에서 대의원들에 의해 선거라는 방식으로 선출되게 되므로(법13, 법16, 법18), 일반 공직선거와 유사하게 선거과정에서 나타나는 부정·타락행위를 방지하고 선거제도의 청렴성, 공정성을 확보해야 할 필요가 있다. 이러한 선거과정의 공정성 확보를 위해, 선거과정에서 공영제를 원칙으로 하고(법22①), 선거과정에서 유권자 등에게 기부행위 등을 하거나 정해진 방법 이외의 선거운동을 하는 것을 금지하며(법22②③), 공정한 임원선거 관리를 위하여 선거관리위원회를 설치·운영하도록 하는(법23) 등의 규정을 두고 있다. 결국 새마을금고 임원선거 과정에서 선거범죄를 범하여 벌금 100만원 이상의 형을 선고받은 사람은 임원이 될 수 없거나 선출된 임원직에서 당연히 퇴임하게 함으로써, 위와 같은 새마을금고 임원 지위의 공공성, 임원 선거 과정에서의 공정성, 임원직의 청렴성이라는 입법목적을 도모하고 있다.[16]

---

16) 헌법재판소 2014. 9. 25. 선고 2013헌바208 전원재판부.

(2) 공영제 원칙

임원의 선거운동은 공영제(公營制)를 원칙으로 한다(법22①).

(3) 금지행위

(가) 내용

누구든지 자기 또는 특정인을 금고의 임원으로 당선되게 하거나 당선되지 못하게 할 목적으로 ⅰ) 회원(제9조에 따라 회원이 될 수 있는 자를 포함)이나 그 가족(회원의 배우자, 회원 또는 그 배우자의 직계존비속과 형제자매, 회원의 직계존비속 및 형세자내의 배우자)에게 금품·향응, 그 밖의 재산성의 이익이나 공사(公私)의 직(職)을 제공, 제공의 의사표시 또는 그 제공을 약속하는 행위(제1호), ⅱ) 후보자가 되지 아니하게 하거나 후보자가 된 것을 사퇴하게 할 목적으로 후보자가 되려는 사람이나 후보자에게 제1호에 규정된 행위를 하는 경우(제2호), ⅲ) 제1호 또는 제2호에 규정된 이익이나 직을 제공받거나 그 제공의 의사표시를 승낙하는 행위 또는 그 제공을 요구하거나 알선하는 행위(제3호), ⅳ) 후보자에 관하여 거짓의 사실(학력 포함)을 유포하거나 공연히 사실을 적시(摘示)하여 비방하는 행위(제4호), ⅴ) 임원의 임기만료일 전 90일(보궐선거 또는 재선거의 경우 임원선거 공고일)부터 선거일까지 회원의 호별(사업장을 포함)로 방문하거나 특정장소에 모이게 하는 행위(제5호)를 할 수 없다(법22②).[17]

(나) 입법취지

새마을금고의 임원선거에서 금품·향응 등을 제공하는 행위를 처벌하는 입법취지는, 새마을금고가 협동 조직으로서 새마을금고법이라는 특별법에 의하여 그 설립 목적과 목적 사업이 직접 규정되어 있는 공공성이 강한 특수법인으로 주된 업무가 금융업이고, 그 경영을 책임지는 임원은 고도의 윤리의식과 준법의식을 가질 필요가 있으며 임원의 불법행위로 인한 손해는 국가경제 및 회원에게 막대한 피해를 줄 뿐만 아니라 그 피해가 다수의 회원에게 직접적으로 연결되는 점을 감안하여, 임원의 선거운동을 제한하고 금권선거의 폐단을 방지함으로써 새마을금고의 임원에게 청렴의무를 부과하고 불가매수성을 확보하며 선거의 공

---

17) 부칙 <법률 제19329호, 2023. 4. 11.> 제5조(선거운동 방법 및 선거운동 기간에 관한 적용례) 제22조 제3항·제4항의 개정규정(제64조의2 제6항에서 준용하는 경우를 포함)은 이 법 시행 이후 선거일을 공고하는 선거부터 적용한다.

정성을 보장하기 위한 것이다.[18]

(다) 관련 판례

① 헌법재판소 2019. 5. 30. 선고 2018헌가12 전원재판부

새마을금고의 주된 업무가 금융업이고 임원이 불법행위를 할 경우 국가경제 및 회원에게 막대한 피해를 줄 수 있으므로, 새마을금고의 경영을 책임지는 임원은 고도의 윤리의식과 준법의식을 가질 필요가 있다. 따라서 임원 선거에 있어 일반 공직선거와 유사하게 선거과정에서 나타나는 부정·타락행위를 방지하고 선거의 청렴성과 공정성을 확보해야 할 필요성이 있다. 새마을금고의 이사장 등 임원의 선거와 관련하여 금고의 임원으로 당선되게 하거나 당선되지 못하게 할 목적으로 정관으로 정하는 기간 중에 회원을 호별로 방문하는 행위 등을 금지하고, 이를 위반한 경우 형사처벌을 하도록 규정한 법 제85조 제3항, 법 제22조 제2항 제5호는 새마을금고 임원 선거의 공정성을 확보하고, 이를 통해 임원의 윤리성을 담보하기 위한 것이다(헌재 2018. 2. 22. 2016헌바364 참조).

② 헌법재판소 2019. 5. 30. 선고 2018헌가12 전원재판부

(1) 회원을 호별로 방문하는 행위 등이 금지되는 기간은 형사처벌의 대상이 되는 범죄의 구성요건에 해당하는 사항으로, 이를 새마을금고법(2014. 6. 11. 법률 제12749호로 개정된 것) 제85조 제3항 중 제22조 제2항 제5호에 관한 부분("심판대상조항")이 법률로 직접 규정하지 아니하고 새마을금고의 정관에 위임한 것이 죄형법정주의 중 법률주의에 위반되는지 여부가 문제된다.

(2) "법률이 없으면 범죄도 없고 형벌도 없다"라는 말로 표현되는 죄형법정주의는 법치주의, 국민주권 및 권력분립의 원리에 입각한 것으로서, 일차적으로 무엇이 범죄이며 그에 대한 형벌이 어떠한 것인가는 반드시 국민의 대표로 구성된 입법부가 제정한 성문의 법률로써 정하여야 한다는 원칙이다. 헌법 제12조 제1항은 "법률과 적법한 절차에 의하지 아니하고는 처벌을 받지 아니한다"라고 규정하여 죄형법정주의를 천명하고 있다. 여기서 말하는 "법률"이란 입법부에서 제정한 형식적 의미의 법률을 의미한다. 현대국가의 사회적 기능 증대와 사회현상의 복잡화에 따라 국민의 권리·의무에 관한 사항이라 하여 모두 입법부에서 제정한 법률만으로 정할 수는 없어 예외적으로 하위법령에 위임하는 것을 허용하

---

18) 헌법재판소 2010. 7. 29. 선고 2008헌바119, 2009헌바51(병합) 전원재판부.

지 않을 수 없다 하더라도, 그러한 위임은 반드시 구체적이고 개별적으로 한정된 사항에 대하여 행해져야 한다.

특히 법률에 의한 처벌법규의 위임은, 헌법이 특별히 인권을 최대한으로 보장하기 위하여 죄형법정주의와 적법절차를 규정하고, 법률에 의한 처벌을 특별히 강조하고 있는 기본권보장 우위 사상에 비추어 바람직스럽지 못한 일이므로, 그 요건과 범위가 더 엄격하게 제한적으로 적용되어야 한다. 따라서 처벌법규의 위임은 특히 긴급한 필요가 있거나 미리 법률로써 자세히 정할 수 없는 부득이한 사정이 있는 경우에 한정되어야 한다(헌재 1998. 3. 26. 96헌가20; 헌재 2016. 11. 24. 2015헌가29).

(3) 심판대상조항에 따르면 누구든지 자기 또는 특정인을 새마을금고의 임원으로 당선되게 하거나 당선되지 못하게 할 목적으로 회원을 호별로 방문하는 등의 행위를 한 경우에, "정관으로 정하는 기간" 내라면 형사처벌의 대상이 되고 그렇지 않다면 형사처벌을 할 수 없게 된다. 따라서 심판대상조항에서 "정관으로 정하는 기간"은 범죄구성요건의 중요부분에 해당한다(헌재 2016. 11. 24. 2015헌가29 참조).

정관은 법인의 조직과 활동에 관하여 단체 내부에서 자율적으로 정한 자치규범으로서, 대내적으로만 효력을 가질 뿐 대외적으로 제3자를 구속하지는 않는 것이 원칙이고, 그 성립 및 효력발생요건에 있어 법규명령과 성질상 차이가 크다. 그럼에도 불구하고 형사처벌에 관련되는 주요사항을 헌법이 위임입법의 형식으로 예정하고 있지도 않은 특수법인의 정관에 위임하는 것은 사실상 그 정관 작성권자에게 처벌법규의 내용을 형성할 권한을 준 것이나 다름없다. 따라서 정관에 구성요건을 위임하고 있는 심판대상조항은 범죄와 형벌에 관하여는 입법부가 제정한 형식적 의미의 법률로써 정하여야 한다는 죄형법정주의에 비추어 허용되기 어렵다(헌재 2010. 7. 29. 2008헌바106; 헌재 2016. 11. 24. 2015헌가29 참조).

(4) 또한 심판대상조항은 호별방문 등이 금지되는 기간을 "정관으로 정하는 기간 중에"라고만 규정하고 있을 뿐 정관에서 어느 정도의 기간으로 정할 것인지 범위나 기준도 전혀 법률에서 정하고 있지 아니하고, 선거 기간 내로 할 것인지 여부도 정하지 아니한 채, 처벌되는 행위의 범위를 전적으로 정관에 맡기고 있다. 새마을금고법은 호별방문 등을 금지하는 기간을 같은 법 시행령이나 시행규칙에 구체적으로 위임하고 있지도 않으며, 같은 법 시행령이나 시행규칙에도

호별방문 등을 금지하는 기간에 관하여 어떠한 규율도 없다. 따라서 새마을금고
는 정관으로 정하기만 하면 아무런 제한 없이 호별방문 등의 금지기간을 설정할
수 있는 결과가 되었다.

　심판대상조항은 "누구든지" 정관으로 정한 기간에 새마을금고의 임원으로
당선되게 하거나 당선되지 못하게 할 목적으로 호별방문 등을 한 자를 처벌하므
로, 그 수범자는 새마을금고의 회원이나 임원 선거의 후보자 등으로 제한되지 않
고 모든 국민이다. 설령 일반 국민이 정관의 구체적인 내용을 직접 열람하거나
선거 공고를 통하여 호별방문 등이 금지되는 기간을 확인할 수 있는 길이 열려
있다고 하더라도, 죄형법정주의에서 말하는 예측가능성은 법률 조항만을 보고서
판단할 수 있어야 하는 것이므로, 심판대상조항만으로는 수범자인 일반 국민이
호별방문 등이 금지되는 기간이 구체적으로 언제인지 예측할 수도 없다(헌재
2010. 7. 29. 2008헌바106; 헌재 2016. 11. 24. 2015헌가29 참조).

　(5) 호별방문 등이 금지되는 기간이라는 범죄구성요건을 정관에 위임하고
있는 심판대상조항은, 범죄와 형벌에 관하여는 입법부가 제정한 형식적 의미의
법률로써 정하여야 한다는 죄형법정주의에 위배된다.

　③ 대법원 2019. 11. 14. 선고 2019도11552 판결
　피고인이 새마을금고 이사장 선거와 관련하여 대의원 갑에게 자신을 지지해
달라고 부탁하면서 현금 50만 원을 제공하였다고 하여 새마을금고법 위반으로
기소되었는데, 검사는 사법경찰관 작성의 공범 갑에 대한 피의자신문조서 및 진
술조서를 증거로 제출하고, 검사가 신청한 증인 을은 법정에 출석하여 "갑으로부
터 피고인에게서 50만 원을 받았다는 취지의 말을 들었다"고 증언한 사안에서,
갑이 법정에 출석하여 위 피의자신문조서 및 진술조서의 성립의 진정을 인정하
였더라도 피고인이 공판기일에서 그 조서의 내용을 모두 부인한 이상 이는 증거
능력이 없고, 한편 제1심 및 원심 공동피고인인 갑은 원심에 이르기까지 일관되
게 피고인으로부터 50만 원을 받았다는 취지의 공소사실을 부인한 사실에 비추
어 원진술자 갑이 사망, 질병, 외국거주, 소재불명 그 밖에 이에 준하는 사유로
인하여 진술할 수 없는 때에 해당하지 아니하여 갑의 진술을 내용으로 하는 을
의 법정증언은 전문증거로서 증거능력이 없으며, 나아가 피고인은 일관되게 갑
에게 50만 원 자체를 교부한 적이 없다고 주장하면서 적극적으로 다툰 점, 이에

따라 사법경찰관 작성의 갑에 대한 피의자신문조서 및 진술조서의 내용을 모두 부인한 점, 을의 법정증언이 전문증거로서 증거능력이 없다는 사정에 대하여 피고인 또는 변호인에게 의견을 묻는 등의 적절한 방법으로 고지가 이루어지지 않은 채 증인신문이 진행된 다음 증거조사 결과에 대한 의견진술이 이루어진 점, 을이 위와 같이 증언하기에 앞서 원진술자 갑이 피고인으로부터 50만 원을 제공받은 적이 없다고 이미 진술한 점 등을 종합하면 피고인이 을의 법정증언을 증거로 삼는 데에 동의하였다고 볼 여지는 없고, 을의 증언에 따른 증거조사 결과에 대하여 별 의견이 없다고 진술하였더라도 달리 볼 수 없으므로, 결국 사법경찰관 작성의 갑에 대한 피의자신문조서 및 진술조서와 을의 전문진술은 증거능력이 없다는 이유로, 위 각 증거의 증거능력을 인정하여 공소사실에 대한 유죄의 증거로 삼은 원심의 조치에 형사소송법 제312조, 제316조 등에서 정한 증거능력에 관한 법리 등을 오해한 잘못이 있다고 한 사례(참조조문: 새마을금고법 제22조 제2항 제1호, 제3호, 제85조 제3항, 형사소송법 제312조, 제316조, 제318조 제1항).

④ 대법원 2015. 3. 12. 선고 2014도5918 판결

새마을금고법 제22조 제2항 제1호에서 회원이나 그 가족에 대한 향응 등의 제공행위를 금지하고 새마을금고법 제85조 제3항에서 그 위반행위에 대한 벌칙을 정하고 있는 것은 새마을금고 임원 선거운동의 제한사항을 강화하여 공명선거를 도모하기 위한 것이므로, 그 입법 목적의 정당성이 인정된다. 또한, 대의원회에서 새마을금고 임원을 선임하는 간접선거의 경우에도 대의원은 회원 중에서 선임되므로 자기 또는 특정인을 금고의 임원으로 당선되게 하거나 당선되지 못하게 할 목적으로 회원이나 그 가족을 통하여 대의원에 영향력을 행사하여 선거에 영향을 미칠 수 있고, 선거에 영향을 미칠 수 있는 회원이나 그 가족에 대한 향응 등의 제공행위를 금지하는 것은 위와 같은 입법 목적을 달성하는 데 기여할 수 있으므로, 그 수단의 적절성도 인정된다. 나아가, 새마을금고법 제22조 제2항 제1호에서는 회원이나 그 가족에 대한 향응 등의 제공행위 중 "자기 또는 특정인을 금고의 임원으로 당선되게 하거나 당선되지 못하게 할 목적으로" 한 행위만을 금지하고 있으므로, 피해의 최소성도 인정된다. 그리고 회원이나 그 가족에 대한 향응 등의 제공행위가 금지됨으로써 후보자의 선거운동의 자유, 회원의 일반적 행동의 자유, 후보자나 회원의 표현의 자유가 제한될 수 있으나, 그 제한

의 정도에 비해 향응 등의 제공행위를 제한함으로써 달성하려는 임원 선거의 공정성이라는 공익이 훨씬 크므로, 법익의 균형성도 인정된다. 원심은, 그 판시와 같은 이유로 새마을금고법 제22조 제2항 제1호가 과잉금지의 원칙에 반하지 않는다고 본 다음, 위 규정을 적용하여 이 사건 공소사실을 유죄로 판단하였다. 앞서 본 법리에 비추어 살펴보면, 원심의 위와 같은 판단에 상고이유의 주장과 같이 위헌인 법률조항을 근거로 하여 이 사건 공소사실을 유죄로 판단한 잘못이 없다.

⑤ 대법원 2009. 3. 26. 선고 2008도10138 판결

새마을금고가 자체적으로 마련한 임원선거규약의 법적 성질(＝자치적 법규범) 및 새마을금고 임원선거에 출마한 후보자가 선거인명부가 작성되기 전에 회원들에게 금품제공행위를 한 경우, 새마을금고법 제85조 제4항(현행 제3항), 제22조 제2항 위반죄가 성립하는지 여부(소극): 새마을금고법("법") 제22조 제2항은 누구든지 특정인을 임원으로 당선되게 하거나 당선되지 못하게 할 목적으로 선거인이나 후보자에게 금품·향응 등을 제공하지 못한다고 규정하고, 법 제85조 제4항(현행 제3항)은 그 위반행위를 처벌하도록 규정하고 있는바, 위 법률에서는 선거인의 정의에 관한 규정을 두고 있지는 않지만, 법 제8조 제7호가 임원의 선출에 관한 사항을 새마을금고의 정관에 기재하도록 규정하고, 법 제18조 제8항이 임원의 선임방법과 절차 등에 관하여 필요한 사항은 정관으로 정할 것을 규정하고 있으며, 기록에 의하면, 새마을금고 정관으로부터 임원의 선출 등에 대하여 필요한 사항에 관한 규정을 위임받은 것으로 보이는 새마을금고 임원선거규약(수사기록 제338면)은 제1조에서 새마을금고의 임원선거에 관하여 필요한 사항을 규정함을 목적으로 한다고 규정하고, 제4조에서 "선거인"이라 함은 선거권이 있는 자로서 선거인명부에 올라 있는 자를 말한다고 규정하고 있으며, 제6조 제1항에서 금고는 선거공고일부터 3일 이내에 선거인명부를 작성하여야 한다고 규정하고, 제15조 제1항에서 이사장은 선거일 전 15일까지 선거일시 및 장소 등의 선거 관련 사항을 공고한다고 규정하고 있으며, ○○동새마을금고 이사장은 2008. 1. 25. 선거인명부 열람기간을 2008. 1. 28.부터 2008. 2. 1.까지의 5일간으로 하는 등의 내용이 담긴 선거공고를 한 사실이 인정된다.

새마을금고는 회원들이 자신들의 이익을 옹호하기 위하여 자주적으로 결성

한 임의단체로서 그 내부 운영에 있어서 금고 정관 및 다수결에 의한 자치가 보장되므로, 새마을금고가 자체적으로 마련한 임원선거규약은 일종의 자치적 법규범으로서 법 및 새마을금고 정관과 더불어 법적 효력을 가진다고 보아야 한다. 따라서 위 법률에서 선거인의 정의에 관한 규정을 두고 있지 않더라도 위 임원선거규약에서 그에 대한 규정들을 두고 있으므로 법 제22조 제2항, 제85조 제4항(현행 제3항)을 해석함에 있어서는 위 임원선거규약의 내용도 기초로 삼아야 한다. 그렇다면 위 새마을금고의 경우 법 제22조 제2항의 "선거인"인지 여부는 위 임원선거규약 제4, 6조의 규정에 따라 선거인명부가 작성되어야 비로소 확정되므로, 이 사건에서 선거인명부가 작성되었음이 인정되는 2008. 1. 28. 이후의 금품제공 등의 경우에는 법 제85조 제4항(현행 제3항), 제22조 제2항 위반죄가 성립한다고 할 것이나, 그 전의 행위는 죄형법정주의의 원칙상 선거인명부가 작성된 이후의 선거인에 대한 금품제공이라고 볼 수가 없으므로 위 죄가 성립될 수 없다.

ⓖ 부산고법 2017. 4. 13. 선고 2016나57079 판결

갑 새마을금고의 이사장은 회원들의 직접선거가 아닌 대의원들의 투표를 통한 간접선거 방식에 의하여 선출되는데, 이사장 선거에 입후보한 을이 투표 직전 소견발표에서 "제가 만약 당선된다면 이사장 연봉의 50%를 대의원들에게 쓰겠다"는 취지의 발언을 하여 그 직후 실시된 선거에서 이사장으로 당선된 사안에서, 갑 새마을금고의 임원선거규약은 선거운동 과정에서 당선 목적으로 금품 등을 제공하거나 제공의 의사표시를 하는 행위를 금지하고 있고, 정관 및 새마을금고법 제22조 제2항 제1호도 같은 취지로 규정하고 있는데, 위 발언은 갑 새마을금고에 출자금을 납입한 회원들의 복지를 위하여 보수의 50%를 사용하겠다는 것이 아니라 이사장 선거에 투표권을 가진 대의원들에게 이를 사용하겠다는 것으로 금품, 향응, 그 밖의 재산상 이익제공의 의사표시에 해당하는 점, 을이 투표 직전 실시된 소견발표에서 위 발언을 하여 상대후보자가 이에 반박하거나 대응할 시간적 여유가 없었고, 투표에 참가한 대의원 전원이 을의 소견발표를 청취하여 대의원들의 투표에 상당한 영향을 미친 것으로 볼 수 있는 점 등 여러 사정에 비추어, 위 발언은 위법한 선거운동으로서 그 정도가 중하여 선거의 자유와 공정을 현저히 침해하였고 그로 인하여 선거 결과에 영향을 미쳤다고 인정되므로 당선무효사유에 해당한다.

(4) 선거운동의 방법 제한

선거운동을 할 수 있는 사람은 후보자에 한정하며, 후보자는 임원 선거와 관련하여 ⅰ) 금고에서 발행하는 선거공보 제작 및 배부(제1호), ⅱ) 금고에서 개최하는 합동연설회 또는 공개토론회에서의 지지 호소(제2호), ⅲ) 전화(문자메시지 포함) 및 컴퓨터통신(전자우편 포함)을 이용한 지지 호소(제3호), ⅳ) 도로·시장 등 행정안전부령으로 정하는 다수인이 왕래하거나 모이는 공개된 장소에서의 지지 호소 및 명함 배부(제4호)[19]의 방법 외의 선거운동을 할 수 없다(법22③).[20]

이 조항은 금고에서 발행하는 선거공보 제작 및 배부, 금고에서 개최하는 합동연설회에서의 지지 호소, 전화 및 컴퓨터통신을 이용한 지지 호소의 방법을 통한 선거운동만을 허용함으로써, 임원선거에 출마하는 후보자가 자신이 원하는 방법으로 자신의 선거공약 등을 자유롭게 표현할 자유를 제한한다.[21]

새마을금고는 자주적인 협동조직이지만, 그 수행하는 사업 내지 업무가 국

---

19) [개정: 2023. 4. 11.][시행일: 2023. 10. 12.]

20) 헌법재판소 2018. 2. 22. 선고 2016헌바364 전원재판부[새마을금고법 제22조 제3항 위헌소원: 새마을금고의 임원선거와 관련하여 법률에서 정하고 있는 방법 외의 방법으로 선거운동을 할 수 없도록 하고 이를 위반한 경우 형사처벌 하도록 정하고 있는 새마을금고법 (2011. 3. 8. 법률 제10437호로 개정된 것) 제22조 제3항 제1호 및 제2호, 새마을금고법 (2014. 6. 11. 법률 제12749호로 개정된 것) 제22조 제3항 제3호 및 제85조 제3항 중 제22조 제3항에 관한 부분('심판대상조항')이 청구인의 결사의 자유 및 표현의 자유를 침해하는지 여부(소극): 새마을금고 임원 선거의 과열과 혼탁을 방지함으로써 선거의 공정성을 담보하고자 하는 심판대상조항의 입법목적은 정당하고, 임원 선거와 관련하여 법정된 선거운동방법만을 허용하되 허용되지 아니하는 방법으로 선거운동을 하는 경우 형사처벌하는 것은 이러한 입법목적을 달성하기 위한 적절한 수단이다. 새마을금고 임원 선거는 선거인들이 비교적 소수이고, 선거인들 간의 연대 및 지역적 폐쇄성이 강하여 선거과정에서 공정성을 확보하는 데 많은 어려움이 있는데 비해 불법적인 행태의 적발이 어렵다는 특수성을 가지므로, 공직선거법에 의해 시행되는 선거에 비해 선거운동의 방법을 제한할 필요성이 인정된다. 특히, 호별 방문을 통한 개별적인 지지 호소를 허용하게 되면, 선거가 과열되어 상호비방 등에 의한 혼탁선거가 이루어질 우려가 있고, 선거 결과가 친소관계에 의해 좌우될 가능성은 높아지는 반면 이러한 행위에 대한 단속이나 적발은 더욱 어려워지게 된다. 또한, 허용되는 선거운동 방법을 통해서도 후보자들은 선거인들에게 자신을 충분히 알릴 수 있고, 선거인들 역시 후보자들의 경력이나 공약 등에 관하여 파악할 수 있는 기회를 가질 수 있으므로, 심판대상조항은 침해의 최소성 요건을 갖추었다. 공공성을 가진 특수법인으로 유사금융기관으로서의 지위를 가지는 새마을금고의 임원 선거에서 공정성을 확보하는 것은 임원의 윤리성을 담보하고 궁극적으로는 새마을금고의 투명한 경영을 도모하고자 하는 것으로, 이러한 공익이 이로 인하여 제한되는 사익에 비해 훨씬 크다고 할 것이므로, 심판대상조항은 법익의 균형성도 갖추었다. 따라서 심판대상조항은 청구인의 결사의 자유 및 표현의 자유를 침해하지 아니한다].

21) 헌법재판소 2018. 2. 22. 선고 2016헌바364 전원재판부.

민경제에 상당한 비중을 차지하고, 국가나 국민 전체와 관련된 경제적 기능에 있어서 금융기관에 준하는 공공성을 가지며, 새마을금고가 보유하고 있는 자산의 규모도 상당하다. 따라서 새마을금고의 경영을 책임지는 임원에게는 고도의 윤리성이 요구되므로, 임원을 선거로 선출함에 있어서는 부정·타락행위를 방지하고 선거제도의 공정성을 확보해야 할 필요성이 크다(헌재 2014. 9. 25. 2013헌바208 참조). 법 제22조 제3항은 새마을금고 임원 선거의 과열과 혼탁을 방지함으로써 선거의 공정성을 담보하고자 하는 것으로 그 입법목적이 정당하다. 또한 임원선거와 관련하여 법정된 선거운동방법만을 허용하고, 허용되지 아니하는 방법으로 선거운동을 하는 경우 형사처벌하는 것은 이러한 입법목적을 달성하기 위한 적절한 수단이 된다.[22]

(6) 선거운동 기간

선거운동은 후보자등록마감일의 다음 날부터 선거일 전날까지만 할 수 있다(법22④ 본문). 다만, 후보자가 선거일에 합동연설회 또는 공개토론회에서 자신의 소견을 발표하는 때에는 그러하지 아니하다(법22④ 단서).[23]

(7) 선거운동 방법 등

선거운동 방법 등에 관한 세부적인 사항은 행정안전부령으로 정한다(법22⑤).[24]

(8) 관련 판례

① 헌법재판소 2018. 2. 22. 선고 2016헌바364 전원재판부

새마을금고는 공공성이 강한 특수법인으로 주된 업무가 금융업이고 임원이 불법행위를 할 경우 국가경제 및 회원에게 막대한 피해를 줄 수 있으므로 그 경영을 책임지는 임원은 고도의 윤리의식과 준법의식을 가질 필요가 있다. 따라서 임원선거에 있어 일반 공직선거와 유사하게 선거과정에서 나타나는 부정·타락행위를 방지하고 선거제도의 청렴성과 공정성을 확보해야 할 필요성이 크다(헌재

---

22) 헌법재판소 2018. 2. 22. 선고 2016헌바364 전원재판부.
23) [개정: 2023. 4. 11.][시행일: 2023. 10. 12.]
24) [개정: 2023. 4. 11.][시행일: 2023. 10. 12.]

2010. 7. 29. 2008헌바119 등; 헌재 2014. 9. 25. 2013헌바208 참조).

새마을금고법 역시 이러한 취지에서 선거운동에 대한 제한을 강화하는 방향으로 개정되어 왔다. 1982. 12. 31. 법률 제3622호로 제정된 새마을금고법은 선거운동을 제한하는 규정을 전혀 마련하지 아니하였다가, 1989. 12. 30. 새마을금고법이 법률 제4152호로 개정되면서 제21조 제1항에서 "임원의 선거운동은 공영제를 원칙으로 한다"고 정하여 임원 선거 공영제를 최초로 도입하였고, 제21조 제2항에서 "누구든지 특정인을 임원으로 당선되게 하거나 또는 되지 못하게 할 목적으로 선거인에게 금품·향응 등을 제공하지 못하며, 선거운동방법, 비용 등 필요한 사항은 정관으로 정한다"라고 규정하였으며, 제66조 제3항에서 그 위반행위에 대해 50만 원 이하의 벌금형에 처하도록 정하였다.

이후, 2001. 7. 24. 법률 제6493호로 새마을금고법이 개정되면서, 제21조 제2항이 두 개의 항으로 분리되어 제21조 제2항은 "누구든지 특정인을 임원으로 당선되게 하거나 또는 되지 못하게 할 목적으로 선거인 또는 후보자에게 금품·향응 등을 제공하지 못한다", 제3항은 "임원의 선거운동방법, 비용 등에 관하여 필요한 사항은 정관으로 정한다"라고 개정되었고, 제66조 제3항도 개정되어 그 위치가 제66조 제4항으로 변경되었으며 법정형 역시 "1년 이하의 징역 또는 200만 원 이하의 벌금"으로 상향되었다.

2011. 3. 8. 법률 제10437호로 개정된 새마을금고법에서는 종전의 제22조 제3항을 제4항으로 옮기고, 제22조 제3항을 신설하여 "금고에서 발행하는 선거공보 제작 및 배부(제1호)", "금고에서 개최하는 합동연설회에서의 지지 호소(제2호)" 외의 방법으로 선거운동을 할 수 없도록 함으로써 임원 선거운동 제한사항을 강화하여 공명선거를 도모하고자 하였다. 그런데 금고에서 발행하는 선거공보 및 합동연설회만으로는 선거권자들이 후보자에 대한 충분한 정보를 제공받지 못하고 있다는 비판이 제기되자, 2014. 6. 11. 법률 제12749호로 새마을금고법 제22조 제3항을 다시 개정하여 "전화(문자메시지 포함) 및 컴퓨터통신(전자우편 포함)을 이용한 지지 호소(제3호)"를 허용되는 선거운동의 방법으로 추가하였다.

이처럼 법정된 선거운동방법만을 허용하되, 허용되지 아니한 방법으로 선거운동을 하는 경우 형사처벌을 하도록 정하고 있는 심판대상조항(제22조 제3항)은 새마을금고 임원 선거의 공정성을 확보하고, 이를 통해 임원의 윤리성을 담보하기 위한 목적에서 마련된 조항이다.

② 헌법재판소 2018. 2. 22. 선고 2016헌바364 전원재판부

임원선거는 구성원인 새마을금고의 회원이나 대의원이 선거권을 행사함으로써 새마을금고의 자율성과 민주성을 확보하는 행위이므로, 임원선거에 출마하는 후보자가 그 의사를 표현할 기회와 자유 및 선거인이 후보자에 대하여 알 기회는 최대한 보장되어야 하지만, 국민 전체와 관련된 경제적 기능에 있어서 새마을금고와 같은 특수법인이 가지는 공공성을 고려하면 새마을금고의 임원 선거과정에서의 공정성은 반드시 관철되어야 한다. 혼탁선거나 과열된 선거운동으로 인해 새마을금고 및 지역사회의 건전한 발전이 저해될 수 있고, 그 피해는 고스란히 구성원인 회원들과 지역공동체의 경제적 손실과 부작용으로 이어져 심각한 폐해를 가져올 수 있기 때문이다(헌재 2017. 6. 29. 2016헌가1; 헌재 2017. 7. 27. 2016헌바372 참조).

새마을금고의 임원선거는 선거인들이 비교적 소수이고, 선거인들 간의 연대 및 지역적 폐쇄성이 강하며, 인정과 의리를 중시하는 특정집단 내에서 이루어지기 때문에, 정책보다는 후보자와의 친소관계에 따라 선거권을 행사하는 분위기가 조성될 가능성이 크고 선거가 과열되거나 혼탁해질 위험성이 큼에도 불구하고(헌재 2012. 2. 23. 2011헌바154; 헌재 2017. 7. 27. 2016헌바372 참조), 그 적발이 어렵다는 특수성이 존재한다. 게다가 선거인들은 대부분 임원 선거의 후보자들과 가까운 친인척이나 이웃, 친구, 선·후배 관계인 경우가 많고, 이사장이나 이사가 선거인 개개인의 이해관계에 직접적인 영향을 미칠 수도 있어 임원 선거과정에서 공정성을 확보하는 데 많은 어려움이 있다. 실제로 새마을금고의 임원선거와 관련하여 공정성이 충분히 담보되지 못하고 있다는 지적이 계속되어 왔으며, 선거인의 수가 많지 않아 적은 표 차이로 당락이 결정되고 있는데, 이러한 상황에서 선거운동의 방법을 제한 없이 허용하게 되면 새마을금고 임원선거가 후보자들의 능력, 인품, 공약이 아니라 인맥이나 경제력에 의하여 좌우되거나 실질적으로 특정 후보자를 위한 형식적인 선거로 전락할 우려도 배제할 수 없다. 새마을금고법은 이러한 특수성을 고려하여 공직선거법에서 선거운동을 원칙적으로 허용하는 것과 달리 제한된 범위에서만 선거운동을 허용하는 방식을 채택하고 있는 것이다. 특히 새마을금고의 임원선거는 국민주권 내지 대의민주주의 원리와

는 관계없는 단체 내부의 조직 구성에 관한 것이어서, 그 선거운동 방법을 규율하는 데 있어 공익을 위하여 상대적으로 폭넓은 규제가 가능하므로(헌재 2013. 7. 25. 2012헌바112 참조), 선거운동을 원칙적으로 허용하고 있는 공직선거법에 비해 선거운동의 방법을 제한하고 있다는 이유만으로 이를 과도한 제한이라고 볼 수는 없다.

③ 헌법재판소 2018. 2. 22. 선고 2016헌바364 전원재판부

농업협동조합법, 수산업협동조합법, 산림조합법 등은 선거벽보의 부착, 공개토론회의 개최, 다수인이 왕래하거나 집합하는 공개된 장소에서의 지지 호소 및 명함 배부 등 새마을금고법에 비하여 다양한 방법의 선거운동을 허용하고 있기는 하다(농협협동조합법 제50조 제4항; 수산업협동조합법 제53조 제8항; 산림조합법 제40조 제8항). 그러나 새마을금고는 특정 직업군의 이익 도모와는 무관하게 해당 지역 내 일반인들을 대상으로 하여 금융업을 영위하는 것을 주된 목적으로 하는 유사금융기관으로서의 특성이 강하여 임원의 지위가 가지는 공공성의 요청이 다른 협동조합들에 비하여 더욱 크기 때문에(헌재 2010. 10. 28. 2008헌마612 등 참조), 선거의 공정성을 보다 엄격하게 관철시킬 필요성이 인정된다. 특히 새마을금고의 임원선거는 선거인이 회원 또는 대의원으로 제한되어 있다는 점에서 공직선거와 차이가 있으므로 다수인이 왕래하거나 집합하는 공개된 장소에서의 지지 호소 및 명함 배부 등의 선거운동 방법을 허용할 실익이 크지 아니하며, 오히려 이를 허용할 경우 정치지도자가 아닌 경영인을 선출하는 임원선거에서 대중의 인기에 영합하는 대중주의적 공약이 남발될 가능성과 청중 동원을 위한 금품 제공 등의 가능성을 배제할 수 없다. 또한, 공개토론회의 개최를 허용할 경우 그에 소요되는 비용과 노력으로 인한 경제적 부담은 가중되는 반면 그 관리에는 어려움이 있고, 개최 주체가 누구인지에 따라 진행의 공정성을 담보할 수 없다는 문제가 발생할 수 있으므로 새마을금고의 임원선거에서 다른 협동조합에서의 선거와 달리 선거벽보의 부착, 공개토론회의 개최, 다수인이 왕래하거나 집합하는 공개된 장소에서의 지지 호소 등의 선거운동 방법을 배제한 입법자의 선택은 충분히 수긍할 만하다.

3. 기부행위의 제한

(1) 기부행위의 의의

금고의 임원선거 후보자(후보자가 되려는 사람 포함), 그 배우자 및 후보자가 속한 기관·단체·시설은 임원의 임기만료일 전 180일(재선거 또는 보궐선거의 경우에는 그 선거의 실시 사유가 확정된 날)부터 그 선거일까지 회원(금고에 가입신청을 한 사람을 포함)이나 그 가족 또는 회원이나 그 가족이 설립·운영하고 있는 기관·단체·시설에 대하여 금전·물품이나 그 밖의 재산상 이익의 제공, 이익 제공의 의사표시 또는 그 제공을 약속하는 행위("기부행위")를 할 수 없다(법22의2①).[25]

(2) 기부행위로 보지 않는 행위

다음의 어느 하나에 해당하는 행위는 기부행위로 보지 아니한다(법22의2②).

(가) 직무상의 행위

직무상의 행위, 즉 ⅰ) 후보자가 소속된 기관·단체·시설(나목에 따른 금고는 제외)의 자체 사업 계획과 예산으로 하는 의례적인 금전·물품을 그 기관·단체·시설의 명의로 제공하는 행위(포상 및 화환·화분 제공행위를 포함)(가목), ⅱ) 법령과 정관에 따른 금고의 사업계획 및 예산에 따라 집행하는 금전·물품을 그 기관·단체·시설의 명의로 제공하는 행위(포상 및 화환·화분 제공행위를 포함)(나목), ⅲ) 물품구매, 공사, 역무의 제공 등에 대한 대가의 제공 또는 부담금의 납부 등 채무를 이행하는 행위(다목), ⅳ) 가목부터 다목까지에 해당하는 행위 외에 법령의 규정에 따라 물품 등을 찬조·출연 또는 제공하는 행위(라목)는 기부행위로 보지 아니한다(법22의2②(1)).

(나) 의례적 행위

의례적 행위, 즉 ⅰ) 민법 제777조[26]에 따른 친족("친족")의 관혼상제 의식이나 그 밖의 경조사에 축의·부의금품을 제공하는 행위(가목), ⅱ) 후보자가 친

---

25) [제22조의2 신설 2023. 4. 11. 시행일: 2023. 10. 12.]
26) 제777조(친족의 범위) 친족관계로 인한 법률상 효력은 이 법 또는 다른 법률에 특별한 규정이 없는 한 다음 각호에 해당하는 자에 미친다.
    1. 8촌 이내의 혈족
    2. 4촌 이내의 인척
    3. 배우자

족 외의 자의 관혼상제 의식에 통상적인 범위에서 축의·부의금품(화환·화분을 포함)을 제공하거나 주례를 서는 행위(나목), iii) 후보자의 관혼상제 의식이나 그 밖의 경조사에 참석한 하객이나 조객(弔客) 등에게 통상적인 범위에서 음식물이나 답례품을 제공하는 행위(다목), iv) 후보자가 그 소속 기관·단체·시설(후보자가 임원이 되려는 해당 금고는 제외)의 유급(有給) 사무직원 또는 친족에게 연말·설 또는 추석에 의례적인 선물을 제공하는 행위(라목), v) 친목회·향우회·종친회·동창회 등 각종 사교·친목단체 및 사회단체의 구성원으로서 해당 단체의 정관·규약 또는 운영관례상의 의무에 기초하여 종전의 범위에서 회비를 내는 행위(마목), vi) 후보자가 평소 자신이 다니는 교회·성당·사찰 등에 통상적으로 헌금(물품의 제공을 포함)하는 행위(바목)는 기부행위로 보지 아니한다(법22의2②(2)).

(다) 구호적·자선적 행위에 준하는 행위

공직선거법 제112조 제2항 제3호에 따른 구호적·자선적 행위에 준하는 행위는 기부행위로 보지 아니한다(법22의2②(3)). 즉 공직선거법 제112조 제2항 제3호에 따른 구호적·자선적 행위는 ⅰ) 법령에 의하여 설치된 사회보호시설 중 수용보호시설에 의연금품을 제공하는 행위(가목), ⅱ) 재해구호법의 규정에 의한 구호기관(전국재해구호협회를 포함) 및 대한적십자사 조직법에 의한 대한적십자사에 천재·지변으로 인한 재해의 구호를 위하여 금품을 제공하는 행위(나목), iii) 장애인복지법 제58조에 따른 장애인복지시설(유료복지시설을 제외)에 의연금품·구호금품을 제공하는 행위(다목), iv) 국민기초생활 보장법에 의한 수급권자인 중증장애인에게 자선·구호금품을 제공하는 행위(라목), v) 자선사업을 주관·시행하는 국가·지방자치단체·언론기관·사회단체 또는 종교단체 그 밖에 국가기관이나 지방자치단체의 허가를 받아 설립된 법인 또는 단체에 의연금품·구호금품을 제공하는 행위(다만, 광범위한 선거구민을 대상으로 하는 경우 제공하는 개별 물품 또는 그 포장지에 직명·성명 또는 그 소속 정당의 명칭을 표시하여 제공하는 행위는 제외)(마목), vi) 자선·구호사업을 주관·시행하는 국가·지방자치단체, 그 밖의 공공기관·법인을 통하여 소년·소녀가장과 후원인으로 결연을 맺고 정기적으로 제공하여 온 자선·구호금품을 제공하는 행위(바목), vii) 국가기관·지방자치단체 또는 구호·자선단체가 개최하는 소년·소녀가장, 장애인, 국가유공자, 무의탁노인, 결식자, 이재민, 국민기초생활 보장법에 따른 수급자 등을 돕기 위한 후원회 등의 행사에 금품을 제공하는 행위(다만, 개별 물품 또는 그 포장지에 직명·성명 또는 그 소속 정당의 명칭을 표시하여 제공하는 행위는 제외)(사목), ⅷ) 근로청소년을 대상으로 무료학교(야학을 포함)를 운영하거나 그 학교에서 학생들을 가르치는 행위(아목)는 기부행위로 보지 아니한다(법22의2② (3)).

(3) 통상적인 범위에서 제공할 수 있는 축의·부의금품 등의 금액 범위

통상적인 범위에서 1명에게 제공할 수 있는 축의·부의금품, 음식물, 답례품 및 의례적인 선물의 금액 범위는 행정안전부령으로 정한다(법22의2③).

(4) 기부행위의 약속 등 금지

누구든지 기부행위를 약속·지시·권유·알선 또는 요구할 수 없다(법22의2 ④).

(5) 해당 선거에 관한 기부행위 제한 등

누구든지 해당 선거에 관하여 후보자를 위하여 기부행위를 하거나 하게 할 수 없다(법22의2⑤ 전단). 이 경우 후보자의 명의를 밝혀 기부행위를 하거나 후보자가 기부하는 것으로 추정할 수 있는 방법으로 기부행위를 하는 것은 해당 선거에 관하여 후보자를 위한 기부행위로 본다(법22의2⑤ 후단).

(6) 이사장의 재임 중 기부행위 금지 등

이사장은 재임 중 기부행위를 할 수 없다(법22의2⑥ 본문). 다만, ⅰ) 해당 금고의 경비로 관혼상제 의식이나 그 밖의 경조사에 축의·부의금품을 제공하면서 해당 금고의 경비임을 명기하여 해당 금고의 명의로 한 경우(해당 금고 이사장의 직명 또는 성명을 밝히거나 그가 하는 것으로 추정할 수 있는 방법으로 하는 행위는 제외)(제1호), ⅱ) 기부행위로 보지 아니하는 행위(제2호)의 어느 하나에 해당하는 경우에는 그러하지 아니하다(법22의2⑥ 단서).

4. 선거관리위원회의 설치 · 운영 등

(1) 선거관리위원회의 구성 · 운영 등

(가) 선거관리위원회의 구성 · 운영

금고는 임원 선거를 공정하게 관리하기 위하여 선거관리위원회를 구성 · 운영한다(법23①). 선거관리위원회의 구성 · 운영 · 직무 등에 필요한 사항은 정관으로 정한다(영10의3⑧).

(나) 선거관리위원회의 설치기간

선거관리위원회의 설치기간은 임원 선거 공고일 전날부터 선거일 후 2개월이 되는 날까지로 한다(영10의3①).

(다) 선거관리위원회 위원의 자격요건

선거관리위원회는 이사회가 위촉하는 5명 이상의 위원으로 구성하며, 2명 이상의 위원을 회원이 아닌 사람으로 위촉하되 그 자격요건 등은 대통령령으로 정한다(법23②).

1) 위원의 결격자

다음의 어느 하나에 해당하는 사람, 즉 ⅰ) 해당 임원 선거에서 임원 후보자로 등록한 사람(제1호), ⅱ) 임원 후보자와 민법 제777조에 따른 친족 관계에 있는 사람(제2호), ⅲ) 파산선고를 받은 사람(법10②(2)) 및 피성년후견인이 된 사람(법10②(3))(제3호), ⅳ) 회원에서 제명된 날부터 2년이 지나지 아니한 사람(제4호)은 선거관리위원회의 위원이 될 수 없다(영10의3②).

2) 위원의 자격

금고의 회원이 아닌 사람으로서 선거관리위원회의 위원이 될 수 있는 사람은 ⅰ) 선거관리위원회법에 따른 선거관리위원회에서 선거관리위원 또는 공무원으로 3년 이상 근무한 경력이 있는 사람(제1호), ⅱ) 공무원으로 5년 이상 근무한 경력이 있는 사람(제2호), ⅲ) 중앙회 또는 금고에서 5년 이상 임직원으로 근무한 경력이 있는 사람(제3호), ⅳ) 그 밖에 제1호부터 제3호까지의 규정에 준하는 사람으로서 정관으로 정하는 사람(제4호)으로 한다(영10의3③).

(라) 위원장

선거관리위원회의 위원장("선거관리위원장")은 위원 중에서 호선하고, 선거관리위원회를 대표하며, 선거관리위원회의 의장이 된다(영10의3④). 선거관리위원장

이 부득이한 사유로 직무를 수행할 수 없을 때에는 위원 중에서 호선하여 위원
장의 직무를 대행하게 한다(영10의3⑤).

(마) 선거관리위원회의 직무

선거관리위원회는 후보자의 자격심사, 선거인명부의 확정, 그 밖에 정관으
로 정하는 사무를 관장한다(영10의3⑥).

(바) 개의와 의결

선거관리위원회는 위원 과반수의 출석으로 개의하고, 출석위원 과반수의 찬
성으로 의결한다(영10의3⑦).

(2) 공명선거감시단의 구성 등

(가) 설치

불법선거운동 감시를 위하여 선거관리위원회에 공명선거감시단을 둔다(법23
③).

(나) 구성

공명선거감시단은 선거관리위원회의 의결을 거쳐 위촉한 3명 이상 7명 이
내의 단원으로 구성한다(영10의4①).

(다) 위원 또는 단원의 자격

금고의 임직원은 선거관리위원회의 위원 또는 공명선거감시단의 단원이 될
수 없다(법23④).

(라) 업무

공명선거감시단은 선거관리위원회의 지휘를 받아 불법선거운동의 예방 및
감시 등의 업무를 수행한다(영10의4②).

(마) 공명선거감시단원의 해촉 사유

선거관리위원회는 공명선거감시단의 단원이 ⅰ) 법규를 위반하거나 그 임무
를 수행할 때 불공정한 행위를 하거나 할 우려가 있는 경우(제1호), ⅱ) 정당한
사유 없이 소속된 선거관리위원회의 지휘명령에 따르지 아니하거나 그 임무를
게을리 한 경우(제2호), ⅲ) 임무수행 중 입수한 자료를 유출하거나 알게 된 정보
를 누설한 경우(제3호), ⅳ) 공명선거감시단의 단원으로서의 품위를 손상시키거
나 선거관리위원회의 위신을 실추시킨 행위를 한 경우(제4호), ⅴ) 건강, 그 밖의
사유로 임무를 성실히 수행할 수 없다고 판단되는 경우(제5호)에는 해당 단원을

해촉할 수 있다(영10의4③).

(바) 정관 규정

공명선거감시단의 구성·운영·직무 등에 필요한 사항은 정관으로 정한다(영 10의4④).

(3) 선거관리의 위탁

(가) 이사장 선거 관리의 의무위탁

금고는 이사장 선거의 관리에 대하여 정관으로 정하는 바에 따라 그 주된 사무소의 소재지를 관할하는 선거관리위원회법에 따른 구·시·군선거관리위원회에 위탁하여야 한다(법23의2①).

2021년 10월 19일 개정 전에는 선거관리를 임의적으로 구·시·군선거관리위원회에 위탁할 수 있도록 규정하고 있었다. 그러나 선거 과정에서 선거부정 등이 발생하는 사례가 나타나고 있었다. 이에 금고 이사장 선거에 대해서는 선거관리위원회에 의무적으로 위탁하도록 하였다.[27]

(나) 이사장을 제외한 임원선거 관리의 임의위탁

금고는 이사장을 제외한 임원선거의 관리에 대하여 정관으로 정하는 바에 따라 그 주된 사무소의 소재지를 관할하는 선거관리위원회법에 따른 구·시·군선거관리위원회에 위탁할 수 있다(법23의2②).

X. 경업자의 임직원 취임 금지 등

1. 경업자의 임직원 취임 금지

금고의 사업과 실질적으로 경쟁관계에 있는 사업을 경영하거나 이에 종사하는 자는 금고의 임원이나 직원이 될 수 없다(법24①).

2. 실질적 경쟁관계에 있는 사업의 범위

실질적인 경쟁관계에 있는 사업의 범위는 ⅰ) 금융위원회법 제38조에 따른

---

27) 금고 이사장 선거를 위탁함에 따라 동시선거를 실시하도록 하되, 최초의 동시선거일을 2025년 3월 12일로 하며 이후 임기만료에 따른 이사장 선거는 임기가 만료되는 해당 연도 3월의 두 번째 수요일에 동시 실시하도록 함(부칙 제3조).

검사대상기관(제1호), ii) 농업협동조합법에 따른 지역농업협동조합, 지역축산업
협동조합, 품목별·업종별협동조합 및 농업협동조합중앙회(제2호), iii) 수산업협
동조합법에 따른 지구별수산업협동조합, 업종별수산업협동조합, 수산물가공수산
업협동조합 및 수산업협동조합중앙회(제3호), iv) 산림조합법에 따른 지역산림조
합, 품목별·업종별산림조합 및 산림조합중앙회(제4호), v) 우체국예금보험법에
따른 체신관서(제5호), vi) 보험업법에 따른 보험대리점·보험설계사 및 보험중개
사(제6호), vii) 대부업법에 따른 대부업자(제7호), viii) 자산유동화법에 따른 유동
화전문회사(제8호), ix) 그 밖에 행정안전부장관이 지정하는 사업자(제9호)가 하
는 사업으로 한다(법24②, 영11①).

XI. 임원의 성실 의무와 책임

1. 성실의무

금고의 임원은 새마을금고법과 새마을금고법에 따라 하는 명령과 정관·규
정 및 총회와 이사회의 의결 사항을 지키고 금고를 위하여 성실히 그 직무를 수
행하여야 한다(법25①).

2. 금고에 대한 손해배상책임

(1) 의의

임원이 그 직무를 수행할 때 고의나 과실(비상근임원의 경우에는 고의나 중대한
과실)로 금고에 끼친 손해에 대하여는 연대하여 손해배상의 책임을 진다(법25②).

여기서 중대한 과실이라 함은 임원이 그 임무를 수행하는 과정에서 조금만
주의를 기울였더라면 임원으로서의 주의의무를 다 할 수 있었을 것임에도 그러
한 주의를 현저히 게을리함으로써 임원으로서의 임무를 소홀히 하여 결국 금고
의 손해를 막지 못한 것을 말한다.[28]

(2) 관련 판례

① 대법원 2016. 5. 24. 선고 2014다202837 판결

새마을금고의 임원이 여유자금의 운용을 결정하거나 여유자금 운용 담당자

---

28) 대법원 2008. 1. 24. 선고 2005다40259 판결; 대법원 2002. 6. 14. 선고 2001다52407 판결.

의 여유자금 운용업무를 감독함에 있어서 법령이나 정관에 위반하여 여유자금이 운용되는 사실을 알았음에도 이를 방치하였거나, 조금만 주의를 기울였으면 그 사실을 알 수 있었음에도 그러한 주의를 현저히 게을리하여 법령이나 정관에 위반하여 여유자금이 운용되는 것을 막지 못한 경우에는 고의 또는 중대한 과실로 인한 책임을 면할 수 없다(대법원 2004. 3. 26. 선고 2003다52418 판결; 대법원 2008. 6. 26. 선고 2006다81073 판결 등 참조).

② 대법원 2015. 10. 29. 선고 2012다98850 판결

[1] 대출자 명의를 달리하는 복수의 대출이 실질적으로는 동일인에 대한 대출한도 초과대출에 해당한다는 이유로 대출에 관여한 새마을금고의 임직원에게 손해배상책임을 묻기 위한 요건(참조조문: 새마을금고법 현행 제25조 제2항과 현행 제29조): 대출자 명의를 달리하는 복수의 대출이 실질적으로는 동일인에 대한 대출한도 초과대출에 해당한다는 이유로 위 대출에 관여한 새마을금고의 임직원에게 손해배상책임을 묻기 위해서는, 그 복수의 대출이 실질적으로는 동일인 대출한도 초과대출이라는 점뿐만 아니라 대출 당시의 대출채무자의 재무상태, 다른 금융기관으로부터의 차입금, 기타 채무를 포함한 전반적인 금융거래상황, 사업현황과 전망, 대출금의 용도, 소요기간 등에 비추어 볼 때 채무상환능력이 부족하거나 제공된 담보의 경제적 가치가 부실해서 대출채권의 회수에 문제가 있다는 점과 대출에 관여한 새마을금고의 임직원이 그 대출이 동일인 대출한도 초과대출로서 채무상환능력이 부족하거나 충분한 담보가 확보되지 아니한 상태에서 이루어진다는 사정을 알았거나 알 수 있었음에도 그 대출을 실행하였다는 점을 증명하여야 한다(대법원 2012. 4. 12. 선고 2010다75945 판결 등 참조)

그런데 이 사건 1, 2 대출의 경우에는 여신업무규정과 이사회결의에 반하여 그 담보물에 대하여 외부감정평가를 받지 아니하였지만, 그 담보물에 대한 피고들의 자체 평가금액이 원고가 환송 후 원심에서 의뢰한 나라감정평가법인의 위 각 대출시점을 기준으로 한 감정평가금액과 비교하여 볼 때 부당하게 과다하게 평가되었다고 보이지 아니하고, 특히 이 사건 1 대출의 담보물의 경우에는 자체 평가금액이 사후에 이루어진 감정평가금액에 비하여 적으므로, 피고들이 부당하게 담보가치를 평가함으로써 충분한 담보가 확보되지 아니한 상태에서 이 사건 1, 2 대출을 실행하였다는 점에 대한 증명이 충분히 이루어지지 아니하였다.

그런데도 원심은 이 사건 1, 2 대출이 실질적으로는 동일인에 대한 대출한도 초과대출에 해당하고 여신업무규정과 이사회결의에 위반하여 외부감정평가기관에 의한 감정평가를 하지 아니한 채 자체 평가절차만을 거쳐 실행되었다는 이유만으로 이 사건 1, 2 대출에 관하여도 피고들에게 손해배상책임이 인정된다고 하였으니, 이러한 원심의 판단에는 동일인에 대한 대출한도 초과대출 제한규정과 외부감정평가기관에 의한 감정평가를 요구하는 여신업무규정 등의 취지와 인과관계에 관한 법리를 오해하였거나 필요한 심리를 다하지 아니하여 판결에 영향을 미친 잘못이 있다.

[2] 금융기관 임직원이 동일인에 대한 대출한도를 초과하는 등 여신업무에 관한 규정을 위반하여 자금을 대출하면서 충분한 담보를 확보하지 아니하는 등 임무를 게을리하여 금융기관이 대출금을 회수하지 못하는 손해를 입은 경우, 임직원이 손해배상책임을 지는지 여부(적극) 및 이때 금융기관이 입은 통상손해의 범위(참조조문: 민법 제393조, 새마을금고법 현행 제25조 제2항과 현행 제29조): 금융기관의 임직원이 동일인에 대한 대출한도를 초과하는 등 여신업무에 관한 규정을 위반하여 자금을 대출하면서 충분한 담보를 확보하지 아니하는 등 그 임무를 게을리하여 금융기관이 대출금을 회수하지 못하는 손해를 입은 경우 그 임직원은 그 대출로 인하여 금융기관이 입은 손해를 배상할 책임이 있다. 이러한 경우 금융기관이 입은 통상의 손해는 위 임직원이 위와 같은 규정을 준수하여 적정한 담보를 취득하였더라면 회수할 수 있었을 미회수 대출원리금이며, 특별한 사정이 없는 한 이러한 통상손해에는 약정이율에 의한 대출금의 이자와 약정연체이율에 의한 지연이자가 포함된다(대법원 2012. 4. 12. 선고 2010다75945 판결; 대법원 2013. 11. 14. 선고 2013다57498 판결 참조).

그런데 원심은, 이 사건 1, 2, 3, 4, 5, 8, 10 대출과 관련하여 대출한도를 초과하여 자금을 대출하거나 여신업무에 관한 규정을 위반하여 충분한 담보를 확보하지 아니하고 대출을 함으로써 피고들의 임무위배행위가 성립한 이상 회수하지 못한 대출원금을 손해로 보아야 하고, 약정이율에 의한 대출금의 이자와 약정연체이율에 의한 지연이자는 손해의 범위에 포함된다고 볼 수 없다고 판단하였다.

이러한 원심의 판단에는 동일인에 대한 대출한도 초과대출 및 여신업무규정에 위반하여 충분한 담보를 확보하지 아니한 부실대출에 있어서 손해배상의 범위에 관한 법리를 오해하여 판결에 영향을 미친 잘못이 있다.

③ 대법원 2011. 9. 29. 선고 2010다80428 판결

새마을금고 이사장이 불법·부당대출과 관련하여 금고에 대하여 손해배상책임을 지는 경우 및 임원의 지위가 비상근, 무보수, 명예직이고 사무처리방식이 형식적이었다는 사유만으로 임원으로서 주의의무를 면하는지 여부(소극): 구 새마을금고법(2007. 5. 25. 법률 제8485호로 전부 개정되기 전의 것) 제18조(현행 제19조) 제1항은 "이사장은 금고를 대표하고, 금고의 업무를 통할한다"고 규정하고 있고, 제23조(현행 제25조) 제1항은 "금고의 임원은 이 법, 이 법에 의하여 발하는 명령과 정관·규정 및 총회와 이사회의 의결을 준수하고 금고를 위하여 성실히 그 직무를 수행하여야 한다", 같은 조 제2항은 "임원이 그 직무를 수행함에 있어서 고의 또는 과실(비상근임원의 경우에는 고의 또는 중대한 과실)로 금고에게 끼친 손해에 대하여는 연대하여 손해배상의 책임을 진다"고 규정하고 있다. 따라서 새마을금고의 업무를 통할하는 비상근 이사장은 새마을금고의 모든 업무를 수행함에 있어 당해 업무가 불법·부당함을 알았거나 조금만 주의를 기울였다면 새마을금고의 장부나 대출 관련 서류 등에 의하여 불법·부당한 업무임을 알 수 있었을 것임에도 그러한 주의를 현저히 게을리 함으로써 이사장의 임무를 해태한 데에 중대한 과실이 있는 경우에는 새마을금고에 대하여 손해배상책임을 진다고 할 것이고(대법원 2006. 1. 12. 선고 2005다23445 판결 참조), 새마을금고 임원으로서의 지위가 비상근, 무보수, 명예직으로 전문가가 아니고, 그 사무처리방식이 형식적이었다고 하더라도 그러한 사유만으로는 법령이나 정관에서 정하고 있는 임원으로서의 주의의무를 면할 수는 없다고 할 것이다(대법원 2005. 3. 25. 선고 2003다40293 판결; 대법원 2007. 5. 31. 선고 2007다248 판결 등 참조).

④ 대법원 2004. 6. 11. 선고 2004다5846 판결

원심판결 이유에 의하면, 원심은 원고가 동일인 여신한도 초과대출 금지규정에 위반하여 Y에게 금 6억 원을 초과대출함에 있어서 상근감사인 피고 P가 그 임무를 해태하여 이를 시정하기 위한 적절한 조치를 취하지 아니하는 잘못을 저질렀고, 이로 인하여 원고가 위 대출금을 회수하지 못하는 재산상 손해를 입었다는 이유로 피고 P 및 그의 신원보증인인 피고 B, L에 대하여 손해배상을 구하는 원고의 이 사건 청구에 대하여, 그 채용 증거들을 종합하여 그 판시와 같은 사실을 인정한 다음, 이에 의하면, 이 사건 제2회 대출은 동일인에 대한 여신한도액

을 초과한 위법한 대출이었으므로 피고 P는 동일인에 대한 대출한도액을 초과한 부분에 대하여는 새마을금고 연합회장(현행 중앙회장)의 승인을 얻도록 감독하여야 할 임무가 있음에도, 이를 게을리한 채 위와 같은 문제점을 지적하지 않고 이 사건 제2회 대출신청서에 검인한 점은 인정되나, 동일인 여신한도 초과대출 금지규정의 취지는 새마을금고가 갖는 자금중개기능에 따른 공공성 때문에 특정인에 대한 과대한 편중여신을 규제함으로써 보다 많은 사람에게 여신의 기회를 주고자 함에 있는 것이지 부실대출을 규제함으로써 새마을금고를 보호하고자 함에 있는 것은 아니라 할 것이므로(대법원 1987. 12. 22. 선고 87다카1458 판결 참조), 동일인 여신한도 초과대출이 결과적으로 부실대출로 이어졌다고 하더라도, 그 대출에 관여한 상근감사에게 새마을금고에 대한 손해배상책임을 지우기 위하여는 상근감사가 동일인 여신한도 초과대출이라는 점을 알고 있었다는 점만으로는 부족하고, 그 대출이 충분한 담보를 확보하지 아니한 상태에서 이루어진다는 점을 알았거나 알 수 있었을 경우라야 할 것인데, 판시 증거들에 의하여 인정되는 판시 사실들을 종합해 보면, 원고의 대출담당자, 피고 P 등은 이 사건 제2회 대출 당시 담보물인 이 사건 부동산에 관한 S감정평가사무소의 감정가격을 신뢰하여 그 잔존 담보가치의 4분의 1에 미달하는 금액을 채권 최고액으로 하여 근저당권을 설정한 후 Y에게 이 사건 제2회 대출을 한 것이고, 피고 P로서는 위 감정가격을 신뢰할 만한 충분한 이유가 있었다고 보이며(위 감정가격은 공시지가보다 훨씬 저가이고 그 후 경매절차에서 법원에 의하여 평가된 감정가격보다도 적다), 달리 피고 P가 이 사건 제2회 대출이 충분한 담보를 확보하지 아니한 상태에서 이루어진 것임을 알았거나 알 수 있었다고 인정할 아무런 증거가 없으므로, 피고 P에게 이 사건 제2회 대출로 인한 민법 또는 새마을금고법상의 손해배상책임을 물을 수 없다고 하여 원고의 이 사건 청구를 모두 기각하였다.

관계 법령 및 기록에 비추어 관계 증거들을 살펴보면, 원심의 위와 같은 인정 및 판단은 정당하다고 수긍이 되고, 거기에 상고이유에서 주장하는 바와 같이 심리를 다하지 아니하고 채증법칙을 위반하여 사실을 잘못 인정하거나, 새마을금고법의 입법 취지나 동일인 여신한도 초과대출 금지규정의 취지 또는 인과관계 및 입증취지에 관한 법리 등을 오해한 위법이 있다고 볼 수 없다.

⑤ 대법원 2002. 6. 14. 선고 2001다52407 판결

[1] 금융기관의 임원의 선관의무의 내용과 경영판단의 원칙과의 관계 및 금융기관의 임원이 선관의무에 위반하여 임무를 해태하였는지 여부의 판단기준: 금융기관의 임원은 소속 금융기관에 대하여 선량한 관리자의 주의의무를 지므로, 그 의무를 충실히 한 때에야 임원으로서의 임무를 다한 것으로 된다고 할 것이지만, 금융기관이 그 임원을 상대로 대출과 관련된 임무 해태를 내세워 채무불이행으로 인한 손해배상책임을 물음에 있어서는 임원이 한 대출이 결과적으로 회수곤란 또는 회수불능으로 되었다고 하더라도 그것만으로 바로 대출결정을 내린 임원에게 그러한 미회수금 손해 등의 결과가 전혀 발생하지 않도록 하여야 할 책임을 물어 그러한 대출결정을 내린 임원의 판단이 선량한 관리자로서의 주의의무 내지 충실의무를 위반한 것이라고 단정할 수 없고, 대출과 관련된 경영판단을 함에 있어서 통상의 합리적인 금융기관 임원으로서 그 상황에서 합당한 정보를 가지고 적합한 절차에 따라 회사의 최대이익을 위하여 신의성실에 따라 대출심사를 한 것이라면 그 의사결정과정에 현저한 불합리가 없는 한 그 임원의 경영판단은 허용되는 재량의 범위 내의 것으로서 회사에 대한 선량한 관리자의 주의의무 내지 충실의무를 다한 것으로 볼 것이며, 금융기관의 임원이 위와 같은 선량한 관리자의 주의의무에 위반하여 자신의 임무를 해태하였는지의 여부는 그 대출결정에 통상의 대출담당임원으로서 간과해서는 안 될 잘못이 있는지의 여부를 대출의 조건과 내용, 규모, 변제계획, 담보의 유무와 내용, 채무자의 재산 및 경영상황, 성장가능성 등 여러 가지 사항에 비추어 종합적으로 판정해야 한다(대법원 2002. 3. 15. 선고 2000다9086 판결 참조).

[2] 금융기관의 임원의 업무수행상의 고의 또는 중과실 여부의 판단기준: 금융기관의 임원, 특히 새마을금고의 임원이 대출을 결정함에 있어서 임원이 법령이나 정관에 위반한 대출이었음을 알았거나 또는 어떤 부정한 청탁을 받거나 당해 대출에 관한 어떤 이해관계가 있어 자기 또는 제3자의 부정한 이익을 취득할 목적으로 대출을 감행한 경우 또는 조금만 주의를 기울였으면 임원으로서의 주의의무를 다 할 수 있었을 것임에도 그러한 주의를 현저히 게을리 하여 쉽게 알 수 있었던 사실을 알지 못하고 대출을 실행한 경우에는 고의 또는 중과실로 인한 책임을 진다.

3. 타인에 대한 손해배상책임

임원이 그 직무를 수행할 때 고의나 중대한 과실로 타인에게 끼친 손해에 대하여는 연대하여 손해배상의 책임을 진다(법25③).

4. 거짓의 결산보고 등: 금고 또는 타인에 대한 손해배상책임

임원이 결산보고서에 거짓으로 기록, 등기 또는 공고를 하여 금고나 타인에게 손해를 끼친 경우에도 손해배상의 책임을 진다(법25④).

5. 출석 임원의 손해배상책임

이사회가 고의나 중대한 과실로 금고에 손해를 끼친 경우에는 그 고의나 중대한 과실에 관련된 이사회에 출석한 임원은 그 손해에 대하여 연대하여 손해배상의 책임을 진다(법25⑤ 본문). 다만, 그 회의에서 반대 의사를 표시한 임원은 그러하지 아니하다(법25⑤ 단서).

6. 구상권의 행사

위 손해배상책임(법25②③④⑤)에 따른 구상권은 이사장을 포함한 이사에 대하여는 감사가, 임원 전원에 대하여는 회원 3분의 1 이상의 동의를 받은 회원 대표가 행사한다(법25⑥).

7. 직무에 대한 신원보증

정관으로 정하는 임원은 그 직무에 관하여 신원보증을 하여야 한다(법25⑦).

(1) 이사장 및 상근임원

이사장 및 상근임원은 이사회가 정하는 바에 따라 신원보증인을 두거나 단체신원보증공제에 가입하여야 한다(정관예42①).

(2) 기타 임원

이사장 및 상근임원을 제외한 임원은 이사회가 정하는 바에 따라 신원보증인을 두거나 보증보험 등에 가입하여야 한다(정관예42②).

(3) 신원보증기준

신원보증기준은 중앙회장이 정하는 바에 의한다(정관예42③).

(4) 관련 판례

** 제주지법 1987. 8. 28. 선고 86가합271 제2민사부판결

새마을금고의 이사장과 부이사장에 대한 신원보증에 있어서 보증의 기간: 새마을금고와 그 이사장 및 부이사장과의 관계는 대표관계라 볼 것이지 지휘감독관계에 있다고는 볼 수 없으므로 그들의 신원을 보증한 신원보증계약에는 신원보증법이 적용되지 않고, 그러한 신원보증계약에 보증기간의 정함이 없는 때에는 그 계약의 내용과 피보증인의 직책 기타 제반사정을 모두 종합한 합리적인 해석으로 이를 밝혀야 한다.

XII. 임원의 겸직금지

1. 상근임원의 다른 법인 상근직 겸직금지

상근하는 임원은 다른 법인이나 회사의 상근직을 겸할 수 없다(법25⑧).

2. 이사와 감사의 겸직금지

이사장을 포함한 이사와 감사는 상호 겸직할 수 없다(정관예44①).

3. 임원과 직원의 겸직금지

임원은 금고의 직원을 겸할 수 없다(정관예44②).

4. 임원과 다른 금고의 임직원 겸직금지

임원은 다른 금고의 임직원을 겸할 수 없다(정관예44③).

5. 상근임원의 영리 목적 사업 종사금지

상근하는 임원은 직무와 관련되는 영리를 목적으로 하는 사업에 종사할 수 없다(정관예44④).

XIII. 민법·상법의 준용

1. 임원에 대한 준용규정

금고의 임원에 관하여는 민법 제35조, 제63조 및 상법 제382조 제2항, 제386조 제1항을 각각 준용한다(법26①). 여기서는 준용규정을 살펴본다.

(1) 금고의 불법행위능력

금고는 임원 기타 대표자가 그 직무에 관하여 타인에게 가한 손해를 배상할 책임이 있다(민법35① 본문). 임원 기타 대표자는 이로 인하여 자기의 손해배상책임을 면하지 못한다(민법35① 단서).

금고의 목적범위 외의 행위로 인하여 타인에게 손해를 가한 때에는 그 사항의 의결에 찬성하거나 그 의결을 집행한 회원, 임원 및 기타 대표자가 연대하여 배상하여야 한다(민법35②).

(2) 임시이사의 선임

이사가 없거나 결원이 있는 경우에 이로 인하여 손해가 생길 염려 있는 때에는 법원은 이해관계인이나 검사의 청구에 의하여 임시이사를 선임하여야 한다(민법63).

(3) 금고와 임원의 관계

금고와 임원의 관계는 민법의 위임에 관한 규정(민법 제682조 이하)을 준용한다(상법382②).

** 관련 판례: 대법원 2001. 2. 23. 선고 2000다61312 판결

[1] 새마을금고 이사장의 퇴직금이 근로기준법 소정의 임금에 해당하는지 여부(소극): 주식회사의 업무집행권을 가진 이사 등 임원은 회사로부터 일정한 사무처리의 위임을 받고 있는 것이므로(상법 제382조 제2항 참조) 사용자의 지휘감독 아래 일정한 근로를 제공하고 소정의 임금을 지급받는 고용관계에 있는 것이 아니며, 따라서 일정한 보수를 받는 경우에도 이를 근로기준법 소정의 임금이라 할 수 없고, 회사의 규정에 의하여 이사 등 임원에게 퇴직금을 지급하는 경우

에도 그 퇴직금은 근로기준법 소정의 퇴직금이 아니라 재직 중의 직무집행에 대한 대가로 지급되는 보수의 일종이며, 한편 새마을금고법 제24조(현행 제26조 제1항)는 주식회사와 이사의 관계에 대하여 위임에 관한 규정을 준용하도록 한 위 상법 제382조 제2항의 규정을 새마을금고의 임원에 다시 준용하도록 규정하고 있으므로 새마을금고의 이사장의 퇴직금 역시 근로기준법상의 임금에 해당하지 않는다.

　[2] 주식회사의 임원의 퇴직금이 근로기준법상의 임금인지의 여부에 관하여 대법원판결이 취하고 있는 견해는 새마을금고의 이사장의 퇴직금에 관하여도 선례로서 구속력을 가진다고 할 것이므로, 새마을금고의 이사장의 퇴직급여가 근로기준법상의 임금임을 전제로 한 원심의 판단은 소액사건심판법 제3조 제2호 소정의 "대법원의 판례와 상반되는 판단을 한 때"에 해당한다고 보아 원심판결을 파기한 사례.

(4) 이사의 결원: 퇴임임원의 지위 유지

　법률 또는 정관에 정한 임원의 원수를 결한 경우에는 임기의 만료 또는 사임으로 인하여 퇴임한 이사는 새로 선임된 임원이 취임할 때까지 이사의 권리의무가 있다(상법386①).

2. 상근이사 또는 간부직원에 대한 준용규정

　상근이사 또는 정관으로 정하는 간부직원에 관하여는 상법 제11조(지배인의 대리권) 제1항·제3항, 제12조(공동지배인), 제13조 (지배인의 등기) 및 제17조(상업사용인의 의무)와 상업등기법 제23조(등기신청인) 제1항, 제50조(등기사항 등) 및 제51조(회사 등의 지배인등기)를 준용한다(법26②). 여기서는 준용규정을 살펴본다.

(1) 상근이사 또는 간부직원의 대리권

　상근이사 또는 간부직원은 금고에 갈음하여 그 사업에 관한 재판상 또는 재판외의 모든 행위를 할 수 있다(상법11①). 상근이사 또는 간부직원의 대리권에 대한 제한은 선의의 제3자에게 대항하지 못한다(상법11③).

(2) 공동대리

　금고는 수인의 상근이사 또는 간부직원에게 공동으로 대리권을 행사하게 할 수 있다(상법12①). 이 경우 상근이사 또는 간부직원 1인에 대한 의사표시는 금고에 대하여 그 효력이 있다(상법12②).

(3) 상근이사 또는 간부직원의 등기

금고는 상근이사 또는 간부직원의 선임과 그 대리권의 소멸에 관하여 그 상근이사 또는 간부직원을 둔 본점 또는 지점소재지에서 등기하여야 한다(상법13 전단). 공동 대리권에 관한 사항과 그 변경도 같다(상법13 후단).

(4) 상근이사 또는 간부직원의 의무

상근이사 또는 간부직원은 금고의 허락없이 자기 또는 제3자의 계산으로 금고의 영업부류에 속한 거래를 하거나 회사의 무한책임사원, 이사 또는 다른 금고의 상근이사 또는 간부직원이 되지 못한다(상법17①).

상근이사 또는 간부직원이 전항의 규정에 위반하여 거래를 한 경우에 그 거래가 자기의 계산으로 한 것인 때에는 금고는 이를 금고의 계산으로 한 것으로 볼 수 있고 제3자의 계산으로 한 것인 때에는 금고는 상근이사 또는 간부직원에 대하여 이로 인한 이득의 양도를 청구할 수 있다(상법17②).

전항의 규정은 금고로부터 상근이사 또는 간부직원에 대한 계약의 해지 또는 손해배상의 청구에 영향을 미치지 아니한다(상법17③).

제2항에 규정한 권리는 금고가 그 거래를 안 날로부터 2주간을 경과하거나 그 거래가 있은 날로부터 1년을 경과하면 소멸한다(상법17④).

(5) 등기신청인

금고의 등기는 법률에 다른 규정이 없는 경우에는 그 대표자가 신청한다(상업등기법23①).

(6) 등기사항 등

상근이사 또는 간부직원의 등기를 할 때에는 ⅰ) 상근이사 또는 간부직원의 성명·주민등록번호 및 주소, ⅱ) 금고의 명칭 및 주소, ⅲ) 금고가 2개 이상의 명칭으로 2개 이상 종류의 영업을 하는 경우에는 상근이사 또는 간부직원이 대리할 영업과 그 사용할 명칭, ⅳ) 상근이사 또는 간부직원을 둔 장소, ⅴ) 2명 이상의 상근이사 또는 간부직원이 공동으로 대리권을 행사할 것을 정한 경우에는 그에 관한 규정을 등기하여야 한다(상업등기법50①).

위의 등기사항에 변경이 생긴 때에는 제31조(영업소의 이전등기)와 제32조(변경등기 등) 를 준용한다(상업등기법50②).

(7) 금고 등의 상근이사 또는 간부직원 등기

금고의 상근이사 또는 간부직원 등기는 금고의 등기부에 한다(상업등기법51①). 등기를 할 때에는 위의 등기사항 중 ⅱ) 및 ⅲ)의 사항을 등기하지 아니한다(상업등기법51②).

금고의 상근이사 또는 간부직원을 둔 본점 또는 지점이 이전·변경 또는 폐지된 경우에 본점 또는 지점의 이전·변경 또는 폐지의 등기신청과 상근이사 또는 간부직원을 둔 장소의 이전·변경 또는 폐지의 등기신청은 동시에 하여야 한다(상업등기법51③).

XⅣ. 서류 비치 등의 의무

1. 이사장의 정관 등 비치의무

이사장은 정관과 총회의 의사록 및 회원 명부를 주된 사무소에 갖추어 두어야 한다(법27①).

2. 정관 등 서류 열람 및 사본 청구

회원이나 금고의 채권자는 정관과 총회의 의사록 및 회원 명부를 열람할 수 있으며, 금고가 정한 비용을 지급하고 그 서류의 사본을 청구할 수 있다(법27②).

사 업

제1절 비회원의 사업 이용

Ⅰ. 의의

　비회원은 금고의 회원이 아니면서 금고의 사업을 이용하는 자를 말하며, 새마을금고는 회원의 이용에 지장이 없는 범위에서 비회원에게 사업을 이용하게 할 수 있다(법30).

Ⅱ. 제도적 취지

　비회원에게 금고의 사업 이용을 허용한 것은 개방된 금고를 추구한다는 협동조합의 기본정신에도 부합하고, 비회원에게 금고의 사업에 참여토록 함으로써 사업기반을 안정적으로 확보하여 사업의 지속적 발전을 도모하고 사회 전반에 금고가 경제적·문화적으로 일정한 지위를 보함으로써 국민경제발전에 이바지하도록 하는데 그 취지가 있다.

Ⅲ. 관련 판례

① 대법원 2008. 10. 9. 선고 2007다69810 판결

구 새마을금고법(2007. 5. 25. 법률 제8485호로 전부 개정되기 전의 것, 이하 '법'이라 한다) 제23조(현행 제25조) 제1항은 "금고의 임원은 이 법, 이 법에 의하여 발하는 명령과 정관·규정 및 총회와 이사회의 의결을 준수하고 금고를 위하여 성실히 그 직무를 수행하여야 한다"고 규정하고 있고, 제2항은 "임원이 그 직무를 수행함에 있어서 고의 또는 과실(비상근임원의 경우에는 고의 또는 중대한 과실)로 금고에게 끼친 손해에 대하여는 연대하여 손해배상의 책임을 진다"고 규정하고 있다. 따라서 새마을금고의 임원이 법령 또는 정관에 위반된 행위를 하여 새마을금고에 손해를 끼친 경우에는 법 제23조(현행 제25조)에 의하여 새마을금고에 그 손해를 배상할 책임이 있다. 위와 같은 경우 새마을금고가 그 임원에 대하여 법 제23조(현행 제25조)에 따른 손해배상책임을 주장하기 위해서는 임원이 법령 또는 정관에 위반한 행위를 하였다는 사실과 그로 인하여 새마을금고에 손해가 발생하였다는 사실을 증명하여야 한다. 그런데 법 제27조(현행 제30조)는 "금고는 회원의 이용에 지장이 없는 범위 안에서 비회원에게 사업을 이용하게 할 수 있다"고 규정하고 있으므로, 새마을금고의 임원이 비회원에게 대출을 해 줌으로써 회원의 이용에 지장이 생긴 경우에는 법 제27조(현행 제30조)를 위반한 것이 되는바, 새마을금고가 그 임원에 대하여 법 제27조(현행 제30조)를 위반하였음을 이유로 법 제23조(현행 제25조)에 의하여 손해배상을 구하기 위해서는 그 임원이 법 제27조(현행 제30조)를 위반하였다는 사실, 즉 비회원에게 대출을 해 줌으로써 회원의 이용에 지장이 생긴 사실 및 그로 인하여 새마을금고에 손해가 발생한 사실에 관하여 증명하여야 한다. 한편, 원고 금고의 정관 제46조는 직원들에 대하여 법 제23조(현행 제25조)와 비슷한 취지로 규정하고 있는바, 원고 금고가 그 직원들에 대하여 법 제27조(현행 제30조)를 위반하였음을 이유로 원고 금고의 정관 제46조에 의하여 손해배상을 구함에 있어서도 위와 같은 법리가 그대로 적용된다고 할 것이다.

② 서울서부지법 2015. 9. 10. 선고 2014나4907 판결

[1] 새마을금고가 비회원에게 자금을 대출하고 이자를 수취하는 행위가 상

행위에 해당하는지 여부(적극) / 새마을금고의 회원에 대한 대출행위가 상행위에 해당하는지 여부(한정 적극) 및 상행위에 해당하는 경우 그로 인하여 발생하는 대출금채권의 소멸시효기간(=5년): 새마을금고는 우리나라 고유의 상부상조정신에 입각하여 자금의 조성 및 이용과 회원의 경제적·사회적·문화적 지위의 향상 및 지역사회개발을 통한 건전한 국민정신의 함양과 국가경제발전에 기여함을 목적으로 하는 비영리법인이므로 새마을금고가 금고의 "회원"에게 자금을 대출하는 행위는 "일반적으로는" 영리를 목적으로 하는 행위라고 보기 어렵다 할 것이다 (대법원 1998. 7. 10. 선고 98다10793 판결[1]). 그러나 비영리법인이라 하더라도 그 목적을 수행하는 데 필요 또는 유익한 수단으로서의 영업, 즉 영리를 목적으로 계속·반복적으로 동종의 행위를 할 수 있고 이러한 범위에서 비영리법인도 부수적으로 상인자격을 취득할 수 있는바, 비영리법인인 새마을금고도 앞서 본 목적을 달성하기 위하여 영업을 할 수 있고, 새마을금고법 제30조도 일정한 범위에서 비회원에게도 새마을금고의 신용사업 등을 이용하게 할 수 있다고 규정하여 그 가능성을 열어두고 있다. 새마을금고가 위 조항에 따라 비회원에게 자금을 대출하고 이자를 수취하는 행위는 영업으로 상법 제46조 제8호의 "수신, 여신, 환 기타의 금융거래"를 하는 경우에 해당하여 상행위에 해당하고, 회원에 대한 대출행위라 하더라도 회원이 상인이거나, 당해 회원의 자격, 출자 대비 대출규모, 대출이자율, 대출금의 사용처 등 제반 사정에 비추어 앞서 본 새마을금고의 목적을 넘어 영리성이 인정되는 특별한 경우에는 상행위에 해당한다고 보아야 할 것이고, 그로 인하여 발생하는 대출금채권은 상사채권으로서 상법 제64조에서 정한 5년의 소멸시효기간이 적용된다.

    [2] 갑 새마을금고가 을 등의 연대보증 아래 병에게 가계일반자금대출을 하

---

1) 새마을금고가 보험회사, 증권회사, 상호저축은행, 신용협동조합, 리스회사, 벤처캐피털 등과 함께 '제2 금융권'(Nonbank Depository Institution, 은행법의 적용을 받지 않으면서도 일반 상업은행과 유사한 기능을 담당하고 있는 비은행금융기관)으로 분류되고, 새마을금고의 신용사업이 다른 제도권 금융기관(은행 등 '제1 금융권' 또는 상호저축은행 등 다른 '제2 금융권')의 신용사업과 그 내용과 업무태양에 있어 실질적 차이를 발견하기 어려울 뿐만 아니라, 대출이용자들 역시 새마을금고로부터 대출받는 과정에서 소액 출자를 하고 있지만 이를 '대출비용' 정도로 생각할 뿐 새마을금고로부터의 대출과 다른 제도권 금융기관으로부터의 대출이 그 실질에 있어 다른 것으로 인식하지 못하고 있는 점 등 현행 금융거래계의 현황과 금융이용자의 인식에 비추어 보면, 새마을금고의 회원에 대한 신용사업을 원칙적으로 다른 제도권 금융기관의 대출행위와 구별하는 위 대법원판결은 새마을금고의 설립 취지 등을 참작하여 가급적 엄격하게 해석되어야 할 것이다.

였으나 병이 상환기일이 지나서도 대출금을 변제하지 못하자 병을 상대로 대출
원리금 등의 지급을 구한 사안에서, 대출금이 병에 대한 가계자금대출의 외관을
갖추고 있지만 실질은 을이 대표이사로 있는 건설회사의 아파트 등 신축공사에
대한 계획대출이고, 실질적 채무자는 상인인 을 등으로 보이는 점 등에 비추어,
갑 금고의 대출행위는 금고의 회원에 대한 대출행위라는 외양을 빌렸으나 실질
은 영리를 목적으로 하는 상행위에 해당하므로, 그로 인하여 발생한 대출원리금
채권은 상사채권에 해당하여 5년의 소멸시효기간이 적용된다고 한 사례.

제2절 부동산 등의 소유 제한

Ⅰ. 동산 또는 부동산 소유 제한

금고는 사업상 필요하거나 채무를 변제받기 위하여 부득이한 경우 외에는
동산이나 부동산을 소유할 수 없다(법31).

Ⅱ. 사업용 부동산의 임대

금고는 회원의 이용에 지장이 없는 범위에서 대통령령으로 정하는 경우에는
금고 보유자산의 일부를 타인에게 임대할 수 있다(법28⑦).[2]
금고는 소유하고 있는 사업용 부동산(해당 부동산 연면적의 10% 이상을 업무
에 직접 사용하는 경우로 한정)의 효율적 운영에 필요하다고 인정하는 경우에는
그 일부를 회원의 이용에 지장이 없는 범위에서 타인에게 임대할 수 있다(법31,
영16의4).

Ⅲ. 위반시 제재

금고나 중앙회의 임직원 또는 청산인이 법 제31조(제70조 제4항에서 준용하는

---

2) [개정: 2023. 4. 11.][시행일: 2023. 10. 12.]

경우를 포함)를 위반하여 금고나 중앙회로 하여금 동산이나 부동산을 소유하게
한 경우에는 3년 이하의 징역이나 3천만원 이하의 벌금에 처한다(법85②(7)).

Ⅳ. 관련 판례

** 서울고법 1983. 12. 21. 선고 82나3143 제4민사부판결

새마을금고가 사무실을 확장할 목적으로 부동산을 매수한 행위가 새마을금
고법 제17조(현행 제31조)에 위반하는 무효의 행위인지 여부(소극): 여수신금융업,
구판장운영, 노인복지사업등을 목적으로 설립된 새마을금고가 사업규모기 점차
확대되어 기존의 사무실로서는 수용능력이 없어 그 사업확장을 위하여 사무실이
들어있는 금고 소유의 부동산을 처분하고 총회 및 이사회의 결의를 얻어 본건
부동산을 매수한 후 1층은 구판장과 마을금고사무실로, 2층은 새마을유아원으로,
3층은 새마을회관으로, 4층(옥탑)은 숙직실 및 경비실로 사용하기로 계획하고 있
었다면 새마을금고의 위 부동산 매수행위가 새마을금고법 제17조(현행 제31조)
소정의 목적범위 이외의 영리 내지는 투기를 목적으로 한 행위로서 강행법규에
위반한 무효의 행위라 할 수 없다.

제3절 금리인하 요구 등

Ⅰ. 의의

금리인하 요구권이란 여신약정 당시와 비교하여 신용상태에 현저한 변동이
있다고 인정되는 채무자가 금리인하를 요청할 수 있는 권리를 말한다.

2022년 11월 15일 현재 새마을금고와 대출 등의 계약을 체결한 자의 신용
상태가 개선된 경우 금고에 금리인하를 요구할 수 있는 제도를 시행하고 있으나,
해당 제도가 적극적으로 고지되지 않아 회원 등이 금리인하 요구권을 제대로 활
용하지 못하고 있는 상황이다. 이에 2023년 5월 16일부터 금리인하 요구 제도를
시행하여 금고 또는 중앙회와 대출 등의 계약을 체결한 자는 재산 증가나 신용

등급 상승 등 신용상태 개선이 나타났다고 인정되는 경우 금리인하를 요구할 수 있도록 하는 한편, 금고 및 중앙회는 대출 등의 계약을 체결하려는 자에게 금리인하를 요구할 수 있는 권리가 있음을 알리도록 하고, 이를 위반한 경우 2천만원 이하의 과태료를 부과하도록 하였다.

금고와 대출 등의 계약을 체결한 자는 재산 증가나 신용등급 또는 개인신용평점 상승 등 신용상태 개선이 나타났다고 인정되는 경우 금고에 금리인하를 요구할 수 있다(법31의2①).

Ⅱ. 금리인하 요구권의 통지

금고는 대출 등의 계약을 체결하려는 자에게 금리인하를 요구할 수 있음을 알려야 한다(법31의2②).

Ⅲ. 금리인하 요구의 요건 및 절차

그 밖에 금리인하 요구의 요건 및 절차에 관한 구체적 사항은 대통령령으로 정한다(법31의2③).

Ⅳ. 위반시 제재

법 제31조의2 제2항 또는 제67조 제7항을 위반하여 금리인하를 요구할 수 있음을 알리지 아니한 금고 또는 중앙회에는 2천만원 이하의 과태료를 부과한다(법88②).

제4절 불공정한 거래행위의 금지 등

Ⅰ. 의의

금고는 ⅰ) 여신거래와 관련하여 차용인의 의사에 반하여 예탁금, 적금 등 금고가 취급하는 상품의 가입 또는 매입을 강요하는 행위(제1호), ⅱ) 금고의 우월적 지위를 이용하여 차용인의 권익을 부당하게 침해하는 행위(제2호)의 어느 하나에 해당하는 행위("불공정거래행위")를 하여서는 아니 된다(법28의2①).

Ⅱ. 불공정거래행위의 유형 및 기준

불공정거래행위의 구체적인 유형 및 기준은 다음과 같다(법28의2②, 영16의2).

1. 예탁금 등 상품의 해약 또는 인출 제한 금지

금고는 여신거래와 관련하여 차용인의 의사에 반하여 예탁금, 적금 등 금고가 취급하는 상품의 해약 또는 인출을 제한하는 행위를 하여서는 아니 된다(영16의2(1)).

여기서 차용인의 의사에 반하여 예금, 적금 등 금고가 취급하는 금융상품(시행령 제16조의2 제1호의 상품)의 해약 또는 인출을 제한하는 행위는 차용인의 동의 없이 담보권을 설정하거나 정당한 사유 없이 사고계좌 등으로 전산등록을 하는 방법으로 금융상품의 해약 또는 인출을 제한하는 행위를 말한다(감독기준4의2①).

2. 포괄근담보 또는 포괄근보증 요구 금지

금고는 여신거래와 관련하여 차용인 또는 제3자로부터 담보 또는 보증을 취득할 때 정당한 사유 없이 포괄근담보(현재 발생하였거나 장래에 발생할 다수의 채무 또는 불확정 채무를 일정한 한도에서 담보하기 위한 물건 또는 권리를 제공하는 것) 또는 포괄근보증(현재 발생하였거나 장래에 발생할 다수의 채무 또는 불확정 채무를 일정한 한도에서 보증하는 것)을 요구하는 행위를 하여서는 아니 된다(영16의2(2)).

여기서 정당한 사유 없이 포괄근담보 또는 포괄근보증을 요구하는 행위는 다음의 어느 하나에 해당하는 행위를 말한다(감독기준4의3①).

1. 차용인 또는 제3자로부터 담보를 취득할 경우 포괄근담보를 요구하는 행위. 다만, 다음 각 목의 요건을 모두 갖춘 경우에 한하여 포괄근담보로 운용할 수 있다.
   가. 차용인이 해당 금고와 장기적으로 지속적인 거래관계가 있는 기업(개인 기업을 포함)일 것
   나. 금고가 포괄근담보의 설정효과에 대해 담보제공자에게 충분히 설명하고 담보제공자가 포괄근담보의 설정에 동의할 것
   다. 금고가 포괄근담보가 담보제공자에게 객관적으로 편리하다는 사실을 구 체적으로 입증할 수 있는 자료를 작성하여 보관할 것
2. 차용인 또는 제3자로부터 담보를 취득하면서 담보되는 채무의 종류와 범위 를 포괄적으로 정하여 사실상 포괄근담보를 요구하는 행위
3. 차용인 또는 제3자로부터 보증을 취득할 경우 포괄근보증을 요구하는 행위. 다만, 기업의 실질적 소유주(과점주주 포함)라고 판단되는 경우에 한하여 포 괄근보증으로 운용할 수 있다.

3. 담보제공자에 대한 연대보증 추가 요구 금지

금고는 여신거래와 관련하여 제3자인 담보제공자에게 연대보증을 추가적으 로 요구하는 행위를 하여서는 아니 된다(영16의2(3)).

이와 관련하여 제3자가 해당 금고에 예치되어 있는 예탁금, 적금 등을 담보 로 제공하고, 연대보증의 책임을 담보제공 범위 내로 제한하는 경우에는 불공정 거래행위로 보지 아니한다(감독기준4의3②).

4. 중소기업 대표자 등의 의사에 반하는 상품의 가입 또는 매입 강요 금지

(1) 의의

금고는 여신거래와 관련하여 차용인인 중소기업(중소기업기본법 제2조에 따른 중소기업 중 행정안전부장관이 정하여 고시하는 중소기업)의 대표자·임원 등 행정안 전부장관이 정하여 고시하는 차용인의 관계인의 의사에 반하여 금고가 취급하는 상품의 가입 또는 매입을 강요하는 행위를 하여서는 아니 된다(영16의2(4)).

(2) 행정안전부장관이 정하여 고시하는 중소기업

여기서 "행정안전부장관이 정하여 고시하는 중소기업"이란 중소기업기본법 제2조 제1항에 따른 중소기업 중 통계법에 따른 한국표준산업분류상 금융업, 보험 및 연금업, 금융 및 보험 관련 서비스업을 영위하는 중소기업과 주채무계열에 소속된 중소기업은 제외한 중소기업을 말한다(감독기준4의2②).

(3) 행정안전부장관이 정하여 고시하는 차용인의 관계인

여기서 "행정안전부장관이 정하여 고시하는 차용인의 관계인"이란 중소기업의 대표자·임원·직원 및 그 가족(민법 제779조 제1항 제1호 중 배우자 및 직계혈족)을 말한다(감독기준4의2③).

5. 여신실행일 전후 1개월 이내에 상품의 판매 행위 금지 등

(1) 의의

금고는 여신거래와 관련하여 차용인인 중소기업, 그 밖에 행정안전부장관이 정하여 고시하는 차용인 및 차용인의 관계인에게 여신실행일 전후 1개월 이내에 금고가 취급하는 상품을 판매하는 행위로서 금고가 취급하는 상품의 특성·판매금액 등을 고려하여 행정안전부장관이 정하여 고시하는 요건에 해당하는 행위를 하여서는 아니 된다(영16의2(5)).

(2) 차용인인 중소기업, 그 밖에 행정안전부장관이 정하여 고시하는 차용인 및 차용인의 관계인

여기서 "차용인인 중소기업, 그 밖에 행정안전부장관이 정하여 고시하는 차용인 및 차용인의 관계인"이란 차용인인 중소기업, 차용인인 개인신용평점이 낮은 개인(금고의 신용평가 결과 신용평가회사의 개인신용평점 기준 하위 10%에 해당하는 자)과 차용인의 관계인 중 중소기업의 대표자를 말한다(감독기준4의2④).

(3) 행정안전부장관이 정하여 고시하는 요건에 해당하는 행위

여기서 "행정안전부장관이 정하여 고시하는 요건에 해당하는 행위"란 다음의 행위를 말한다(감독기준4의2⑤).

1. 여신실행일 전후 1월 이내에 다음 각 목의 어느 하나를 중앙회장이 정하는
   방법으로 산출 된 월수입금액이 여신금액의 1%를 초과하여 판매하는 행위
   가. 법 제28조 제1항 1호에 따른 예탁금, 적금
   나. 중소기업협동조합법 제115조에 따른 소기업·소상공인공제
   다. 전자금융거래법에 따른 선불전자지급수단, 상품권 등을 포함하며, 전통
      시장 및 상점가 육성을 위한 특별법 제2조 제12호에 따른 온누리상품권
      및 지방자치단체가 발행한 상품권을 제외한다.
2. 여신실행일 전후 1월 이내에 제1호 나목에 해당하지 아니하는 공제를 판매
   하는 행위

(4) 행정안전부장관이 정하여 고시하는 요건에 해당하는 행위의 예외

제5항의 규정에도 불구하고 다음과 같이 해당 차용인에 대한 보호에 문제가
발생할 우려가 적다고 판단되는 경우는 제외한다(감독기준4의2⑥ 본문). 다만 제3
호 및 제4호는 제5항 제2호에 규정된 금융상품에 대하여는 적용하지 아니한다
(감독기준4의2⑥ 단서).

1. 법령에 따라 차용인이 금융상품을 해당 금고에 가입하는 것이 불가피한 경우
2. 입출금이 자유로운 예금상품으로서 전액인출이 가능한 금융상품에 가입하거
   나, 상품권·선불카드를 기업의 내부수요 목적(직원복지용, 거래업체 선물용
   등 기업 경영을 위해 필요한 경우)으로 구입하는 경우 또는 영업활동을 위한
   대금 결제 또는 담보물 교체를 위해 금융상품에 가입하는 등 금융거래상 차
   용인에게 필요한 경우
3. 여신실행일 전에 판매된 금융상품으로서 동 금융상품을 담보로 하고 그 담보
   가능금액 범위 내에서 대출을 취급하는 경우
4. 월수입금액이 10만원 이하이고, 일시에 수취하는 금액이 100만원 이하인 소
   액상품 등 차용인의 여유자금 운용을 위해 필요한 금융상품을 판매하는
   경우
5. 금융상품을 만기해지 또는 중도해지한 후 해지금액 범위 내에서 재예치하는
   경우
6. 담보물의 보존을 위해 화재보험 등이 필요하여 차용인의 의사에 따라 여신실
   행 금고의 화재공제에 가입하는 경우
7. 일반손해공제에 가입하는 경우

6. 기타 행위

(1) 의의

그 밖에 제1호부터 제5호까지의 규정에 준하는 행위로서 차용인의 권익을 보호하기 위하여 행정안전부장관이 정하여 고시하는 행위를 하여서는 아니 된다 (영16의2(6)).

(2) 행정안전부장관이 정하여 고시하는 행위

여기서 "행정안전부장관이 정하여 고시하는 행위"란 다음의 어느 하나에 해당하는 행위를 말한다(감독기준4의2⑦).

1. 여신거래와 관련하여 제3자 명의를 이용하거나 여신거래사무소 이외의 다른 사무소 또는 다른 금고를 이용하여 이루어지는 거래를 통해 실질적으로 차용인의 자금사용을 제한하는 행위
2. 여신실행일 전후 1월 이내에 법 제9조에 따른 출자금의 납입을 차용인의 의사에 반하여 강요하는 행위. 다만, 다음의 어느 하나에 해당하는 경우에는 구속행위로 보지 아니한다.
   가. 회원가입 및 유지를 위해 출자가 이루어지는 경우
   나. 직장금고 회원이 출자금을 납입하는 경우
   다. 배당금 등 출자금의 원천이 회원 개인이 아닌 금고에서 발생한 경우
   라. 총회나 이사회의결 등에 의해 출자가 이루어지는 경우
   마. 대출취급 1개월 전, 출자금을 월4회 이상 2개월 연속으로 납부하거나 월 1회 이상 3개 월 연속으로 납부하고 있는 경우
   바. 임원 피선거권을 갖추기 위한 출자의 경우

(3) 불공정거래행위로 의제되는 행위

다음의 어느 하나에 해당하는 행위는 시행령 제16조의2 제6호에 따른 불공정거래행위로 본다(감독기준4의3③).

1. 통상적인 대출담보비율을 초과하여 담보와 계열회사의 채무보증을 이중으로 요구하거나 계열회사의 중복채무보증을 요구하는 행위

2. 여신취급과 관련하여 백지수표를 받거나 담보용 백지어음의 보충권을 남용하는 행위

3. 여신거래처 고용임원에 대하여 연대입보를 요구하는 행위

4. 신용보증기금의 신용보증서 등 공신력 있는 금융기관의 지급보증서를 담보로 하는 여신에 대하여 연대보증인의 보증을 요구하는 행위. 다만, 부득이하여 보증하는 경우에도 연대보증인의 보증채무는 동 지급보증서에 의하여 담보되지 아니하는 부분에 한한다는 것을 명확하게 하여야 한다.

5. 금고 또는 그 임직원이 업무와 관련하여 직접 또는 간접적으로 금고이용자 또는 이해관계자로부터 금전, 물품, 편익 등을 부당하게 요구하거나 제공받는 행위로써 다음 각 목의 어느 하나에 해당하는 것을 말한다.

   가. 금고가 제공받은 금전 등의 이익이 사회적 상규에 반하거나 공정한 업무 수행을 저해하는 경우

   나. 거래상대방과 비정상적인 금융상품 거래계약체결 등을 통해 이루어지는 경우

7. 과태료 부과기준

중앙회장은 금고 또는 그 임직원이 시행령 제16조의2 제1호·제4호·제5호·제6호의 규정을 위반하여 과태료의 부과를 행정안전부에 건의하는 경우에는 [별표 10]을 따라야 한다(감독기준4의2⑧).

제
6
장

건전성규제

제1절 자금차입

I. 제도적 취지

정상적인 수신보다 차입자금에 의존하는 영업으로 인한 경영의 위험성 증가를 방지하기 위하여 자금차입에 대한 한도 규제를 실시하고 있다.

차입은 금고가 채무를 부담하는 행위이므로 금고가 직접 차입하는 행위 이외에 제3자를 위하여 보증하는 행위도 포함되는 것으로 보아야 한다.

II. 차입대상 기관

금고는 신용사업을 원활하게 수행하기 위하여 중앙회, 국가, 공공단체 또는 금융기관으로부터 자금을 차입할 수 있다(법28③, 영14①, 정관예48②).

금고의 차입대상 기관을 엄격하게 제한한 위 규정은 새마을금고법의 목적을 반영하여 외부자본의 부당한 침투를 막고 궁극적으로 회원의 자주적인 협동조직인 금고의 재정 건전성을 확보하기 위한 것이다. 이러한 취지에 비추어 보면 위 규정은 강행법규로 이에 위반된 행위는 무효라고 보아야 한다.

Ⅲ. 자금의 차입한도

1. 전체 차입금

금고의 차입금은 그 금고의 출자금 총액과 적립금의 합계액을 초과할 수 없다(법28③, 영14② 본문).

2. 중앙회 차입금

중앙회로부터의 차입은 해당 금고의 총자산(총자산(차입금을 제외한 자산)의 범위를 초과할 수 없다(법28③, 영14② 단서, 정관예48②).

Ⅳ. 관련 판례

** 대법원 1999. 7. 27. 선고 99다6272 판결

새마을금고 이사장이 이사회의 의결 없이 개인으로부터 자금을 차입하거나 채무를 부담한 경우, 그 행위의 효력(무효): 새마을금고는 새마을금고법에 의하여 설립된 비영리법인으로서, 같은 법 제16조(현행 제17조) 제3항 제3호에는 소요자금의 차입에는 이사회의 의결을 얻어야 한다고 규정되어 있고, 같은 법 제26조(현행 제28조) 제1항 제1호는 금고의 신용사업활동의 범위를 회원으로부터의 예탁금·적금의 수납 및 회원에 대한 자금의 대출 등으로 한정하고 있으며, 또한 같은법 시행령 제21조(현행 제14조)에 의하면, 금고는 국가·지방자치단체·금융기관·연합회(현행 중앙회)로부터 소요자금을 차입할 수 있고, 같은 법 제8조(현행 제9조)의 회원의 자격 및 출자에 관한 규정, 같은 조의 금고의 자본금은 회원이 납입한 출자금의 총액으로 하고, 회원의 책임은 그 납입출자금을 한도로 한다는 규정과 같은 법의 목적 등에 비추어 볼 때, 새마을금고 이사장이 이사회의 의결 없이 개인으로부터 자금을 차입하거나, 채무를 부담하는 행위는 당연 무효이다.

제2절 다른 법인 출자

I. 다른 법인에 대한 출자 한도

금고는 사업을 수행하기 위하여 필요하면 금고의 출자금 총액과 적립금 합계액의 50%를 초과하지 아니하는 범위에서 정관으로 정하는 바에 따라 다른 법인에 출자할 수 있다(법28⑥ 전단).

II. 같은 법인에 대한 출자 한도

같은 법인에 대한 출자한도는 출자금 총액과 적립금 합계액의 20%를 초과하지 못한다(법28⑥ 후단).

제3절 여유자금 운용

I. 의의 및 제도적 취지

여유자금이란 새마을금고의 사업수행과 회원의 자금 수요를 충족시키고 남는 자금을 말한다. 새마을금고법은 여유자금의 운용을 엄격하게 제한하고 있다. 이것은 금고의 설립목적에 위반되는 자산운용을 금지하고, 이러한 자금을 계통조직에 집결시켜 계통금융의 장점을 살리면서 안전하고 확실한 운용으로 수익성도 보장하려는 것이다.

II. 여유자금의 운용방법

신용사업에 관련되는 여유자금의 운용은 대통령령으로 정한다(법28③). 이에 따라 금고의 여유자금은 ⅰ) 중앙회에의 예탁(제1호), ⅱ) 금융기관에의 예탁이나 신탁업자에의 금전신탁(제2호), iii) 국채, 지방채 및 회장이 정하는 유가증권의 매입(제3호)의 방법으로 운용할 수 있다(영15).

1. 중앙회 예탁

금고의 여유자금은 중앙회에의 예탁의 방법으로 운용할 수 있다(영15(1)). 금고는 중앙회에 의무예탁 비율에 제한이 없다.

2. 금융기관 등 예탁

금고의 여유자금은 금융기관에의 예탁 또는 신탁업자에의 금전신탁의 방법으로 운용할 수 있다(영15(2)). 이 방법으로 여유자금을 운용할 때에는 수익률이 높은 종목과 안정성이 보장되는 금융기관과 회사를 이용하여야 한다(정관례50②).

여유자금을 운용할 수 있는 금융기관은 은행, 한국산업은행, 중소기업은행, 농업협동조합 또는 농협은행, 수협은행, 체신관서, 투자매매업자·투자중개업자·집합투자업자·신탁업자·증권금융회사·단기금융회사·자금중개회사 또는 종합금융회사를 말한다(감독기준 시행세칙26①).

그러나 i) 금고의 인출사태 등으로 긴급자금이 필요할 때(제1호), ii) 천재지변으로 인하여 금고의 운영자금이 부족할 때(제2호), iii) 휴무일 영업 시 일시적으로 영업자금이 부족한 경우 다음 영업일 지급을 조건으로 하는 요구불예탁금 거래(제3호)에는 금고간 거래를 할 수 있다. 다만, 제1호 및 제2호의 경우에는 회장의 승인을 얻어야 한다(감독기준 시행세칙26②).

3. 유가증권의 매입

금고의 여유자금은 국채, 지방채 및 중앙회장이 정하는 유가증권의 매입의 방법으로 운용할 수 있다(영15(3)). 이 방법으로 여유자금을 운용할 때에는 수익률이 높은 종목과 안정성이 보장되는 금융기관과 회사를 이용하여야 한다(정관례50②).

Ⅲ. 여유자금 운용대상 중 유가증권의 범위

새마을금고 감독기준 시행세칙 제27조는 여유자금의 운용종목 등을 규정하고, 제28조는 증권 등에의 운용한도를 규정하고 있다.

Ⅳ. 관련 판례

① 대법원 2010. 4. 29. 선고 2009도8537 판결

[1] 금융시장이 복잡 다양하면서도 부단히 변동되고 있음에 비추어 새마을금고의 여유자금 운용에 관한 규정도 그에 대응하여야 하나 국회가 금융시장의 변화를 모두 예측하기 어렵고 그러한 변화에 대응하여 그때마다 법률을 개정하는 것도 용이하지 아니하므로, 여유자금의 운용방법에 관한 규정을 미리 법률로써 자세히 정하지 아니하고 시행령에 위임하는 것은 불가피한 면이 있는 것이고, 구 새마을금고법(2007. 5. 25. 법률 제8485호로 전부 개정되기 전의 것) 제26조(현행 제28조) 제3항에서 정하는 "여유자금의 운용"의 개념은 사전적으로도 비교적 구체적 의미를 갖는 것이어서 처벌대상 행위에 대한 예측가능성이 충분히 기대되며, 위 조항을 위반한 경우의 처벌조항인 같은 법 제66조(현행 제85조)에서는 형벌의 종류 및 그 상한과 폭을 명확히 규정하고 있는 점 등을 고려하면, 위 법 제26조(현행 제28조) 제3항이 새마을금고 여유자금의 운용에 관하여 구체적 방법을 정하지 아니한 채 시행령에 위임하였다거나, 위 시행령 제24조(현행 제15조) 제3호가 여유자금의 운용방법으로 국채, 지방채의 매입과 더불어 "회장이 정하는 유가증권의 매입"이라고 규정하였다 하더라도 죄형법정주의에 위반되거나 위임입법의 한계를 일탈한 것으로는 볼 수 없다고 한 사례.

[2] 구 새마을금고법 시행령(2007. 3. 27. 대통령령 제19958호로 개정되기 전) 제24조(현행 제15조) 제3호가 금고의 여유자금 운용방법으로 "회장이 정하는 유가증권의 매입"을 규정하고 있으므로 그 문언의 해석상 연합회장이 유가증권의 종류를 제한하는 방법으로 여유자금 운용방법을 제한할 수 있음은 물론 유가증권의 매입한도를 설정하여 여유자금 운용방법을 제한할 수 있다고 보이는 점 등에 비추어, 위 시행령 제24조(현행 제15조) 제3호의 위임에 따라 새마을금고 감독기준 시행세칙 제43조(현행 제28조) 제1항 제2호가 새마을금고가 여유자금으로 매입할 수 있는 유가증권의 한도를 설정하였다고 하여 그 위임받은 범위를 일탈하였다고 보기 어렵다고 한 사례.

② 대법원 2008. 6. 26. 선고 2006다81073 판결

구 새마을금고법(2001. 7. 24. 법률 제6493호로 개정되기 전의 것, 이하 '법'이라 한다) 제23조(현행 제25조) 제1항은 "금고의 임원은 이 법, 이 법에 의하여 발하는 명령과 정관·규정 및 총회와 이사회의 의결을 준수하고 금고를 위하여 성실히 그 직무를 수행하여야 한다", 같은 조(현행 제25조) 제2항은 "임원이 그 직무를 수행함에 있어서 고의 또는 중대한 과실로 금고 또는 타인에게 끼친 손해에 대하여는 연대하여 손해배상의 책임을 진다"고 규정하고 있고, 한편 법 제26조(현행 제28조), 법 시행령(1999. 12. 15. 대통령령 제16615호로 개정되기 전의 것) 제24조(현행 제15조)(원고 정관 제50조와 동일하다), 새마을금고 여유자금운용지침(1999. 6. 14. 개정된 것, 이하 '운용지침'이라 한다) 제6조는 새마을금고는 여유자금으로 주식운용 편입비율이 30%를 초과하는 금융상품 또는 주식을 매입할 수 없고, 다만 주식운용 편입비율이 30% 이하인 금융상품은 안전성과 유동성을 고려하여 이사회 의결을 얻은 후 매입할 수 있도록 규정하고 있다. 따라서 소속 새마을금고에 대하여 선량한 관리자의 주의의무를 지는 새마을금고의 임원이 여유자금의 운용을 결정하거나 여유자금 운용 담당자의 여유자금 운용업무를 감독함에 있어서 법령이나 정관에 위반하여 여유자금이 운용되는 사실을 알았음에도 이를 방치하였거나, 조금만 주의를 기울였으면 그 사실을 알 수 있었음에도 그러한 주의를 현저히 게을리하여 법령이나 정관에 위반하여 여유자금이 운용되는 것을 막지 못한 경우에는 고의 또는 중대한 과실로 인한 책임을 면할 수 없고(대법원 2004. 3. 26. 선고 2003다52418 판결 참조), 여유자금 운용상의 고의 또는 중대한 과실이 있는지 여부는 그 운용 당시의 사정으로 판단하여야 하므로 그 후 운용을 정당화할 수 있는 새로운 사정이 생겼다고 하더라도 특별한 경우가 아니라면 새로운 사정이 생길 때까지 발생한 손해에 대하여 그 배상책임을 면할 수 없다.

③ 대법원 2001. 12. 24. 선고 2000도4099 판결

새마을금고법 시행령 제24조(현행 제15조)는 금고의 여유자금은 연합회(현행 중앙회)에의 예탁, 금융기관에의 예탁 또는 신탁회사에의 금전신탁, 국채·지방채 및 연합회장(현행 중앙회장)이 정하는 유가증권의 매입의 방법에 의하여 이를 운용할 수 있다고 정하고 있는바, 신탁이라 함은 신탁설정자(위탁자)와 신탁을 인수하는 자(수탁자)와의 특별한 신임관계에 기하여 위탁자가 특정의 재산권을 수탁

자에게 이전하거나 기타의 처분을 하고 수탁자로 하여금 일정한 자(수익자)의 이
익을 위하여 또는 특정의 목적을 위하여 그 재산권을 관리, 처분하게 하는 법률
관계를 말하므로(신탁법 제1조 제2항), 증권투자신탁업법(현행 자본시장법)에 의하
여 증권투자신탁회사가 발매하는 수익증권을 매입하는 행위는 위 시행령에서 말
하는 신탁회사에의 금전신탁에 해당하지 않는다.

제4절 상환준비금

Ⅰ. 제도적 취지

상환준비금은 새마을금고가 회원들로부터 예탁받은 자금을 모두 대출함으
로써 일시적인 유동성 부족으로 인한 인출 불능 사태가 발생하는 것을 방지하기
위하여 법으로 예탁받은 자금 중 일부를 즉시 현금화가 가능한 현금성 자산으로
금고 내에 유보하도록 한 것이고, 그중 일정 비율을 중앙회에 예치하도록 한 것
은 상환준비금제도를 더욱 엄격히 유지하여 회원들의 예탁금반환을 보장하기 위
한 공익적 목적에서 비롯된 것이다.

Ⅱ. 보유 한도

금고는 전월 말일 현재의 예탁금 및 적금 잔액의 10% 이상을 상환준비금으
로 보유하여야 한다(법28⑤ 전단).

Ⅲ. 중앙회 예치 비율

금고는 매월 말일 현재 보유하여야 하는 상환준비금 중 2분의 1 이상을 다
음 달 5일까지 중앙회에 예치하여야 한다(법28⑤ 전단, 영16①).

Ⅳ. 중앙회 예치 금액 외의 상환준비금의 보유 방법 등

금고는 중앙회에 예치하고 남은 나머지의 상환준비금을 특별한 사정이 없으면 제15조(여유자금의 운용)에 따른 방법으로 보유하여야 한다(영16①). 상환준비금의 예탁·보유에 필요한 사항은 회장이 정한다(영16②).

제5절 동일인 대출한도

Ⅰ. 서설

1. 동일인 대출의 의의

동일인 대출이라 함은 채무자가 본인의 계산(사용 목적)으로 동일인으로 간주되는 자 등의 명의로 분산 대출하여 채무자 본인이 직접 사용하는 대출을 말한다.

2. 제도적 취지

새마을금고의 동일인 대출한도 제한규정은 특정 소수 대출채무자에게 과도하게 편중 대출하는 것을 규제하여 회원 대다수에게 대출 혜택을 부여함과 아울러 대출채무자에 대하여 통상의 대출한도를 미리 정함으로써 대출 당시에는 대출채무자의 변제능력이나 자력에 별다른 문제가 없더라도 향후 사정변경으로 대출금 회수가 곤란해지는 경우 등을 고려하여 새마을금고의 재정 부실화 가능성을 낮추어 새마을금고의 자산 건전성을 확보·유지하기 위하여 마련된 것이지 대출채권의 회수가능성을 직접적으로 고려하여 만들어진 것은 아니다.[1]

---

1) 대법원 2012. 4. 12. 선고 2010다75945 판결(동일인 대출한도를 초과하였다는 사실만으로 곧바로 대출채권을 회수하지 못하게 될 손해가 생겼다고 볼 수는 없고, 대출자 명의를 달리하는 복수의 대출이 실질적으로 동일인에 대한 대출한도 초과대출에 해당함을 이유로 대출에 관여한 새마을금고 임직원에게 손해배상책임을 묻기 위해서는 복수의 대출이 실질적으로 동일인 대출한도 초과대출이라는 점에 더하여 대출 당시 대출채무자의 재무상태, 다른 금융기관 차입금, 기타 채무를 포함한 전반적인 금융거래상황, 사업현황 및 전망과 대출금 용도, 소요기간 등에 비추어 볼 때 채무상환능력이 부족하거나 제공된 담보의

Ⅱ. 동일인 대출한도의 기준

1. 의의

금고의 동일인에 대한 대출은 자기자본의 20% 또는 총자산의 1% 중 큰 금액의 범위에서 ⅰ) 직전 사업연도 말 자기자본의 20%에 해당하는 금액(제1호), ⅱ) 직전 사업연도 말 자산총액의 1%에 해당하는 금액(제2호)을 초과하지 못한다(법29① 본문, 영16의3①).

2. 최고한도의 설정

자산총액의 1%에 해당하는 금액에 대하여 설정하는 최고한도는 7억원으로 하고(새마을금고 감독기준5④), 자기자본의 20%에 해당하는 금액에 대하여 설정하는 최고한도는 50억원으로 한다(새마을금고 감독기준5⑤ 본문). 다만, 직전 사업연도 말 자기자본이 500억원 이상인 금고가 법인인 회원에 대한 대출을 하는 경우에는 최고한도를 100억원으로 한다(새마을금고 감독기준5⑤ 단서).

3. 본인 계산과 타인 명의 대출등의 판단기준

본인의 계산으로 다른 사람의 명의에 의하여 행하는 대출은 그 본인의 대출로 본다(법29②).

동일인 한도초과 여부를 판단함에 있어 각각의 대출명의인을 기준으로 한 대출금은 동일인에 대한 대출한도를 초과하지 않는다 하더라도, 대출금이 실질적으로 귀속되는 자를 기준으로 할 경우 대출한도를 초과하는 이상 그 대출행위는 동일인한도 초과대출에 해당한다고 볼 것이다.[2]

대출인 명의를 다른 조합원들 명의로 함으로써 각각의 대출명의인을 기준으로 한 대출금은 동일인에 대한 대출한도를 초과하지 않는다고 하더라도 대출금이 실질적으로 귀속되는 1인을 기준으로 할 경우 그 대출한도를 초과한다면 이를 동일인에 대한 대출한도를 초과한 대출로 보아야 할 것이다.[3]

경제적 가치가 부실해서 대출채권 회수에 문제가 있음에도 이루어진 대출이라는 점과 대출에 관여한 새마을금고 임직원이 그 대출이 동일인 대출한도 초과대출로서 채무상환능력이 부족하거나 충분한 담보가 확보되지 아니한 상태에서 이루어진다는 사정을 알았거나 알 수 있었음에도 대출을 실행하였다는 점에 대한 증명이 있어야 한다).

2) 대법원 2009. 3. 12. 선고 2007다70322 판결; 대법원 2001. 11. 13. 선고 2001도3531 판결.

Ⅲ. 동일인 대출한도의 산정

동일인에 대한 대출한도를 산정하는 경우 ⅰ) 금고에 대한 예탁금 및 적금을 담보로 하는 대출(제1호), ⅱ) 금고와의 공제계약에 의하여 납입한 공제료를 담보로 하는 대출(제2호), ⅲ) 다음의 어느 하나에 해당하는 기관, 즉 ㉠ 정부 또는 지방자치단체(가목), ㉡ 한국은행 또는 은행(나목), ㉢ 지역신용보증재단법에 의한 신용보증재단(다목), ㉣ 한국자산관리공사 또는 예금보험공사(라목)(제3호)가 보증하거나 동 기관이 발행 또는 보증한 증권을 담보로 하는 대출(제3호), ⅳ) 위험가중자산 대비 자기자본비율 산출 시 위험가중치가 20% 이하인 대출(다만, 다른 금고에 대한 대출 또는 그에 의해 보증된 대출은 제외)(제4호)은 대출액 산정에 포함하지 아니할 수 있다(영16의3②, 새마을금고 감독기준5②).

Ⅳ. 동일인 대출한도 초과 대출

행정안전부장관이 정하는 기준에 따라 회장의 승인을 받은 ⅰ) 채무자가 채무인수·상속·합병 및 영업양수 등에 의하여 대출채권을 불가피하게 양수한 경우(제1호), ⅱ) 금고간의 합병·영업양수 또는 계약이전이 이루어지는 경우(제2호), ⅲ) 사고금의 보전목적 등 채권보전 조치를 위하여 필요한 경우(제3호), ⅳ) 「농어업재해대책법」 및 「자연재해대책법」에 의거 재해대책 목적으로 대출을 취급하는 경우(제4호)에는 동일인 대출한도를 초과한 대출을 승인할 수 있다(법29① 단서, 새마을금고 감독기준5①).[4]

Ⅴ. 대출한도 초과분의 해소

금고의 출자금 환급, 결손금 발생 등으로 자기자본 또는 자산총액이 감소하

---

3) 대법원 2008. 6. 26. 선고 2008도2309 판결.
4) 동일인 대출한도 초과 대출의 승인은 다음과 같이 한다(감독기준 시행세칙4).
   1. 감독기준 제5조 제1항 제2호의 규정에 의한 대출은 중앙회의 합병 검사 등으로 회장 승인에 갈음할 수 있다.
   2. 감독기준 제5조 제1항 제1호·제3호·제4호는 회장이 정하는 여신업무방법서에 의한다. 동일인 대출한도 초과 대출 승인업무 방법 및 절차 등에 관한 세부사항은 회장이 정하는 여신업무방법서에 의한다(감독기준 시행세칙5).

여 동일인 대출한도 범위를 초과하지 아니하던 대출금이 동일인 대출한도를 초
과하게 된 경우에는 그 한도가 초과한 날로부터 만기일 이내에 한도에 적합하도
록 하여야 한다(새마을금고 감독기준5③).

Ⅵ. 위반시 제재

금고나 중앙회의 임직원 또는 청산인이 법 제29조를 위반한 경우에는 3년
이하의 징역이나 3천만원 이하의 벌금에 처한다(법85②(5)).

Ⅶ. 관련 판례

① 헌법재판소 2001. 9. 27. 선고 2000헌마794 전원재판부

새마을금고법 시행령은 제23조(현행 제16조의3)에서 새마을금고법 제26조(현
행 제29조) 제3항(현행 제1항)의 위임에 따라 "금고의 동일인에 대한 대출은 연합
회장(현행 중앙회장)의 승인이 있는 경우를 제외하고는 당해금고의 출자금 총액과
적립금의 합계액의 100분의 10을 초과할 수 없다"고 대출한도를 규정하고 있고,
새마을금고법은 제66조 제2항 제6호(현행 제85조 제2항 제5호)에서 그 위반에 대
한 처벌을 규정하고 있으므로, 피청구인이 청구인에 대하여 대출한도금액을 초
과한 대출을 이유로 새마을금고법위반으로 의율하기 위하여는 위 시행령 조항이
정하고 있는 바에 따라, 청구인이 대출한 5억원이 D새마을금고의 출자금 총액과
적립금의 합계액의 100분의 10을 초과한 경우라야 할 것이다.

그럼에도 불구하고 피청구인은 위 금고의 출자금 총액 등을 조사하지도 아
니한 채, 위 시행령조항의 위임에 의하지 아니한 새마을금고 대출한도 승인지침
(1997. 8. 6. 경영 355-649) 제2조 제1항 제6호에서 정한 대출한도금액인 3억원을
초과한 것을 가지고 바로 청구인에 대한 새마을금고법위반의 피의사실을 인정한
후 기소유예처분을 하였다. 따라서 이 사건 기소유예처분에는 그 결정에 영향을
미친 현저한 수사미진 또는 법률적용의 잘못이 있어 그 처분은 자의적인 검찰권
의 행사라 아니할 수 없고, 그로 말미암아 청구인의 평등권과 행복추구권이 침해
되었다고 할 것이다.

② 대법원 2011. 5. 13. 선고 2009다62608 판결

[1] 금융기관 임·직원이 대출결정을 하면서 선관의무 또는 충실의무를 다하였는지의 판단기준: 금융기관의 임·직원은 소속 금융기관에 대하여 선량한 관리자의 주의의무를 지므로, 그 의무를 충실히 한 때에야 임·직원으로서의 임무를 다한 것이지만, 금융기관이 그 임·직원을 상대로 대출과 관련된 임무 해태를 내세워 채무불이행으로 인한 손해배상책임을 구함에 있어서는 임·직원이 한 대출이 결과적으로 회수곤란 또는 회수불능으로 되었다고 하더라도 그것만으로 바로 대출결정을 내린 임·직원에게 그러한 미회수금 손해 등의 결과가 전혀 발생하지 않도록 하여야 할 책임을 물어 그러한 대출결정을 내린 임·직원의 판단이 선량한 관리자로서의 주의의무 내지 충실의무를 위반한 것이라고 단정할 수 없고, 대출과 관련된 경영판단을 함에 있어서 통상의 합리적인 금융기관 임·직원으로서 그 상황에서 합당한 정보를 가지고 적합한 절차에 따라 회사의 최대이익을 위하여 신의성실에 따라 대출심사를 한 것이라면 그 의사결정과정에 현저한 불합리가 없는 한 그 임·직원의 경영판단은 허용되는 재량의 범위 내의 것으로서 회사에 대한 선량한 관리자의 주의의무 내지 충실의무를 다한 것으로 볼 것이며, 금융기관의 임·직원이 위와 같은 선량한 관리자의 주의의무에 위반하여 자신의 임무를 해태하였는지의 여부는 그 대출결정에 통상의 대출담당 임·직원으로서 간과해서는 안 될 잘못이 있는지의 여부를 대출의 조건과 내용, 규모, 변제계획, 담보의 유무와 내용, 채무자의 재산 및 경영상황, 성장가능성 등 여러 가지 사항에 비추어 종합적으로 판정해야 하고, 이 사건과 같은 새마을금고의 경우 그 임·직원이 대출을 결정함에 있어서 임·직원이 법령이나 정관에 위반한 대출이었음을 알았거나 또는 어떤 부정한 청탁을 받거나 당해 대출에 관한 어떤 이해관계가 있어 자기 또는 제3자의 부정한 이익을 취득할 목적으로 대출을 감행한 경우 또는 조금만 주의를 기울였으면 임·직원으로서의 주의의무를 다 할 수 있었을 것임에도 그러한 주의를 현저히 게을리 하여 쉽게 알 수 있었던 사실을 알지 못하고 대출을 실행한 경우에 한하여 고의 또는 중과실로 인한 책임을 진다(대법원 2002. 6. 14. 선고 2001다52407 판결 등 참조).

[2] 새마을금고 임·직원이 동일인 한도를 초과하여 대출을 한 사실만으로 금고에 재산상 손해가 발생하였다고 볼 수 있는지 여부(소극): 동일인 대출한도를 초과하였다는 사실만으로 곧바로 대출채권을 회수하지 못하게 될 위험이 생

겼다고 볼 수 없고, 동일인 한도 초과대출이라는 임무위배의 점에 더하여 대출 당시 대출채무자의 재무상태, 다른 금융기관으로부터의 차입금, 기타 채무를 포함한 전반적인 금융거래상황, 사업현황 및 전망과 대출금의 용도, 소요기간 등에 비추어 볼 때 채무상환능력이 부족하거나 제공된 담보의 경제적 가치가 부실해서 대출채권의 회수에 문제가 있는 것으로 판단되는 경우에 비로소 재산상 손해가 발생하였다고 보아야 한다(대법원 2008. 6. 19. 선고 2006도4876 전원합의체 판결 등 참조).

[3] 새마을금고 임·직원들이 대출업무를 수행하면서 임무를 해태하여 금고에 손해가 발생하였음을 이유로 손해배상을 구한 사안에서, 위 임·직원들이 여신업무규정에 정한 대출가능금액을 초과하여 대출을 실행하였고, 담보부동산의 감정가액을 부당하게 과다 평가하였으며, 동일인 대출한도를 초과하였다는 이유로 손해배상책임을 인정한 원심판결에 이유불비 내지 이유모순, 심리미진의 위법이 있다고 한 사례.

③ 대법원 2008. 8. 21. 선고 2008도2525 판결

구 새마을금고법(2005. 8. 4. 법률 제7658호로 개정되기 전의 것, 이하 같다) 제26조(현행 제29조) 제3항(현행 제1항) 및 구 새마을금고법 시행령(2005. 11. 4. 대통령령 제19114호로 개정되기 전의 것) 제23조(현행 제16조의3)가 동일인에 대한 대출의 한도를 규정하고 있고, 구 새마을금고법 제66조 제2항 제6호(현행 제85조 제2항 제5호)에서는 새마을금고연합회장(현행 중앙회장)의 승인을 받지 아니하고 동일인 대출한도를 초과하여 대출한 임·직원을 처벌하도록 규정하고 있는바, 이렇게 구 새마을금고법에서 동일인에 대한 대출한도를 정하고 이를 초과하여 대출한 임·직원을 처벌하는 규정을 둔 취지는 특정 소수 대출채무자에게 과도하게 편중 대출하는 것을 규제하여 회원들에게 골고루 대출이 이루어질 수 있도록 함으로써 회원 대다수에게 대출 혜택을 부여함과 아울러 동일인에 대하여 통상의 대출한도를 미리 정함으로써 그의 변제능력 상실로 대출금의 회수가 곤란해지더라도 그로 인해 새마을금고의 재정이 부실화될 가능성을 방지하여 새마을금고의 자산 건전성을 확보·유지하고자 하는 데에 있다.

한편, 업무상배임죄는 업무상 타인의 사무를 처리하는 자가 임무에 위배하는 행위로써 재산상의 이익을 취득하거나 제3자로 하여금 이를 취득하게 하여

본인에게 재산상의 손해를 가한 때 성립하는바, 여기서 재산상의 손해라 함은 현실적인 손해를 가한 경우뿐만 아니라 재산상 실해 발생의 위험을 초래한 경우도 포함되고, 재산상 손해의 유무에 대한 판단은 법률적 판단에 의하지 아니하고 경제적 관점에서 파악하여야 하지만(대법원 1992. 5. 26. 선고 91도2963 판결; 대법원 1995. 11. 21. 선고 94도1375 판결; 대법원 2004. 4. 9. 선고 2004도771 판결; 대법원 2005. 4. 15. 선고 2004도7053 판결 등 참조), 재산상 손해가 발생하였다고 평가될 수 있는 재산상 실해 발생의 위험이라 함은 본인에게 손해가 발생할 막연한 위험이 있는 것만으로는 부족하고 경제적인 관점에서 보아 본인에게 손해가 발생한 것과 같은 정도로 구체적인 위험이 있는 경우를 의미한다고 할 것이다.

이러한 법리에 비추어 보면, 동일인 대출한도액을 초과한 대출이 이루어졌다는 사정만으로 새마을금고에 당연히 대출채권을 회수하지 못하게 될 위험이나 다른 회원들에 대한 대출을 곤란하게 하여 새마을금고의 적정한 자산운용에 장애를 초래하는 위험 등의 재산상 손해가 발생하였다고 단정할 수는 없다(대법원 2008. 6. 19. 선고 2006도4876 전원합의체 판결 참조).

그렇다면, 피고인의 대출행위가 대출관련 규정에 위반하여 동일인 대출한도를 초과하였다는 사실만으로 대출 당시 이미 채무자의 채무상환능력이 불량하여 채권회수에 문제가 있었는지 여부 등에 관하여 구체적으로 심리·판단함이 없이 특정경제범죄 가중처벌 등에 관한 법률 위반(배임)죄를 인정한 원심의 판단에는 특정경제범죄 가중처벌 등에 관한 법률 위반(배임)죄에 관한 법리를 오해하여 판결 결과에 영향을 미친 위법이 있다 할 것이다.

④ 대법원 2008. 6. 26. 선고 2008도2309 판결

자금의 수수 없이 형식적으로만 신규대출을 하여 기존채무를 변제하는 이른바 대환은 특별한 사정이 없는 한 형식적으로는 별도의 대출에 해당하나 실질적으로는 기존채무의 변제기의 연장에 불과하므로, 구 새마을금고법 제66조(현행 제85조)에서 금지·처벌의 대상으로 삼고 있는 "동일조합원 또는 동일인에 대한 대출한도를 초과하는 대출"에 해당하지 아니한다(대법원 2001. 11. 13. 선고 2001도3531 판결 참조). L 명의의 대출금 2,000만원이 대환대출에 불과함에도 원심은 이 부분에 대한 구 새마을금고법위반의 점에 대해 유죄로 판단하였는바, 이러한 원심판결에는 구 새마을금고법상의 동일인 대출 한도초과에 관한 법리를 오해함으

로써 판결 결과에 영향을 미친 위법이 있다.

⑤ 대법원 2008. 6. 19. 선고 2006도4876 전원합의체 판결

새마을금고의 동일인 대출한도 제한규정은 새마을금고 자체의 적정한 운영을 위하여 마련된 것이지 대출채무자의 신용도를 평가해서 대출채권의 회수가능성을 직접적으로 고려하여 만들어진 것은 아니므로 동일인 대출한도를 초과하였다는 사실만으로 곧바로 대출채권을 회수하지 못하게 될 위험이 생겼다고 볼 수 없다. 그리고 구 새마을금고법상 비회원에 대한 대출도 가능하고, 새마을금고연합회장(현행 중앙회장)의 승인을 얻은 경우에는 동일인에 대하여 대출한도를 초과하여 대출하는 것도 가능한 점에 비추어 보면 동일인 대출한도를 초과하였다는 사정만으로는 다른 회원들에 대한 대출을 곤란하게 하여 새마을금고의 적정한 자산운용에 장애를 초래한다는 등 어떠한 위험이 발생하였다고 단정할 수도 없다.

따라서 동일인 대출한도를 초과하여 대출함으로써 구 새마을금고법을 위반하였다고 하더라도, 대출한도 제한규정 위반으로 처벌함은 별론으로 하고, 그 사실만으로 특별한 사정이 없는 한 업무상배임죄가 성립한다고 할 수 없고, 일반적으로 이러한 동일인 대출한도 초과대출이라는 임무위배의 점에 더하여 대출 당시의 대출채무자의 재무상태, 다른 금융기관으로부터의 차입금, 기타 채무를 포함한 전반적인 금융거래상황, 사업현황 및 전망과 대출금의 용도, 소요기간 등에 비추어 볼 때 채무상환능력이 부족하거나 제공된 담보의 경제적 가치가 부실해서 대출채권의 회수에 문제가 있는 것으로 판단되는 경우에 재산상 손해가 발생하였다고 보아 업무상배임죄가 성립한다고 하여야 할 것이다.

⑥ 대법원 2004. 11. 25. 선고 2004도5332 판결

새마을금고는 일반 금융기관과 달리 자주적인 협동조직을 바탕으로 자금의 조성과 이용 등을 도모하기 위하여 설립되었고, 새마을금고법 시행령 제23조(현행 제16조의3)에서 회원 1인에 대한 대출의 한도를 정한 취지가, 소수의 회원들에게 거액의 대출이 이루어지는 것을 제한하여 다수의 회원들에게 골고루 대출이 이루어질 수 있도록 함으로써 회원 다수에게 대출 혜택이 돌아가도록 함과 아울러 회원 1인에 대하여 과도한 대출을 하면 당해 회원의 변제능력 상실로 대출금의 회수가 불가능하게 됨에 따라 그 재정이 악화되어 새마을금고가 부실화될 수

도 있으므로 이를 방지하고자 하는 데에 있는 점에 비추어 볼 때, 새마을금고의
임·직원이 1인에 대한 대출한도를 초과한 금원을 대출하였다면, 그로 인하여 새
마을금고가 다른 회원들에게 정당하게 대출할 자금을 부당하게 감소시킨 결과가
되어 그 대출금에 대한 회수의 가능 여부나 담보의 적정 여부에 관계없이 새마
을금고에 재산적 손해를 입게 한 것으로 보아야 할 것이다(대법원 2003. 5. 16. 선
고 2002도2030 판결 참조).

⑦ 대법원 2003. 5. 16. 선고 2002도2030 판결

원심은, 새마을금고는 일반 금융기관과 달리 자주적인 협동조직을 바탕으로
자금의 조성과 이용 등을 도모하기 위하여 설립되었고, 새마을금고법 시행령 제
23조(현행법 제29조 제1항)에서 회원 1인에 대한 대출의 한도를 정한 취지가, 소수
의 회원들에게 거액의 대출이 이루어지는 것을 제한하여 다수의 회원들에게 골
고루 대출이 이루어질 수 있도록 함으로써 회원 다수에게 대출 혜택이 돌아가도
록 함과 아울러 회원 1인에 대하여 과도한 대출을 하면 당해 회원의 변제능력 상
실로 대출금의 회수가 불가능하게 됨에 따라 그 재정이 악화되어 새마을금고가
부실화될 수도 있으므로 이를 방지하고자 하는 데에 있는 점에 비추어 볼 때, 새
마을금고의 이사장이 대출한도의 제한을 회피하기 위하여 다른 회원들의 명의를
빌려 새마을금고로부터 1인에 대한 대출한도를 초과한 금원을 대출받아 사용하
였다면, 그로 인하여 새마을금고가 다른 회원들에게 정당하게 대출할 자금을 부
당하게 감소시킨 결과가 되어 그 대출금에 대한 회수의 가능 여부나 담보의 적
정 여부에 관계없이 새마을금고에 재산적 손해를 입게 한 것으로 보아야 할 것
이고, 한편 회원 1인에 대한 대출한도의 초과 여부를 판단함에 있어 본인의 계산
으로 타인의 명의에 의하여 행하는 대출은 그 본인의 대출로 보아야 할 것이라
고 전제한 다음, 관련 증거들에 의하면, 피고인이 공소외 새마을금고의 이사장으
로서 회원 1인당 대출한도를 초과하지 않는 범위에서만 대출을 행하고, 대출실
행시 충분한 물적 담보를 확보함과 동시에 차주의 개인적인 재산 관계도 파악하
여 장차 대출금의 회수에 어려움이 없도록 하여야 할 업무상의 주의의무가 있음
에도 불구하고, 그 임무에 위배하여 공소외 새마을금고로부터 24억 원을 대출받
아 자신의 다른 채무의 변제에 사용할 목적으로, 새마을금고 연합회장(현행 중앙
회장)의 승인 없이 대출이 가능하도록 16명으로부터 명의를 빌린 후, 공소외 새

마을금고의 부장인 A로 하여금 담보물을 부당하게 높게 평가하도록 하여 불충분한 담보물만을 제공받은 채 회원 1인당 대출한도를 초과하여 이 사건 대출을 실행함으로써 공소외 새마을금고에 손해발생의 위험을 초래한 사실이 인정된다는 이유로, 피고인의 행위는 업무상배임에 해당한다고 판단하였는바, 원심판결 이유를 관계 법리와 기록에 비추어 살펴보면 원심의 사실인정과 판단은 정당하고, 거기에 상고이유에서 주장하는 바와 같은 사실오인, 업무상배임죄에 관한 법리오해 등의 위법이 있다고 할 수 없다.

⑧ 대법원 2003. 1. 10. 선고 2002다57850 판결

동일인에 대한 대출액 한도제한 또는 대출금지 등에 관한 법령이나 금융기관 내부규정의 적용을 회피하기 위하여 실질적인 주채무자가 실제 대출받고자 하는 채무액에 대하여 제3자를 형식상의 주채무자로 내세우고, 금융기관도 이를 양해하여 제3자에 대하여는 채무자로서의 책임을 지우지 않을 의도하에 제3자 명의로 대출관계서류를 작성받은 경우, 제3자는 형식상의 명의만을 빌려 준 자에 불과하고 그 대출계약의 실질적인 당사자는 금융기관과 실질적 주채무자이므로, 제3자 명의로 되어 있는 대출약정은 그 금융기관의 양해하에 그에 따른 채무부담의 의사 없이 형식적으로 이루어진 것에 불과하여 통정허위표시에 해당하는 무효의 법률행위이다(대법원 2001. 5. 29. 선고 2001다11765 판결 참조).

제6절 회계

I. 회계연도

금고의 회계연도는 매년 1월 1일부터 12월 31일까지로 한다(법32, 정관례53).

Ⅱ. 회계의 구분 등

1. 회계의 종류

금고의 회계는 일반회계와 특별회계로 구분하되, 신용사업은 일반회계로 한다(법33③, 영17①, 정관례54②).

2. 특별회계의 설치

특별회계는 특정사업을 운영할 때 기타 일반회계와 구분 경리할 필요가 있을 때 설치한다(영17①, 정관례54②).

3. 회계처리기준

금고의 회계처리에 관한 기준은 중앙회장이 정하는 회계준칙에 의한다(정관례54①).

4. 회계 간 전출입

금고는 총회의 의결을 얻어 각 회계의 수익금의 일부를 회계 간에 전출입할 수 있다(법33③, 영17②).

5. 기타 필요 사항

위의 회계의 종류 및 회계 간 전출입 외에 금고의 회계에 관하여 필요한 사항은 중앙회장이 정한다(법33③, 영17③).

Ⅲ. 사업계획과 수지예산

1. 사업계획서 및 예산서 작성과 총회 의결

금고는 매 사업연도마다 중앙회장이 정하는 사업 계획과 예산 지침에 따라 사업계획서와 예산서를 작성하여 총회의 의결을 거쳐야 한다(법33①).

2. 사업계획 및 예산 변경과 이사회 의결

사업계획과 예산을 변경하려면 이사회의 의결을 거쳐야 한다(법33① 본문). 다만, 추가경정예산을 편성하는 경우에는 총회의 의결을 거쳐야 한다(법33① 단서).

3. 경비의 집행

매 사업연도 개시 전까지 사업계획 및 예산안이 의결되지 못한 때에는 총회에서 예산안이 의결될 때까지 금고의 유지·운영에 필요한 경상사무비와 인건비 또는 법령 등에 의한 지출의무의 이행을 위한 경비는 선년도 수준에 준하여 이를 집행할 수 있다(정관례51②).

Ⅳ. 결산보고서

1. 결산의 구분

금고의 결산은 일일결산, 월말결산, 분기말결산, 연말결산으로 구분하여 행한다(정관례55①).

2. 제출과 비치

이사장은 사업연도 종료 후 2월 이내에 당해 사업연도의 결산을 완료하고 정기총회 1주 전까지 결산보고서(사업보고서, 재무상태표, 손익계산서와 잉여금처분안 또는 손실금처리안을 포함)를 감사에게 제출하고 이를 주된 사무소에 비치하여야 한다(법34①, 영19①, 정관례55②).

3. 열람 또는 사본 발급 청구

회원이나 금고의 채권자는 결산보고서(사업보고서, 재무상태표, 손익계산서와 잉여금처분안 또는 손실금처리안을 포함)를 열람할 수 있으며, 금고가 정한 비용을 지급하고 그 서류의 사본을 청구할 수 있다(법34③).

4. 정기총회 승인

이사장은 감사의 의견서를 붙인 결산보고서를 정기총회에 제출하여 그 승인을 받아야 하며, 필요하다고 인정하면 외부감사법에 따른 감사인에게 결산보고서에 대한 감사를 의뢰할 수 있다(법34②).

5. 중앙회 제출

금고는 총회의 승인을 받은 결산보고서 1부를 그 승인을 얻은 날로부터 7일이내에 중앙회에 제출하여야 한다(영19②, 정관례55④).

6. 기타 필요 사항

일일결산, 월말결산, 분기말결산, 연말결산의 결산방법 등 기타 필요한 사항은 중앙회장이 정하는 바에 의한다(정관례55⑥)

Ⅴ. 제적립금의 적립

1. 법정적립금

(1) 적립한도

금고는 매 사업연도마다 자기자본(자본금, 제적립금, 그 밖의 잉여금의 합계액에 결산상의 오류에 따른 금액을 가감한 금액)의 총액에 달할 때까지 잉여금의 15% 이상을 법정적립금으로 적립하여야 한다(법35①).

(2) 사용제한

금고는 대손금의 상각이나 해산의 경우 외에는 법정적립금을 사용하거나 배당에 충당하지 못한다(법35②).

2. 특별적립금

금고는 결손의 보전과 불가항력에 의한 회계사고에 충당하기 위한 준비금으로서 매 사업연도마다 잉여금의 15% 범위에서 특별적립금을 적립할 수 있다(법

35③).

3. 임의적립금

금고는 사업이나 배당준비금으로서 매 사업연도마다 잉여금의 일부를 임의
적립금으로 적립할 수 있다(법35④).

4. 위반시 제재

금고나 중앙회의 임직원 또는 청산인이 금고나 중앙회로 하여금 법 제35조
(제70조 제4항에서 준용하는 경우를 포함)를 위반하게 한 경우에는 3년 이하의 징역
이나 3천만원 이하의 벌금에 처한다(법85②(6)).

Ⅵ. 손실금의 보전과 잉여금의 배당

1. 손실금의 보전(결손의 보전)

(1) 손실금의 보전 순서와 이월

금고는 사업연도 결산 결과 손실이 발생한 경우에는 특별적립금, 임의적립
금의 순으로 이를 보전하되, 잔여손실금이 있으면 이를 다음 사업연도에 이월한
다(법35⑤).

(2) 보전할 적립금이 없는 경우의 처리
(가) 자본금의 감소 및 중앙회장 보고

금고가 여러 사업연도에 걸쳐 계속하여 손실이 있고 이를 보전할 적립금이
없는 경우에는 총회에서 회원 과반수(제13조 제1항 단서5)의 경우에는 151명 이상의
회원)의 출석과 출석한 회원 3분의 2 이상의 찬성을 받아 자본금을 감소하여 각
회원의 납입출자액이 감소한 것으로 할 수 있다(법35⑥ 전단). 자본금을 감소한
경우에는 이를 회장에게 보고하여야 한다(법35⑥ 후단).

이에 따라 금고는 자본금을 감소한 경우에는 총회의 의결이 있은 날부터 10
일 이내에 ⅰ) 자본금의 감소내용(제1호), ⅱ) 재무제표(제2호), ⅲ) 채권자의 이

---

5) 재적회원이 300명을 초과하는 경우에는 151명 이상 출석으로 개의하고 출석회원 과반수
의 찬성으로 의결할 수 있다.

의 신고에 관한 사항(제3호), iv) 그 밖에 정관으로 정하는 사항(제4호)을 중앙회장에게 보고하고, 금고의 게시판에 1개월 이상 공고하여야 한다(영20①). 채권자의 이의 신고의 기간은 공고일부터 2개월 이상이어야 한다(영20②).

(나) 자본금 감소와 공고

자본금을 감소한 경우에는 이의신고 기간을 정하여 공고하여야 하며, 공고된 이의신고 기간에 채권자로부터 자본금 감소에 대한 이의신고가 없는 경우에는 이의가 없는 것으로 본다(법35⑦).

(다) 채권자의 이의신고

채권자가 이의신고를 한 경우에는 금고가 이를 변제하거나 상당한 담보를 제공하지 아니하면 자본금의 감소는 그 효력을 발생하지 아니한다(법35⑧).

2. 잉여금의 배당

금고는 손실금을 보전하고 적립금을 공제한 후가 아니면 잉여금을 배당할 수 없으며, 배당은 납입출자좌수에 비례하여야 한다(법35⑩ 전단). 이 경우 회원의 사업 이용 실적의 비율에 따른 배당을 병행할 수 있다(법35⑩ 후단).

3. 위반시 제재

금고나 중앙회의 임직원 또는 청산인이 금고나 중앙회로 하여금 법 제35조(제70조 제4항에서 준용하는 경우를 포함)를 위반하게 한 경우에는 3년 이하의 징역이나 3천만원 이하의 벌금에 처한다(법85②(6)).

제7절 외부감사

신용협동조합과 수산업협동조합은 직전연도 말 자산총액 300억원을 기준으로 하고, 농업협동조합과 새마을금고는 직전 회계연도 말 자산총액 500억원으로 기준으로 하며, 산림조합은 직전 회계연도 말 자산총액이 평균자산 규모 이상(500억원 이상) 또는 직전 회계연도말 총자산 대비 순자본비율이 2% 미만을 기준으로 한다.

외부감사대상은 임의실시 금고만이 그 대상이다.

Ⅰ. 의의

외부감사는 회사의 외부인이고 회계전문가인 회계법인 또는 감사반에 의한 회계감사를 말한다. 즉 회사로부터 독립된 제3자인 외부감사인이 경영자가 작성한 재무제표에 대하여 회계감사를 실시하고 이 재무제표가 기업회계기준에 따라 적정하게 작성되었는지 여부에 대하여 전문가로서의 의견을 표명하는 것이다.6)

외부감사제도는 외부의 회계전문가가 감사를 담당하므로 감사의 독립성과 적정성이 확보될 것이라는 믿음에 근거하는 제도라고 할 수 있다. 이러한 기대에 부응해서 회계감사 그리고 종국적으로는 회계처리의 적정성을 충분히 확보하여 그에 대한 공신력 내지 신뢰성을 제고하고자 하는 것이 외부감사제도 도입의 취지이다.7)

Ⅱ. 행정안전부장관의 감사 의뢰

행정안전부장관은 감독과 경영공시와 관련하여 회원 보호를 위하여 필요한 경우에는 ⅰ) 회계감사 결과 직전 사업연도 종료일 현재의 자산총액이 500억원 이상인 금고(제1호), ⅱ) 회계감사 결과 직전 사업연도 종료일 현재의 자산총액이 500억원 미만인 금고 중 ㉠ 직전 사업연도 종료일 현재 자기자본의 5%에 상당하는 금액(그 금액이 1억원 미만인 경우에는 1억원)을 초과하여 이익금을 과대계상한 금고(가목), ㉡ 직전 사업연도 종료일 현재 자기자본의 5%에 상당하는 금액(그 금액이 1억원 미만인 경우에는 1억원)을 초과하여 손실금을 과소계상한 금고(나목)의 어느 하나에 대하여 감사인의 감사를 받도록 명할 수 있다(법76③, 영49).

---

6) 정영기·조현우·박연희(2008), "자산규모에 의한 외부감사 대상 기준이 적절한가?", 회계저널 제17권 제3호(2008. 9), 113쪽.
7) 이영종(2014), "주식회사 외부감사의 법적지위와 직무수행에 관한 고찰: 기관과 기관담당자의 구별에 기초를 둔 이해를 위한 시론", 증권법연구 제15권 제3호(2014. 12), 510쪽.

Ⅲ. 중앙회장의 회계감사 요청

중앙회장은 필요하다고 인정하면 금고의 부담으로 회계법인에 회계감사를 요청할 수 있다(법79④).

제8절 경영공시

Ⅰ. 의의

금고 및 중앙회는 결산일부터 3개월 이내에 ⅰ) 재무 및 손익에 관한 사항(제1호), ⅱ) 자금의 조달 및 운용에 관한 사항(제2호), ⅲ) 금고의 건전성·수익성·생산성 등을 나타내는 경영지표에 관한 사항(제3호), ⅳ) 이사장의 이사회 보고사항(법17④) 및 그 조치 결과(제4호)를 공시하여야 한다(법75, 영48①).

중앙회장은 영 제48조 제1항 각 호의 공시사항에 관한 세부기준을 정할 수 있다(영48②). 이에 따라 새마을금고 감독기준 시행세칙 제5장은 경영공시에 관하여 규정하고 있다.

Ⅱ. 정기공시

1. 공시기한

정기공시는 결산일부터 3월 이내에 공시하여야 한다(감독기준 시행세칙31① 본문). 다만, 상반기 가결산을 실시하는 경우에는 상반기 가결산일로부터 2월 이내에 공시하여야 한다(감독기준 시행세칙31① 단서).

2. 공시의무사항

정기공시는 다음의 사항을 공시하여야 한다(감독기준 시행세칙31②).

1. 재무 및 손익에 관한 사항

　　가. 재무상태표 및 손익계산서

　　나. 자본 및 배당에 관한 사항

　　다. 이익잉여금처분계산서 또는 결손금처리계산서

2. 자금조달 및 운용에 관한 사항

　　가. 예적금 현황

　　나. 대출채권 현황

　　다. 유가증권 현황

　　라. 대손충당금 및 대손상각 현황

　　마. 고정이하 여신 및 부실여신 현황

3. 금고의 건전성·수익성·생산성 등을 나타내는 경영지표에 판한 사항

　　가. 위험가중자산 대비 자기자본비율, 단순자기자본비율 및 순자본비율

　　나. 손실위험도 가중 여신비율, 순고정이하여신비율 및 연체대출금 비율

　　다. 총자산 순이익율, 총자산 경비율 및 수지 비율

　　라. 유동성 비율 및 고정자산비율

　　마. 1인당 총자산·예적금·대출금·영업이익

4. 감사결과(법76), 경영평가 결과(법79⑥), 검사결과와 그 조치 결과 내용(법79
　　③ 및 법81①)

5. 기타 일반현황 등 금고에서 공시가 필요하다고 인정하는 사항

3. 공시방법

　정기공시는 회원 및 이해관계자가 열람할 수 있도록 당해 금고의 주사무소
및 분사무소 객장의 일정 장소에 공시일부터 1년간(상반기 가결산 결과에 대한 공
시자료의 경우에는 당해연도 결산결과 공시일까지) 비치하여야 한다(감독기준 시행세칙
32①).

　금고는 회원 및 이해관계자로부터 경영공시자료를 요청받은 경우 이를 실비
또는 무상으로 제공하거나, 인터넷 등을 통하여 공시자료를 열람할 수 있도록 할
수 있다(감독기준 시행세칙32②).

4. 전자경영공시

　정기공시 자료는 결산일로부터 3월 이내(상반기 가결산의 경우에는 결산일로부
터 2월 이내) 중앙회 인터넷 홈페이지를 통하여 확인할 수 있어야 한다(감독기준

시행세칙33).

Ⅲ. 수시공시

1. 공시사유

금고는 다음의 어느 하나에 해당하는 경우 관련 내용을 공시하여야 한다(감독기준 시행세칙34①).

1. 대출 채무자별로 금고의 전월 말 자기자본의 5%에 상당하는 금액을 초과하는 부실대출(회수의문 또는 추정손실로 분류된 대출금)이 신규로 발생한 경우. 다만, 그 금액이 1억원 이하인 경우는 제외한다.
2. 금융사고가 발생하여 금고의 전월말 자기자본의 5%에 상당하는 금액 이상의 손실이 발생하였거나 발생이 예상되는 경우. 다만, 그 금액이 1억원 이하인 경우는 제외한다.
3. 민사소송 패소 등의 사유로 금고의 전월말 자기자본의 5%에 상당하는 금액을 초과하는 손실이 발생한 경우. 다만, 그 금액이 1억원 이하인 경우는 제외한다.
4. 감독기관으로부터 임직원에 대한 제재조치 요구를 받은 경우
5. 법 제79조의4(형사 기소된 임직원에 대한 제재 등), 제80조(경영지도) 제3항에 따라 임직원이 직무정지를 받은 경우
5의2. 법 제74조의3(금고 등에 대한 행정처분) 제1항 제3호(=6개월 이내의 업무의 전부 또 는 일부 정지, 법 제79조 제7항에 따른 조치를 포함)에 따라 금고가 업무의 전부 또는 일부 정지를 받은 경우
6. 감독기준 제12조, 제13조 또는 제17조에 따라 경영개선권고, 경영개선요구 또는 경영개선 명령을 받은 경우
7. 기타 거액손실 또는 금융사고 등이 발생하여 경영의 건전성을 크게 해치거나 해칠 우려가 있는 경우

2. 수시공시내용

수시공시 사유(감독기준 시행세칙34①)에 의하여 공시하여야 할 내용은 다음과 같다(감독기준 시행세칙34②).

1. 제1항 제1호에 의한 공시의 경우에는 당해 채무자명, 금액, 사유, 금고수지에 미치는 영향, 사후 대책 등
2. 제1항 제2호에 의한 공시의 경우에는 당해 금융사고의 발생일자 또는 기간, 사고발견일자, 경위, 금액, 원인, 금고 수지에 미치는 영향, 조치 내용 또는 계획 등
3. 제1항 제3호에 의한 공시의 경우에는 경위, 금액, 금고 수지에 미치는 영향, 조치내용 또는 계획 등
4. 제1항 제4호에 의한 공시의 경우에는 제재조치 요구일자, 대상, 사유 및 조치계획 등
5. 제1항 제5호에 의한 공시의 경우에는 조치일자, 조치내용 및 조치사유 등
5의2. 제1항 제5호의2에 의한 공시의 경우에는 조치기간, 조치내용, 조치사유 및 금고 수지에 미치는 영향 등
6. 제1항 제6호에 의한 공시의 경우에는 대상, 경위, 조치내용, 금고 수지에 미치는 영향 등
7. 제1항 제7호에 의한 공시의 경우에는 경위, 금액, 금고 수지에 미치는 영향, 조치내용 또는 계획 등

3. 사전보고 수시공시 내용

금고는 감독기준 시행세칙 제34조 제1항 제1호부터 제3호의 규정에 의한 공시의 경우 사전에 회장에게 그 내용을 보고하여야 한다(감독기준 시행세칙34③).

4. 공시방법

금고는 수시공시 사유가 발생한 경우 즉시 수시공시내용을 [별지 제6호 서식]에 의하여 작성하고 중앙회 홈페이지와 금고의 영업장 내에 게시하는 방법으로 3개월 이상 공시하여야 한다(감독기준 시행세칙34④).

Ⅳ. 정정공시 또는 재공시

1. 정정공시

금고는 정기공시 자료의 내용 중 오류가 발견된 경우에는 당초의 기재사항과 정정사항을 비교한 내용을 오류 발견일부터 5일 이내에 정정공시하여야 한다

(감독기준 시행세칙35①).

2. 재공시

금고는 공시사항의 누락이 발견된 경우에는 누락된 공시사항을 포함한 공시자료를 발견일부터 5일 이내에 재공시하여야 한다(감독기준 시행세칙35②).

Ⅴ. 공시자료의 보존

금고는 공시자료를 정기공시의 경우 공시일부터 5년, 수시공시의 경우에는 공시일부터 3년간 보존하여야 한다(감독기준 시행세칙35④).

Ⅵ. 위반시 제재

금고나 중앙회의 임직원 또는 청산인이 법 제75조에 따른 경영공시를 이행하지 아니하거나 거짓으로 공시한 경우에는 3년 이하의 징역이나 3천만원 이하의 벌금에 처한다(법85②(10)).

제9절 경영건전성 기준

상호금융기관은 신용협동조합법에 의해 설립된 비영리법인인 신용협동조합, 농업협동조합[농업협동조합법에 의하여 설립된 지역농업협동조합과 지역축산업협동조합(신용사업을 실시하는 품목조합을 포함)], 수산업협동조합[수산업협동조합법에 의하여 설립된 지구별수산업협동조합(법률 제4820호 수산업협동조합법 중 개정법률 부칙 제5조의 규정에 의하여 신용사업을 실시하는 조합을 포함)], 그리고 산림조합법에 의해 설립된 산림조합을 말한다(상호금융업감독규정 제2조 및 제3조 참조). 이들 기관들 중에서 새마을금고를 제외한 기관들은 모두 금융감독기관의 건전성감독을 있으며, 새마을금고만 행정안전부의 건전성감독을 받고 있다.

Ⅰ. 의의

금고와 중앙회는 경영건전성을 유지하고 금융사고를 예방하기 위하어 ⅰ)
재무구조의 건전성에 관한 사항(제1호), ⅱ) 자산의 건전성에 관한 사항(제2호),
ⅲ) 회계 및 결산에 관한 사항(제3호), ⅳ) 위험관리에 관한 사항(제4호), ⅴ) 그 밖
에 경영의 건전성 확보를 위하여 필요한 사항(제5호)에 관하여 대통령령으로 정하
는 바에 따라 행정안전부장관이 정하는 경영건전성 기준을 지켜야 한다(법77①).

행전안전부장관은 금고 또는 중앙회가 경영건전성 기준을 충족시키지 못하
는 등 경영의 선선성을 크게 해칠 우려가 있다고 인정되면 자본금 승가, 보유자
산의 축소 등 경영상태의 개선을 위한 조치를 이행하도록 명령할 수 있다(법77
③).

Ⅱ. 재무구조 건전성

1. 의의

금고와 중앙회는 경영건전성을 유지하고 금융사고를 예방하기 위하여 행정
안정부장관이 정하는 재무구조의 건전성에 관한 사항인 ⅰ) 자산 등에 대한 자
기자본 비율(가목), ⅱ) 적립필요금액에 대한 대손충당금 비율(나목), ⅲ) 퇴직급
여추계액에 대한 퇴직급여충당금 비율(다목)을 준수하여야 한다(법77①, 영50(1)).

2. 경영지도비율

금고는 ⅰ) 총자산 대비 순자본비율: 4% 이상(제1호), ⅱ) 대손충당금 비율:
100% 이상(제2호), ⅲ) 퇴직급여충당금 비율: 100% 이상(제3호)의 경영건전성 비
율을 유지하여야 한다(감독기준10①).

3. 대손충당금 적립기준

(1) 대손충당금비율
(가) 산정기준
경영지도비율 중 대손충당금비율의 산정기준은 [별표 8] 제2호와 같다(감독

기준10③ 본문).

[별표 8] 대손충당금비율(제2호)

가. 설정대상채권

대출금(정부로부터 대손보전이 보장되는 대출금 및 금융기관에 대한 콜론, 환매
조건부채권 매수는 제외), 여신성가지급금, 가지급금, 미수금(일반적 상거래에
서 발생한 기타 미수 채권에 한함)

나. 산식

$$대손충당금비율 = \frac{대손충당금\ 잔액^{1)}}{대손충당금\ 요적립잔액^{2)}} \times 100$$

1) 대손충당금 잔액 = 결산 또는 가결산 후의 대손충당금 잔액
2) 대손충당금 요적립잔액
   ① 당해 회계연도 결산 또는 가결산 기준일 현재 대손충당금 설정 대상채권
      에 대한 자산건전성분류 결과에 따라 정상 분류 채권의 1% 이상, 요주의
      분류 채권의 10% 이상, 고정 분류 채권의 20% 이상, 회수의문 분류 채
      권의 55% 이상, 추정손실 분류채권의 100%를 합계한 금액
   ② 제1항에도 불구하고 통계법에 따른 한국표준산업분류상 다음 각 호의 업
      종에 속하지 않는 법인에 대한 채권은 자산건전성 분류 결과에 따라 정
      상 분류채권의 0.85% 이상, 요주의 분류채권의 7% 이상, 회수의문 분류
      채권의 50% 이상의 금액으로 할 수 있다.
      1. 건설업(F)
      2. 도매 및 소매업(G)
      3. 숙박 및 음식점업(I)
      4. 부동산업(L)
      5. 임대업(76)
   ③ 제1항에도 불구하고 차주가 대한민국 정부 또는 지방자치단체인 자산과
      "정상"으로 분류된 환매조건부채권매수에 대하여는 대손충당금을 적립하
      지 아니할 수 있다.

(나) 고위험대출: 의무적립

다음에 해당하는 가계대출("고위험대출"), 즉 ⅰ) 동일채무자의 대출상환 방식이 ㉠ 대출만기에 원금을 일시상환히는 방식의 대출(가목), ㉡ 거치기긴 경과 후에 원금을 분할상환하는 방식의 대출(거치기간이 종료되고 원금 분할 상환이 시작된 경우 제외)(나목)에 해당하는 경우로서 대출금 총액이 2억원 이상인 경우(제1호), ⅱ) 5개 이상의 금융기관(신용정보법 시행령 제5조 제1항 본문에서 정한 금융기관)에 개인대출 잔액을 보유한 자에 대한 대출(제2호)로서 자산건전성 분류가 "정상", "요주의", "고정" 또는 "회수의문"인 대출에 대하여는 [별표 8] 제2호의 기준에 의한 대손충당금 요적립잔액에 30%를 가산하여 대손충당금을 적립하여야 한다(감독기준10③ 단서).

(2) 대손충당금의 가산

(가) 원칙: 임의적립

금고가 직전 사업연도 말 기준으로 ⅰ) 총자산 대비 순자본비율: 5% 이상 (제1호), ⅱ) 예대율: 60% 이상(제2호), ⅲ) 총대출 대비 회원에 대한 대출비율이 50% 이상이거나, 총대출 대비 신용대출(햇살론 포함)비율이 10% 이상(제3호)의 요건을 모두 충족하는 경우에는 [별표 8]의 기준에 의한 대손충당금 요적립잔액에 20%를 가산하여 대손충당금을 적립할 수 있다(감독기준10④ 본문).

(나) 예외: 의무적립

감독기준 제12조(경영개선권고) 제1항 각 호,[8] 제13조(경영개선요구) 제1항 각 호[9] 및 제17조 (경영개선명령) 제1항 각 호[10]의 어느 하나에 해당하는 금고("경영

---

8) 1. 총자산 대비 순자본비율이 4% 미만인 경우
   2. 경영실태평가 결과 종합평가등급이 1등급 내지 3등급으로서 자본적정성 또는 자산건전성 부문의 평가등급을 4등급 또는 5등급으로 판정받은 경우
   3. 거액의 금융사고 또는 부실채권(회수의문 및 추정손실로 분류된 제6조 제1항 각 호의 자산)의 발생으로 제1호 또는 제2호의 기준에 해당될 것이 명백하다고 판단되는 경우
9) 1. 총자산 대비 순자본비율이 0% 미만인 경우
   2. 경영실태평가결과 종합평가등급을 4등급 또는 5등급으로 판정받은 경우
   3. 거액의 금융사고 또는 부실채권의 발생으로 제1호 또는 제2호의 기준에 해당될 것이 명백하다고 판단되는 경우
   4. 경영개선권고를 받은 금고가 경영개선계획을 성실하게 이행하지 아니하는 경우
10) 1. 총자산대비순자본비율이 마이너스 15% 미만인 경우
    2. 경영개선요구를 받고 경영개선계획을 제출하지 아니하거나 승인받은 경영개선계획을 성실히 이행하지 아니함으로써 경영건전성 유지가 어렵다고 판단되는 경우

개선조치 금고")는 그러하지 아니하며, 당해 사업연도 중 경영개선조치 금고에 해당하게 되는 경우에는 그 해당 분기말부터 앞의 고위험대출의 감독기준 제10조 제3항 단서를 적용한다(감독기준10④ 단서).

(3) 주택담보대출 중 원금분할상환대출: 의무적립

주택담보대출 중 원금을 분할상환하는 방식의 대출로서 자산건전성 분류가 "정상"인 대출에 대하여는 [별표 8] 제2호의 기준에 의한 대손충당금 요적립잔액에서 50%를 감액하여 대손충당금을 적립한다(감독기준10⑤).

Ⅲ. 자산건전성

1. 의의

금고와 중앙회는 경영건전성을 유지하고 금융사고를 예방하기 위하여 행정안전부장관이 정하는 자산의 건전성에 관한 사항인 ⅰ) 자산건전성 분류대상 자산의 범위(가목), ⅱ) 자산에 대한 건전성 분류단계 및 분류기준(나목)을 준수하여야 한다(법77①, 영50(2)).

2. 자산건전성 분류기준 등

(1) 자산건전성 분류기준

금고는 보유자산인 ⅰ) 대출금과 당해 대출금을 회수하기 위하여 지급된 가지급금("여신성가지급금")(제1호), ⅱ) 유가증권(제2호), ⅲ) 가지급금(제3호), ⅳ) 미수금(제4호), ⅴ) 대출채권미수이자(제5호)의 건전성을 [별표 2][11])의 자산건전성

---

11) [별표 2] 자산건전성 분류기준
   Ⅰ. 대출금(여신성가지급금 포함)
   1. 정상
      금융거래 내용, 신용상태가 양호한 채무자와 1개월 미만의 연체대출금(정책자금대출금 포함)을 보유하고 있으나 채무상환능력이 충분한 채무자에 대한 총대출금

> [중앙회는 다음 사항을 포함]
> ① 분기별로 실시하는 계량지표에 의한 경영실태평가 결과 1등급부터 3등급인 새마을금고에 대한 대출금(경영실태평가 결과에 불구하고 예탁금 등을 담보로 한 새마을금고에 대한 대출금을 포함)

   2. 요주의

금융거래내용 또는 신용상태 등으로 보아 사후관리에 있어 통상 이상의 주의를 요하는
채무자에 대한 총대출금

<예 시>

① 1개월 이상 3개월 미만의 연체대출금을 보유하고 있으나 회수가 확실시되는 채무자에
대한 총대출금

② 1개월 이상 연체 중인 대출금 중 정부 또는 지방자치단체 등으로부터 대손보전이 보장
되는 금액

③ 1개월 미만의 연체대출금을 보유하고 있으나 신용정보관리규약에 의하여 연체정보 등
으로 등록된 거래처에 대한 총대출금

④ 고정 이하로 분류된 대출금을 보유하고 있는 채무자에 대한 총대출금 중 원리금 회수
가 확실시되는 다음의 어느 하나에 해당하는 유가증권을 담보로 하는 대출금의 담보 해당
금액. 다만 제5호 및 제6호를 담보로 하는 대출금의 담보 해당금액은 "정상"으로 분류할
수 있다.

1. 국채법에 따른 국채 및 지방재정법에 따른 지방채

2. 국고금관리법에 따른 재정증권

3. 한국은행법에 따른 한국은행통화안정증권

4. 공공기관운영법에 따른 공기업 및 준정부기관이 발행하는 채권

5. 공제해지환급금

6. 금융기관(신용보증기금, 농림수산업자신용보증기금, 보증보험회사, 건설공제조합, 주택
도시보증공사, 지역신용보증재단 등)의 보증

⑤ 고정이하로 분류되는 상업어음할인 중 만기일에 정상결제가 확실시되는 상업어음할인

⑥ 채무자회생법에 의한 회생절차가 진행 중인 기업체에 대한 공익채권, 회생계획에 따라
1년 이상 정상적으로 원리금이 상환되거나 채무상환능력이 크게 개선되었다고 판단되는
회생채권·회생담보권

⑦ 기업개선작업 대상업체로 확정(신청포함)된 거래처에 대한 총대출금

⑧ 법원 경매절차에 따라 매각허가결정이 선고된 부동산 등과 관련한 여신 중 배당으로
회수가 확실시되는 금액. 다만 결산 확정(분·반기말의 경우 기준일로부터 1개월) 이전에
매각대금 미납, 배당이의의 소 제기 등으로 인하여 회수가능성 및 회수가능금액의 변동이
예상되는 경우에는 "고정"으로 분류한다.

⑨ 기타 부실징후가 예견되거나 발생 중에 있다고 인정되는 법인에 대한 총대출금 등. 다
만, 다음의 어느 하나에 해당하는 경우에는 "정상"으로 분류할 수 있다

1. 자산건전성 분류기준일 현재 해당 금고와 2년 이상의 기간 동안 연체 없이 정상적인
   거래를 하고 있는 법인에 대한 대출

2. 은행 등(주관사)과 공동으로 취급한 동순위 대출 중 주관사가 정상으로 분류한 대출.
다만, 주관사가 대출에 참여하지 않은 경우에는 대출에 참여한 모든 은행 및 보험사가 정
상으로 분류한 대출

[부실징후 예시]

가. 최근 3년 연속 결손 발생

나. 최근 결산일 현재 납입자본 완전 잠식

다. 제1·2금융권 차입금이 연간 매출액 초과하고 최근 2년 연속 영업이익이 금융비용에
   미달. 다만, 최초 결산일로부터 1년이 경과하지 않은 신설법인이나 종교단체·학술단
   체 등 비영리단체에 대한 대출 및 정책자금대출은 제외한다.

라. 기업의 경영권, 상속지분 등의 문제로 기업 경영상 내분 발생하여 정상적인 경영활동
   이 곤란한 경우

마. 3개월 이상 조업 중단

바. 최근 6개월 이내 1차 부도발생

> [중앙회는 다음 사항을 포함]
> ⑩ 분기별로 실시하는 계량지표에 의한 경영실태평가결과 4등급인 새마을금고에 대한 대출금(예탁금 등을 담보로 취급된 경우에는 이를 제외한다)

3. 고정
　금융거래내용, 신용상태가 불량하여 구체적인 회수조치를 강구할 필요가 있는 채무자에 대한 총대출금 중 회수예상가액 해당금액

<예 시>

① 3개월 이상의 연체대출금을 보유하고 있는 채무자에 대한 총대출금 중 회수예상가액 해당금액

② 담보권의 실행, 지급명령신청, 대여금 청구소송, 강제집행 등 법적절차 진행중인 채무자에 대한 회수예상가액(자산건전성 분류기준일 현재로부터 가장 최근일의 담보평가액(최종 법정평가액)) 해당금액. 다만, 채무자의 상환능력 저하와 관계없는 가압류, 가처분 또는 압류(행정처분인 경우에 한한다)의 경우 본안소송으로 이어지지 아니하였고, 해당 채무자의 대출금이 자산건전성 분류기준일 현재 연체되지 아니한 경우에는 요주의로 분류할 수 있으며, 이 중 가압류 또는 압류에 한하여 그 청구금액의 합계액이 5백만원 미만이거나 대출금액의 100분의 1에 해당하는 금액 미만인 경우에는 정상으로 분류할 수 있다.

③ 폐업 중인 채무자에 대한 총대출금 중 회수예상가액 해당금액. 다만, 개인사업자의 경우 다른 소득이 있거나 영업을 계속하고 있음을 객관적으로 증명하는 경우에는 원리금 회수 가능성에 따라 정상 또는 요주의로 분류할 수 있다.

④ 법 제29조 및 제67조 제4항의 준용규정에 위반하여 대출을 받은 채무자에 대한 총대출금 중 회수예상가액 해당금액. 다만, 위반사실 발견일 현재 이자 납부 등 정상적인 신용상태가 유지되고 있는 채무자에 대하여는 위반 사실 발견일 이후 3개월이 경과한 때부터 고정이하로 분류하되, 건전성분류 기준일 현재 정상적인 신용상태가 유지되고 있는 채무자에 대하여는 동일인 대출한도 초과금액을, 그러하지 아니한 채무자에 대하여는 총대출금액을 기준으로 회수예상가액을 산정한다.

⑤ 채무자회생법에 의한 회생절차가 진행(신청 포함)중인 채무자에 대한 총대출금 중 회수예상가액 해당금액

⑥ 다음의 어느 하나에 해당하는 경우로서 자산건전성 분류기준일 현재 1개월 이상 연체사실이 있는 법인에 대한 총대출금 중 회수예상가액 해당금액

1. 3개월 이상 조업 중단
2. 최근 결산일 현재 납입자본금이 완전 잠식 상태이고, 제1·2금융권 차입금이 연간 매출액 초과하며, 최근 2년 연속 영업이익이 금융비용에 미달

> ['17.1.1 시행]
> ⑦ 신용정보의 이용 및 보호에 관한 법률에 의하여 신용관리자로 등록된 거래처의 등록 내용상 1,500만원 이상의 대출이 3개월 이상 연체된 경우 해당 거래처의 총대출 중 회수예상가액. 다만, 해당 금고의 총대출금이 3백만원 이하인 경우에는 '요주의'로 분류할 수 있다.

⑧ 대손신청기한으로부터 3월이 경과한 시점까지 대손보전 신청을 하지 않은 정부 또는 농림수산정책자금대손보전기금 손실보전 대상 대출금 및 농림수산업자신용보증기금 보증서 담보대출금 중 회수예상가액 해당금액

⑨ 기타 채권확보를 위하여 별도의 회수방법을 강구할 필요가 있는 채무자에 대한 총대출금 중 회수예상가액 해당금액

분류기준에 따라 매분기말(유가증권에 대한 평가는 매월 1회 정기적으로 실시함을 원

> [중앙회는 다음 사항을 포함]
> ⑩ 분기별로 실시하는 계량지표에 의한 경영실태평가 결과 5등급인 새마을금고에 대
> 한 대출금(예탁금 등을 담보로 취급된 경우에는 이를 제외한다)

4. 회수의문
   고정으로 분류된 채무자에 대한 총대출금 중 손실발생이 예상되나 현재 그 손실액을
   확정할 수 없는 회수예상가액 초과금액
   <예 시>
   ① 3개월 이상 12개월 미만 연체대출금을 보유하고 있는 채무자에 대한 총대출금 중 회
   수예상가액 초과부분
   ② 대손신청기한으로부터 3월이 경과한 시점까지 대손보전 신청을 하지 않은 정부 또는
   농림수산정책자금대손보전기금 손실보전 대상 대출금 및 농림수산업자신용보증기금 보증
   서 담보대출금 중 손실발생이 예상되나 현재 그 손실액을 확정할 수 없는 회수예상가액
   초과금액
5. 추정손실
   고정으로 분류된 채무자에 대한 총대출금 중 회수불능이 확실하여 손비처리가 불가피
   한 회수예상가액 초과금액
   <예 시>
   ① 12개월 이상 연체대출금을 보유하고 있는 채무자에 대한 총대출금 중 회수예상가액
   초과부분
   ② 소송 패소로 인하여 담보권이 소멸되고 채무자 및 보증인이 행방불명되거나 상환능력
   이 없다고 판단되는 대출금
   ③ 법적 절차 완결 후의 잔존채권으로 채무자 및 보증인으로부터 상환가능성이 없다고 판
   단되는 대출금
   ④ 채권, 담보권 등의 하자로 인하여 소송이 계속 중이고 패소가 확실하다고 판단되는 대
   출금
   ⑤ 회수의문으로 분류된 후 1년 이상이 경과되도록 채무관계인의 재산을 발견하지 못하
   는 등 회수가 불가능한 대출금
   ⑥ 최종부도 발생, 청산·파산절차 진행 또는 폐업 등의 사유로 채권회수에 심각한 위험
   이 존재하는 것으로 판단되는 대출금
   ⑦ 대손신청기한으로부터 3월이 경과한 시점까지 대손보전 신청을 하지 않은 정부 또는
   농림수산 정책자금대손보전기금 손실보전 대상 대출금 및 농림수산업자신용보증기금 보
   증서 담보대출금중 회수불능이 확실하여 손비처리가 불가피한 회수예상가액 초과금액
Ⅱ. 유가증권(시가법에 의한 평가대상 유가증권 제외)
1. 정상
   ① 평가액이 장부가액을 상회하는 유가증권
   ② 평가액이 장부가액을 일시적(3월 미만)으로 하회하고 있으나 장차 회복될 전망이 확실
   시되는 유가증권
   ③ 국공채, 정부보증채, 보증사채 등으로서 원리금 회수가 확실시되는 유가증권
2. 요주의
   ① 평가액이 장부가액을 상회하고 있으나 최근 2년 이상 계속하여 납입자본 잠식상태에
   있는 회사가 발행한 유가증권
   ② 평가액이 장부가액을 3월 이상 계속 하회하고 있는 유가증권의 평가 상당액
   ③ 최근 발행자의 경영악화 등으로 신용위험이 증대한 유가증권

칙으로 하고 평가일의 종가를 적용)을 기준으로 분류하여야 한다(감독기준6① 본문). 다만, 회장이 따로 요청하는 경우에는 이에 응하여야 한다(감독기준6① 단서).

(2) 5단계 분류

위의 자산건전성 분류기준에서 보유자산에 대한 건전성은 "정상", "요주의", "고정", "회수의문", "추정손실"의 5단계로 구분하되, 유가증권의 경우에는 "고정" 분류를, 가지급금(여신성가지급금을 제외)의 경우에는 "요주의" 및 "고정" 분류를 제외한다(감독기준6②).

---

3. 회수의문
① 평가액이 장부가액을 3월 이상 계속 하회하고 있는 유가증권의 평가손실액
② 발행자의 신용위험 등이 현저하게 악화되어 만기에 원금 회수가 의문시되는 유가증권
4. 추정손실
① 평가액이 장부가액을 6월 이상 계속 하회하고 있는 유가증권의 평가손실액
② 발행자의 파산으로 원금회수 불능이 확실시되는 유가증권
③ 그 밖에 무가치한 유가증권
Ⅲ. 가지급금(여신성가지급금 제외)
1. 정상
① 당해 회계연도 또는 다음 회계연도에 정상적으로 정리될 것이 확실한 가지급금
② 기타 회수가 확실한 가지급금
2. 회수의문
① 사고금 또는 출납 부족금 정리를 위한 것으로 손비처리가 예상되는 가지급금
② 소송관계 비용으로서 손비처리가 예상되는 가지급금
③ 그 밖에 회수가 불확실하여 손비처리가 예상되는 가지급금
3. 추정손실
① 사고금 또는 출납 부족금 정리를 위한 것으로 손비처리가 불가피한 가지급금
② 소송관계 비용으로서 패소가 확실하여 손비처리가 불가피한 가지급금
③ 그 밖에 회수가 불확실하여 손비처리가 불가피한 가지급금
Ⅳ. 미수금(일반적인 상거래에서 발생한 미수채권에 한함)
1. 정상: 지급일부터 1개월이 경과하지 아니한 미수채권
2. 요주의: 지급일부터 1개월 이상 3개월이 경과하지 아니한 미수채권
3. 고정: 지급일부터 3개월 이상 경과된 미수채권으로서 회수예상가액 해당분
4. 회수의문: 지급일부터 3개월 이상 경과된 미수채권으로서 손실발생이 예상되나 현재 손실액을 확정할 수 없는 회수예상가액 초과분
5. 추정손실: 지급일부터 3개월 이상 경과된 미수채권으로서 회수불능이 확실하여 손비처리가 불가피한 회수예상가액 초과분
Ⅴ. 대출채권미수이자
1. 정상: 원금 또는 이자에 연체가 없는 대출채권에 한하여 정상으로 분류
※ 중앙회는 정상으로 분류된 대출금에 한하여 정상으로 분류

(3) 대출금과 당해 대출금을 회수하기 위하여 지급된 가지급금("여신성가지급금")

대출금과 당해 대출금을 회수하기 위하여 지급된 가지급금("여신성가지급금")에 대하여는 채무자 단위의 총대출금을 기준으로 분류하되, ⅰ) 예탁금·적금, 공제해지환급금을 담보로 하는 대출금(제1호), ⅱ) 유가증권 담보대출금(제2호), ⅲ) 금융기관(신용보증기금, 농림수산업자신용보증기금, 보증보험회사, 건설공제조합, 주택도시보증공사, 지역신용보증재단 등 포함) 보증부 대출금 및 정부 또는 지방자치단체 등으로부터 대손보전이 보장되는 대출금(제3호), ⅳ) 만기일에 정상결제가 확실시되는 상업어음담보대출(제4호), ⅴ) 채무자회생법에 의한 회생절차가 진행중인 업체에 지원한 공익채권(제5호), ⅵ) 주기용 주택담보대출(다만, 회수예상가액 대비 대출금액이 과다하거나 담보권 행사에 제약이 있는 등 신속한 채권회수 조치가 곤란한 경우에는 그러하지 아니하다)(제6호), ⅶ) 기타 채무자 단위의 총대출금 기준으로 적용하기가 부적당하다고 판단되는 대출금(제7호)의 경우에는 총대출금과 구분하여 별도로 분류할 수 있다(감독기준6③ 전단). 이 경우 동일 채무자가 다음의 대출과 일반대출을 동시에 보유하고 있을 때에는 일반대출은 연체가 장기인 채권의 연체기간을 기준으로 건전성을 분류하여야 한다(감독기준6③ 후단).

3. 연체대출금

(1) 연체대출금 의제 대출금

금고는 자산건전성 분류기준에 의하여 보유자산의 건전성을 분류함에 있어 ⅰ) 약정만기일에 상환되지 아니한 대출금(제1호), ⅱ) 약정만기일 이내라도 이자가 납입되지 아니한 사유 등으로 기한의 이익을 상실한 대출금(다만, 예탁금 및 적금 납입금액 이내의 담보대출금은 제외한다)(제2호), ⅲ) 할부상환 기일에 상환되지 아니한 할부상환금 또는 할부상환 기일에 할부상환금이 상환되지 아니한 사유로 기한의 이익을 상실한 대출금(제3호), ⅳ) 만기일에 결제되지 아니한 상업어음담보대출(제4호), ⅴ) 적금대출금 중 월 불입액을 4회 이상 납입지체함으로써 당해 대출금과 적금이 상계된 때 상환되지 아니한 대출금(제5호), ⅵ) 주택구입자금대출, 농어민자금대출의 경우 할부상환 원(리)금 납입이 5회 초과하여 납입이 지연된 대출금(제6호), ⅶ) 그 밖에 사유로 기한의 이익이 상실된 대출금(제7호)의 어느 하나에 해당하는 대출금에 대하여는 이를 연체대출금으로 본다(감독기준7①).

(2) 연체대출금의 분류기준

연체대출금은 최초의 연체기산일을 기준으로 분류한다(감독기준7②).

4. 회수예상가액 산정

(1) 원칙: 담보종류별 회수예상가액 산정기준

금고는 자산건전성 분류기준에 따른 "고정"이하 분류여신을 보유한 채무자의 대출금에 대하여는 자산건전성 분류시마다 [별표 6]의 담보종류별 회수예상가액 산정기준에 따라 담보물의 회수예상가액을 산정하여야 한다(감독기준8 본문).

(2) 예외: 최종담보평가액

다음의 어느 하나에 해당하는 경우. 즉 ⅰ) "고정"이하 분류사유 발생일이 3개월 이내인 경우(제1호), ⅱ) 3개월 이내에 법적 절차 착수예정인 경우(제2호), ⅲ) 예탁금, 적금, 유가증권 및 지급보증서 이외의 담보(경매가 진행 중인 담보 제외)로서 담보의 최종감정일 또는 최종 회수예상가액 산정일이 2년 이내인 경우(제3호), ⅳ) 총대출금액에 대한 담보비율이 150% 이상인 경우(제4호), ⅴ) 채무자 회생법에 따른 회생절차 또는 기업개선작업 등을 신청했거나 당해 절차가 진행 중인 경우(제5호)에는 최종담보평가액(유효담보가액 또는 종전 건전성 분류시 산정한 회수예상가액 등)을 회수예상가액으로 볼 수 있다(감독기준8 단서).

Ⅳ. 회계 및 결산

금고와 중앙회는 경영건전성을 유지하고 금융사고를 예방하기 위하여 행정안전부장관이 정하는 회계 및 결산에 관한 사항인 ⅰ) 재무 및 손익 상황의 표시기준(가목), ⅱ) 충당금·적립금의 적립기준(나목), ⅲ) 채권의 대손상각처리기준(다목)을 준수하여야 한다(법77①, 영50(3)).

위 다목과 관련 채권의 대손상각에 관하여 살펴보면 다음과 같다.

1. 대손상각 대상채권

대손상각 대상채권은 금고가 보유한 자산 중 자산건전성 분류기준에 포함된 채권(유가증권을 제외) 및 기타 이에 준하는 채권으로 한다(감독기준23①).

2. 대손상각 처리 기준

금고는 대손상각 대상채권이 "추정손실"로 분류된 경우에 한하여 대손상각 처리할 수 있다(감독기준23②).

3. 세부사항 제정

금고의 대손상각 절차 등 세부사항은 중앙회장이 정한다(감독기준23③).[12]

V. 위험관리

금고와 중앙회는 경영건전성을 유지하고 금융사고를 예방하기 위하여 행정안정부장관이 정하는 위험관리에 관한 사항인 ⅰ) 위험관리의 기본방침(가목), ⅱ) 위험관리를 위한 경영진의 역할(나목), ⅲ) 위험관리에 필요한 내부관리체계(다목)를 준수하여야 한다(법77①, 영50(4)).

1. 종합적인 관리체제 구축 · 운영

금고는 사업을 영위함에 있어 발생하는 위험을 사전에 예방하고 효율적으로 관리하기 위하여 이를 인식 · 측정 · 감시 · 통제할 수 있는 종합적인 관리체제를 구축 · 운영하여야 한다(감독기준22①).

2. 위험부담 한도 및 거래 한도의 설정 · 운영

금고는 위험을 효율적으로 관리하기 위하여 부서별 또는 사업부문별 위험부담 한도 및 거래 한도 등을 적절히 설정 · 운영하여야 한다(감독기준22②).

---

12) 새마을금고 감독기준 시행세칙 제20조(채권의 대손상각 절차) ① 감독기준 제23조 제3항의 규정에 의한 금고의 대손상각 절차는 다음과 같다.
　　1. 대손상각금액이 대손충당금 잔액 범위 내인 경우에는 「여신업무규정」이 정하는 바에 따른다.
　　2. 대손상각금액이 대손충당금 잔액을 초과하는 경우에는 총회의 승인을 얻어야 한다.
　　② 금고는 제1항 제1호의 규정에 의하여 대손상각한 경우 대손상각 처리 현황을 총회에 보고하여야 한다.
　　제21조(상각채권 관리) 금고는 제20조 제1항의 규정에 의한 대손상각 채권에 대하여는 소멸시효중단 조치 등 채권의 회수를 위한 사후관리를 철저히 하여야 하며 매 분기 1회 이상 상각채권 관리 및 회수 실태를 이사회에 보고하여야 한다.

3. 내부규정의 제정·운영

금고는 위험관리에 관한 기본방침, 조직 및 절차, 한도관리, 내부통제와 위험측정 및 관리체제 등을 포함하는 내부규정을 자체 실정에 맞게 제정·운영하여야 한다(감독기준22③).

Ⅵ. 기타 경영건전성

금고와 중앙회는 경영건전성을 유지하고 금융사고를 예방하기 위하여 행정안정부장관이 정하는 기타 경영의 건전성 확보를 위하여 필요한 사항을 준수하여야 한다(법77①(5)).

이에 따라 금고의 예탁금, 적금 및 출자금 등에 대한 대출(정책자금대출 또는 서민우대금융대출은 제외) 비율("예대율")의 최고한도는 100%로 한다(감독기준10②본문). 다만, 직전 사업연도 말 대출금 총액이 200억원 미만인 금고는 제외한다(감독기준10② 단서).

제
7
장
/

구조조정 관련 제도

제1절 경영실태평가

Ⅰ. 서설

경영실태평가는 상호금융기관의 경영실적, 경영의 건전성, 경영진의 경영능력, 법규준수 상황 및 리스크 관리실태 등 다양한 평가부문을 종합적이고 통일적인 방식에 따라 일정한 등급으로 평가하여 금융회사의 경영상태를 체계적이고 객관적으로 확인하는 방법의 하나이다.[1]

경영실태평가의 가장 기본적인 목표는 경영실태를 정확히 파악하고 이를 바탕으로 일정기간 후 상호금융기관의 경영상태가 어떻게 변화될 것인가를 판단하는 것이다. 경영실태평가 결과에 따라 부실금융회사에 대해서 적기시정조치를 취하는 한편 감독상 주의 및 관심을 더욱 집중하여 상호금융기관 경영의 건전성 확보와 금융이용자 보호 및 신용질서 유지 등 감독·검사업무의 효율성을 높일 수 있는 장점도 있다.

---

1) 금융감독원(2021), 「금융감독개론」, 금융감독원(2021. 2), 241쪽.

신용협동조합과 새마을금고는 CAMEL 평가이고, 농협, 수협, 산림조합은 CAEL평가를 한다.

중앙회장은 금고의 경영상태를 평가하고 그 결과에 따라 그 금고에 대하여 경영개선을 요구하거나 합병을 권고하는 등 필요한 조치를 할 수 있다(법79⑥).

Ⅱ. 경영실태 분석

중앙회장은 법 제79조 제6항의 규정에 의하여 금고의 경영실태를 분석·평가하고 그 결과에 따라 제12조(경영개선권고) 또는 제13조(경영개선요구)의 규정에 의한 조치를 하여야 한다(감독기준11①).

Ⅲ. 경영실태 평가와 그 결과의 감독 및 검사업무 반영

중앙회장은 금고에 대한 검사 또는 현지조사를 통하여 경영실태를 평가하고 그 결과를 감독 및 검사업무에 반영할 수 있다(감독기준11② 본문). 다만, 검사 또는 현지조사 이외의 기간에는 분기별(회장이 필요하다고 인정하는 경우에는 수시)로 부문별 평가항목 중 계량지표에 의한 평가를 실시할 수 있다(감독기준11② 단서).

Ⅳ. 경영실태평가 부문별 평가항목 및 평가등급

경영실태평가는 평가대상 금고의 경영실태를 [별표 1]에 의거 자본적정성, 자산건전성, 경영관리능력, 수익성, 유동성 등 부문별로 구분 평가하고 부문별 평가 결과를 종합평가한다(감독기준11③).

[별표 1] 경영실태평가 부문별 평가항목

평가부문	계량지표	비계량 평가항목
자본적정성	· 위험가중자산대비자기자본비율(중앙회의 경우 위험가중자산에 대한 자기자본비율) · 순자본비율(중앙회의 경우 총자본비율)	· 자본변동요인의 적정성 · 향후 자본증식 가능성 · 경영진의 자본적정성 유지정책의 타당성 · 경영지도비율 충족여부 · 자산건전성 평가등급에 연계

	· 단순자기자본비율	· 기타 경영실태평가시 중요하다고 인정되는 사항
자산건전성	· 손실위험도 가중여신비율 · 고정이하여신비율(중앙회의 경우 순고정이하여신비율) · 연체대출금비율	· 여신정책, 절차, 관리의 적정성 · 자산건전성 분류의 적정성 · 충당금 적립의 적정성 · 자본규모를 감안한 위험자산 보유수준의 적정성 · 기타 경영실태평가시 중요하다고 인정되는 사항
경영관리능력		· 전반적인 재무상태 및 영업실적 · 내부통제제도 및 운영실태 · 위험관리체제구축 및 운용실태 · 감사결과 지적사항의 이행여부 · 경영정책수립·집행기능의 적정성 · 기타 경영실태평가시 중요하다고 인정되는 사항
수익성	· 총자산순이익률 · 수지비율 · 총자산경비율	· 손익구조 변동원인의 적정성 · 수익관리의 적정성 · 비용관리의 적정성 · 경영합리화 노력 · 기타 경영실태평가시 중요하다고 인정되는 사항
유동성	· 유동성비율 · 고정자산비율	· 유동성 변동요인의 적정성 · 자금조달 및 운용구조의 합리성 · 유동성 관리능력 · 기타 경영실태평가시 중요하다고 인정되는 사항

Ⅴ. 부문별 평가 및 종합평가의 등급

부문별평가 및 종합평가는 1등급(우수), 2등급(양호), 3등급(보통), 4등급(취약), 5등급(위험)의 5단계 등급으로 구분한다(감독기준11④).

Ⅵ. 구체적 사항

경영실태평가를 위한 구체적인 사항은 [별표 3], [별표 4], [별표 5]에서 정하는 바에 의한다(감독기준11⑤).

제2절 적기시정조치

Ⅰ. 서설

적기시정조치제도(Prompt Corrective Action)란 금융회사의 건전성을 자본충실도, 경영실태평가 결과 등 경영상태를 기준으로 몇 단계의 등급으로 나누어, 경영상태가 악화된 금융회사에 대해 금융감독당국이 단계적으로 시정조치를 부과해 나가는 제도를 의미한다. 적기시정조치는 부실화 징후가 있는 금융회사에 대하여 적기에 경영개선을 유도·강제함으로써 부실화를 예방하고 경영 취약부문의 정상화를 도모하는 건전성감독 수단으로서의 성격을 지닌다. 그러나 적기시정조치는 경영상태가 동 조치의 발동요건에 해당하는 경우 무차별적으로 시정조치를 시행하는 강행규정이므로, 정상화 가능성이 없는 금융회사를 조기에 퇴출시킴으로써 금융소비자의 피해 및 예금보험기금의 고갈 등 금융회사의 부실화에 따른 사회적 비용을 경감시키고 금융시스템의 안정성을 도모하기 위한 행정적 퇴출수단이기도 하다. 적기시정조치는 시장규율의 강화를 통해 금융회사의 부실화 및 도산가능성을 축소시키고 자구노력을 촉발하여 부실금융회사 처리비용을 경감시키는 한편, 재무건전성 위주의 객관적 평가를 통하여 대형 및 소형 금융회사 간의 공정경쟁여건(level playing field)을 조성하는 효과가 있다.[2]

Ⅱ. 경영개선권고

1. 의의

중앙회장은 금고의 경영상태를 평가하고 그 결과에 따라 경영개선, 합병권고 등 필요한 조치를 요구할 수 있다.

2. 요건(기준)

중앙회장은 금고의 경영실태를 분석·평가한 결과 금고가 ⅰ) 총자산 대비

---

2) 금융감독원(2021), 251쪽.

순자본비율이 4% 미만인 경우(제1호), ⅱ) 경영실태평가 결과 종합평가등급이 1
등급 내지 3등급으로서 자본적정성 또는 자산건전성 부문의 평가등급을 4등급
또는 5등급으로 판정받은 경우(제2호), ⅲ) 거액의 금융사고 또는 부실채권[회수
의문 및 추정손실로 분류된 대출금과 당해 대출금을 회수하기 위하여 지급된 가지급금
("여신성가지급금"), 유가증권, 가지급금, 미수금, 대출채권미수이자]의 발생으로 제1호
또는 제2호의 기준에 해당될 것이 명백하다고 판단되는 경우(제3호)의 어느 하나
에 해당되는 경우에는 당해 금고에 대하여 필요한 조치를 이행하도록 권고하여
야 한다(감독기준12①).

3. 조치내용

금고에 대하여 필요한 조치라 함은 ⅰ) 인력 및 조직운영 개선(제1호), ⅱ)
분사무소 운영의 효율화(제2호), ⅲ) 경비절감(제3호), ⅳ) 위험자산 및 고정자산
의 처분(제4호), ⅴ) 출자금의 감소 및 신규증액(제5호), ⅵ) 이익배당의 제한(제6
호), ⅶ) 합병(제7호)의 일부 또는 전부에 해당하는 조치를 말한다(감독기준12②).

4. 조치 근거 및 이유 제시

중앙회장은 조치를 하는 경우에는 당해 금고에 그 근거와 이유를 제시하여
야 한다(감독기준12③).

Ⅲ. 경영개선요구

1. 의의

중앙회장은 금고의 경영상태를 평가하고 그 결과에 따라 경영개선, 합병권
고 등 필요한 조치를 요구할 수 있다.

2. 요건(기준)

중앙회장은 금고의 경영실태를 분석·평가한 결과 금고가 ⅰ) 총자산 대비
순자본비율이 0% 미만인 경우(제1호), ⅱ) 경영실태평가결과 종합평가등급을 4등
급 또는 5등급으로 판정받은 경우(제2호), ⅲ) 거액의 금융사고 또는 부실채권의

발생으로 제1호 또는 제2호의 기준에 해당될 것이 명백하다고 판단되는 경우(제3호), ⅳ) 경영개선권고를 받은 금고가 경영개선계획을 성실하게 이행하지 아니하는 경우(제4호)의 어느 하나에 해당되는 경우에는 당해 금고에 대하여 필요한 조치를 이행하도록 요구하여야 한다(감독기준13①).

3. 조치내용

금고에 대하여 필요한 조치라 함은 ⅰ) 위험자산의 보유 제한 및 자산의 처분(제1호), ⅱ) 조직 및 인력의 축소(제2호), ⅲ) 분사무소의 폐쇄·통합 또는 신설 제한(제3호), ⅳ) 예금금리수준의 제한(제4호), ⅴ) 임원개선(제5호), ⅵ) 감독기준 제12조 제2항에서 정하는 사항(경영개선권고의 조치내용)(제6호)의 일부 또는 전부에 해당하는 조치를 말한다(감독기준13②).

4. 조치 근거 및 이유 제시

중앙회장은 조치를 하는 경우에는 당해 금고에 그 근거와 이유를 제시하여야 한다(감독기준13③).

Ⅳ. 경영개선명령

1. 의의

행정안전부장관은 경영개선명령의 요건(기준)에 해당하는 경우로서 중앙회장의 요청이 있는 경우 당해 금고에 대하여 필요한 조치를 이행하도록 명령할 수 있다.

2. 요건(기준)

행정안전부장관은 금고가 ⅰ) 총자산 대비 순자본비율이 마이너스 15% 미만인 경우(제1호), ⅱ) 경영개선요구를 받고 경영개선계획을 제출하지 아니하거나 승인받은 경영개선계획을 성실히 이행하지 아니함으로써 경영건전성 유지가 어렵다고 판단되는 경우(제2호)의 어느 하나에 해당하는 경우로서 회장의 요청이 있는 경우에는 당해 금고에 대하여 필요한 조치를 이행하도록 기간을 정하여 명령할 수 있다(감독기준17①).

3. 조치내용

금고에 필요한 조치라 함은 ⅰ) 업무의 일부 또는 전부의 정지(제1호), ⅱ) 채무변제 행위의 금지(제2호), ⅲ) 감독기준 제13조 제2항에서 정하는 사항(경영 개선요구의 조치내용)(제3호)의 일부 또는 전부에 해당하는 조치를 말한다(감독기준 17②).

제3절 경영지도

일정 요건에 해당하는 경우 신용협동조합은 경영관리를 받으며, 농업협동조 합, 수산업협동조합, 산림조합, 새마을금고는 경영지도를 받게 된다.

Ⅰ. 의의

행정안전부장관(중앙회장에게 위탁)은 금고가 일정 요건 중 어느 하나에 해당 되어 회원의 보호에 지장을 줄 우려가 있다고 인정되면 그 금고에 대하여 경영 지도를 한다(법80①).

행정안전부장관은 경영지도업무(경영지도의 실시방법 등에 관하여 필요한 세부 사항의 제정에 관한 업무를 포함)를 회장에게 위탁한다(법80⑥, 영56 전단). 다만, ⅰ) 중앙회장이 행정안전부장관에게 건의한 경영지도(법80①(4)) 실시(제1호), ⅱ) 그 밖에 금고의 경영에 관하여 행정안전부장관이 정하는 사항(영52②(4)) 중 어느 하 나에 해당하는 경영지도에 관한 업무는 제외한다(영56 후단). 중앙회장은 법 제80 조 제6항 및 시행령 제56조의 규정에 따라 금고에 대하여 경영지도를 실시하여 야 한다(감독기준20①).

금고 또는 중앙회의 임직원이 경영지도 사항을 이행하지 아니한 경우에는 5 년 이하의 징역 또는 5천만원 이하의 벌금에 처한다(법85①(2)).

Ⅱ. 경영지도의 요건

경영지도의 요건은 다음의 어느 하나에 해당되어야 한다(법80① 각호).

1. 자기자본의 전부가 잠식될 우려가 있는 경우

금고가 자기자본을 초과하는 부실대출을 보유하고 있고 이를 단기간 내에 통상적인 방법으로 회수하기가 곤란하여 자기자본이 잠식될 우려가 있다고 인정되는 경우이어야 한다(법80①(1)).

2. 경영정상화의 추진이 어려운 경우

금고 임직원의 위법·부당한 행위로 금고에 재산상의 손실이 발생하여 자력으로 경영정상화를 추진하는 것이 어렵다고 인정되는 경우이어야 한다(법80①(2)).

3. 예탁금·적금 인출이 쇄도하는 경우 등

금고의 파산위험이 뚜렷하거나 임직원의 위법·부당한 행위로 금고의 예탁금, 적금, 그 밖의 수입금에 대한 인출이 쇄도하여 금고의 자력(資力)으로 예탁금, 적금, 그 밖의 수입금을 지급할 수 없는 상태에 이른 경우이어야 한다(법80①(3)).

4. 경영지도가 필요하다고 인정되어 중앙회장이 건의하는 경우

법 제79조(중앙회의 금고에 대한 지도·감독) 제3항에 따른 검사 결과 경영지도가 필요하다고 인정되어 중앙회장이 건의하는 경우이어야 한다(법80①(4)).

Ⅲ. 경영지도의 방법

1. 원칙: 서면지도

경영지도는 그에 필요한 자료를 제출받아 서면으로 지도하여야 한다(법80①, 영52② 전단).

2. 예외: 현장지도

다음의 어느 하나에 해당하는 경우, 즉 ⅰ) 경영지도를 받고 있는 금고가 불법경영을 하고 있을 가능성이 큰 경우(제1호), ⅱ) 불법·부실대출의 회수실적이 미흡하고 금고가 자체적으로 이를 시정할 수 없다고 인정되는 경우(제2호), ⅲ) 불법·부실대출이 경영지도 시작 이후 추가적으로 이루어진 경우(제3호), ⅳ) 그 밖에 금고의 경영에 관하여 행정안전부장관이 정하는 사항(제4호)의 경우에는 직원을 금고의 사무소에 파견하여 현장지도를 할 수 있다(법80①, 영52② 후단).

3. 세부사항의 제정

경영지도의 실시방법 등에 관하여 필요한 세부사항은 행정안전부장관이 정한다(영52④).

Ⅳ. 경영지도의 내용

경영지도란 ⅰ) 자금의 수급 및 여·수신에 관한 업무, ⅱ) 불법·부실대출의 회수 및 채권 확보, ⅲ) 위법·부당한 행위의 시정, ⅳ) 부실자산의 정리, ⅴ) 인력 및 조직운영의 개선에 대하여 지도하는 것을 말한다(법80②, 영52③).

Ⅴ. 채무의 지급정지 또는 임원의 직무정지와 재산실사

행정안전부장관은 경영지도가 시작된 경우에는 6개월의 범위에서 예금 등 채무의 지급을 정지하거나 임원(간부직원을 포함)의 직무를 정지할 수 있다(법80③ 전단). 이 경우 행정안전부장관은 지체 없이 회장에게 해당 금고의 재산상황을 조사("재산실사")하게 할 수 있다(법80③ 후단).

1. 채무의 지급정지 등

(1) 지급정지 대상 채무

행정안전부장관이 지급을 정지할 수 있는 채무는 ⅰ) 제세공과금이나 임차료의 지급채무(제1호), ⅱ) 근로기준법 제38조[3] 제2항 및 근로자퇴직급여 보장법

제12조 제2항4)에 따라 우선변제권이 인정되는 채무(제2호), iii) 그 밖에 행정안
전부장관이 금고의 유지·관리상 지급할 필요가 있다고 인정하는 채무(제3호)5)를
제외한 채무로 한다(영54①).

(2) 채무 지급정지의 전부 해제와 경영지도의 종료

행정안전부장관은 채무지급정지의 전부를 해제하면 지체 없이 그 금고에 대
한 경영지도를 끝내야 한다(영54②).

2. 임원의 직무정지

임원의 직무정지는 경영지도에 지장이 없는 최소한의 범위로 하여야 한다
(영55).

---

3) 제38조(임금채권의 우선변제) ① 임금, 재해보상금, 그 밖에 근로관계로 인한 채권은 사용
자의 총재산에 대하여 질권·저당권 또는 동산채권담보법에 따른 담보권에 따라 담보된
채권 외에는 조세·공과금 및 다른 채권에 우선하여 변제되어야 한다. 다만, 질권·저당권
또는 동산채권담보법에 따른 담보권에 우선하는 조세·공과금에 대하여는 그러하지 아니
하다.
② 제1항에도 불구하고 다음의 어느 하나에 해당하는 채권은 사용자의 총재산에 대하여
질권·저당권 또는 동산채권담보법에 따른 담보권에 따라 담보된 채권, 조세·공과금 및
다른 채권에 우선하여 변제되어야 한다.
1. 최종 3개월분의 임금
2. 재해보상금
4) 제12조(퇴직급여등의 우선변제) ① 사용자에게 지급의무가 있는 퇴직금, 제15조에 따른
확정급여형퇴직연금제도의 급여, 제20조 제3항에 따른 확정기여형퇴직연금제도의 부담금
중 미납입 부담금 및 미납입 부담금에 대한 지연이자, 제23조의7 제1항에 따른 중소기업
퇴직연금기금제도의 부담금 중 미납입 부담금 및 미납입 부담금에 대한 지연이자, 제25조
제2항 제4호에 따른 개인형퇴직연금제도의 부담금 중 미납입 부담금 및 미납입 부담금에
대한 지연이자("퇴직급여등")는 사용자의 총재산에 대하여 질권 또는 저당권에 의하여 담
보된 채권을 제외하고는 조세·공과금 및 다른 채권에 우선하여 변제되어야 한다. 다만,
질권 또는 저당권에 우선하는 조세·공과금에 대하여는 그러하지 아니하다.
② 제1항에도 불구하고 최종 3년간의 퇴직급여등은 사용자의 총재산에 대하여 질권
또는 저당권에 의하여 담보된 채권, 조세·공과금 및 다른 채권에 우선하여 변제
되어야 한다.
5) "행정안전부장관이 금고의 유지·관리상 지급할 필요가 있다고 인정하는 채무"는 다음과
같다(감독기준20②).
1. 내국환 결제를 위한 자금
2. 국가·공공단체·중앙회 또는 금융기관의 업무대리를 위하여 일시적으로 예치한 자금
3. 채권보전조치를 위하여 불가피하게 지급되는 가압류신청비용 또는 소송비용
4. 기타 재산실사 등 원활한 업무수행을 위하여 불가피하게 지급되는 비용

3. 재산실사 등

(1) 재산 조회 등

중앙회장은 재산실사 결과 위법·부당한 행위로 금고에 손실을 끼친 임직원에 대하여는 재산 조회 및 가압류 신청 등 손실금 보전을 위하여 필요한 조치를 취하여야 한다(법80④).

(2) 채무의 지급정지 또는 임원의 직무정지의 해제

행정안전부장관은 재산실사 결과 해당 금고의 경영정상화가 가능한 경우 등 특별한 사유가 있다고 인정되면 채무의 지급정지 또는 임원의 직무정지의 전부 또는 일부를 해제하여야 한다(법80⑤).

경영지도업무와 관련하여 장관이 회장에게 위탁하는 업무에는 채무의 지급정지 또는 임원(간부직원 포함)의 직무정지와 이에 대한 해제 조치를 포함한다(감독기준20③).

Ⅵ. 경영지도의 기간

경영지도의 기간은 6개월 이내로 한다(영53① 본문). 다만, 행정안전부장관은 회원을 보호하기 위하여 필요하다고 인정하면 6개월을 단위로 하여 경영지도의 기간을 연장할 수 있다(영53① 단서).

행정안전부장관은 경영지도의 기간을 연장하려면 그 이유를 구체적으로 밝혀 경영지도의 기간이 끝나기 15일 전까지 그 사실을 해당 금고에 서면으로 알려야 한다(영53②).

Ⅶ. 경영지도의 통지

행정안전부장관은 경영지도를 하려면 그 사유·기간 등을 해당 금고에 서면으로 알려야 한다(영52①).

Ⅷ. 경영지도 실시현황의 보고

중앙회장은 경영지도를 실시한 경우에는 매분기 익월말까지 경영지도 실시
현황을 행정안전장관에게 보고하여야 한다(감독기준20④ 본문). 다만, 중앙회장은
채무의 지급정지 또는 임원(간부직원 포함)의 직무정지와 이에 대한 해제 조치(감
독기준20③) 권한을 행사하였을 때에는 행정안전장관에게 즉시 보고하여야 한다
(감독기준20④ 단서).

Ⅸ. 계약이전의 결정

1. 의의

행정안전부장관은 금고가 경영지도의 요건(법80① 각호) 중 어느 하나에 해
당되는 금고("부실금고")에 대하여 회장의 의견을 들어 사업과 관련된 계약의 이
전("계약이전") 결정을 할 수 있다(법80의2①).

2. 인수금고의 지정 및 동의

행정안전부장관은 계약이전을 결정하는 때에는 필요한 범위에서 이전되는
계약의 범위·조건 및 이전받는 금고("인수금고")를 정하여야 한다(법80의2② 전
단). 이 경우 미리 인수금고의 동의를 받아야 한다(법80의2② 후단).

3. 자금지원의 금액과 조건 등 제시

중앙회는 인수금고에 대하여 계약이전의 이행을 전제로 자금지원의 금액과
조건 등을 제시할 수 있다(법80의2③).

4. 부실금고의 부실 정도 및 계약이전 조치 등 통지

중앙회는 인수금고가 동의를 하기 위하여 총회를 소집하는 경우 미리 해당
인수금고의 회원에게 부실금고의 부실 정도 및 계약이전에 관한 조치 등 총회의
결의와 관련된 사항을 통지하여야 한다(법80의2④).

5. 국가 또는 지방자치단체의 보조금 지원

국가 또는 지방자치단체는 인수금고에 대하여 자금지원이 필요하다고 인정하는 때에는 예산의 범위에서 인수금고에 보조금을 지원할 수 있다(법80의2⑤).

6. 관리인 선임

행정안전부장관은 계약이전을 결정한 부실금고에 대하여 관리인을 선임하여야 한다(법80의2⑥).

7. 관할 지방법원 통지 등

행정안전부장관은 관리인을 선임한 때에는 지체 없이 해당 부실금고의 주된 사무소의 소재지를 관할하는 지방법원에 그 취지를 통지하고, 주된 사무소 또는 분사무소를 관할하는 등기소에 그 등기를 촉탁하여야 한다(법80의2⑦).

8. 이사회 및 총회 결의 불요

계약이전의 결정에 따른 계약이전에 관하여는 부실금고의 이사회 및 총회의 결의를 요하지 아니한다(법80의2⑧).

9. 계약이전 결정의 효력

(1) 권리 · 의무 및 업무구역의 승계

계약이전의 결정이 있는 경우 그 결정내용에 포함된 부실금고의 권리 · 의무 및 업무구역은 그 결정이 있을 때에 인수금고가 이를 승계한다(법80의3①).

(2) 계약이전 사실의 공고

계약이전의 결정이 있는 경우 해당 부실금고 및 인수금고는 각각 그 결정의 요지 및 계약이전의 사실을 지체 없이 공고하여야 한다(법80의3②).

따라서 계약이전 결정의 공고는 주된 사무소 및 분사무소의 게시판에 게시하고 1개 이상의 일간신문에 공고하는 방법으로 한다(영56의2 전단). 이 경우 중앙회 인터넷 홈페이지에 추가로 공고할 수 있다(영56의2 후단).

(3) 법률관계의 승계 등

공고가 있을 때에는 그 계약이전과 관련된 채권자, 채무자, 물상보증인, 그 밖의 이해관계인("채권자등")과 해당 부실금고 사이의 법률관계는 인수금고가 동일한 내용으로 승계한다(법80의3③ 본문). 다만, 채권자등은 공고 전에 해당 부실금고와의 사이에 발생한 사유로 인수금고에 대항할 수 있다(법80의3③ 단서).

(4) 지명채권양도의 대항요건 구비 간주 등

공고가 있을 때에는 그 공고로써 민법 제450조에 따른 지명채권양도의 대항요건을 갖춘 것으로 본다(법80의3④ 본문). 다만, 채권자등은 공고 전에 해당 부실금고와의 사이에 발생한 사유로 인수금고에 대항할 수 있다(법80의3④ 단서).

(5) 부동산 등에 관한 권리 취득

계약이전의 결정이 있는 경우 재산의 이전에 등기·등록을 요하는 부동산 등에 관한 권리는 제2항에 따른 공고가 있을 때에 인수금고가 이를 취득한다(법80의3⑤).

(6) 자료 보관·관리와 열람

행정안전부장관은 계약이전의 결정을 한 경우 해당 부실금고 및 인수금고로 하여금 계약이전과 관련된 자료를 보관·관리하도록 하고 채권자등의 열람에 제공하도록 하여야 한다(법80의3⑥ 전단). 이 경우 보관·관리 및 열람에의 제공에 필요한 기준 및 절차는 행정안전부장관이 이를 정한다(법80의3⑥ 후단).

이에 따라 인수금고 및 부실금고는 계약이전 결정과 관련된 자료를 각각의 주사무소에 보관·관리하여야 하며, 채권자 등 이해관계인이 계약이전 결정과 관련된 자료의 열람을 요구할 경우 정당한 사유 없이 이를 거절할 수 없다(감독기준25).

X. 관리인의 자격 및 권한 등

1. 관리인의 자격

해당 금고와 ⅰ) 금고 부실에 책임이 있는 임직원, 그 임직원의 배우자나 그 임직원의 4촌 이내의 혈족 또는 인척(제1호), ⅱ) 금고로부터 불법·부실대출을 받은 사람, 그 사람의 배우자나 그 사람의 4촌 이내의 혈족 또는 인척(제2호) 중 어느 하나에 해당하는 사람은 제80조의2(계약이전의 결정) 제6항에 따른 관리인("관리인")으로 선임될 수 없다(법80의4①, 영56의3).

2. 관리인의 선임

관리인("계약이전관리인")은 행정안전부장관이 ⅰ) 중앙회의 직원(제1호), ⅱ) 금고 등에 관하여 학식과 경험이 풍부한 금융·법률 또는 회계업무에 종사하는 자(제2호) 중에서 선임한다(감독기준26① 본문). 다만 경영지도인이 있는 때에는 경영지도인과 인수금고의 이해관계 등이 존재하여 장관이 별도로 계약이전관리인을 선임하는 경우를 제외하고는 경영지도인이 계약이전관리인을 겸임한다(감독기준26① 단서).

계약이전관리인은 법 등 관련법규, 계약이전 결정내용 및 중앙회장이 정하는 바에 따라 계약이전 등의 업무를 처리하여야 한다(감독기준26②).

3. 관리인의 권한 및 대항력

관리인은 계약이전과 관련된 업무의 범위에서 금고의 자산·부채 등을 관리·처분할 권한이 있다(법80의4② 전단). 이 경우 관리인은 등기를 마친 후가 아니면 금고의 재산의 처분 등 법률행위를 함에 있어서 제3자에게 대항할 수 없다(법80의4② 후단).

4. 관리인의 재산조사와 조치

관리인은 불법·부실대출에 의한 채권을 확보하기 위하여 필요한 경우에는 그 불법·부실대출에 책임이 있다고 인정되는 임직원(임직원이었던 자를 포함) 또는 채무자의 재산을 조사하여 가압류신청 등 필요한 조치를 하여야 한다(법80의4③).

5. 관리인 해임

행정안전부장관은 필요하다고 인정하는 때에는 관리인을 해임할 수 있다(법80의4④).

6. 준용규정

민법 제35조(법인의 불법행위능력) 제1항, 상법 제11조(지배인의 대리권) 제1
항, 채무자회생법 제30조(관리인 등의 보수 등) 및 제360조(여럿의 파산관재인의 직
무집행), 제361조(파산관재인의 의무 등), 제362조(파산관재인대리)의 규정은 관리인
에 관하여 이를 준용한다(법80의4⑤ 전단). 이 경우 채무자회생법 제30조·제360
조 및 제362조 중 "법원"은 이를 "주무부장관"으로 본다(법80의4⑤ 후단). 여기서
는 준용규정을 살펴본다.

(1) 관리인의 불법행위능력

관리인은 그 직무에 관하여 타인에게 가한 손해를 배상할 책임이 있다(민법
35① 본문). 관리인은 이로 인하여 자기의 손해배상책임을 면하지 못한다(민법35
① 단서).

(2) 관리인의 대리권

관리인은 그 업무에 관한 재판상 또는 재판외의 모든 행위를 할 수 있다(상
법11①).

(3) 관리인의 보수 등

관리인은 비용을 미리 받거나 보수 또는 특별보상금을 받을 수 있다. 이 경
우 보수 및 특별보상금의 액은 주무부장관이 정한다(채무자회생법30①). 보수 및
특별보상금은 그 직무와 책임에 상응한 것이어야 한다(채무자회생법30②).

(4) 여럿의 관재인의 직무집행

관재인이 여럿인 때에는 공동으로 그 직무를 행한다. 이 경우 주무부장관의
허가를 받아 직무를 분장할 수 있다(채무자회생법360①). 관재인이 여럿인 때에는
제3자의 의사표시는 그 1인에 대하여 하면 된다(채무자회생법360②).

(5) 관재인의 의무 등

관재인은 선량한 관리자의 주의로써 그 직무를 행하여야 한다(채무자회생법

361①). 관재인이 주의를 게을리한 때에는 이해관계인에게 손해를 배상할 책임이 있다. 이 경우 주의를 게을리한 파산관재인이 여럿 있는 때에는 연대하여 손해를 배상할 책임이 있다(채무자회생법361②).

(6) 관재인대리

관재인은 필요한 때에는 그 직무를 행하게 하기 위하여 자기의 책임으로 대리인을 선임할 수 있다(채무자회생법362①). 대리인의 선임은 주무부장관의 허가를 받아야 한다(채무자회생법362②).

대리인은 관재인에 갈음하여 재판상 또는 재판 외의 모든 행위를 할 수 있다다(채무자회생법362④).

XI. 파산신청과 파산관재인

1. 파산신청

행정안전부장관은 계약이전의 결정에 따라 부실금고의 계약이전이 이루어진 때에는 해당 금고의 주된 사무소 소재지를 관할하는 지방법원에 파산신청을 할 수 있다(법80의5①).

2. 파산관재인

행정안전부장관은 금고가 파산한 때에는 채무자회생법 제355조[6]에도 불구하고 법원에 파산관재인을 추천할 수 있다(법80의5②).

---

6) 제355조(파산관재인의 선임) ① 파산관재인은 관리위원회의 의견을 들어 법원이 선임한다. ② 법인도 파산관재인이 될 수 있다. 이 경우 그 법인은 이사 중에서 파산관재인의 직무를 행할 자를 지명하고 법원에 신고하여야 한다.

제4절 합병

Ⅰ. 개념과 종류

1. 개념

금고의 합병이란 새마을금고법의 절차에 따라 2개 이상의 금고가 그 중 1개의 금고를 제외하고 소멸하거나 전부 소멸하되 청산절차를 거치지 아니하고, 소멸하는 금고의 권리·의무를 존속금고 또는 신설된 금고가 포괄적으로 승계하는 새마을금고법상의 법률사실이다(법55③ 참조).

금고가 지속적으로 발전하기 위해서는 규모의 경제를 실현할 수 있는 정도의 경영단위가 되어야 한다. 이러한 관점에서 경영단위에 미달하는 영세 금고의 통폐합은 필요하다.

2. 종류

(1) 흡수합병

수개의 합병당사금고 중 1개의 금고만이 존속하고 나머지 금고는 모두 소멸하며, 존속금고가 소멸금고의 권리·의무를 포괄적으로 승계하는 방법이다.

(2) 신설합병

당사금고 전부가 소멸하고, 이들에 의해 신설된 금고가 소멸금고의 권리·의무를 포괄적으로 승계하는 방법이다.

Ⅱ. 합병의 절차

1. 합병계약

금고가 합병하려면 합병계약서를 작성하여 총회의 의결을 거쳐야 한다(법37①).

합병당사금고의 대표기관에 의해 합병조건과 합병방식 등 합병에 필요한 사항이 합의되어야 한다. 합병계약은 특별한 방식을 요하지 않는다.

2. 총회 결의

합병은 금고의 구조적 변화를 가져오므로 조합원의 중대한 이해관계가 걸린 문제이다. 따라서 합병은 총회결의사항으로 총회의 의결이 있어야 한다(법12④ (2)).

금고나 중앙회의 임직원 또는 청산인이 총회의 의결이 필요한 사항에 대하여 의결을 거치지 아니하고 집행한 경우에는 3년 이하의 징역이나 3천만원 이하의 벌금에 처한다(법85(4)).

3. 특별자치시장·특별자치도지사 또는 시장·군수·구청장의 인가

(1) 인가의 효력

금고는 50명 이상의 발기인이 중앙회장이 정하는 정관례에 따라 정관을 작성하여 창립총회의 의결을 거친 뒤에 회장을 거쳐 특별자치시장·특별자치도지사 또는 시장·군수·구청장(구청장은 자치구의 구청장을 말한다)의 인가를 받아야 한다(법37④, 법7①).

(2) 첨부서류

금고의 설립이 법 제37조에 따른 합병으로 인한 것이면 정관, 창립총회 의사록 사본, 사업계획서, 발기인 대표와 임원의 이력서 및 취임승낙서, 금고 설립 동의서를 제출한 자의 명부 외에 그 설립되는 금고가 승계할 권리·의무의 범위를 의결한 합병총회의 의사록 사본을 첨부하여야 한다(영3②).

4. 신설합병에서의 설립위원 선출

합병에 따른 금고의 설립이 의결되면 각 총회는 설립위원을 선출하여야 한다(법37② 전단).

(1) 설립위원의 정수

설립위원의 정수는 20명 이상으로 하고, 합병하려는 각 금고의 회원 중에서 같은 수로 선출한다(법37② 후단).

(2) 설립위원의 임무

(가) 정관작성과 임원 선임

1) 설립인가

설립위원은 설립위원회를 개최하여 회장이 정하는 정관례에 따라 정관을 작성하고 임원을 선임하여 제7조(설립) 제1항에 따른 인가를 받아야 한다(법37③).

2) 위반시 제재

금고나 중앙회의 임직원 또는 청산인이 감독기관의 인가를 받아야 하는 사항에 관하여 인가를 받지 아니한 경우에는 3년 이하의 징역이나 3천만원 이하의 벌금에 처한다(법85(1)).

(나) 임원 선출 정족수

설립위원회에서 임원을 선출하는 경우에는 설립위원이 추천하는 자 중에서 설립위원 과반수의 출석과 출석위원 과반수의 찬성이 있어야 한다(법37④).

5. 준용규정

금고의 설립에 관하여는 그 합병계약의 취지에 위배되지 아니하는 한 제2장 제1절의 제7조(설립), 제7조의2(설립인가의 요건), 제8조(정관의 기재사항), 제8조의 2(사무소)의 신규 설립에 관한 규정을 준용한다(법37⑤).

6. 합병권고 등

(1) 중앙회장의 합병권고

중앙회장은 금고의 원활한 합병을 위하여 금고 간의 합병을 권고할 수 있다(법38① 전단). 이 경우 합병 권고를 받은 금고의 이사장은 그 사실을 지체 없이 공고하여야 한다(법38① 후단).

중앙회장으로부터 합병 권고를 받은 금고는 합병 권고를 받은 날부터 7일 이내에 그 사실을 금고 게시판에 공고하여야 한다(영21①).

(2) 국가 등의 합병 지원

국가, 지방자치단체 또는 중앙회는 금고 간의 합병을 추진하거나 금고 간에 합병을 한 경우에 대통령령으로 정하는 바에 따라 합병에 필요한 지원을 할 수 있다(법38②).

국가, 지방자치단체 또는 중앙회는 금고 간의 합병을 추진하거나 금고 간에 합병을 한 경우에 금고의 정상운영을 위하여 인력과 자금 등을 지원할 수 있다(영21②).

(3) 합병 불이행과 자금지원의 감축·중단

중앙회장은 합병 권고를 하였는데도 정당한 사유 없이 합병 권고를 받은 날부터 6개월 이내에 합병에 관한 의결 절차를 이행하지 아니하는 금고에 대하여는 자금 지원 등을 감축하거나 중단할 수 있다(법38③).

7. 합병등기

(1) 변경등기, 해산등기 및 설립등기

금고가 합병한 경우에는 3주간 내에 그 사무소의 소재지에서 합병으로 인하여 존속하는 금고는 변경등기를, 합병으로 인하여 소멸하는 금고는 해산등기를, 합병으로 인하여 설립되는 금고는 설립등기를 하여야 한다(법49).

(2) 위반시 제재

금고나 중앙회의 임직원 또는 청산인이 거짓으로 등기를 한 경우에는 3년 이하의 징역이나 3천만원 이하의 벌금에 처한다(법85(2)).

Ⅲ. 합병의 효과

1. 권리의무의 포괄적 승계

합병 후 존속할 금고나 합병으로 설립되는 금고는 합병으로 소멸되는 금고의 권리와 의무를 승계한다(법39①).

2. 등기부 등 명의의 존속금고 또는 신설금고 명의 의제

금고를 합병한 후 등기부나 그 밖의 공부(公簿)에 표시된 소멸된 금고의 명의는 존속되거나 설립된 합병 금고의 명의로 본다(법39②).

3. 조세 감면

금고를 합병한 경우에는 조세특례제한법, 지방세특례제한법, 그 밖에 조세의 감면에 관한 법령으로 정하는 바에 따라 부동산 등의 양도에 따른 법인세, 자산재평가세, 부동산 취득에 따른 취득세, 법인·부동산 등의 등기에 따른 등록면허세, 합병으로 소멸되는 금고의 청산소득에 대한 법인세, 합병으로 소멸되는 금고의 회원의 의제배당에 대한 소득세, 그 밖의 조세를 감면할 수 있다(법40).

Ⅳ. 합병권고 등의 기준

회장은 금고의 경영상태를 평가하고 그 결과에 따라 그 금고에 대하여 경영개선을 요구하거나 합병을 권고하는 등 필요한 조치를 할 수 있다(법79⑥).

이사장은 법 제79조(중앙회의 금고에 대한 지도·감독) 제6항의 규정에 따라 중앙회장으로부터 합병권고를 받은 때에는 합병권고를 받은 날부터 7일 이내에 그 사실을 금고의 게시판에 공고하고 6월 이내에 총회의 의결을 얻어야 한다(정관례60②).

▶ 질의 회신 ◀

Q : 흡수합병 후 2년이 지나지 아니한 피합병금고의 경우 임원 피선거권을 가지기 위한 출자좌수 및 보유기간은?

A : 새마을금고법 제21조 제1항 제16호에 "회원으로서 임원선임 선거공고일 현재의 정관으로 정하는 출자좌수 이상을 2년 이상 계속 보유하고 있지 아니한 사람은 금고의 임원이 될 수 없다. 다만, 설립이나 합병 후 2년이 지나지 아니한 금고의 경우에는 그러하지 아니하다"라고 규정하고 있습니다. 한편, 임원의 결격사유로는 법률상 또는 현실적으로 부득이한 경우를 제외하고 동일한 요건을 충족시킴이 법적 형평성에 부합할 것이지만, 법 제21조 제1항 제16호 단서는 같은 조 같은 항 본문에서 정하고 있는 임원의 결격사유로 "출자 100좌 이상"과 "보유기간 2년"의 요건 중 합병금고나 설립된 지 2년이 되지 아니한 금고에 대하여는 "보유기간 2년"의 요건을 충족할 수가 없어 임원선출이 불가능한바, 이를 보정하기 위하여 "보유기간"에 대한 예외를 인정할 필요성이 있으나 "출자좌수 100좌

이상"의 요건에 대하여 까지 예외를 인정한 규정이라 할 수 없습니다(대전지방법원 2007. 8. 22. 선고 2007카합1052 판결 참조).

또한, 위 법률조항의 단서규정에서 정한 "합병 후 2년이 지나지 아니한 금고"는 금고 임원피선거권의 요건으로서 회원 신분의 보유기간을 정함에 있어 존속금고와 피합병금고를 달리 구분하지 않고 있습니다. 따라서 합병금고의 임원피선거권은 존속금고와 피합병금고의 회원 모두에게 단서조항을 적용하여 해석하는 것이 타당할 것으로 사료됩니다(행정안전부 지역경제과-9090, 2011. 12. 20) [관련근거 : 중앙회 : 법무팀-32(2012. 01. 06)][7]

▶ 질의 회신 ◀

Q : 합병총회를 완료한 경우 소멸금고의 임원자격 소멸기준일은 합병총회일이 기준일인지, 아니면 총회에서 별도로 정한 합병기준일인지?

A : 소멸되는 금고는 합병총회의 결의가 이루어졌다는 사실만으로 그 금고가 소멸되는 것이 아닌바, 소멸되는 금고의 합병총회 결의에서 "특정 임원의 지위는 언제 상실한다" 등의 결의가 이루어졌다는 등의 특별한 사정이 없는 한, 소멸되는 금고 임원의 지위는 합병등기가 경료된 시점에 소멸하는 것이 원칙입니다. 설령 소멸되는 금고의 합병총회에서 "특정임원의 지위가 소멸되는 시기"를 정하였다 하더라도, 이는 합병등기가 경료되기 전까지에 한하여 의미를 가지고 있습니다. 합병으로 소멸하는 금고는 해산등기를 하여야 하고, 이 해산등기가 없으면 해산으로 제3자에게 주장할 수 없습니다(대법원 1984. 9. 25. 선고 84다카493 판결 참조). 이 경우 해산등기는 제3자에 대한 대항요건에 불과하다고 해석할 수 있는바, 합병 총회일보다 늦은 합병기준일을 합병총회에서 의결하였다면 그 기준일이 합병(해산)효력의 발생시점이고, 그 기준일로부터 3주간 내에 해산등기를 하여야 합니다. [관련근거 : 중앙회 : 법무팀-1295(2011. 11. 23)][8]

---

7) 행정안전부(2018), 74쪽.
8) 행정안전부(2018), 75쪽.

제5절 해산, 청산 및 파산

Ⅰ. 해산

1. 의의

금고의 해산은 조합이 본래 목적 달성을 정지한 후 청산절차를 밟는 것을 말한다.

2. 총회결의

금고의 해산은 총회의 의결이 있어야 한다(법12④(2)).

금고나 중앙회의 임직원 또는 청산인이 총회의 의결이 필요한 사항에 대하여 의결을 거치지 아니하고 집행한 경우에는 3년 이하의 징역이나 3천만원 이하의 벌금에 처한다(법85②(4)).

3. 해산 사유

금고는 ⅰ) 정관에 정한 해산 사유의 발생(제1호), ⅱ) 총회의 해산 의결(제2호), ⅲ) 합병이나 파산(제3호), ⅳ) 설립인가의 취소(제4호)의 어느 하나에 해당하는 사유가 있을 때에는 해산한다(법36).

4. 해산 사유 보고

총회의 해산 의결로 금고가 해산하는 때에는 청산인은 취임일로부터 7일 이내에 중앙회장과 인가권자에게 그 사유를 보고하여야 한다(정관례61②).

5. 해산등기

(1) 등기기간 및 등기사항

금고가 해산한 경우에는 합병과 파산의 경우 외에는 청산인은 그 취임일부터 3주간 내에 그 사무소의 소재지에서 ⅰ) 해산의 사유와 해산 연월일(제1호), ⅱ) 청산인의 성명·주소(제2호), ⅲ) 청산인의 대표권을 제한한 경우에는 그 제한에 관한 사항(제3호)을 등기하여야 한다(법50①).

(2) 해산사유 증명서류 첨부

해산등기의 경우에는 청산인이 신청인이 되며, 그 등기신청서에는 해산 사유를 증명하는 서류를 첨부하여야 한다(법51 단서).

(3) 위반시 제재

금고나 중앙회의 임직원 또는 청산인이 거짓으로 등기를 한 경우에는 3년 이하의 징역이나 3천만원 이하의 벌금에 처한다(법85②(2)).

6. 해산의 효과

해산에 의해 금고의 권리능력은 청산의 목적범위 내로 축소된다. 금고에 있어서는 금고의 재산이 금고 채권자에 대한 유일한 담보이므로 합병 및 파산 이외의 사유에 의하여 해산한 때에는 해산등기와 아울러 채권자 보호절차를 위하여 법정의 청산절차를 밟아야 한다. 청산 중에는 청산인이 금고의 청산사무를 집행하고 금고를 대표하는 기관이 된다.

II. 청산

1. 의의

금고가 해산하면 존립 중에 발생한 일체의 대내적·대외적 법률관계를 종국적으로 처리하기 이해 청산을 해야 한다. 다만 합병을 원인으로 해산하는 경우는 그 권리의무가 포괄적으로 신설 또는 존속 금고에 승계되므로 청산을 요구하지 않으며, 파산의 경우에는 채무자회생법의 규정에 따라 처리하므로 새마을금고법의 청산절차를 따를 여지가 없다.

2. 청산사무의 감독

중앙회장은 금고의 청산 사무를 감독한다(법41③). 금고의 청산은 모든 이해관계인의 이해에 직접 관계되는 사항이므로 청산사무가 적법하고 공정하게 처리되도록 중앙회장이 감독하도록 하고 있다.

3. 청산인

청산인이란 법정청산절차에 따라 청산사무를 집행하고 법이 정한 바에 따라
청산 중의 금고를 대표하는 자를 말한다. 따라서 해산 전 금고의 이사장에 대응
하는 지위라 할 수 있다.

(1) 총회의 선임

금고가 해산한 때에는 파산으로 인한 경우 외에는 총회에서 청산인을 선임
한다(법41①).

(2) 중앙회장의 선임

총회에서 청산인을 선임하기 위하여 총회를 2회 이상 소집하여도 총회가 구
성되지 아니하는 경우에는 회장이 청산인을 선임할 수 있다(법41②).

(3) 중앙회장의 청산인 신규 선임

회장은 청산인이 청산 사무를 수행함에 있어 청산금고의 재산에 손해를 끼
칠 우려가 있다고 인정되는 경우 청산인을 새로이 선임할 수 있다(법41④).

4. 청산인의 직무

(1) 재산상태 조사 등과 총회 승인

청산인은 취임 후 지체 없이 재산 상황을 조사하고, 재산 목록과 재무상태
표를 작성하여 재산 처분 방법을 정하고 총회에 제출하여 승인을 받아야 한다(법
42①).

(2) 총회 승인 대체

청산인이 총회의 승인을 받는 위하여 총회를 2회 이상 소집하여도 총회가
구성되지 아니하는 경우에는 회장의 승인으로써 이를 갈음할 수 있다(법42②).

5. 청산잔여재산

금고가 해산한 경우에 그 채무를 완제하고 남은 재산이 있으면 정관으로 정하는 바에 따라 이를 처분한다(법43).

6. 결산보고서

청산사무가 종결된 때에는 청산인은 지체 없이 결산보고서를 작성하여 총회의 승인을 얻어야 한다(정관례63②).

7. 청산종결등기

청산이 종결된 경우에는 청산인은 사무소의 소재지에서 2주간 내에 청산종결등기를 하여야 한다(법50②).

8. 민법 등의 준용

금고의 해산과 청산에 관하여는 이 법에 규정한 것 외에는 민법 제79조, 제81조, 제87조, 제88조 제1항 및 제2항, 제89조부터 제92조까지, 제93조 제1항과 제2항 및 비송사건절차법 제121조를 각각 준용한다(법44).

금고나 중앙회의 임직원 또는 청산인이 법 제44조에 따라 준용되는 민법의 규정을 위반한 경우에는 3년 이하의 징역이나 3천만원 이하의 벌금에 처한다(법85②(8)).

(1) 파산신청

조합이 채무를 완제하지 못하게 된 때에는 이사는 지체없이 파산신청을 하여야 한다(민법79).

(2) 청산법인

해산한 조합은 청산의 목적범위 내에서만 권리가 있고 의무를 부담한다(민법81).

(3) 청산인의 직무

청산인의 직무는 ⅰ) 현존사무의 종결(제1호), ⅱ) 채권의 추심 및 채무의 변제(제2호), ⅲ) 잔여재산의 인도(제3호)이다(민법87①).

청산인은 앞의 직무를 행하기 위하여 필요한 모든 행위를 할 수 있다(민법87②).

(4) 채권신고의 공고

청산인은 취임한 날로부터 2월 내에 3회 이상의 공고로 채권자에 대하여 일정한 기간 내에 그 채권을 신고할 것을 최고하여야 한다(민법88① 전단). 그 기간은 2월 이상이어야 한다(민법88① 후단).

채권신고의 공고에는 채권자가 기간 내에 신고하지 아니하면 청산으로부터 제외될 것을 표시하여야 한다(민법88②).

(5) 채권신고의 최고

청산인은 알고 있는 채권자에게 대하여는 각각 그 채권신고를 최고하여야 한다(민법89 전단). 알고 있는 채권자는 청산으로부터 제외하지 못한다(민법89 후단).

(6) 채권신고 기간 내의 변제금지

청산인은 채권신고 기간 내에는 채권자에 대하여 변제하지 못한다. 그러나 법인은 채권자에 대한 지연손해배상의 의무를 면하지 못한다(민법90).

(7) 채권변제의 특례

청산 중의 법인은 변제기에 이르지 아니한 채권에 대하여도 변제할 수 있다(민법91①). 이 경우에는 조건있는 채권, 존속기간의 불확정한 채권 기타 가액의 불확정한 채권에 관하여는 법원이 선임한 감정인의 평가에 의하여 변제하여야 한다(민법91②).

(8) 청산으로부터 제외된 채권

청산으로부터 제외된 채권자는 법인의 채무를 완제한 후 귀속권리자에게 인도하지 아니한 재산에 대하여서만 변제를 청구할 수 있다(민법92).

(9) 청산 중의 파산

청산 중 법인의 재산이 그 채무를 완제하기에 부족한 것이 분명하게 된 때에는 청산인은 지체없이 파산선고를 신청하고 이를 공고하여야 한다(민법93①).

청산인은 파산관재인에게 그 사무를 인계함으로써 그 임무가 종료한다(민법93②).

(10) 청산인의 결격사유

다음의 어느 하나에 해당하는 자, 즉 ⅰ) 미성년자(제1호), ⅱ) 피성년후견인(제2호), ⅲ) 자격이 정지되거나 상실된 자(제3호), ⅳ) 법원에서 해임된 청산인(제4호), ⅴ) 파산선고를 받은 자(제5호)는 청산인으로 선임될 수 없다(비송사건절차법121).

제6절 예금자 보호

Ⅰ. 예금보험제도의 의의

예금보험제도는 금고가 경영부실 등의 이유로 예금자 등의 예금인출 요구에 응할 수 없을 경우 제3자인 중앙회가 예금 등 채권에 대한 보험금을 지급함으로써 예금자 등을 보호하고 이를 통해 금융시장의 안정을 유지하고자 도입된 제도를 말한다.

Ⅱ. 예금자보호준비금 설치 등

1. 준비금 설치·운영

새마을금고법 제71조에 따르면 중앙회는 금고의 회원(제30조에 따른 비회원을 포함)이 납입한 예탁금, 적금, 그 밖의 수입금과 중앙회의 공제금, 자기앞수표를 결제하기 위한 별단예탁금에 대한 환급을 보장하며 그 회원의 재산을 보호하고 금고의 건전한 육성을 도모하기 위하여 중앙회에 예금자보호준비금("준비금")을 설치·운영한다(법71①).

2. 금고 및 중앙회의 가입의무

금고 및 중앙회는 준비금에 가입하여야 한다(법71②).

3. 준비금관리위원회 설치 등

중앙회는 준비금의 운용에 관한 중요 사항을 심의·결정하기 위하여 준비금관리위원회를 두며, 준비금의 운용과 준비금관리위원회의 구성·운영 등 그 밖에 필요한 사항은 대통령령으로 정한다(법71③).

(1) 관리위원회의 구성

예금자보호준비금 관리위원회("관리위원회")는 위원장 1명을 포함한 9명 이상 13명 이하의 위원으로 구성한다(영43①).

(2) 관리위원회의 기능

관리위원회는 금고의 예탁금, 적금, 그 밖의 수입금과 중앙회의 공제금 및 자기앞수표를 결제하기 위한 별단예탁금("중앙회 별단예탁금")의 변제 등 준비금의 운용에 관한 중요사항을 심의·결정한다(영44).

(3) 위원장 및 위원의 자격

위원장은 중앙회 이사 중 회장이 지명하는 자가 되고, 위원은 i) 행정안전부장관이 지명하는 공무원 1명(제1호), ii) 금고 임직원이 아닌 사람으로서 금융·회계 또는 법률에 관한 학식과 경험이 풍부한 사람 4명 이내(2명은 행정안전부장관이 지명)(제2호), iii) 다음의 중앙회 이사, 즉 ㉠ 금고 이사장인 이사 1명(가목), ㉡ 금고 이사장이 아닌 이사 1명(나목), ㉢ 지도이사 1명(다목)(제3호), iv) 금고의 이사장 중 4명 이내(제4호)의 자 중 회장이 위촉하는 자가 된다(영43②).

앞의 제2호부터 제4호까지의 위원(행정안전부장관이 지명하는 위원은 제외)은 회장이 이사회의 동의를 받아 위촉한다(영43③).

(4) 위촉직 위원의 임기 및 신분 상실

위촉된 위원의 임기는 3년으로 한다(영43④ 본문). 다만, ⅰ) 금고 임직원이 아닌 사람으로서 금융·회계 또는 법률에 관한 학식과 경험이 풍부한 사람 4명 이내(2명은 행정안전부장관이 지명)(제2호), ⅱ) 다음의 중앙회 이사, 즉 ㉠ 금고 이사장인 이사 1명(가목), ㉡ 금고 이사장이 아닌 이사 1명(나목), ㉢ 지도이사 1명(다목)(제3호)으로 위촉된 위원은 임기 중 그 직을 상실한 경우에는 위원의 신분을 상실한다(영43④ 단서).

(5) 관리위원회의 운영
(가) 회의 소집과 의장

위원장은 관리위원회의 회의를 소집하고 그 의장이 된다(영45①).

(나) 위원장 직무대행

위원장이 부득이한 사유로 직무를 수행할 수 없을 때에는 위원장이 미리 지정하는 위원이 그 직무를 대행한다(영45②).

(다) 의결정족수

관리위원회의 회의는 재적위원 과반수의 출석과 출석위원 과반수의 찬성으로 의결한다(영45③).

(라) 서무 처리

관리위원회에 서무를 처리하게 하기 위하여 간사와 서기 각 1명을 두되, 이들은 준비금에 관한 업무를 담당하는 중앙회 소속 직원 중에서 회장이 지명한다(영45④). 간사는 관리위원회에 출석하여 발언할 수 있다(영45⑤).

(마) 운영사항

관리위원회의 운영에 관하여 시행령에 규정된 것 외에 필요한 사항은 관리위원회의 의결을 거쳐 위원장이 정한다(영45⑥).

4. 대위변제

회장은 금고가 예탁금, 적금, 그 밖의 수입금을 지급할 수 없거나 중앙회가 공제금, 자기앞수표를 지급할 수 없는 경우에는 준비금관리위원회가 결정하는 바에 따라 그 금고 또는 중앙회를 갈음하여 변제할 수 있다(법71④).

이에 관하여는 민법 제482조부터 제485조까지의 규정을 준용한다(법71⑤).

(1) 변제자대위의 효과, 대위자간의 관계

(가) 변제자대위의 효과

채권자를 대위한 자는 자기의 권리에 의하여 구상할 수 있는 범위에서 채권 및 그 담보에 관한 권리를 행사할 수 있다(민법482①).

(나) 대위자간의 관계

전항의 권리행사는 다음의 규정에 의하여야 한다(민법482②).

1. 보증인은 미리 전세권이나 저당권의 등기에 그 대위를 부기하지 아니하면 전세물이나 저당물에 권리를 취득한 제삼자에 대하여 채권자를 대위하지 못한다.
2. 제3취득자는 보증인에 대하여 채권자를 대위하지 못한다.
3. 제3취득자 중의 1인은 각부동산의 가액에 비례하여 다른 제3취득자에 대하여 채권자를 대위한다.
4. 자기의 재산을 타인의 채무의 담보로 제공한 자가 수인인 경우에는 전호의 규정을 준용한다.
5. 자기의 재산을 타인의 채무의 담보로 제공한 자와 보증인간에는 그 인원수에 비례하여 채권자를 대위한다. 그러나 자기의 재산을 타인의 채무의 담보로 제공한 자가 수인인 때에는 보증인의 부담부분을 제외하고 그 잔액에 대하여 각 재산의 가액에 비례하여 대위한다. 이 경우에 그 재산이 부동산인 때에는 제1호의 규정을 준용한다.

(2) 일부의 대위

채권의 일부에 대하여 대위변제가 있는 때에는 대위자는 그 변제한 가액에 비례하여 채권자와 함께 그 권리를 행사한다(민법483①).

이 경우에 채무불이행을 원인으로 하는 계약의 해지 또는 해제는 채권자만 이 할 수 있고 채권자는 대위자에게 그 변제한 가액과 이자를 상환하여야 한다(민법483②).

(3) 대위변제와 채권증서, 담보물

채권전부의 대위변제를 받은 채권자는 그 채권에 관한 증서 및 점유한 담보물을 대위자에게 교부하여야 한다(민법484①).

채권의 일부에 대한 대위변제가 있는 때에는 채권자는 채권증서에 그 대위를 기입하고 자기가 점유한 담보물의 보존에 관하여 대위자의 감독을 받아야 한다(민법484②).

(4) 채권자의 담보상실, 감소행위와 법정대위자의 면책

제481조의 규정에 의하여 대위할 자가 있는 경우에 채권자의 고의나 과실로 담보가 상실되거나 감소된 때에는 대위할 자는 그 상실 또는 감소로 인하여 상환을 받을 수 없는 한도에서 그 책임을 면한다(민법485).

(5) 관련 판례

① 대법원 1998. 4. 24. 선고 97다56624 판결

구 새마을금고법상 예금주가 새마을금고연합회(현행 중앙회)에 대위변제를 청구하기 위한 요건: 구 새마을금고법(1997. 12. 17. 법률 제5462호로 개정되기 전의 것) 제57조(현행 제71조)와 그에 근거하여 제정된 새마을금고연합회(현행 중앙회) 안전기금관리규정 제13조, 제19조, 제20조의 규정의 취지는 새마을금고가 자금부족으로 해산결의를 하여 해산등기를 마친 후 예금주의 예탁금 등을 반환할 수 없게 되어 새마을금고연합회(현행 중앙회)에 대위변제 신청을 하는 경우 안전기금(현행 예금자보호준비금)을 관리하는 새마을금고연합회(현행 중앙회)가 안전기금관리위원회(현행 준비금관리위원회)의 결의 등 일정한 절차를 거쳐서 금고 회원인 진정한 예금주에 대하여 소정의 금액 범위 내에서 그 예탁금을 지급할 것을 보장함으로써 새마을금고의 신용성을 제고하여 새마을금고를 육성하자는 것이므로, 예금주와 새마을금고 사이에 체결된 예금계약이 유효하게 성립된 경우에 한하여 새마을금고연합회(현행 중앙회)에 대하여 대위변제를 청구할 수 있다고 봄이 상당하고, 또한 새마을금고는 비회원으로부터는 예탁금, 적금 등의 수납을 할 수 없도록 규정되어 있고, 대위변제를 신청하려면 금고 회원의 개인별 예탁금, 적금명세를 제출하도록 규정되어 있으므로(위 규정 제19조 제1항 제4호), 예금주가 당해 금고의 회원이어야만 새마을금고연합회(현행 중앙회)로부터 대위변제를 받을 수 있다고 해석함이 상당하다.

② 대법원 1992. 1. 21. 선고 91다23073 판결

[1] 기명식 예금에 있어서 예금주에 대한 판단기준: 금융기관에 대한 기명식 예금에 있어서는 명의의 여하를 묻지 아니하고, 또 금융기관이 누구를 예금주라고 믿었는가에 관계없이, 예금을 실질적으로 지배하고 있는 자로서 자기의 출연에 의하여 자기의 예금으로 한다는 의사를 가지고 스스로 또는 사자, 대리인을 통하여 예금계약을 한 자를 예금주로 봄이 타당하다.

[2] 새마을금고가 예탁금과 적금을 지급할 자금이 없어 새마을금고연합회(현행 중앙회)에 대위변제신청을 한 경우 새마을금고의 예금주는 새마을금고연합회(현행 중앙회)에 대하여 직접 예탁금의 반환을 청구할 수 있는지 여부(적극): 구 새마을금고법(1989.12.30. 법률 제4152호로 개정되기 전의 것) 제32조(현행 제71조), 제33조(현행 제72조)의 규정 취지는 새마을금고가 자금부족으로 예금주의 예탁금 등을 반환할 수 없게 되는 경우에는 안전기금(현행 예금자보호준비금)을 관리하는 새마을금고연합회(현행 중앙회)가 모든 진정한 예금주에 대하여 소정의 금액 범위 내에서 그 예탁금을 지급할 것을 보장함으로써 새마을금고의 신용성을 제고하여 새마을금고를 육성하자는 것이고, 다만 안전기금(현행 예금자보호준비금)의 적정한 사용과 그 확충을 기하고 부당한 예금주에 대한 환급을 방지하기 위하여 새마을금고가 자금부족으로 해산결의를 하여 해산등기를 마친 후 대위변제신청을 한 때에만 기금관리위원회(현행 준비금관리위원회)의 결의 등 일정한 절차를 거쳐서 대위변제하도록 규정한 것이라고 볼 것이므로, 예금주는 새마을금고가 예탁금과 적금을 지급할 자금이 없어 새마을금고연합회(현행 중앙회)에 대하여 대위변제신청을 하였는데도 새마을금고연합회(현행 중앙회)가 그 지급을 거부한 때에는 직접 새마을금고연합회(현행 중앙회)를 상대로 그 예탁금의 반환을 청구할 수 있다고 해석함이 상당하다.

Ⅲ. 준비금의 조성 · 운용 등

1. 준비금의 조성

준비금은 ⅰ) 금고 및 중앙회가 납입하는 출연금(제1호), ⅱ) 타회계(他會計)에서 넘어온 전입금 및 차입금(제2호), ⅲ) 준비금의 운용에 의하여 생기는 수익

금(제3호), ⅳ) 국가로부터의 차입금(제4호), ⅴ) 그 밖의 수입금(제5호)의 자금으로 조성한다(법72①). 자금 조성에 관하여 필요한 사항은 대통령령으로 정한다(법72②).

(1) 출연금의 감면

출연금은 금고별로 경영 및 재무 상황 등을 고려하여 그 비율을 다르게 할 수 있다(법72④).

(가) 출연금의 감액

중앙회는 중앙회의 직전 회계연도 말일 현재 준비금의 적립액이 설성 또는 재설정된 준비금 적립액의 목표규모(상한 및 하한을 포함한다. 이하 "목표규모"라 한다)의 하한 이상 상한 이하가 되는 경우에는 관리위원회의 의결을 거쳐 중앙회 또는 금고가 내는 해당 회계연도의 출연금을 감액하여야 한다(영47의2①).

(나) 구체적 절차와 방법 등

목표규모의 설정과 출연금 감면의 구체적 절차와 방법 등에 관하여 필요한 사항은 관리위원회의 의결을 거쳐 중앙회가 정한다(영47의2③). 이에 따라 정한 사항을 중앙회는 중앙회의 인터넷 홈페이지에 공고하여야 한다(영47의2④).

(2) 출연금의 반환청구 금지

금고 및 중앙회는 납입한 출연금의 반환을 청구할 수 없다(법72③).

(3) 출연금 산정

(가) 계산식

금고 또는 중앙회가 납입하는 출연금액은 다음의 계산식에 따라 산정한다(영47①).

1. 예탁금 및 적금의 출연금: 매 분기 말 예탁금(중앙회의 경우에는 중앙회 별단예탁금) 및 적금의 합계액 × (10,000분의 30의 범위에서 관리위원회가 정하는 비율) × 1/4
2. 공제금의 출연금: (매 사업연도 말 책임준비금의 잔액 + 매 사업연도 말 수입공제료의 총액) × 1/2 × (10,000분의 30의 범위에서 관리위원회가 정하는

비율). 이 경우 책임준비 금에 포함되는 공제료적립금은 계약 해지 시 지급하여야 할 금액을 기준으로 계산한다.

(나) 납입 시기

제1호에 따른 출연금은 매분기 종료 후 1개월 이내에 납입하여야 하고, 제2호에 따른 출연금은 매 사업연도 종료 후 3개월 이내에 납입하여야 한다(영47②).

(4) 추가 출연금의 납입

금고가 설립인가(신설합병의 경우는 제외)를 받은 때에는 출연금 외에 인가를 받은 날부터 1개월 이내에 납입출자금의 10%를 초과하지 아니하는 범위에서 관리위원회가 정하는 비율을 곱한 금액을 출연금으로 납입하여야 한다(영47③).

(5) 출연금의 납입한도 및 납입방법 등

출연금의 납입한도 및 납입방법 등에 관하여 필요한 사항은 관리위원회가 정한다(영47④).

2. 준비금의 관리·운용

(1) 특별회계

준비금은 특별회계로 운용한다(영46①).

(2) 준비금의 여유자금 운용

준비금의 여유자금은 다음과 같이 운용할 수 있다(영46⑤). 따라서 중앙회는 ⅰ) 금융기관에의 예탁이나 신탁업자에의 금전신탁(제1호), ⅱ) 국채, 지방채 및 회장이 정하는 유가증권의 매입(제2호), ⅲ) 그 밖에 여유자금의 안정성과 수익성을 저해하지 아니하는 범위에서 행정안전부장관이 금융위원회 위원장과 협의하여 정하는 방법(제3호)으로 여유자금을 운용한다(영33).

Ⅳ. 준비금 적립액 목표규모의 설정 등

1. 목표규모의 설정

중앙회는 준비금의 적립액이 적정한 수준을 유지하도록 준비금 적립액의 목표규모("목표규모")를 설정하여야 한다(법72의2①).

2. 금고의 경영 및 재무 상황 고려

목표규모는 준비금관리위원회의 의결을 거쳐 준비금제도의 효율적 운영을 저해하지 아니하는 범위에서 금고의 경영 및 재무 상황 등을 고려하여 정한다(법72의2② 전단). 이 경우 목표규모는 상한 및 하한을 두어 일정 범위로 정할 수 있다(법72의2② 후단).

3. 목표규모의 적정성 검토

중앙회는 중앙회 또는 금고의 경영여건과 안정성을 고려하여 목표규모의 적정성을 주기적으로 검토하고, 필요한 경우에는 준비금관리위원회의 의결을 거쳐 목표규모를 재설정할 수 있다(법72의2③).

4. 출연금의 감면

중앙회는 준비금의 적립액이 목표규모에 도달한 경우에는 향후 예상되는 준비금의 수입액과 지출액의 규모를 고려하여 대통령령으로 정하는 바에 따라 중앙회 또는 금고가 내는 출연금을 감면할 수 있다(법72의2④).

(1) 출연금의 면제

법72조의2 제4항에 따라 중앙회는 중앙회의 직전 회계연도 말일 현재 준비금의 적립액이 목표규모의 상한을 넘는 경우에는 관리위원회의 의결을 거쳐 중앙회 또는 금고가 내는 해당 회계연도의 출연금을 면제하여야 한다(영47의2②).

(2) 구체적 절차와 방법 등

목표규모의 설정과 출연금 감면의 구체적 절차와 방법 등에 관하여 필요한 사항은 관리위원회의 의결을 거쳐 중앙회가 정한다(영47의2③). 이에 따라 정한 사항을 중앙회는 중앙회의 인터넷 홈페이지에 공고하여야 한다(영47의2④).

V. 준비금의 용도 등

1. 준비금의 용도

준비금은 ⅰ) 해산등기를 마친 금고가 예탁금·적금 및 그 밖의 수입금을 지급할 수 없는 경우에 그 예탁금·적금 및 그 밖의 수입금의 변제 또는 해산등기를 마친 중앙회가 중앙회 공제금 및 별단예탁금을 지급할 수 없는 경우에 중앙회 공제금 및 별단예탁금의 변제(제1호), ⅱ) 금고의 경영 정상화를 위한 재무구조의 개선이나 금고의 예탁금·적금 및 그 밖의 수입금의 환급이 필요한 금고에 대한 자금의 대출 또는 지원(제2호), ⅲ) 제38조 제2항에 따른 금고 간 합병에 필요한 자금의 대출 또는 지원(제3호), ⅳ) 계약이전을 위한 자금지원(제4호), ⅴ) 그 밖에 준비금의 관리·운영에 필요한 경비(제5호)의 어느 하나에 해당하는 경우에만 사용하여야 한다(법72의3①).

2. 대위변제의 범위 및 한도(보호한도)

대위변제의 범위는 예탁금, 적금, 그 밖의 수입금 및 중앙회 공제금 및 별단예탁금의 원금과 그에 대한 이자로 하며, 동일인에 대한 대위변제의 한도는 5천만원으로 한다(법72의3②, 영46③ 전단). 이 경우 이자는 원금에 관리위원회가 정하는 이자율을 곱한 금액으로 한다(법72의3②, 영46③ 후단).

3. 준비금의 사용방법 등

준비금의 사용방법이나 그 밖에 필요한 사항은 관리위원회의 의결을 거쳐 회장이 정한다(영46④).

VI. 손해배상청구권의 행사 등

1. 부실관련자에 대한 손해배상청구 요구

중앙회는 준비금관리위원회에서 금고에 대한 자금지원, 대출 또는 대위변제를 결정한 경우에는 그 금고의 부실에 대하여 책임이 있다고 인정되는 전·현직 임직원 및 상법 제401조의2 제1항[9] 각 호의 어느 하나에 해당하는 자, 그 밖의 제3자("부실관련자")에 대하여 손해배상을 청구하도록 그 금고에 요구할 수 있다(법73①).

2. 중앙회의 대위 청구

중앙회는 금고가 요구를 이행하지 아니하면 즉시 그 금고를 대위하여 손해배상을 청구할 수 있다(법73②).

3. 업무 및 재산 상황 조사

중앙회는 손해배상 요구 및 손해배상청구권을 대위행사하기 위하여 필요하면 해당 금고의 업무 및 재산 상황을 조사할 수 있다(법73③).

4. 소송참가

중앙회는 금고가 손해배상청구를 소송으로 하는 경우에는 그 소송의 계속 중 그 금고를 보조하기 위하여 소송에 참가할 수 있다. 이 경우 민사소송법 제71조부터 제77조까지의 규정을 준용한다(법73④).

5. 금고의 비용부담

중앙회가 손해배상청구권을 대위 행사하여 승소하거나 해당 금고의 요청으로 소송에 참가하는 경우 그 비용은 그 금고가 부담한다(법73⑤).

---

9) 제401조의2(업무집행지시자 등의 책임) ① 다음 각 호의 어느 하나에 해당하는 자가 그 지시하거나 집행한 업무에 관하여 제399조, 제401조, 제403조 및 제406조의2를 적용하는 경우에는 그 자를 "이사"로 본다.
  1. 회사에 대한 자신의 영향력을 이용하여 이사에게 업무집행을 지시한 자
  2. 이사의 이름으로 직접 업무를 집행한 자
  3. 이사가 아니면서 명예회장·회장·사장·부사장·전무·상무·이사 기타 회사의 업무를 집행할 권한이 있는 것으로 인정될 만한 명칭을 사용하여 회사의 업무를 집행한 자

Ⅶ. 자료 제공의 요청 등

1. 자료 또는 정보의 제공 요청

행정안전부장관은 부실관련자에 대한 중앙회의 손해배상청구 또는 소송참가를 위하여 필요하면 관계 중앙행정기관, 지방자치단체, 공공기관운영법에 따른 공공기관, 특별법에 따라 설립된 특수법인, 어음법 또는 수표법에 따라 지정된 어음교환소("공공기관등")의 장에게 부실관련자의 재산에 관한 자료 또는 정보의 제공을 요청할 수 있다(법73의2① 전단, 영47의3). 이 경우 공공기관등의 장은 특별한 사정이 없으면 그 요청에 따라야 한다(법73의2① 후단).

2. 정보의 중앙회 제공 및 활용

행정안전부장관은 공공기관등의 장으로부터 제공받은 정보를 중앙회에 제공하여 손해배상청구 또는 소송참가에 활용하도록 할 수 있다(법73의2②).

중앙회

설 립

제1절 설립목적

새마을금고중앙회란 모든 금고의 공동이익 증진과 지속적인 발전을 도모하기 위하여 새마을금고법에 따라 설립한 비영리법인을 말한다(법2③). 새마을금고의 업무를 지도·감독하며 그 공동 이익의 증진과 건전한 발전을 도모하기 위하여 금고를 구성원으로 하는 중앙회를 둔다(법54①). 중앙회는 그 명칭 중 새마을금고중앙회라는 문자를 사용하여야 한다(법2④). 중앙회가 아니면 새마을금고중앙회라는 명칭이나 이와 유사한 명칭을 사용할 수 없다(법2⑤).

중앙회는 새마을금고 법인설립의 지도는 물론 사업계획 및 예산, 기획, 회계 및 재산관리, 해산에 대한 지도·감독 등 새마을금고의 조직·운영·사업에 대한 전반적인 사항을 지도·감독하며 금고의 공동이익 증진을 위하여 구성된 비영리 특수법인으로, 성격과 기능은 새마을금고와 비슷하나 새마을금고라는 법인을 회원으로 한다는 점에서 자연인을 회원으로 하는 금고와는 다르다. 중앙회도 금고와 마찬가지로 금고의 출자에 의해 자본금을 조성하고, 모든 금고는 설립과 동시에 중앙회에 가입해야 하며 출자의 의무를 가진다.[1]

---

1) 행정안전부(2018), 26쪽.

중앙회가 필요한 이유는 자금 과부족 현상을 겪고 있는 새마을금고에 대해 자금을 공급하여 자금 수급을 원활하게 하는 새마을금고의 중앙은행 역할을 수행하고 개별 금고만으로는 대기업, 대자본과 경쟁하여 회원의 이익을 지키고 이익을 늘리는데 한계가 있기 때문이다. 즉 규모의 경제를 실현하기 위함이다.

제2절 주요업무

중앙회는 그 목적을 달성하기 위하여 다음 사업의 전부 또는 일부를 행한다 (법67①). 신용사업과 공제사업은 금고와 회원에게 혜택을 주었을 뿐 아니라 중앙회가 경제적으로 자립하는데도 큰 도움이 됨으로써 조직의 장기적 성장에 기여하였다.

I. 금고의 사업 및 경영의 지도

중앙회는 그 목적을 달성하기 위하여 금고의 사업 및 경영 지도의 전부 또는 일부를 행한다(법67①(1)).

II. 교육 · 훈련 · 계몽 및 조사연구와 보급 · 홍보

중앙회는 그 목적을 달성하기 위하여 교육 · 훈련 · 계몽 및 조사연구와 보급 · 홍보의 전부 또는 일부를 행한다(법67①(2)).

III. 금고의 감독과 검사

중앙회는 그 목적을 달성하기 위하여 금고의 감독과 검사의 전부 또는 일부를 행한다(법67①(3)).

Ⅳ. 금고 사업에 대한 지원

중앙회는 그 목적을 달성하기 위하여 금고 사업에 대한 지원의 전부 또는 일부를 행한다(법67①(4)).

Ⅴ. 신용사업

1. 신용사업의 내용

중앙회는 그 목적을 달성하기 위하여 신용사업을 하는데, 그 내용에는 ⅰ) 금고로부터의 예탁금, 적금, 그 밖의 여유자금의 수납(가목), ⅱ) 금고 및 금고의 회원을 위한 자금의 대출(나목), ⅲ) 금고 및 금고의 회원을 위한 내국환 및 외국환업무(다목), ⅳ) 금고 및 금고의 회원을 위한 보호예수(유가증권·귀금속 및 서류의 보관업무(영31②)(라목), ⅴ) 국가·공공단체 또는 금융기관의 업무의 대리(마목), ⅵ) 지급보증과 어음할인(바목), ⅶ) 자본시장법 제4조 제3항에 따른 국채증권 및 지방채증권의 인수·매출(사목), ⅷ) 신용카드업(아목)의 전부 또는 일부를 행한다(법67①(5)).

새마을금고 중앙회는 「수신업무규정」과 「여신업무규정」을 제정하여 운영하고 있으며, 각 규정에 따라 「수신업무방법」과 「여신업무방법」이 시행되고 있다.

여기서는 위 신용사업의 내용 중 가목의 예탁금과 나목의 대출에 관하여 「수신업무방법」과 「여신업무방법」의 내용을 살펴본다.

2. 예탁금의 종류

수신업무방법에 의하면 중앙회가 취급하는 예탁금이 종류는 일시예탁금, 정기예탁금, 특별예탁금, 상환준비금, 환자금, 별단예탁금, 타회계예탁금이 포함된다(수신업무방법4).

(1) 일시예탁금

일시예타금이란 금고가 전자금융거래, 청구서 또는 유선 요청에 따라 언제든지 입출금할 수 있는 요구불예탁금을 말한다(수신업무방법18). 일시예탁금의 거래는 특별한 제한 없이 언제든지 거래를 할 수 있다(수신업무방법19).

(2) 정기예탁금

정기예탁금이란 일정액을 기간을 정하여 예탁하는 것으로 원칙적으로 기간 내에는 원금의 환급을 청구하지 않기로 예치하는 기한부 저축성예탁금을 말한다(수신업무방법25). 정기예탁금의 수납은 1건당 5,000,000원 이상으로 하되, 1,000,000원 단위로 한다(수신업무방법26).

(3) 특별예탁금

특별예탁금이란 새마을금고법 제84조에 따른 복지기구와 중앙회가 출연한 법인, 담보 또는 지급 결제 등 사업상 필요에 따라 중앙회와 업무제휴 등을 체결한 법인("관련법인")이 중앙회에 예치하는 자금을 말한다(수신업무방법45). 특별예탁금의 종류에는 복지기구예탁금, 신용카드예탁금, 제휴예탁금, 재단법인예탁금, 국고보조금예탁금이 있다(수신업무방법46①).

(4) 상환준비금

상환준비금이란 금고회원이 금고에 예치한 예적금의 일시적인 지급 요구에 대한 환급을 보장하기 위해 금고자 중앙회에 의무적으로 예치하는 지불준비금을 말한다(수신업무방법48).

(5) 환자금

환자금이란 금고가 내국환거래 또는 국가, 지방자치단체 및 금융기관의 업무대리 등에 따른 자금결제를 위하여 중앙회에 예치하는 자금을 말한다(수신업무방법58).

(6) 별단예탁금

별단예탁금이란 중앙회의 수표발행 등의 업무와 관련하여 발생하는 미결제·미정리 자금, 다른 계정에 속하지 아니하는 일시적 예수금을 처리하는 예탁금을 말한다(수신업무방법65의2).

(7) 타회계예탁금

타회계예탁금이란 신용사업특별회계 이외에 타회계(예금자보호준비금, 일반, 공제, 실적상품) 또는 신용사업특별회계 내 상환준비금 내 상환준비금에서 일시적인 자금의 과부족 해소와 운전자금의 출납 등을 위하여 신용사업특별회계 신용계정에 예치함으로써 발생하는 부채를 말한다(수신업무방법65의6①).

3. 대출의 종류

여신업무방법 제3장은 여신의 종류라는 제목으로 대출의 종류는 정하고 있다.

(1) 범위내대출

범위내대출 대상은 금고가 중앙회에 예치한 정기예탁금 및 실적상품의 거래금고로 한다(여신업무방법24①).

(2) 신용대출

다음에 해당하는 금고, 즉 ⅰ) 사고 또는 경영손실이 발생한 금고로, 그 보전 후 잔액이 자기자본(출자금, 자본잉여금, 이익잉여금의 합계액)을 초과하는 금고(제1호), ⅱ) 새마을금고 경영실태 평가결과 취약이하 등급에 해당하는 금고(제2호), ⅲ) 중앙회 사업 참여실적이 현저히 부진한 금고(제3호), ⅳ) 기타 경영이 부실하다고 인정되는 금고(제4호)를 제외하고는 신용대출을 실행할 수 있다(여신업무방법27①).

(3) 담보대출

모든 금고에 대하여 담보대출을 할 수 있다. 다만, 금고 소유의 기본재산을 취득하여 실행하는 대출의 경우는 인출사태 등 긴급한 지원이 필요한 경우에 한한다(여신업무방법29).

(4) 환대월

환취급 승인을 받은 금고를 대상으로 한다(여신업무방법31). 금고에 대한 환대월 한도는 신청일 현재 당해 금고가 중앙회에 예치한 상환준비금에서 신용대출, 정책자금대출 금액을 공제한 잔액의 90% 범위 내로 한다(여신업무방법32).

(5) 지급보증

지급보증 업무는 자산 및 신용상태가 양호하고 중앙회와의 제예탁금 거래실적이 우수한 금고를 대상으로 하되, 해당 금고의 중앙회 정기예탁금 범위 내에서 운용한다(여신업무방법33).

(6) 정책자금대출

정책자금대출 대상은 중앙회와 신용대출 한도거래 약정을 체결한 금고에 한하여 당해연도의 중앙회 사업계획 및 예산서에서 정하는 바에 의하되 정부의 정책 등 불가피한 경우에는 그에 의한다(여신업무방법38).

(7) 상생자금대출

상생자금대출 주관부서에서 선정한 금고를 대상으로 한다(여신업무방법39의2).

Ⅵ. 금고 및 금고의 회원을 위한 공제사업

중앙회는 그 목적을 달성하기 위하여 금고 및 금고의 회원을 위한 공제사업의 전부 또는 일부를 행한다(법67①(6)).

Ⅶ. 국가나 공공단체가 위탁하거나 보조하는 사업

중앙회는 그 목적을 달성하기 위하여 국가나 공공단체가 위탁하거나 보조하는 사업의 전부 또는 일부를 행한다(법67①(7)).

중앙회가 국가 또는 공공단체와 위탁사업의 계약을 체결하려는 때에는 위탁사업의 대상과 범위, 위탁기간, 그 밖에 위탁사업의 수행에 필요한 사항을 적은 서면으로 하여야 한다(법67④, 법28③, 법28①(6), 영12③)

Ⅷ. 다른 법령에서 중앙회의 사업으로 정하는 사업 등

1. 다른 법령에서 중앙회의 사업으로 정하는 사업

중앙회는 그 목적을 달성하기 위하여 다른 법령에서 중앙회의 사업으로 정하는 사업의 전부 또는 일부를 행한다(법67①(8)).

2. 의료지원사업

중앙회는 그 목적을 달성하기 위하여 의료지원사업의 전부 또는 일부를 행한다(법67①(9)).[2]

3. 부대사업

중앙회는 그 목적을 달성하기 위하여 앞에서 열거한 제1호부터 제8호까지의 사업에 딸린 사업의 전부 또는 일부를 행한다(법67①(10)).

4. 금고의 회계방법이나 그 밖에 장부ㆍ서류의 통일 및 조정

중앙회는 그 목적을 달성하기 위하여 금고의 회계방법이나 그 밖에 장부ㆍ서류의 통일 및 조정의 전부 또는 일부를 행한다(법67①(11)).

5. 국제기구 및 외국과의 지역개발 협력사업

중앙회는 그 목적을 달성하기 위하여 국제기구 및 외국과의 지역개발 협력사업으로서 행정안전부장관의 승인을 받은 사업의 전부 또는 일부를 행한다(법67①(12)).

중앙회의 임직원이 감독기관의 승인을 받아야 하는 사항에 관하여 승인을 받지 아니한 후에도 업무를 계속하여 수행한 경우에는 3년 이하의 징역이나 3천만원 이하의 벌금에 처한다(법85②(1)).

6. 행정안전부장관의 승인을 받은 사업

중앙회는 그 목적을 달성하기 위하여 그 밖에 목적 달성에 필요한 사업으로서 행정안전부장관의 승인을 받은 사업의 전부 또는 일부를 행한다(법67①(12)).

중앙회의 임직원이 감독기관의 승인을 받아야 하는 사항에 관하여 승인을 받지 아니한 후에도 업무를 계속하여 수행한 경우에는 3년 이하의 징역이나 3천만원 이하의 벌금에 처한다(법85②(1)).

---

2) 2023. 4. 11. 개정으로 의료지원사업이 추가되었으며, 개정 내용은 2023. 10. 12.부터 시행된다.

제3절 업무구역

Ⅰ. 전국

중앙회는 1개를 둔다(법54②).

Ⅱ. 사무소

서울특별시에 주된 사무소를 두고 정관으로 정하는 바에 따라 분사무소를 둘 수 있다(법54②).

중앙회 정관에 의하면 중앙회의 주된 사무소는 서울특별시에 둔다(정관3①).

제4절 설립 및 해산 등

Ⅰ. 설립

1. 30개 이상 금고의 발기인

중앙회는 30개 이상의 금고가 발기인이 되어 정관을 작성하고, 창립총회의 의결을 거친 후 행정안전부장관의 인가를 받아 그 주된 사무소의 소재지에서 설립등기를 함으로써 성립한다(법54③).

2. 준용규정

중앙회에 관하여는 제7조(설립) 제2항·제3항, 제7조의2(설립인가의 요건), 제45조(설립등기), 제46조(분사무소의 설치 등기), 제47조(변경등기), 제51조(등기신청인), 제52조(등기일의 기산일), 제53조(등기부)까지를 준용한다(법54④).

3. 위반시 제재

금고나 중앙회의 임직원 또는 청산인이 총회의 의결이 필요한 사항에 대하여 의결을 거치지 아니하고 집행한 경우에는 3년 이하의 징역이나 3천만원 이하의 벌금에 처한다(법80②(4)).

금고나 중앙회의 임직원 또는 청산인이 감독기관의 인가를 받아야 하는 사항에 관하여 인가를 받지 아니한 경우에는 3년 이하의 징역이나 3천만원 이하의 벌금에 처한다(법80②(1)).

Ⅱ. 해산

중앙회의 해산에 관하여는 따로 법률로 정한다(법57).

Ⅲ. 정관변경 등

1. 정관기재사항

중앙회의 정관에는 ⅰ) 목적(제1호), ⅱ) 명칭(제2호), ⅲ) 주된 사무소의 소재지(제3호), ⅳ) 출자에 관한 사항(제4호), ⅴ) 우선출자에 관한 사항(제4의2호), ⅵ) 금고의 가입과 탈퇴에 관한 사항(제5호), ⅶ) 금고의 권리와 의무에 관한 사항(제6호), ⅷ) 기관 및 임직원에 관한 사항(제7호), ⅸ) 회비의 부과 및 징수에 관한 사항(제8호), ⅹ) 사업의 종류와 회계에 관한 사항(제9호), ⅺ) 공고 방법에 관한 사항(제10호), ⅻ) 그 밖에 필요한 사항(제11호)을 적어야 한다(법55).

2. 총회 의결과 인가

(1) 총회 의결

정관의 변경은 총회의 의결사항으로 총회의 의결을 거쳐야 한다(법59①(1)).

(2) 행정안전부장관의 인가

정관의 변경은 행정안전부장관의 인가를 받아야 한다(법59②).

(3) 위반시 제재

금고나 중앙회의 임직원 또는 청산인이 총회의 의결이 필요한 사항에 대하여 의결을 거치지 아니하고 집행한 경우에는 3년 이하의 징역이나 3천만원 이하의 벌금에 처한다(법80②(4)).

금고나 중앙회의 임직원 또는 청산인이 감독기관의 인가를 받아야 하는 사항에 관하여 인가를 받지 아니한 경우에는 3년 이하의 징역이나 3천만원 이하의 벌금에 처한다(법80②(1)).

제
2
장
/

회 원

제1절 자격 등

Ⅰ. 자격

금고는 중앙회의 회원이 된다(법56①). 정관에 따르면 금고는 그 설립등기를 함으로써 중앙회의 회원이 된다(정관6).

Ⅱ. 당연탈퇴

1. 사유

금고가 설립인가가 취소된 때, 해산한 때, 파산한 때, 합병으로 인하여 소멸한 때에 해당하는 경우에는 당연히 중앙회에서 탈퇴한다(법56⑥, 정관10①).

2. 중앙회 신고

위의 탈퇴 사유가 있을 때에는 그 사유가 발생한 날로부터 1주일 안에 이를 중앙회에 신고하여야 한다(정관10②).

Ⅲ. 의결 취소의 소 등

1. 의결 취소 또는 무효확인의 사유

회원은 총회(창립총회를 포함)의 소집 절차, 의결방법, 의결내용 또는 임원의 선거가 법령이나 법령에 따른 행정처분 또는 정관을 위반한 것을 사유로 하여 그 의결이나 선거에 따른 당선의 취소 또는 무효확인을 청구하는 소를 제기할 수 있다(법56⑦, 법11의2①).

2. 상법의 준용

소에 관하여는 상법 제376조(결의취소의 소), 제377조(제소주주의 담보제공의 무), 제378조(결의취소의 등기), 제379조(법원의 재량에 의한 청구기각), 제380조(결의무효 및 부존재확인의 소), 제381조(부당결의의 취소, 변경의 소)를 준용한다(법56⑦, 법11의2②).

제2절 책임

Ⅰ. 책임한도

출자 1좌의 금액은 정관으로 정하며 금고의 책임은 그 출자액을 한도로 한다(법56③).[1]

Ⅱ. 회비

중앙회는 총회의 의결에 따라 금고로 하여금 회비를 내게 할 수 있다(법56

---

1) [개정 2023. 4. 11.][시행일: 2023. 10. 12.]

⑤).

1. 회비 징수

중앙회는 금고로부터 회비를 징수한다(정관14①).

2. 회비의 규모

금고가 납부해야 할 회비는 당해 금고의 매 사업연도의 총자산의 월 평균액에 1,000분의 2의 범위 안에서 총회의 의결로 정한 회비징수율을 곱한 금액으로 한다(정관14②).

3. 총회 의결

회비징수대상 금고의 기준과 금고의 총자산의 기준 등 회비징수에 관하여 기타 필요한 사항은 총회에서 정한다(정관14③).

4. 납부시기

금고는 회비를 매 사업연도 종료 후 5월 이내에 중앙회에 납부하여야 한다(정관14④).

5. 납부기한 유예와 분할 납부

중앙회는 이사회 의결을 얻어 회비 납부기한을 유예하거나 또는 회비를 분할하여 납부하게 할 수 있다(정관14⑤).

6. 상계의 대항력

금고는 중앙회에 납부하여야 할 회비를 중앙회에 대한 채권과 상계로서 중앙회에 대항하지 못한다(정관14⑥).

제3절 의결권과 선거권

회원은 출자좌수에 관계없이 평등한 의결권과 선거권을 가진다(법56⑦, 법9 ⑤).

제
3
장
/

출 자

제1절 종류 및 내용

Ⅰ. 출자금

1. 출자 좌수

금고는 1좌 이상 출자하여야 한다(법56②). 출자 1좌의 금액은 정관으로 정한다(법56③). 이에 따라 출자 1좌의 금액은 10,000원으로 한다(정관12①).

한 회원이 가질 수 있는 출자 좌수의 최고한도는 총출자좌수의 15%를 초과할 수 없다(법56⑦, 법9④).

2. 자본금

중앙회의 자본금은 금고가 납입한 출자금(제7항에 따라 준용되는 제9조의2 출자배당금의 출자전환에 따른 출자금을 포함), 제7항에 따라 준용되는 제9조의3에 따른 회전출자금 및 제70조의2에 따른 우선출자금(누적되지 아니하는 것만 해당)의 총액으로 한다(법56④).[1]

---

1) [개정 2023. 4. 11.][시행일: 2023. 10. 12.]

3. 현금 납입

중앙회에 납입할 출자금은 반드시 현금으로 납입하여야 한다(법56②).

4. 질권설정 및 상계 금지

출자금은 질권의 목적이 될 수 없다(법56⑦, 법9⑧). 회원이 금고에 납입할 출자금은 금고에 대한 채권과 상계하지 못한다(법56⑦, 법9⑦).

Ⅱ. 출자배당금의 출자전환

중앙회는 정관으로 정하는 바에 따라 금고의 출자액에 대한 배당금액의 전부 또는 일부를 그 금고로 하여금 출자하게 할 수 있다(법56⑦, 법9의2 전단). 이 경우 그 금고는 배당받을 금액을 중앙회에 대한 채무와 상계할 수 없다(법56⑦, 법9의2 후단).[2]

Ⅲ. 회전출자

중앙회는 출자 외에 정관으로 정하는 바에 따라 그 사업의 이용실적에 따라 금고에게 배당할 금액의 전부 또는 일부를 그 금고로 하여금 출자하게 할 수 있다(법56⑦, 법9의3 전단). 이 경우 그 금고는 배당받을 금액을 금고에 대한 채무와 상계할 수 없다(법56⑦, 법9의3 후단).[3]

Ⅳ. 우선출자

1. 서설

(1) 의의

우선출자란 우선적 배당을 받을 목적으로 하는 출자로서 회원보다 우선적으로 배당을 받는 출자를 말한다.

---

2) [제9조의2 신설 2023. 4. 11.][시행일: 2023. 10. 12.]
3) [제9조의3 신설 2023. 4. 11.][시행일: 2023. 10. 12.]

(2) 제도적 취지

우선출자제도의 도입은 자본조달 능력이 취약한 중앙회의 현실을 고려하여 자본금의 확충으로 중앙회의 경영안정과 사업 활성화를 도모하기 위함이다.

2. 우선출자 발행 등

(1) 우선출자 발행

중앙회는 자기자본의 확충을 통한 경영의 건전성을 도모하기 위하여 정관으로 정하는 바에 따라 잉여금배당에서 우선적 지위를 가지는 우선출자를 하게 할 수 있다(법70의2①).

(2) 우선출자 1좌의 금액 및 우선출자의 총액

우선출자 1좌의 금액은 출자 1좌의 금액과 같아야 하며, 우선출자의 총액은 납입 출자금의 2분의 1을 초과할 수 없다(법70의2②).

(3) 의결권과 선거권 불인정

우선출자자는 의결권 및 선거권이 없다(법70의2③).

(4) 우선출자에 대한 배당과 배당률

우선출자에 대한 배당은 출자에 대한 배당보다 우선하여 실시하되, 그 배당률은 정관으로 정하는 최저배당률과 최고배당률 사이에서 정기총회에서 정한다(법70의2④).

(5) 우선출자 발행사항의 공고

중앙회는 우선출자를 하게 할 때에는 우선출자의 납입일 2주 전까지 발행하려는 우선출자증권의 내용, 좌수(座數), 발행가액, 납입일 및 모집방법을 공고하고 출자자와 우선출자자에게 알려야 한다(영41의2).

3. 우선출자의 청약 등

(1) 우선출자의 청약

우선출자의 청약을 하려는 자는 우선출자청약서에 인수하려는 우선출자의 좌수 및 인수가액과 주소를 적고 기명날인 또는 서명하여야 한다(영41의3①).

우선출자청약서의 서식은 회장이 정하되, ⅰ) 중앙회의 명칭(제1호), ⅱ) 출자 1좌의 금액 및 총좌수(제2호), ⅲ) 우선출자 총좌수의 최고한도(제3호), ⅳ) 이미 발행한 우선출자의 종류 및 종류별 좌수(제4호), ⅴ) 발행하려는 우선출자증권의 발행가액 및 납입일(제5호), ⅵ) 발행하려는 우선출자의 액면금액·내용 및 좌수(제6호), ⅶ) 우선출자의 매입소각을 하는 경우에는 그에 관한 사항(제7호)이 포함되어야 한다(영41의3②).

(2) 우선출자 금액의 납입 등

우선출자의 청약을 한 자는 회장이 배정한 우선출자의 좌수에 대하여 우선출자를 인수할 수 있다(영41의4①). 이에 따라 우선출자를 인수하려는 자는 납입일까지 우선출자 발행가액 전액을 납입하여야 한다(영41의4②).

우선출자를 인수한 자는 우선출자 발행가액의 납입일의 다음 날부터 우선출자자가 된다(영41의4③).

4. 우선출자증권의 발행 등

(1) 우선출자증권의 발행

중앙회는 우선출자의 납입기일 후 지체 없이 우선출자증권을 발행하여야 한다(법70의3①). 우선출자증권("증권")은 기명식으로 하되, 우선출자의 전액을 납입한 후가 아니면 증권을 발행할 수 없다(영41의5).

(2) 우선출자증권의 기재사항

증권에는 ⅰ) 중앙회의 명칭(제1호), ⅱ) 우선출자의 액면금액(제2호), ⅲ) 우선출자의 내용(제3호), ⅳ) 증권번호(제4호), ⅴ) 발행 연월일(제5호), ⅵ) 우선출자 좌수(제6호), ⅶ) 우선출자자의 성명(법인인 경우에는 법인의 명칭)(제7호)을 적고 회장이 기명날인 또는 서명하여야 한다(영41의6).

(3) 우선출자자명부의 비치 및 기재사항

중앙회장은 우선출자자명부를 작성하여 주된 사무소에 갖추어 두어야 한다(법70의3②).

중앙회는 주된 사무소에 우선출자자명부를 갖추어 두고 ⅰ) 증권소유자의 성명과 주소(제1호), ⅱ) 증권의 수와 번호(제2호), ⅲ) 증권의 취득 연월일(제3호)을 적어야 한다(영41의7).

(4) 우선출자자명부의 열람 및 사본 청구

회원, 우선출자자 또는 중앙회의 채권자는 영업시간 내에 우선출자자명부를 열람할 수 있으며, 중앙회에서 정한 비용을 내고 그 사본을 청구할 수 있다(법70의3③).

5. 우선출자의 매입소각

중앙회는 이사회의 의결을 거쳐 우선출자를 매입하여 소각할 수 있다(영41의8).

6. 우선출자자의 책임

우선출자자의 책임은 그가 가진 우선출자의 인수가액(引受價額)을 한도로 한다(법70의4).

7. 우선출자의 양도

(1) 양도와 그 효력

우선출자는 양도할 수 있다(법70의5① 본문). 다만, 우선출자증권 발행 전의 양도는 중앙회에 대하여 효력이 없다(법70의5① 단서).

(2) 양도방법

우선출자를 양도하는 때에는 우선출자증권을 교부하여야 한다(법70의5②).

(3) 점유자의 소지인 추정

우선출자증권의 점유자는 적법한 소지인으로 추정한다(법70의5③).

(4) 증권 명의변경의 대항력

우선출자증권의 명의변경은 취득자의 성명과 주소를 우선출자자명부에 등록하고 그 성명을 증권에 적지 아니하면 중앙회나 그 밖의 제3자에게 대항하지 못한다(법70의5④).

(5) 등록질권의 대항력

우선출자증권을 질권의 목적으로 하는 경우에는 질권자의 성명 및 주소를 우선출자자명부에 등록하지 아니하면 중앙회나 그 밖의 제3자에게 대항하지 못한다(법70의5⑤).

8. 우선출자자 총회

(1) 정관변경

중앙회는 정관이 변경되어 우선출자자에게 손해를 미치게 되는 경우에는 우선출자자총회의 의결을 받아야 한다(법70의6①).

(2) 의결정족수

우선출자자 총회의 의결은 발행한 우선출자 총좌수의 과반수의 출석과 출석한 출자좌수의 3분의 2 이상의 찬성이 있어야 한다(법70의6②).

(3) 운영사항

우선출자자 총회의 운영 등에 필요한 사항은 정관으로 정한다(법70의6③).

9. 통지와 최고

우선출자 신청인 또는 우선출자자에 대한 통지나 최고는 따로 그 주소를 중앙회에 통지한 경우를 제외하고는 우선출자청약서 또는 우선출자자명부에 적힌 주소로 한다(영41의9).

제2절 출자금의 환급 청구 등

Ⅰ. 출자금 등의 환급 청구

탈퇴한 회원(당연탈퇴한 것으로 보는 경우와 제명된 경우를 포함)은 정관으로 정하는 바에 따라 그의 예탁금 및 적금의 환급을 청구할 수 있다(법56⑦, 법10④).

1. 중앙회의 환급의무

중앙회는 탈퇴한 금고의 청구에 따라 그 금고의 출자금, 예탁금, 적금을 환급한다(정관11①).

2. 배당금 등의 지급시기

탈퇴된 금고의 출자금에 대한 배당금은 당해 사업연도 결산 후에 지급하며, 예탁금, 적금과 그에 대한 이자는 탈퇴와 동시에 지급한다(정관11②).

3. 환급청구권의 소멸시효

출자금, 예탁금, 적금의 환급청구권은 탈퇴한 다음날부터 출자금의 경우에는 2년간, 예탁금, 적금의 경우에는 5년간 행사하지 아니하면 시효로 각각 소멸한다(정관11③).

4. 공제한 잔액의 지급

탈퇴된 금고가 중앙회에 대하여 채무가 있을 때에는 환급금에서 이를 공제한 잔액을 지급한다(정관11④).

5. 감액 지급

탈퇴된 금고의 출자금에 대한 환급금을 계산함에 있어서 중앙회의 재산으로 그 채무를 완제할 수 없을 때에는 금고의 출자금을 금액하여 지급할 수 있다(정관11⑤).

Ⅱ. 우선변제

금고는 회원이 금고에 대한 채무를 이행하지 아니하면 그 회원의 출자금·
예탁금 및 적금에서 우선변제를 받는다(법56⑦, 법11).

제3절 출자금의 양도 등

Ⅰ. 중앙회장의 승인

출자금의 양도·양수는 금고 간에 한하여 할 수 있으며 금고의 출자금을 양
도·양수하고자 할 때에는 회장의 승인을 얻어야 한다(정관13①).

Ⅱ. 권리의무의 승계

양수인은 양도인의 출자금에 관한 재산상의 권리와 의무를 승계한다(법56⑦,
법9⑨ 후단).

Ⅲ. 공유 금지

출자금은 공유할 수 없다(정관13③).

제
4
장
/

지배구조

제1절 서설

Ⅰ. 의의

새마을금고법은 새마을금고중앙회의 기관구성과 관련하여 중앙회의 의사를 결정하는 총회(법58①), 중앙회의 업무집행에 관한 의사결정기관인 이사회(법60①)와 중앙회의 대표기관인 회장(법65①), 중앙회의 재산과 업무집행 상황을 감사하는 감사위원회(법61①)에 대하여 규정하고 있다.

Ⅱ. 구성

1. 총회

총회는 중앙회의 의사를 구성원 다수의 의사에 따라 전체 구성원의 의사를 결정하는 중앙회의 최고의사결정기관이며 필요적 법정기관이다. 총회는 회장과 회원으로 구성되며 회원은 정부의 인가를 받아 설립된 지역금고와 직장금고로 하고 있다. 총회의 의결사항은 정관의 변경, 회원의 제명, 임원의 선출과 해임, 사업계획, 수지예산 및 결산의 승인, 그 밖에 이사회나 회장이 필요하다고 인정하는 사항이다.

2. 이사회와 중앙회장

이사회는 중앙회의 업무집행에 관한 주요사항의 의사결정과 이사회의 의결사항에 대한 회장 및 신용공제대표이사 등의 업무집행상황을 감독하는 회의체 기관이다. 이사회를 둔 취지는 총회 소집의 번잡함을 피함과 함께 회장과 신용공제대표이사의 독단을 방지하고 업무집행에 신숭을 기하여 합리적인 운영을 도모하려는 것이다. 이사회는 총회에서 결정한 의사 등을 기준으로 하여 집행에 관한 사항을 의결할 뿐이고 전체적인 의사결정 자체를 하는 기관이 아니기 때문에 업무집행기관으로 해석한다.

중앙회는 이사회 운영의 전문성과 효율성을 도모하기 위하여 인사추천위원회를 두고 있다. 이 위원회는 특정한 대표이사 소관업무에 한정하지 않고 중앙회 전체업무와 관련된 사항에 대해서도 의사결정을 할 수 있다.

중앙회장은 회원 중에서 총회에서 선출하고 회장의 임기는 4년으로 하며 연임할 수 없다. 회장은 새마을금고법 제65조의2에 따라 신용공제대표이사가 대표하는 업무를 제외하고는 중앙회를 대표하는 대표기관이다. 회장은 비상임으로 중앙회의 업무를 처리하되 대부분의 업무를 정관으로 정하는 바에 따라 위원장, 전무이사, 소관 대표이사에게 위임·전결 처리하게 하여야 한다. 이는 중앙회 업무에 대한 전문지식과 경험이 풍부한 자에게 업무의 위임 및 전결처리를 하도록 한 것이다.

3. 감사위원회

중앙회는 재산과 업무집행상황을 감사하기 위하여 감독기관으로 감사위원회를 두고 있다. 감사위원회는 감사위원장을 포함한 5명의 감사위원으로 구성하되, 감사위원 중 3명은 대통령령으로 정하는 요건에 적합한 외부전문가 중에서 선출하여야 한다.

제2절 총회 및 대의원회

I. 총회

1. 설치

중앙회에 총회를 둔다(법58①).

2. 구성과 의장

총회는 회장과 금고로 구성하며, 회장이 이를 소집하고 그 의장이 된다(법58③).

3. 구분과 소집

총회는 정기총회와 임시총회로 구분하며, 정기총회는 매년 1회 정관으로 정하는 바에 따라 소집하고, 임시총회는 필요하다고 인정되는 때에 소집한다(법58②).

(1) 정기총회의 소집

정기총회는 매 사업연도 종료 후 2월 이내에 개최하며, 그 일시 및 장소는 회장이 정한다(정관17).

(2) 임시총회의 소집

임시총회는 ⅰ) 회장이 필요하다고 인정한 때(제1호), ⅱ) 이사회가 필요하다고 인정하여 서면으로 소집을 요구한 때(제2호), ⅲ) 금고 3분의 1 이상이 회의의 목적과 이유를 기재하고 서명날인한 서면으로 그 소집을 요구한 때(제3호), ⅳ) 감사위원회가 감사를 실시한 결과 중앙회의 재산상황 또는 업무집행에 관하여 부정한 사실을 발견하여 이를 신속히 총회에 보고할 필요가 있다고 판단하여 회의 목적과 이유를 기재한 서면으로 소집을 요구한 때(제4호)의 어느 하나에 해당하는 경우에 개최한다(정관18①).

앞의 ii) 내지 iv)에 의한 요구가 있을 때에는 회장은 2주일 이내에 총회를
개최하여야 한다(정관18②).

4. 총회의 의결사항 등

(1) 총회 의결사항

다음의 사항, 즉 ⅰ) 정관의 변경(제1호), ⅱ) 규약의 제정, 변경 또는 폐지
(제2호), ⅲ) 회비의 부과방법 및 금액의 결정(제3호), ⅳ) 사업계획·예산 및 결산
의 승인(제4호), ⅴ) 임원 및 금고감독위원회 위원의 선임 및 해임(제5호), ⅵ) 금
고 5분의 1 이상의 동의로 부의하는 사항(제6호), ⅶ) 기타 이사회 또는 회장이
필요하다고 인정하는 사항(제7호)은 총회의 의결을 거쳐야 한다(법59①, 정관22①).

금고나 중앙회의 임직원 또는 청산인이 총회의 의결이 필요한 사항에 대하
여 의결을 거치지 아니하고 집행한 경우에는 3년 이하의 징역이나 3천만원 이하
의 벌금에 처한다(법85②(4)).

(2) 정관변경과 행정안전부장관의 인가

정관의 변경은 행정안전부장관의 인가를 받아야 한다(법59②).

금고나 중앙회의 임직원 또는 청산인이 감독기관의 인가를 받아야 하는 사
항에 관하여 인가를 받지 아니하고 업무를 계속하여 수행한 경우에는 3년 이하
의 징역이나 3천만원 이하의 벌금에 처한다(법85②(4)).

(3) 총회 소집통지와 안건의 사전 송부

의결사항 중 정관의 변경, 규약의 제정, 변경 또는 폐지, 사업계획 및 예산
의 결정을 의결하고자 할 때에는 당해 총회의 소집통지와 함께 그 안을 금고에
미리 송부하여야 한다(정관22②).

(4) 총회를 소집할 수 없는 경우의 조치

회장은 전시·사변이나 천재지변, 그 밖에 이에 준하는 사태에 처하여 총회
를 소집할 수 없으면 회비의 부과방법 및 금액의 결정과 사업계획·예산 및 결산
의 승인에 관하여 필요한 조치를 취할 수 있다(법59③).

5. 총회의 개의와 의결

(1) 총회의 보통결의

총회는 새마을금고법에 다른 규정이 있는 경우 외에는 금고 과반수의 출석으로 회의를 개의하고 출석한 금고 과반수의 찬성으로 의결한다(법58④ 본문).

이에 의한 금고의 출석이 미달한 경우에는 15일 이내에 다시 총회를 소집하여야 한다(정관23②).

(2) 총회의 특별결의

정관의 변경은 금고 3분의 2 이상의 출석과 출석한 금고 3분의 2 이상의 찬성으로 의결하여야 한다(법58④ 단서).

6. 총회의 소집

(1) 회원의 소집요구

회원은 회원 3분의 1 이상의 동의를 받아 회의의 목적과 이유를 적고 서명 날인한 서면을 제출하여 임시총회의 소집을 회장에게 요구할 수 있다(법58⑥, 법14①).

회원의 총회 소집요구가 있으면 회장은 요구가 있는 날부터 2주일 이내에 총회를 개최하여야 한다(법58⑥, 법14③).

(2) 감사위원장의 총회소집

다음의 경우, 즉 ⅰ) 회장의 직무를 행할 자가 없을 때(제1호), ⅱ) 회장이 정당한 이유 없이 위의 정관 제18조 제2항의 규정에 의한 총회를 개최하지 아니한 때(제2호)에는 감사위원장이 총회를 소집한다(정관19①).

이 경우 감사위원장이 의장의 직무를 대행한다(정관19②). 앞의 ⅱ)의 경우에는 감사위원장이 5일 이내에 총회의 소집절차를 취하여야 한다(정관19③).

(5) 금고대표의 총회소집

회장 또는 감사위원장이 정관 제18조 제2항 및 제19조 제3항의 규정에 따라 총회를 소집하지 아니할 때에는 금고 3분의 1 이상의 동의를 얻은 금고 대표가 총회를 개최한다(정관20①).

이 경우에는 금고 대표가 의장의 직무를 대행한다(정관20②).

7. 총회의 소집방법

(1) 회원에 대한 통지

중앙회가 그 회원에게 하는 통지는 회원 명부에 적은 회원의 주소 또는 거소로 한다(법58⑥, 법15①).

(2) 총회소집의 통지 기간

총회는 개최일 7일 전까지 그 회의의 일시, 장소, 목적사항 등을 중앙회의 게시판과 인터넷 홈페이지에 공고함과 동시에 금고에 이를 기재한 서면을 발송하여야 한다(정관21).

8. 의결권의 제한 등

(1) 의결권 제한사항

총회에서는 공고한 사항에 대하여만 의결할 수 있다(법58⑤ 본문). 다만, 긴급한 사항으로서 금고 3분의 2 이상의 출석과 출석한 금고 3분의 2 이상의 찬성이 있는 때에는 그러하지 아니하다(법58⑤ 단서).

(2) 이해상충과 의결권 행사 제한

중앙회와 특정 회원(금고)과의 관련 사항을 의결하는 경우에는 그 회원(금고)은 의결권이 없다(법58⑥, 법13④). 다만, 그 회원(금고)은 당해 사항에 관한 의견을 진술할 수 있다(정관24② 단서).

9. 총회 의사록 작성

총회의 의사에 관하여는 의사의 경과와 결과를 기재한 의사록을 작성하고 의장과 총회에서 지명한 5 이상의 출석금고가 기명날인하거나 서명하여야 한다(정관25).

Ⅱ. 대의원회

1. 설치와 구성

중앙회는 금고가 300을 초과하는 경우에는 총회에 갈음하여 회장과 대의원 (금고의 이사장)으로 구성하는 대의원회를 둔다(법58⑥, 법16①, 정관26①).

2. 대의원의 정수

대의원 정수는 300인 이상 500인 이하로 하되, 시·도별 선거구 및 선거구별 정수는 따로 규약으로 정하는 바에 의한다(법58⑥, 법16③, 영24③, 정관26②).

3. 대의원의 임기

대의원의 임기는 3년으로 한다(법58⑥, 법16②). 대의원 중 일부의 궐원으로 인한 재선거 또는 보궐선거로 선임된 대의원의 임기는 ⅰ) 재선거의 경우에는 재선거 실시 전에 실시한 선거로 선출된 대의원의 남은 임기(제1호), ⅱ) 보궐선거의 경우에는 전임자의 남은 임기(제2호)로 한다(법58⑥, 법16③).[1]

4. 대의원의 자격

대의원의 자격은 정관으로 정하되, 대의원은 금고의 이사장이어야 한다(법58⑥, 법16④, 영24②).

대의원이 금고 이사장직을 사임하거나 해임된 때 또는 임원의 결격사유(법21①)가 발견 또는 발생되었을 때에는 그 날부터 대의원의 자격을 상실한다(정관26④).

5. 대의원의 선거

(1) 대의원의 선거권과 피선거권

(가) 선거권

금고는 대의원 선거권이 있다(정관27①).

---

1) 부칙 <법률 제19329호, 2023. 4. 11.> 제2조(재선거로 선임된 대의원의 임기에 관한 적용례) 제16조 제3항의 개정규정(제58조 제6항에서 준용하는 경우를 포함)은 이 법 시행 이후 선임되는 대의원부터 적용한다.

(나) 피선거권

금고의 이사장은 대의원 피선거권이 있다(정관27② 본문). 다만 ⅰ) 휴업 중이거나 청산 또는 파산절차가 진행 중인 금고의 이사장(제1호), ⅱ) 법 제74조의2(임직원에 대한 제재처분) 제1항과 제2항, 법 제79조(중앙회의 금고에 대한 지도·감독) 제7항 또는 제79조의4(형사 기소된 임직원에 대한 제재 등)의 규정에 의하여 이사장의 직무가 정지된 금고의 이사장(제2호), ⅲ) 중앙회에 대한 회비납부를 이행하지 아니한 금고의 이사장(제3호), ⅳ) 정관 제47조 제1항의 규정에 의하여 임원자격 제한사유에 해당하는 금고의 이사장(제4호), ⅴ) 새마을금고 감독기준 제11조 제4항의 규정에 의한 계량지표에 의한 경영실태평가결과 종합평가등급이 4등급(취약)·5등급(위험)인 금고의 이사장(제5호)은 대의원 피선거권이 없다(정관27② 단서).

그러나 합병으로 인하여 계량지표에 따른 경영실태평가결과 종합평가등급이 하향된 경우와 당해 선거구에 대의원으로 선출될 수 있는 자가 없는 경우에는 규약에서 정하는 바에 따라 앞의 제5호를 적용하지 아니할 수 있다(정관27③).

(2) 선거방법 등
(가) 선거방법

대의원의 선거방법은 대의원선거구별로 그 선거구안의 금고 과반수가 출석한 회의에서 투표로써 한다(정관28① 본문), 다만 그 회의에서 따로 선거방법을 정하는 경우에는 그 방법으로 선거할 수 있다(정관28① 단서).

(나) 선거구별 대의원 정수

선거구별 대의원 정수는 금고수, 금고의 자산규모 및 경영실적 등을 고려하여 정하여야 한다(정관28②).

(다) 절차 등

대의원선거에 필요한 절차 등은 정관에 따로 규정한 것을 제외하고는 규약으로 정하는 바에 의한다(정관28③).

(3) 대의원 선거일

대의원의 임기만료로 인한 선거는 임기만료일 전 30일까지, 보궐선거와 재선거는 결원 또는 그 사유가 발생한 날로부터 30일 이내에 각각 실시하여야 한다(정관29).

(4) 이의신청

대의원선거와 당선의 효력에 관하여 이의가 있는 금고는 그 선거일로부터 10일 이내에 중앙회에 이의신청을 할 수 있다(정관30①). 이의신청이 이유 있다고 인정될 때에는 당해 선거구에 대하여 재선거를 실시하거나 당선인의 결정을 변경하여야 한다(정관30②).

(5) 보궐선거와 재선거

대의원의 결원이 생긴 때에는 보궐선거를 실시한다(정관31① 본문), 다만, 재적 대의원수가 300인 이상인 때에는 보궐선거를 실시하지 아니할 수 있다(정관31① 단서).

보궐선거와 재선거의 실시방법은 정관 제28조 제1항의 규정을 준용한다(정관31②).

6. 총회 규정 준용

대의원회에 관하여는 총회에 관한 규정을 준용한다(법58⑥, 법16⑥).

제3절 이사회

Ⅰ. 설치와 구성

1. 설치

중앙회에 이사회를 두고, 회장이 이를 소집하며 그 의장이 된다(법60①).

2. 구성

이사회는 회장, 신용공제대표이사, 지도이사, 전무이사를 포함한 이사로 구성한다(법60②).

2021년 10월 19일 개정 전에는 중앙회 부회장 제도를 규정하고 있었다. 그러나 중앙회 부회장은 특별한 역할을 부여받고 있지 아니하여 선거 비용 발생에 비해 제도를 유지할 실익이 적다는 지적이 제기되고 있었다. 이에 중앙회 부회장 제도를 폐지하였다.

Ⅱ. 이사회의 소집방법

1. 소집시기

이사회는 매분기마다 1회 이상 개최함을 원칙으로 하며 회장이 필요하다고 인정할 때에 소집한다(정관33①).

2. 소집통지

이사회의 소집은 개최일 7일 전까지 그 회의의 일시, 장소, 목적사항 등을 기재한 서면을 발송하여야 한다(정관33② 본문). 다만, 이사(회장, 신용공제대표이사, 지도이사 및 전무이사를 포함한 이사) 전원의 동의가 있을 때에는 그러하지 아니하다(정관33② 단서)

Ⅲ. 이사회 의결사항 등

1. 의결사항

다음의 사항, 즉 ⅰ) 규정의 제정·변경 또는 폐지(제1호), ⅱ) 차입금의 최고 한도(제2호), ⅲ) 총회로부터 위임된 사항과 총회에 부의할 사항(제3호), ⅳ) 정관으로 정하는 간부 직원의 임면과 보수의 결정(제4호), ⅴ) 정관으로 정하는 직원의 징계(제5호), ⅵ) 신용공제대표이사, 지도이사 및 전무이사의 전담업무에 대한 성과평가에 관한 사항(제6호), ⅶ) 그 밖에 회장이 필요하다고 인정한 사항(제7호)은 이사회의 의결을 거쳐야 한다(법60③).

금고나 중앙회의 임직원 또는 청산인이 이사회의 의결이 필요한 사항에 대하여 의결을 거치지 아니하고 집행한 경우에는 3년 이하의 징역이나 3천만원 이하의 벌금에 처한다(법85②(4)).

2. 이사회의 개의와 의결

이사회는 재적이사 과반수의 출석으로 개의하고 출석이사 과반수의 찬성으로 의결한다(법60④, 법17⑤).

Ⅳ. 이사회 의사록

이사회의 의사에 관하여는 의사의 경과와 결과를 기재한 의사록을 작성하고 의장과 출석한 이사가 이에 기명날인 또는 서명하여야 한다(정관35②).

제4절 감사위원회

Ⅰ. 설치

중앙회의 업무집행 및 회계 등을 감사하기 위하여 중앙회에 감사위원회를 둔다(법61①).

Ⅱ. 선출과 임기

1. 선출

감사위원회는 감사위원장을 포함하여 5명의 감사위원으로 구성하며, ⅰ) 중앙회, 금고 또는 금융위원회법 제38조2)에 따른 검사대상기관(이에 준하는 외국금융기관을 포함)에서 10년 이상 근무한 경력이 있을 것. 다만, 중앙회 또는 금고에서 최근 2년 이내에 임직원으로 근무한 경우(중앙회의 감사위원으로 근무 중이거나 근무

---

2) 은행, 금융투자업자, 증권금융회사, 종합금융회사 및 명의개서대행회사, 보험회사, 상호저축은행과 그 중앙회, 신용협동조합 및 그 중앙회, 여신전문금융회사 및 겸영여신업자, 농협은행, 수협은행, 다른 법령에서 금융감독원이 검사를 하도록 규정한 기관, 그 밖에 금융업 및 금융 관련 업무를 하는 자로서 대통령령으로 정하는 자를 말한다.

한 경우는 제외)는 제외한다(제1호), ⅱ) 금융 관련 분야에서 석사 이상의 학위를 취득한 후 연구기관 또는 대학에서 연구원 또는 조교수 이상의 직에 5년 이상 근무한 경력이 있을 것(제3호), ⅲ) 판사·검사·군법무관·변호사 또는 공인회계사의 직에 5년 이상 근무한 경력이 있을 것(제3호), ⅳ) 주권상장법인에서 법률·재무·감사 또는 회계 관련 업무에 임원으로 5년 이상 또는 임직원으로 통산하여 10년 이상 근무한 경력이 있을 것(제4호), ⅴ) 국가, 지방자치단체, 공공기관 및 금융감독원에서 재무·회계 또는 감독 관련 업무에 5년 이상 근무한 경력이 있을 것(제5호)의 요건에 적합한 외부전문가 3명이 포함되어야 한다(법61②, 영24의2).

감사위원이 사임 또는 사망하거나 앞의 외부전문가 3명의 요건을 충족하지 못하는 등의 사유로 감사위원회의 구성이 규정에 맞지 아니하게 된 경우에는 그 사유가 발생한 날 이후 최초로 소집되는 총회에서 감사위원회의 구성이 외부전문가 요건의 규정에 맞도록 하여야 한다(법61④).

2. 임기

감사위원장과 감사위원의 임기는 3년으로 한다(법61⑥).

Ⅲ. 감사위원장과 감사위원의 선출

1. 감사위원장의 호선

감사위원장은 감사위원 중에서 호선한다(법61⑤).

2. 감사위원의 총회 선출

감사위원은 인사추천위원회가 추천한 사람 중에서 총회의 투표로 선출한다(법61③).

3. 보궐 위원의 선출

감사위원(감사위원장을 포함) 중 결원이 생긴 경우에는 인사추천위원회가 추천한 사람 중에서 총회의 투표로 보궐 위원을 선출하여야 하며, 그 보궐 위원의 임기는 전임자의 남은 기간으로 한다(법61⑦).

Ⅳ. 설치 절차 등

위에서 규정한 사항 외에 감사위원회의 설치 절차 등에 필요한 사항은 정관으로 정한다(법61⑧).

Ⅴ. 감사위원회의 임무 등

1. 감사결과의 총회 및 이사회 보고

감사위원회는 중앙회의 재산과 업무 집행상황에 대하여 분기마다 1회 이상 감사하고, 그 결과를 총회와 이사회에 보고하여야 한다(법62①).

2. 유지청구권

이사가 법령 또는 정관에 위반한 행위를 하여 이로 인하여 회사에 회복할 수 없는 손해가 생길 염려가 있는 경우에는 감사위원회는 중앙회를 위하여 이사에 대하여 그 행위를 유지할 것을 청구할 수 있다(법62②, 상법402).

3. 자회사의 조사권

(1) 영업의 보고 요구

감사위원회는 그 직무를 수행하기 위하여 필요한 때에는 자회사에 대하여 영업의 보고를 요구할 수 있다(법62②, 상법412의5①).

(2) 업무와 재산상태 조사

감사위원회는 자회사가 지체없이 보고를 하지 아니할 때 또는 그 보고의 내용을 확인할 필요가 있는 때에는 자회사의 업무와 재산상태를 조사할 수 있다(법62②, 상법412의5②).

(3) 보고 또는 조사의 거부 제한

자회사는 정당한 이유가 없는 한 보고 또는 조사를 거부하지 못한다(법62②, 상법412의5③).

4. 조사 · 보고의 의무

감사위원회는 이사가 총회에 제출할 의안 및 서류를 조사하여 법령 또는 정관에 위반하거나 현저하게 부당한 사항이 있는지의 여부에 관하여 총회에 그 의견을 진술하여야 한다(법62②, 상법413).

5. 감사록의 작성

감사위원회의 위원은 감사에 관하여 감사록을 작성하여야 한다(법62②, 상법413의2①). 감사록에는 감사의 실시요령과 그 결과를 기재하고 감사를 실시한 감사위원회 위원이 기명날인 또는 서명하여야 한다(법62②, 상법413의2②).

6. 감사위원장의 대표권

중앙회와 회장 사이 또는 중앙회와 신용공제대표이사 사이에 소송, 계약 등의 법률행위를 하는 경우에는 감사위원장이 중앙회를 대표한다(법62③).

7. 총회 또는 이사회 출석 및 의견진술권

감사위원은 총회나 이사회에 출석하여 그 의견을 진술할 수 있다(법62④).

8. 감사위원회 업무 등의 사항

앞에서 규정한 사항 외에 감사위원회의 업무 등에 필요한 사항은 정관으로 정한다(법62⑤).

제5절 내부통제기준과 준법감시인

Ⅰ. 내부통제기준

1. 내부통제기준의 제정

중앙회는 법령을 지키고 자산의 운용을 건전하게 하기 위하여 중앙회 임직원이 그 직무를 수행할 때 지켜야 할 기본적인 절차와 기준("내부통제기준")을 정하여야 한다(법63①).

2. 내부통제기준의 필수적 포함사항

중앙회 임직원의 내부통제기준에는 ⅰ) 업무 분장 및 조직구조에 관한 사항(제1호), ⅱ) 자산 운용이나 업무 수행과정에서 발생하는 위험의 관리에 관한 사항(제2호), ⅲ) 임직원이 업무를 수행할 때 반드시 준수하여야 하는 절차에 관한 사항(제3호), ⅳ) 경영의사의 결정에 필요한 정보가 효율적으로 전달될 수 있는 체제의 구축에 관한 사항(제4호), ⅴ) 임직원의 내부통제기준 준수 여부를 확인하는 절차·방법과 내부통제기준을 위반한 임직원의 처리에 관한 사항(제5호), ⅵ) 임직원의 유가증권 거래명세의 보고 등 불공정 거래행위를 방지하기 위한 절차 및 기준에 관한 사항(제6호), ⅶ) 내부통제기준의 제정절차 또는 변경절차에 관한 사항(제7호), ⅷ) 앞의 제1호부터 제7호까지의 사항에 관한 구체적인 기준으로서 행정안전부장관이 정하는 사항(제8호)이 포함되어야 한다(법63④, 영25①).

3. 내부통제기준의 제정 또는 변경

중앙회는 내부통제기준을 제정하거나 변경하려면 이사회의 의결을 거쳐야 한다(법63④, 영25②).

Ⅱ. 준법감시인

1. 준법감시인의 임면

중앙회는 내부통제기준을 지키는지 점검하고 내부통제기준을 위반하는 경우 이를 조사하여 감사위원회에 보고하는 자("준법감시인")를 1명 이상 두어야 한다(법63②).

회장은 준법감시인을 임면하려는 경우 이사회의 의결을 거쳐야 한다(법63③).

2. 준법감시인의 자격요건

준법감시인의 자격요건은 다음과 같다(법63④, 영26①). 즉 ⅰ) 중앙회·한국
은행 또는 금융위원회법 제38조에 따른 검사대상기관에서 상근직으로 10년 이상
근무한 경력이 있는 자(제1호), ⅱ) 금융 관계 분야의 연구기관이나 대학에서 연
구원이나 조교수 이상의 직에 5년 이상 종사한 경력이 있는 자(제2호), ⅲ) 변호
사나 공인회계사의 자격을 가진 자로서 그 자격과 관련된 업무에 5년 이상 종사
한 경력이 있는 자(제3호), ⅳ) 행정안전부·금융위원회·금융감독원에서 공무원
이나 상근직으로 5년 이상 근무한 경력이 있는 자로서 그 기관에서 퇴임한 후 5
년이 지난 자(제4호)이다.

3. 선관주의의무와 금지 업무

준법감시인은 선량한 관리자의 주의를 다하여 그 직무를 수행하여야 하며,
ⅰ) 자산운용에 관한 업무(제1호), ⅱ) 중앙회가 수행하는 신용·공제사업 및 그
와 관련되는 부대업무(제2호)를 담당해서는 아니 된다(법63④, 영26②).

제6절 임원

Ⅰ. 임원의 정수 등

1. 임원의 정수

중앙회에는 회장 1명, 신용공제대표이사 1명, 지도이사 1명, 전무이사 1명을
포함하여 11명 이상 21명 이하의 이사와 감사위원 5명을 임원으로 둔다(법64①).

2. 상근임원 및 보수

임원 중 신용공제대표이사, 지도이사, 전무이사 및 감사위원장은 상근으로
하며, 상근하는 임원에게는 급여를 지급할 수 있다(법64②).

3. 임원의 명예직

중앙회의 임원은 명예직으로 한다(법64의2⑥, 법18⑩ 본문).

II. 임원의 선출 및 자격

1. 임원의 자격요건

감사위원을 제외한 임원의 3분의 1 이상은 금고의 이사장이 아닌 사람 중에서 선임하여야 한다(법64③).

2. 회장의 선출과 자격

(1) 금고 회원

회장은 금고의 회원 중에서 금고의 무기명 비밀투표로 직접 선출한다(법64의2① 전단). 이 경우 최다득표자를 당선인으로 결정한다(법64의2① 후단).

2021년 10월 19일 개정 전에는 중앙회장 선출 시 총회 선출, 대의원회 선출, 회원 투표로 직접 선출하는 방법 중 정관으로 정하는 방법을 택하여 선출하도록 규정하고 있었다. 그러나 실제로는 80%가량이 간선제 방식으로 중앙회장을 선출하고 있고 선거 과정에서 선거부정 등이 발생하는 사례가 나타나고 있었다. 이에 중앙회장은 금고의 투표로 직접 선출하도록 하였다.

(2) 금고 임원의 회장 선임: 취임 전 사임

금고의 임원이 회장으로 선임된 경우에는 취임 전에 그 임원직을 사임하여야 한다(법64의2⑦).

3. 상근이사의 선출과 자격

상근이사는 전담업무에 관하여 전문지식과 경험이 풍부한 사람으로서 i) 중앙회·한국은행 또는 금융위원회법 제38조[3])에 따른 검사대상기관에서 상근직

---

3) 은행, 금융투자업자, 증권금융회사, 종합금융회사 및 명의개서대행회사, 보험회사, 상호저축은행과 그 중앙회, 신용협동조합 및 그 중앙회, 여신전문금융회사 및 겸영여신업자, 농협은행, 수협은행, 다른 법령에서 금융감독원이 검사를 하도록 규정한 기관, 그 밖에 금융

으로 10년 이상 근무한 경력이 있는 사람(제1호), ⅱ) 금융 관련 국가기관·연구
기관·교육기관에서 공무원이나 상근직으로 10년 이상 근무한 경력이 있는 사람
(제2호) 중에서 인사추천위원회가 추천한 사람을 이사회의 의결을 거처 총회에서
선출한다(법64의2②, 영27).

4. 금고의 이사장인 이사의 선출

금고의 이사장인 이사는 시·도 단위별로 추천한 이사 후보자 중에서 총회
에서 선출한다(법64의2③ 전단). 이 경우 금고의 이사장인 이사 후보자의 자격,
시·도 단위별 추친인원, 추천질차, 그 밖에 필요한 사항은 성관으로 정한다(법
64의2③ 후단).

5. 기타 이사의 선출

앞의 (1)(2)(3)의 이사를 제외한 이사는 이사회의 의결을 거처 총회에서 선
출한다(법64의2④).

6. 임원의 선임 방법과 절차 등

임원의 선임 방법과 절차 등에 관하여 새마을금고법에서 정한 사항 외에 필
요한 사항은 정관으로 정한다(법64의2⑥, 법18⑪).

Ⅲ. 임원의 임기

1. 회장을 포함한 이사의 임기

회장을 포함한 이사의 임기는 4년으로 한다(법64의2⑤ 본문). 다만, 회장은 1
회에 한정하여 연임할 수 있다(법64의2⑤ 단서). 이 경우 회장이 임기만료일 전 2
년부터 임기만료일까지 퇴임한 경우에는 1회를 재임한 것으로 보고, 임기만료에
따라 퇴임한 회장이 임기만료 후 2년 이내에 회장으로 선임되는 경우에는 연임
한 것으로 본다(법64의2⑥, 법20③ 후단).

업 및 금융 관련 업무를 하는 자로서 대통령령으로 정하는 자를 말한다.

2. 재선거 또는 보궐선거로 선임된 임원의 임기

임원 중 일부의 궐원으로 인한 재선거 또는 보궐선거로 선임된 임원의 임기는 ⅰ) 재선거의 경우에는 재선거 실시 전에 실시한 선거로 선출된 임원의 남은 임기(제1호), ⅱ) 보궐선거의 경우에는 전임자의 남은 임기(제2호)로 한다(법64의2 ⑥, 법20②).[4]

Ⅳ. 임원의 직무

1. 회장의 직무

(1) 중앙회 대표

회장은 중앙회를 대표한다(법65① 본문). 다만, 신용공제대표이사가 대표하는 업무에 대하여는 그러하지 아니하다(법65① 단서).

(2) 전담업무 등

회장은 신용공제대표이사가 대표하는 업무를 제외한 중앙회의 업무를 총괄한다(법65② 본문). 다만, 지도이사, 금고감독위원회의 위원장("금고감독위원장") 또는 전무이사가 전담하여 처리하는 업무에 대해서는 각각 지도이사, 금고감독위원장, 전무이사에게 위임하여 전결처리하게 하여야 한다(법65② 단서).

(3) 궐위 등의 경우 직무대행

회장이 부득이한 사유로 그 직무를 수행할 수 없을 때에는 임원 중에서 정관으로 정하는 순서에 따라 그 직무를 대행한다(법65③.

(4) 신용공제대표이사 등에 대한 성과평가

회장은 신용공제대표이사, 지도이사 및 전무이사에 대하여 매년 성과평가를 하여야 한다(법65의2⑦).

---

4) 부칙 <법률 제19329호, 2023. 4. 11.> 제4조(재선거로 선임된 임원의 임기에 관한 적용례) 제20조 제2항의 개정규정(제64조의2 제6항에서 준용하는 경우를 포함)은 이 법 시행 이후 선임되는 임원부터 적용한다[시행일: 2023. 10. 12.].

이에 따른 성과평가 방법, 절차 등 필요한 사항은 정관으로 정한다(법65의2⑧).

2. 신용공제대표이사의 직무

(1) 전담업무 및 중앙회 대표

신용공제대표이사는 ⅰ) 신용사업(법67①(5))과 그 부대사업, 금고 및 금고의 회원을 위한 공제사업(법67①(6))과 그 부대사업 및 국가나 공공단체가 위탁하거나 보조하는 사업(법67①(7)) 중 신용사업이나 공제사업과 관련되는 사업과 그 부대사업, 다른 법령에서 중앙회의 사업으로 정하는 사업(법67①(8)) 중 신용사업이나 공제사업과 관련되는 사업과 그 부대사업, 그 밖에 목적 달성에 필요한 사업으로서 주무부장관의 승인을 받은 사업(법67①(13)) 중 신용사업이나 공제사업과 관련되는 사업과 그 부대사업(제1호), ⅱ) 앞의 제1호의 소관 업무에 관한 경영목표의 설정(제2호), ⅲ) 앞의 제1호의 소관 업무에 관한 사업계획과 자금계획의 수립(제3호), ⅳ) 앞의 제1호의 소관 업무에 관한 교육 및 지원 계획의 수립(제4호)의 업무를 전담하여 처리하며, 그 업무에 관하여 중앙회를 대표한다(법65의2①).

(2) 궐위 등의 경우 직무대행

신용공제대표이사가 부득이한 사유로 직무를 수행할 수 없을 때는 이사회에서 정하는 이사가 그 직무를 대행한다(법65의2⑤).

3. 지도이사의 직무

(1) 전담업무

지도이사는 ⅰ) 금고의 사업 및 경영의 지도(법67①(1))사업과 그 부대사업, 금고 사업에 대한 지원(법67①(4))사업과 그 부대사업, 의료지원사업(법67①(9))과 그 부대사업, 금고의 회계방법이나 그 밖에 장부·서류의 통일 및 조정(법67①(11))사업과 그 부대사업, 국제기구 및 외국과의 지역개발 협력사업으로서 행정안전부장관의 승인을 받은 사업(법67①(12))과 그 부대사업(제1호), ⅱ) 국가나 공공단체가 위탁하거나 보조하는 사업(법67①(7)) 중 금고의 지도와 관련된 사업과 그 부대사업, 다른 법령에서 중앙회의 사업으로 정하는 사업(법67①(8)) 중 금고의 지도와 관련된 사업과 그 부대사업, 그 밖에 목적 달성에 필요한 사업으로서 행정안전부장관의 승인을 받은 사업(법67①(13)) 중 금고의 지도와 관련된 사업과 그 부대사업(제2호)의 업무를 전담하여 처리한다(법65의2②).

(2) 궐위 등의 경우 직무대행

지도이사가 부득이한 사유로 직무를 수행할 수 없을 때는 이사회에서 정하는 이사가 그 직무를 대행한다(법65의2⑤).

4. 금고감독위원장의 직무

(1) 전담업무

금고감독위원장은 금고의 감독과 검사(법67①(3)) 및 그 부대사업에 관한 업무를 전담하여 처리한다(법65의2③).

(2) 궐위 등의 경우 직무대행

금고감독위원장이 부득이한 사유로 직무를 수행할 수 없을 때에는 금고감독위원회에서 정하는 위원이 그 직무를 대행한다(법65의2⑥).

5. 전무이사의 직무

(1) 전담업무

전무이사는 중앙회 사업 중 신용공제대표이사, 지도이사 또는 금고감독위원장이 전담하여 처리하는 사업 외의 사업과 관련된 업무를 전담하여 처리한다(법65의2④).

(2) 직무대행

전무이사가 부득이한 사유로 직무를 수행할 수 없을 때는 이사회에서 정하는 이사가 그 직무를 대행한다(법65의2⑤).

Ⅴ. 임원의 결격사유

1. 임원의 자격제한

다음의 어느 하나에 해당하는 사람, 즉 ⅰ) 미성년자 · 피성년후견인 또는 피

한정후견인(제1호), ii) 파산선고를 받고 복권되지 아니한 사람(제2호), iii) 법 제
85조 제1항, 형법 제355조부터 제357조까지의 죄(금고나 중앙회의 사업과 관련된
죄만 해당)를 범하여 금고 이상의 실형을 선고받고 그 집행이 끝나거나(집행이 끝
난 것으로 보는 경우를 포함) 집행이 면제된 날부터 5년이 지나지 아니한 사람(제3
호), iv) 제3호의 죄를 범하여 금고 이상의 형의 집행유예를 선고받고 그 집행유
예 기간이 끝난 날부터 3년이 지나지 아니한 사람(제4호), v) 제3호의 죄를 범하
여 금고 이상의 형의 선고유예를 받고 그 선고유예 기간이 끝난 날부터 3년이 지
나지 아니한 사람(제5호), vi) 제3호의 죄를 범하여 벌금형을 선고받고 그 형이
확정된 후 3년이 지나지 아니한 사람(제6호),5) vii) 법 제85조 제3항 또는 위탁선
거법 제58조, 제59조, 제61조부터 제66조까지에 규정된 죄를 범하여 100만원 이
상의 벌금형을 선고받고 그 형이 확정된 후 3년이 지나지 아니한 사람(제8호),
viii) 제3호의 죄 외의 죄로 금고 이상의 실형을 선고받고 그 집행이 끝나거나 집
행이 면제된 날부터 3년이 지나지 아니한 사람(제9호), ix) 제3호의 죄 외의 죄로
금고 이상의 형의 집행유예를 선고받고 그 집행유예 기간 중에 있는 사람(제10
호), x) 제3호의 죄 외의 죄로 금고 이상의 형의 선고유예를 받고 그 선고유예
기간 중에 있는 사람(제11호), xi) 금고의 임직원으로 재임 또는 재직 중 다른 임
직원에게 형법 제257조 제1항, 제260조 제1항, 제261조(제260조 제2항의 죄를 범한
경우는 제외), 제262조(제260조 제2항의 죄를 범한 경우는 제외하며, 제257조의 예에 따
르는 경우로 한정) 또는 제324조의 죄를 범하여 300만원 이상의 벌금형을 선고받
고 그 형이 확정된 후 3년이 지나지 아니한 사람(제11의2호), xii) 금고의 임직원
으로 재임 또는 재직 중 다른 임직원에게 형법 제303조 제1항 또는 「성폭력범죄
의 처벌 등에 관한 특례법」 제10조 제1항의 죄를 범하여 100만원 이상의 벌금형
을 선고받고 그 형이 확정된 후 3년이 지나지 아니한 사람(제11의3호), xiii) 새마
을금고법 또는 대통령령으로 정하는 금융 관련 법령("금융관계법령")에 따라 징계
면직 또는 해임된 사람으로서 징계면직 또는 해임된 날부터 5년이 지나지 아니
한 사람(제12호), xiv) 새마을금고법 또는 금융관계법령에 따라 직무정지(업무의
집행정지를 포함) 또는 정직의 제재조치를 받은 사람으로서 제재조치 종료일부터
4년이 지나지 아니한 사람(제12의2호), xv) 새마을금고법 또는 금융관계법령에

---

5) 제7호 삭제 <2023. 4. 11.>

따라 재직 또는 재임 중이었더라면 징계면직 또는 해임요구의 조치를 받았을 것으로 통보된 퇴임 직원이나 임원으로서 그 통보가 있은 날부터 5년(통보가 있은 날부터 5년이 퇴직 또는 퇴임한 날부터 7년을 초과하는 경우에는 퇴직 또는 퇴임한 날부터 7년으로 한다)이 지나지 아니한 사람(제13호), xvi) 새마을금고법 또는 금융관계법령에 따라 재임 또는 재직 중이었더라면 직무정지 또는 정직의 제재조치를 받았을 것으로 통보된 퇴임 임원이나 퇴직한 직원으로서 그 통보가 있은 날부터 4년(통보가 있은 날부터 4년이 퇴임 또는 퇴직한 날부터 6년을 초과하는 경우에는 퇴임 또는 퇴직한 날부터 6년으로 한다)이 지나지 아니한 사람(제13의2호), xvii) 법원의 판결이나 다른 법률에 따라 자격을 잃거나 정지된 사람(제14호), xviii) 공공기관 또는 다른 법인이나 회사에서 징계면직된 사람으로서 징계면직된 날부터 2년이 지나지 아니한 사람(제15호)은 중앙회의 임원이 될 수 없다(법64의2⑥, 법21① 본문).[6]

2. 임원 결격사유의 발생과 퇴직

임원에게 위의 임원 결격사유(제12호의2는 제외)에 따른 사유가 발견되거나 발생한 경우에는 해당 임원은 당연 퇴임된다(법64의2⑥, 법21②).

3. 퇴직 전 행위의 효력 유지

퇴임한 임원이 퇴임 전에 관여한 행위는 그 효력을 잃지 아니한다(법64의2⑥, 법21③).

4. 범죄 경력조회 등 협조 요청과 회보

금고와 중앙회는 임원 또는 임원 후보자에게 제1항의 결격사유가 있는지를 확인하기 위하여 주된 사무소를 관할하는 경찰관서의 장에게 제1항 제3호부터 제6호까지 및 제8호부터 제11호까지, 제11호의2 및 제11호의3에 해당하는 범죄의 경력조회 등 필요한 협조를 요청할 수 있고, 해당 경찰관서의 장은 그 결과를 회보하여야 한다(법64의2⑥, 법21④).[7]

---

6) 부칙 <법률 제19329호, 2023. 4. 11.> 제6조(임원의 결격사유에 관한 경과조치) 이 법 시행 당시 재임 중인 임원에 대해서는 제21조 제1항의 개정규정(제64조의2 제6항에서 준용하는 경우를 포함)에도 불구하고 해당 임원의 임기가 만료될 때까지는 종전의 규정에 따른다.

7) [개정: 2023. 4. 11.][시행일: 2023. 10. 12.]

5. 임원의 입후보 제한 등

중앙회에 준용하는 제21조(임원의 결격 사유) 제1항 제1호부터 제6호까지, 같은 항 제8호부터 제11호까지, 같은 항 제11호의2·제11호의3·제12호·제12호의2·제13호·제13호의2·제14호·제15호의 임원의 결격사유 외에 필요한 사항은 대통령령으로 정한다(법64의2⑩).

Ⅵ. 벌금형의 분리 선고

형법 제38조(경합범과 처벌례)에도 불구하고 제21조(임원의 결격 사유) 제1항 제8호·제11호의2 또는 제11호의3에 규정된 죄와 다른 죄의 경합범에 대하여 벌금형을 선고하는 경우에는 이를 분리하여 선고하여야 한다(법64의2⑥, 법21의2).8)

Ⅶ. 임원의 선거운동 제한

1. 공영제 원칙

임원의 선거운동은 공영제를 원칙으로 한다(법64의2⑥, 법22①).

2. 금지행위

누구든지 자기 또는 특정인을 중앙회의 임원으로 당선되게 하거나 당선되지 못하게 할 목적으로 ⅰ) 회원(제9조에 따라 회원이 될 수 있는 자를 포함)이나 그 가족(회원의 배우자, 회원 또는 그 배우자의 직계존비속과 형제자매, 회원의 직계존비속 및 형제자매의 배우자)에게 금품·향응, 그 밖의 재산상의 이익이나 공사(公私)의 직(職)을 제공, 제공의 의사표시 또는 그 제공을 약속하는 행위(제1호), ⅱ) 후보자가 되지 아니하게 하거나 후보자가 된 것을 사퇴하게 할 목적으로 후보자가 되려는 사람이나 후보자에게 제1호에 규정된 행위를 하는 경우(제2호), ⅲ) 제1호 또는 제2호에 규정된 이익이나 직을 제공받거나 그 제공의 의사표시를 승낙하는 행위 또는 그 제공을 요구하거나 알선하는 행위(제3호), ⅳ) 후보자에 관하여 거짓의 사실(학력 포함)을 유포하거나 공연히 사실을 적시(摘示)하여 비방하는 행위

---

8) [개정: 2023. 4. 11.][시행일: 2023. 10. 12.]

(제4호), ⅴ) 임원의 임기만료일 전 90일(보궐선거 또는 재선거의 경우 임원선거 공고일)부터 선거일까지 회원의 호별(사업장을 포함)로 방문하거나 특정장소에 모이게 하는 행위(제5호)를 할 수 없다(법64의2⑥, 법22②).[9]

3. 선거운동의 방법 제한

선거운동을 할 수 있는 사람은 후보자에 한정하며, 후보자는 임원 선거와 관련하여 ⅰ) 금고에서 발행하는 선거공보 제작 및 배부(제1호), ⅱ) 금고에서 개최하는 합동연설회 또는 공개토론회에서의 지지 호소(제2호), ⅲ) 전화(문자메시지 포함) 및 컴퓨터통신(전자우편 포함)을 이용한 지지 호소(제3호), ⅳ) 도로·시장 등 행정안전부령으로 정하는 다수인이 왕래하거나 모이는 공개된 장소에서의 지지 호소 및 명함 배부(제4호)[10]의 방법 외의 선거운동을 할 수 없다(법64의2⑥, 법22③).

4. 선거운동 기간

선거운동은 후보자등록마감일의 다음 날부터 선거일 전날까지만 할 수 있다(법22③ 본문). 다만, 후보자가 선거일에 합동연설회 또는 공개토론회에서 자신의 소견을 발표하는 때에는 그러하지 아니하다(법64의2⑥, 법22③ 단서).[11]

5. 선거운동 방법 등

선거운동 방법 등에 관한 세부적인 사항은 행정안전부령으로 정한다(법64의2⑥, 법22⑤).[12]

Ⅷ. 기부행위의 제한

1. 기부행위의 의의

중앙의 임원선거 후보자(후보자가 되려는 사람 포함), 그 배우자 및 후보자가

---

9) 부칙 <법률 제19329호, 2023. 4. 11.> 제5조(선거운동 방법 및 선거운동 기간에 관한 적용례) 제22조 제3항·제4항의 개정규정(제64조의2 제6항에서 준용하는 경우를 포함)은 이 법 시행 이후 선거일을 공고하는 선거부터 적용한다.
10) [개정: 2023. 4. 11.][시행일: 2023. 10. 12.]
11) [개정: 2023. 4. 11.][시행일: 2023. 10. 12.]
12) [개정: 2023. 4. 11.][시행일: 2023. 10. 12.]

속한 기관·단체·시설은 임원의 임기만료일 전 180일(재선거 또는 보궐선거의 경우에는 그 선거의 실시 사유가 확정된 날)부터 그 선거일까지 회원(중앙회에 가입신청을 한 사람을 포함)이나 그 가족 또는 회원이나 그 가족이 설립·운영하고 있는 기관·단체·시설에 대하여 금전·물품이나 그 밖의 재산상 이익의 제공, 이익제공의 의사표시 또는 그 제공을 약속하는 행위("기부행위")를 할 수 없다(법64의2⑥, 법22의2①).13)

2. 기부행위로 보지 않는 행위

다음의 어느 하나에 해당하는 행위는 기부행위로 보지 아니한다(법64의2⑥, 법22의2②).

(1) 직무상의 행위

직무상의 행위, 즉 ⅰ) 후보자가 소속된 기관·단체·시설(나목에 따른 금고는 제외)의 자체 사업 계획과 예산으로 하는 의례적인 금전·물품을 그 기관·단체·시설의 명의로 제공하는 행위(포상 및 화환·화분 제공행위를 포함)(가목), ⅱ) 법령과 정관에 따른 금고의 사업계획 및 예산에 따라 집행하는 금전·물품을 그 기관·단체·시설의 명의로 제공하는 행위(포상 및 화환·화분 제공행위를 포함)(나목), ⅲ) 물품구매, 공사, 역무의 제공 등에 대한 대가의 제공 또는 부담금의 납부 등 채무를 이행하는 행위(다목), ⅳ) 가목부터 다목까지에 해당하는 행위 외에 법령의 규정에 따라 물품 등을 찬조·출연 또는 제공하는 행위(라목)는 기부행위로 보지 아니한다(법64의2⑥, 법22의2②(1)).

(2) 의례적 행위

의례적 행위, 즉 ⅰ) 민법 제777조에 따른 친족("친족")의 관혼상제 의식이나 그 밖의 경조사에 축의·부의금품을 제공하는 행위(가목), ⅱ) 후보자가 친족 외의 자의 관혼상제 의식에 통상적인 범위에서 축의·부의금품(화환·화분을 포함)을 제공하거나 주례를 서는 행위(나목), ⅲ) 후보자의 관혼상제 의식이나 그 밖의 경조사에 참석한 하객이나 조객(弔客) 등에게 통상적인 범위에서 음식물이나 답례품을 제공하는 행위(다목), ⅳ) 후보자가 그 소속 기관·단체·시설(후보자가 임원

---

13) [제22조의2 신설 2023. 4. 11.][시행일: 2023. 10. 12.]

이 되려는 해당 금고는 제외)의 유급(有給) 사무직원 또는 친족에게 연말·설 또는 추석에 의례적인 선물을 제공하는 행위(라목), ⅴ) 친목회·향우회·종친회·동창회 등 각종 사교·친목단체 및 사회단체의 구성원으로서 해당 단체의 정관·규약 또는 운영관례상의 의무에 기초하여 종전의 범위에서 회비를 내는 행위(마목), ⅵ) 후보자가 평소 자신이 다니는 교회·성당·사찰 등에 통상적으로 헌금(물품의 제공을 포함)하는 행위(바목)는 기부행위로 보지 아니한다(법64의2⑥, 법22의2②(2)).

(3) 구호적·자선적 행위에 준하는 행위

공직선거법 제112조 제2항 제3호에 따른 구호적·자선적 행위에 준하는 행위는 기부행위로 보지 아니한다(법22의2②(3)). 즉 공직선거법 제112조 제2항 제3호에 따른 구호적·자선적 행위는 ⅰ) 법령에 의하여 설치된 사회보호시설중 수용보호시설에 의연금품을 제공하는 행위(가목), ⅱ) 재해구호법의 규정에 의한 구호기관(전국재해구호협회를 포함) 및 대한적십자사 조직법에 의한 대한적십자사에 천재·지변으로 인한 재해의 구호를 위하여 금품을 제공하는 행위(나목), ⅲ) 장애인복지법 제58조에 따른 장애인복지시설(유료복지시설을 제외)에 의연금품·구호금품을 제공하는 행위(다목), ⅳ) 국민기초생활 보장법에 의한 수급권자인 중증장애인에게 자선·구호금품을 제공하는 행위(라목), ⅴ) 자선사업을 주관·시행하는 국가·지방자치단체·언론기관·사회단체 또는 종교단체 그 밖에 국가기관이나 지방자치단체의 허가를 받아 설립된 법인 또는 단체에 의연금품·구호금품을 제공하는 행위(다만, 광범위한 선거구민을 대상으로 하는 경우 제공하는 개별 물품 또는 그 포장지에 직명·성명 또는 그 소속 정당의 명칭을 표시하여 제공하는 행위는 제외)(마목), ⅵ) 자선·구호사업을 주관·시행하는 국가·지방자치단체, 그 밖의 공공기관·법인을 통하여 소년·소녀가장과 후원인으로 결연을 맺고 정기적으로 제공하여 온 자선·구호금품을 제공하는 행위(바목), ⅶ) 국가기관·지방자치단체 또는 구호·자선단체가 개최하는 소년·소녀가장, 장애인, 국가유공자, 무의탁노인, 결식자, 이재민, 국민기초생활 보장법에 따른 수급자 등을 돕기 위한 후원회 등의 행사에 금품을 제공하는 행위(다만, 개별 물품 또는 그 포장지에 직명·성명 또는 그 소속 정당의 명칭을 표시하여 제공하는 행위는 제외)(사목), ⅷ) 근로청소년을 대상으로 무료학교(야학을 포함)를 운영하거나 그 학교에서 학생들을 가르치는 행위(아목)는 기부행위로 보지 아니한다(법64의2⑥, 법22의2②(3)).

3. 통상적인 범위에서 제공할 수 있는 축의·부의금품 등의 금액 범위

통상적인 범위에서 1명에게 제공할 수 있는 축의·부의금품, 음식물, 답례품 및 의례적인 선물의 금액 범위는 행정안전부령으로 정한다(법64의2⑥, 법22의2③).

4. 기부행위의 약속 등 금지

누구든지 기부행위를 약속·지시·권유·알선 또는 요구할 수 없다(법64의2 ⑥, 법22의2④).

5. 해당 선거에 관한 기부행위 제한 등

누구든지 해당 선거에 관하여 후보자를 위하여 기부행위를 하거나 하게 할 수 없다(법64의2⑥, 법22의2⑤ 전단). 이 경우 후보자의 명의를 밝혀 기부행위를 하거나 후보자가 기부하는 것으로 추정할 수 있는 방법으로 기부행위를 하는 것은 해당 선거에 관하여 후보자를 위한 기부행위로 본다(법64의2⑥, 법22의2⑤ 후단).

6. 회장의 재임 중 기부행위 금지 등

회장은 재임 중 기부행위를 할 수 없다(법22의2⑥ 본문). 다만, ⅰ) 해당 중앙회의 경비로 관혼상제 의식이나 그 밖의 경조사에 축의·부의금품을 제공하면서 해당 중앙회의 경비임을 명기하여 해당 중앙회의 명의로 한 경우(해당 중앙회 회장의 직명 또는 성명을 밝히거나 그가 하는 것으로 추정할 수 있는 방법으로 하는 행위는 제외)(제1호), ⅱ) 기부행위로 보지 아니하는 행위(제2호)의 어느 하나에 해당하는 경우에는 그러하지 아니하다(법22의2⑥ 단서).

Ⅸ. 선거관리위원회

1. 설치·구성·운영·직무 등

(1) 구성·운영

중앙회는 임원 선거를 공정하게 관리하기 위하여 선거관리위원회를 구성· 운영한다(법64의2⑥, 법23①).

선거관리위원회의 구성·운영·직무 등에 필요한 사항은 정관으로 정한다(법64의2⑥, 법23①, 영10의3⑧).

(2) 설치기간

선거관리위원회의 설치기간은 임원 선거 공고일 전날부터 선거일 후 2개월이 되는 날까지로 한다(법64의2⑥, 법23①, 영10의3①).

(3) 위원의 자격요건

선거관리위원회는 이사회가 위촉하는 5명 이상의 위원으로 구성하며, 2명 이상의 위원을 회원이 아닌 사람으로 위촉하되 그 자격요건 등은 대통령령으로 정한다(법64의2⑥, 법23②).

(가) 위원의 결격자

다음의 어느 하나에 해당하는 사람, 즉 ⅰ) 해당 임원 선거에서 임원 후보자로 등록한 사람(제1호), ⅱ) 임원 후보자와 민법 제777조에 따른 친족 관계에 있는 사람(제2호), ⅲ) 파산선고를 받은 사람(법10②(2)) 및 피성년후견인이 된 사람(법10②(3))(제3호), ⅳ) 회원에서 제명된 날부터 2년이 지나지 아니한 사람(제4호)은 선거관리위원회의 위원이 될 수 없다(법64의2⑥, 법23①, 영10의3②).

(나) 위원의 자격

중앙회의 회원이 아닌 사람으로서 선거관리위원회의 위원이 될 수 있는 사람은 ⅰ) 선거관리위원회법에 따른 선거관리위원회에서 선거관리위원 또는 공무원으로 3년 이상 근무한 경력이 있는 사람(제1호), ⅱ) 공무원으로 5년 이상 근무한 경력이 있는 사람(제2호), ⅲ) 중앙회 또는 금고에서 5년 이상 임직원으로 근무한 경력이 있는 사람(제3호), ⅳ) 그 밖에 제1호부터 제3호까지의 규정에 준하는 사람으로서 정관으로 정하는 사람(제4호)으로 한다(법64의2⑥, 법23①, 영10의3③).

(4) 위원장

선거관리위원회의 위원장("선거관리위원장")은 위원 중에서 호선하고, 선거관리위원회를 대표하며, 선거관리위원회의 의장이 된다(법64의2⑥, 법23①, 영10의3④).

선거관리위원장이 부득이한 사유로 직무를 수행할 수 없을 때에는 위원 중에서 호선하여 위원장의 직무를 대행하게 한다(법64의2⑥, 법23①, 영10의3⑤).

(5) 직무

선거관리위원회는 후보자의 자격심사, 선거인명부의 확정, 그 밖에 정관으로 정하는 사무를 관장한다(법64의2⑥, 법23①, 영10의3⑥).

(6) 개의와 의결

선거관리위원회는 위원 과반수의 출석으로 개의하고, 출석위원 과반수의 찬성으로 의결한다(법64의2⑥, 법23①, 영10의3⑦).

2. 공명선거감시단의 구성

(1) 설치

불법선거운동 감시를 위하여 선거관리위원회에 공명선거감시단을 둔다(법64의2⑥, 법23③).

(2) 구성

공명선거감시단은 선거관리위원회의 의결을 거쳐 위촉한 3명 이상 7명 이내의 단원으로 구성한다(법64의2⑥, 법23③, 영10의4①).

(3) 위원 또는 단원의 자격

금고의 임직원은 선거관리위원회의 위원 또는 공명선거감시단의 단원이 될 수 없다(법64의2⑥, 법23④).

(4) 업무

공명선거감시단은 선거관리위원회의 지휘를 받아 불법선거운동의 예방 및 감시 등의 업무를 수행한다(법64의2⑥, 법23④, 영10의4②).

(5) 공명선거감시단원의 해촉 사유

선거관리위원회는 공명선거감시단의 단원이 ⅰ) 법규를 위반하거나 그 임무를 수행할 때 불공정한 행위를 하거나 할 우려가 있는 경우(제1호), ⅱ) 정당한 사유 없이 소속된 선거관리위원회의 지휘명령에 따르지 아니하거나 그 임무를 게을리 한 경우(제2호), ⅲ) 임무수행 중 입수한 자료를 유출하거나 알게 된 정보를 누설한 경우(제3호), ⅳ) 공명선거감시단의 단원으로서의 품위를 손상시키거나 선거관리위원회의 위신을 실추시킨 행위를 한 경우(제4호), ⅴ) 건강, 그 밖의 사유로 임무를 성실히 수행할 수 없다고 판단되는 경우(제5호)에는 해당 단원을 해촉할 수 있다(법64의2⑥, 법23④, 영10의4③).

(6) 정관 규정

공명선거감시단의 구성·운영·직무 등에 필요한 사항은 정관으로 정한다(법64의2⑥, 법23④, 영10의4④).

3. 선거관리의 위탁

(1) 회장 선거 관리의 의무위탁

중앙회는 회장 선거의 관리에 대하여 정관으로 정하는 바에 따라 그 주된 사무소의 소재지를 관할하는 선거관리위원회법에 따른 중앙선거관리위원회에 위탁하여야 한다(법64의2⑥, 법23의2①).

2021년 10월 19일 개정 전에는 선거관리를 임의적으로 구·시·군선거관리위원회에 위탁할 수 있도록 규정하고 있었다. 그러나 선거 과정에서 선거부정 등이 발생하는 사례가 나타나고 있었다. 이에 중앙회장 및 중앙회장 외의 중앙회 임원 선거를 위탁하는 경우에는 구·시·군선거관리위원회가 아닌 중앙선거관리위원회에 위탁하도록 하였다.

(2) 회장을 제외한 임원선거 관리의 임의위탁

중앙회는 회장을 제외한 임원선거의 관리에 대하여 정관으로 정하는 바에 따라 그 주된 사무소의 소재지를 관할하는 선거관리위원회법에 따른 중앙선거관리위원회에 위탁할 수 있다(법64의2⑥, 법23의2②).

Ⅹ. 경업자의 임직원 취임 금지

1. 경업자의 임직원 겸직제한

중앙회의 사업과 실질적으로 경쟁관계에 있는 사업을 경영하거나 이에 종사하는 자는 중앙회의 임원이나 직원이 될 수 없다(법64의2⑥, 법24①).

2. 실질적 경쟁관계에 있는 사업의 범위

(1) 원칙

실질적인 경쟁관계에 있는 사업의 범위는 ⅰ) 금융위원회법 제38조[14]에 따른 검사대상기관(제1호), ⅱ) 농업협동조합법에 따른 지역농업협동조합, 지역축산업협동조합, 품목별·업종별협동조합 및 농업협동조합중앙회(제2호), ⅲ) 수산업협동조합법에 따른 지구별수산업협동조합, 업종별수산업협동조합, 수산물가공수산업협동조합 및 수산업협동조합중앙회(제3호), ⅳ) 산림조합법에 따른 지역산림조합, 품목별·업종별산림조합 및 산림조합중앙회(제4호), ⅴ) 우체국예금보험법에 따른 체신관서(제5호), ⅵ) 보험업법에 따른 보험대리점·보험설계사 및 보험중개사(제6호), ⅶ) 대부업법에 따른 대부업자(제7호), ⅷ) 자산유동화법에 따른 유동화전문회사(제8호), ⅸ) 그 밖에 행정안전부장관이 지정하는 사업자(제9호)가 하는 사업으로 한다(법64의2⑥, 법24②, 영29① 본문 및 영11①).

(2) 예외

금고 또는 중앙회가 출자한 법인이 수행하고 있는 사업은 제외한다(법64의2⑥, 법24②, 영29① 단서).

XI. 임원의 성실의무와 책임

1. 성실의무

중앙회의 임원은 새마을금고법과 새마을금고법에 따라 하는 명령과 정관·규정 및 총회와 이사회의 의결 사항을 지키고 중앙회를 위하여 성실히 그 직무를 수행하여야 한다(법64의2⑥, 법25①).

2. 중앙회에 대한 손해배상책임

임원이 그 직무를 수행할 때 고의나 과실(비상근임원의 경우에는 고의나 중대

---

14) 은행, 금융투자업자, 증권금융회사, 종합금융회사 및 명의개서대행회사, 보험회사, 상호저축은행과 그 중앙회, 신용협동조합 및 그 중앙회, 여신전문금융회사 및 겸영여신업자, 농협은행, 수협은행, 다른 법령에서 금융감독원이 검사를 하도록 규정한 기관, 그 밖에 금융업 및 금융 관련 업무를 하는 자로서 대통령령으로 정하는 자를 말한다.

한 과실)로 중앙회에 끼친 손해에 대하여는 연대하여 손해배상의 책임을 진다(법 64의2⑥, 법25②).

3. 타인에 대한 손해배상책임

임원이 그 직무를 수행할 때 고의나 중대한 과실로 타인에게 끼친 손해에 대하여는 연대하여 손해배상의 책임을 진다(법64의2⑥, 법25③).

4. 거짓의 결산보고 등: 중앙회 또는 타인에 대한 손해배상책임

임원이 결산보고서에 거짓으로 기록, 등기 또는 공고를 하여 중앙회나 타인에게 손해를 끼친 경우에도 손해배상의 책임을 진다(법64의2⑥, 법25④).

5. 찬성 임원의 손해배상책임

이사회가 고의나 중대한 과실로 금고에 손해를 끼친 경우에는 그 고의나 중대한 과실에 관련된 이사회에 출석한 임원은 그 손해에 대하여 연대하여 손해배상의 책임을 진다(법64의2⑥, 법25⑤ 본문). 다만, 그 회의에서 반대 의사를 표시한 임원은 그러하지 아니하다(법64의2⑥, 법25⑤ 단서).

6. 구상권의 행사

위 손해배상책임(법25②③④⑤)에 따른 구상권은 회장과 상근이사를 포함한 이사에 대하여는 감사위원장이, 임원 전원에 대하여는 회원 3분의 1 이상의 동의를 받은 회원대표가 행사한다(법64의2⑥, 법25⑥).

7. 직무에 대한 신원보증

정관으로 정하는 임원은 그 직무에 관하여 신원보증을 하여야 한다(법64의2⑥, 법25⑦).

8. 상근임원의 겸직금지

상근하는 임원은 다른 법인이나 회사의 상근직을 겸할 수 없다(법64의2⑥, 법25⑧).

XII. 임원의 해임

임원은 총회의 의결로써 해임하며, 그 절차나 그 밖에 필요한 사항은 대통령령으로 정한다(법64의2⑥, 법19⑧).

1. 해임요구

총회에서 임원의 해임의결을 하려면 재적회원 3분의 1 이상의 요구가 있어야 한다(법64의2⑥, 법19⑧, 영9①).

2. 해임요구 사항 통지와 변명 기회 부여

회장은 해임요구가 있으면 늦어도 총회 개최일 7일 전까지 해당 임원에게 해임요구에 관한 사항을 알리고 총회에서 변명할 기회를 주어야 한다(법64의2⑥, 법19⑧, 영9②).

3. 정관 규정

임원의 해임에 관하여 그 밖에 필요한 사항은 정관으로 정한다(법64의2⑥, 법19⑧, 영9③).

XIII. 민법·상법의 준용

중앙회의 임원에 관하여는 민법 제35조, 제63조 및 상법 제382조 제2항, 제386조 제1항을 각각 준용한다(법64의2⑥, 법26①). 여기서는 준용규정을 살펴본다.

1. 중앙회의 불법행위능력

중앙회는 임원 기타 대표자가 그 직무에 관하여 타인에게 가한 손해를 배상할 책임이 있다(민법35① 본문). 임원 기타 대표자는 이로 인하여 자기의 손해배상책임을 면하지 못한다(민법35① 단서).

중앙회의 목적범위 외의 행위로 인하여 타인에게 손해를 가한 때에는 그 사항의 의결에 찬성하거나 그 의결을 집행한 회원, 임원 및 기타 대표자가 연대하여 배상하여야 한다(민법35①).

2. 임시이사의 선임

이사가 없거나 결원이 있는 경우에 이로 인하여 손해가 생길 염려 있는 때에는 법원은 이해관계인이나 검사의 청구에 의하여 임시이사를 선임하여야 한다 (민법63).

3. 중앙회와 임원의 관계

중앙회와 임원의 관계는 민법의 위임에 관한 규정(민법 제682조 이하)을 준용한다(상법382②).

4. 이사의 결원: 퇴임임원의 지위 유지

법률 또는 정관에 정한 임원의 원수를 결한 경우에는 임기의 만료 또는 사임으로 인하여 퇴임한 이사는 새로 선임된 임원이 취임할 때까지 이사의 권리의무가 있다(상법386①).

XIV. 서류 비치 등의 의무

1. 이사장의 정관 등 비치의무

회장은 정관과 총회의 의사록 및 회원 명부를 주된 사무소에 갖추어 두어야 한다(법64의2⑥, 법27①).

2. 정관 등 서류 열람 및 사본 청구

회원이나 중앙회의 채권자는 정관과 총회의 의사록 및 회원 명부를 열람할 수 있으며, 중앙회가 정한 비용을 지급하고 그 서류의 사본을 청구할 수 있다(법64의2⑥, 법27②).

XV. 대리인의 선임

1. 회장과 신용공제대표이사의 대리인 선임

회장과 신용공제대표이사는 이사나 직원 중에서 중앙회의 업무에 관한 일체

의 재판상 또는 재판 외의 행위를 할 수 있는 대리인을 선임할 수 있다(법64의2
⑧).

2. 대리인의 선임등기

회장 및 신용공제대표이사는 대리인을 선임하면 선임한 날부터 2주 내에 중
앙회의 주된 사무소 및 그 분사무소 소재지에서 ⅰ) 대리인의 성명·주민등록번
호 및 주소(제1호), ⅱ) 대리인을 두는 주된 사무소나 그 분사무소의 명칭 또는
소재지(제2호), ⅲ) 대리인의 권한을 제한하는 경우에는 그 제한 내용(제3호)의 사
항을 등기하여야 한다(법64의2⑨, 영30① 전단). 그 등기사항에 변경이 있는 경우
에도 또한 같다(법64의2⑨, 영30① 후단).

대리인 선임에 관한 등기를 하려는 때에는 대리인의 선임에 관한 서류를 첨
부하여야 하며, 대리인의 권한을 제한하는 경우에는 그 제한 내용을 등기하려는
때에는 그 제한 내용이 적힌 서류를 첨부하여야 한다(법64의2⑨, 영30②).

XVI. 인사추천위원회

1. 설치

중앙회에 감사위원, 상근이사, 금고감독위원회의 위원을 추천하기 위하여
인사추천위원회를 둔다(법64의3①).

2. 구성

인사추천위원회("위원회")는 위원장 1명을 포함하여 7명의 위원으로 구성한
다(법64의3②, 영30의3①).

3. 위원장과 위원

위원회의 위원장은 위원 중에서 호선한다(법64의3②, 영30의3③). 위원회의
위원은 이사회가 위촉하는 ⅰ) 중앙회 이사가 아닌 금고 이사장 2명(제1호), ⅱ)
중앙회 이사인 금고 이사장 2명(제2호), ⅲ) 금융 또는 법률에 관한 학식과 경험
이 풍부한 외부전문가(공무원은 제외) 중에서 행정안전부장관이 회장과 협의를 거

쳐 추천하는 1명(제3호), iv) 금융 또는 법률에 관한 학식과 경험이 풍부한 외부 전문가 2명(공무원은 제외)(제4호)의 사람이 된다(법64의3②, 영30의3②).

4. 회의

위원회의 위원장은 위원회의 회의를 소집하고 그 의장이 된다(법64의3②, 영 30의3④). 위원회의 회의는 재적위원 과반수의 출석으로 개의하고, 출석위원 과반 수의 찬성으로 의결한다(법64의3②, 영30의3⑤).

앞에서 규정한 사항 외에 위원회의 운영에 관하여 필요한 사항은 정관으로 정한다(법64의3②, 영30의3⑥).

제7절 집행간부 또는 직원의 임면

Ⅰ. 직원의 임면

직원은 회장이 임면하되, 신용공제대표이사, 지도이사, 금고감독위원장 또 는 전무이사의 소관 업무에 종사하는 직원의 승진과 전보는 정관으로 정하는 바 에 따라 회장이 신용공제대표이사, 지도이사, 금고감독위원장 또는 전무이사와 각각 협의하여 한다(법66①).

Ⅱ. 직원의 자격 등에 필요한 사항

직원의 자격 등에 필요한 사항은 정관으로 정한다(법66②).

사 업

제1절 자금차입 등

Ⅰ. 행정안전부장관의 승인 여부

1. 원칙: 승인 필요

중앙회는 사업을 원활하게 수행하기 위하여 필요한 경우에는 행정안부장관의 승인을 받아 필요한 자금을 차입할 수 있다(법67② 본문).

2. 예외: 승인 불요

신용사업에 필요한 자금을 차입하는 경우에는 승인받지 아니하고 차입할 수 있다(법67② 단서).

Ⅱ. 자금차입의 대상

중앙회는 국가·공공단체 또는 금융기관으로부터 소요 자금을 차입할 수 있다(법67④, 법28③, 영32①).

Ⅲ. 자금의 차입한도

소요 자금의 차입한도는 출자금 총액과 적립금 합계액의 5배를 초과할 수
없다(법67④, 법28③, 영32②).

제2절 타법인에의 출자

Ⅰ. 자기자본 범위 내 출자

중앙회는 문화 복지 후생사업(법67④, 법28①(2)) 및 지역사회 개발사업(법67
④, 법28①(4))을 수행하기 위하여 필요하면 자기자본의 범위에서 다른 법인에 출
자할 수 있다(법67③).

Ⅱ. 이사회 의결

다른 법인에 출자하고자 할 때에는 출자의 목적, 출자대상 기업의 실태조서,
출자조건과 범위, 자기자본의 현황 등에 관한 사항을 이사회의 의결을 받아야 한
다(정관59④).

제3절 비회원의 사업 이용

중앙회는 회원의 이용에 지장이 없는 범위에서 비회원에게 사업을 이용하게
할 수 있다(법67④, 법30).

제4절 불공정한 거래행위의 금지 등

Ⅰ. 의의

중앙회는 ⅰ) 여신거래와 관련하여 차용인의 의사에 반하여 예탁금, 적금 등 금고가 취급하는 상품의 가입 또는 매입을 강요하는 행위(제1호), ⅱ) 금고의 우월적 지위를 이용하여 차용인의 권익을 부당하게 침해하는 행위(제2호)의 어느 하나에 해당하는 행위("불공정거래행위")를 하여서는 아니 된다(법67④, 법28의2①).

Ⅱ. 불공정거래행위의 유형 및 기준

불공정거래행위의 구체적인 유형 및 기준은 다음과 같다(법67④, 법28의2②, 영16의2).

1. 예탁금 등 상품의 해약 또는 인출 제한 금지

중앙회는 여신거래와 관련하여 차용인의 의사에 반하여 예탁금, 적금 등 금고가 취급하는 상품의 해약 또는 인출을 제한하는 행위를 하여서는 아니 된다(영 16의2(1)).

여기서 차용인의 의사에 반하여 예금, 적금 등 금고가 취급하는 금융상품(시행령 제16조의2 제1호의 상품)의 해약 또는 인출을 제한하는 행위는 차용인의 동의 없이 담보권을 설정하거나 정당한 사유 없이 사고계좌 등으로 전산등록을 하는 방법으로 금융상품의 해약 또는 인출을 제한하는 행위를 말한다(감독기준4의2①).

2. 포괄근담보 또는 포괄근보증 요구 금지

중앙회는 여신거래와 관련하여 차용인 또는 제3자로부터 담보 또는 보증을 취득할 때 정당한 사유 없이 포괄근담보(현재 발생하였거나 장래에 발생할 다수의 채무 또는 불확정 채무를 일정한 한도에서 담보하기 위한 물건 또는 권리를 제공하는 것) 또는 포괄근보증(현재 발생하였거나 장래에 발생할 다수의 채무 또는 불확정 채무를 일정한 한도에서 보증하는 것)을 요구하는 행위를 하여서는 아니 된다(영16의2(2)).

여기서 정당한 사유 없이 포괄근담보 또는 포괄근보증을 요구하는 행위는
다음의 어느 하나에 해당하는 행위를 말한다(감독기준4의3①).

1. 차용인 또는 제3자로부터 담보를 취득할 경우 포괄근담보를 요구하는 행위.
   다만, 다음 각 목의 요건을 모두 갖춘 경우에 한하여 포괄근담보로 운용할
   수 있다.
   가. 차용인이 해당 금고와 장기적으로 지속적인 거래관계가 있는 기업(개인
       기업을 포함)일 것
   나. 금고가 포괄근담보의 설정효과에 대해 담보제공자에게 충분히 설명하고
       담보제공자가 포괄근담보의 설정에 동의할 것
   다. 금고가 포괄근담보가 담보제공자에게 객관적으로 편리하다는 사실을 구
       체적으로 입증할 수 있는 자료를 작성하여 보관할 것
2. 차용인 또는 제3자로부터 담보를 취득하면서 담보되는 채무의 종류와 범위
   를 포괄적으로 정하여 사실상 포괄근담보를 요구하는 행위
3. 차용인 또는 제3자로부터 보증을 취득할 경우 포괄근보증을 요구하는 행위.
   다만, 기업의 실질적 소유주(과점주주 포함)라고 판단되는 경우에 한하여 포
   괄근보증으로 운용할 수 있다.

3. 담보제공자에 대한 연대보증 추가 요구 금지

중앙회는 여신거래와 관련하여 제3자인 담보제공자에게 연대보증을 추가적
으로 요구하는 행위를 하여서는 아니 된다(영16의2(3)).

이와 관련하여 제3자가 해당 중앙회에 예치되어 있는 예탁금, 적금 등을 담
보로 제공하고, 연대보증의 책임을 담보제공 범위 내로 제한하는 경우에는 불공
정거래행위로 보지 아니한다(감독기준4의3②).

4. 중소기업 대표자 등의 의사에 반하는 상품의 가입 등 강요 금지

(1) 의의

중앙회는 여신거래와 관련하여 차용인인 중소기업(중소기업기본법 제2조에 따
른 중소기업 중 행정안전부장관이 정하여 고시하는 중소기업)의 대표자·임원 등 행정
안전부장관이 정하여 고시하는 차용인의 관계인의 의사에 반하여 금고가 취급하
는 상품의 가입 또는 매입을 강요하는 행위를 하여서는 아니 된다(영16의2(4)).

(2) 행정안전부장관이 정하여 고시하는 중소기업

여기서 "행정안전부장관이 정하여 고시하는 중소기업"이란 중소기업기본법 제2조 제1항에 따른 중소기업 중 통계법에 따른 한국표준산업분류상 금융업, 보험 및 연금업, 금융 및 보험 관련 서비스업을 영위하는 중소기업과 주채무계열에 소속된 중소기업은 제외한 중소기업을 말한다(감독기준4의2②).

(3) 행정안전부장관이 정하여 고시하는 차용인의 관계인

여기서 "행정안전부장관이 정하여 고시하는 차용인의 관계인"이란 중소기업의 대표자·임원·직원 및 그 가족(민법 제779조 제1항 제1호 중 배우자 및 직계혈족)을 말한다(감독기준4의2③).

5. 여신실행일 전후 1개월 이내에 상품의 판매 행위 금지 등

(1) 의의

중앙회는 여신거래와 관련하여 차용인인 중소기업, 그 밖에 행정안전부장관이 정하여 고시하는 차용인 및 차용인의 관계인에게 여신실행일 전후 1개월 이내에 금고가 취급하는 상품을 판매하는 행위로서 중앙회가 취급하는 상품의 특성·판매금액 등을 고려하여 행정안전부장관이 정하여 고시하는 요건에 해당하는 행위를 하여서는 아니 된다(영16의2(5)).

(2) 차용인인 중소기업, 그 밖에 행정안전부장관이 정하여 고시하는 차용인 및 차용인의 관계인

여기서 "차용인인 중소기업, 그 밖에 행정안전부장관이 정하여 고시하는 차용인 및 차용인의 관계인"이란 차용인인 중소기업, 차용인인 개인신용평점이 낮은 개인(중앙회의 신용평가 결과 신용평가회사의 개인신용평점 기준 하위 10%에 해당하는 자)과 차용인의 관계인 중 중소기업의 대표자를 말한다(감독기준4의2④).

(3) 행정안전부장관이 정하여 고시하는 요건에 해당하는 행위

여기서 "행정안전부장관이 정하여 고시하는 요건에 해당하는 행위"란 다음의 행위를 말한다(감독기준4의2⑤).

1. 여신실행일 전후 1월 이내에 다음 각 목의 어느 하나를 중앙회장이 정하는 방법으로 산출된 월수입금액이 여신금액의 1%를 초과하여 판매하는 행위
   가. 법 제28조 제1항 1호에 따른 예탁금, 적금
   나. 중소기업협동조합법 제115조에 따른 소기업·소상공인공제
   다. 전자금융거래법에 따른 선불전자지급수단, 상품권 등을 포함하며, 전통 시장 및 상점가 육성을 위한 특별법 제2조 제12호에 따른 온누리상품권 및 지방자치단체가 발행한 상품권을 제외한다.
2. 여신실행일 전후 1월 이내에 제1호 나목에 해당하지 아니하는 공제를 판매 하는 행위

(4) 행정안전부장관이 정하여 고시하는 요건에 해당하는 행위의 예외

제5항의 규정에도 불구하고 다음과 같이 해당 차용인에 대한 보호에 문제가 발생할 우려가 적다고 판단되는 경우는 제외한다(감독기준4의2⑥ 본문). 다만 제3호 및 제4호는 제5항 제2호에 규정된 금융상품에 대하여는 적용하지 아니한다(감독기준4의2⑥ 단서).

1. 법령에 따라 차용인이 금융상품을 해당 금고에 가입하는 것이 불가피한 경우
2. 입출금이 자유로운 예금상품으로서 전액인출이 가능한 금융상품에 가입하거 나, 상품권·선불카드를 기업의 내부수요 목적(직원복지용, 거래업체 선물용 등 기업 경영을 위해 필요한 경우)으로 구입하는 경우 또는 영업활동을 위한 대금 결제 또는 담보물 교체를 위해 금융상품에 가입하는 등 금융거래상 차 용인에게 필요한 경우
3. 여신실행일 전에 판매된 금융상품으로서 동 금융상품을 담보로 하고 그 담보 가능금액 범위 내에서 대출을 취급하는 경우
4. 월수입금액이 10만원 이하이고, 일시에 수취하는 금액이 100만원 이하인 소 액상품 등 차용인의 여유자금 운용을 위해 필요한 금융상품을 판매하는 경우
5. 금융상품을 만기해지 또는 중도해지한 후 해지금액 범위 내에서 재예치하는 경우
6. 담보물의 보존을 위해 화재보험 등이 필요하여 차용인의 의사에 따라 여신실 행 금고의 화재공제에 가입하는 경우
7. 일반손해공제에 가입하는 경우

6. 기타 행위

(1) 의의

그 밖에 제1호부터 제5호까지의 규정에 준하는 행위로서 차용인의 권익을 보호하기 위하여 행정안전부장관이 정하여 고시하는 행위를 하여서는 아니 된다(영16의2(6)).

(2) 행정안전부장관이 정하여 고시하는 행위

여기서 "행정안전부장관이 징하여 고시하는 행위"란 다음의 어느 하나에 해당하는 행위를 말한다(감독기준4의2⑦).

1. 여신거래와 관련하여 제3자 명의를 이용하거나 여신거래사무소 이외의 다른 사무소 또는 다른 금고를 이용하여 이루어지는 거래를 통해 실질적으로 차용인의 자금사용을 제한하는 행위
2. 여신실행일 전후 1월 이내에 법 제9조에 따른 출자금의 납입을 차용인의 의사에 반하여 강요하는 행위. 다만, 다음의 어느 하나에 해당하는 경우에는 구속행위로 보지 아니한다.
   가. 회원가입 및 유지를 위해 출자가 이루어지는 경우
   나. 회원이 출자금을 납입하는 경우
   다. 배당금 등 출자금의 원천이 회원 개인이 아닌 중앙회에서 발생한 경우
   라. 총회나 이사회의결 등에 의해 출자가 이루어지는 경우
   마. 대출취급 1개월 전, 출자금을 월 4회 이상 2개월 연속으로 납부하거나 월 1회 이상 3개 월 연속으로 납부하고 있는 경우
   바. 임원 피선거권을 갖추기 위한 출자의 경우

(3) 불공정거래행위로 의제되는 행위

다음의 어느 하나에 해당하는 행위는 시행령 제16조의2 제6호에 따른 불공정거래행위로 본다(감독기준4의3③).

1. 통상적인 대출담보비율을 초과하여 담보와 계열회사의 채무보증을 이중으로 요구하거나 계열회사의 중복채무보증을 요구하는 행위

2. 여신취급과 관련하여 백지수표를 받거나 담보용 백지어음의 보충권을 남용하는 행위

3. 여신거래처 고용임원에 대하여 연대입보를 요구하는 행위

4. 신용보증기금의 신용보증서 등 공신력 있는 금융기관의 지급보증서를 담보로 하는 여신에 대하여 연대보증인의 보증을 요구하는 행위. 다만, 부득이하여 보증하는 경우에도 연대보증인의 보증채무는 동 지급보증서에 의하여 담보되지 아니하는 부분에 한한다는 것을 명확하게 하여야 한다.

5. 중앙회 또는 그 임직원이 업무와 관련하여 직접 또는 간접적으로 금고이용자 또는 이해관계자로부터 금전, 물품, 편익 등을 부당하게 요구하거나 제공받는 행위로써 다음 각 목의 어느 하나에 해당하는 것을 말한다.

　　가. 중앙회가 제공받은 금전 등의 이익이 사회적 상규에 반하거나 공정한 업무수행을 저해하는 경우

　　나. 거래상대방과 비정상적인 금융상품 거래계약체결 등을 통해 이루어지는 경우

7. 과태료 부과기준

중앙회장은 중앙회 또는 그 임직원이 시행령 제16조의2 제1호·제4호·제5호·제6호의 규정을 위반하여 과태료의 부과를 행정안전부에 건의하는 경우에는 [별표 10]을 따라야 한다(감독기준4의2⑧).

제5절 여유자금의 운용

Ⅰ. 여유자금 운용의 방법

중앙회는 ⅰ) 금융기관에의 예탁이나 신탁업자에의 금전신탁(제1호), ⅱ) 국채, 지방채 및 회장이 정하는 유가증권의 매입(제2호), ⅲ) 그 밖에 여유자금의 안정성과 수익성을 저해하지 아니하는 범위에서 투자자산의 위험을 회피하기 위한 목적의 장외파생상품에 대한 투자(제3호)의 방법으로 여유자금을 운용한다(영 33, 감독기준30).

위의 운용 방법으로 자금을 운용함에 있어서는 수익률이 높은 종목을 선정하되 안정성이 보장되는 기관을 이용하여야 한다(정관61②).

Ⅱ. 여유자금 운용과 이자지급 또는 이익배분

중앙회는 금고로부터 수납받아 운용하는 여유자금(법67①(5) 가목)에 대하여는 금고에 이자를 지급하거나 운용실적에 따른 이익금을 분배할 수 있다(법67⑤). 여기서 중앙회가 이익금을 분배하는 경우에는 자본시장법을 적용하지 아니한다(법67⑥).

제6절 부동산의 소유 제한

중앙회는 사업상 필요하거나 채무를 변제받기 위하여 부득이한 경우 외에는 동산이나 부동산을 소유할 수 없다(법70④, 법31).

Ⅰ. 사업용 부동산의 임대

중앙회는 소유하고 있는 사업용 부동산(해당 부동산 연면적의 10% 이상을 업무에 직접 사용하는 경우로 한정)의 효율적 운영에 필요하다고 인정하는 경우에는 그 일부를 회원의 이용에 지장이 없는 범위에서 타인에게 임대할 수 있다(법70④, 법31, 영16의4).

Ⅱ. 위반시 제재

중앙회의 임직원 또는 청산인이 법 제31조(제70조 제4항에서 준용하는 경우를 포함)를 위반하여 금고나 중앙회로 하여금 동산이나 부동산을 소유하게 한 경우에는 3년 이하의 징역이나 3천만원 이하의 벌금에 처한다(법85②(7)).

제7절 금리인하 요구

Ⅰ. 의의

금리인하 요구권이란 여신약정 당시와 비교하여 신용상태에 현저한 변동이 있다고 인정되는 채무자가 금리인하를 요청할 수 있는 권리를 말한다.

2022년 11월 15일 현재 새마을금고 및 중앙회와 대출 등의 계약을 체결한 자의 신용상태가 개선된 경우 금고에 금리인하를 요구할 수 있는 제도를 시행하고 있으나, 해당 제도가 적극적으로 고지되지 않아 회원 등이 금리인하 요구권을 제대로 활용하지 못하고 있는 상황이다. 이에 2023년 5월 16일부터 금리인하 요구 제도를 시행하여 금고 또는 중앙회와 대출 등의 계약을 체결한 자는 재산 증가나 신용등급 상승 등 신용상태 개선이 나타났다고 인정되는 경우 금리인하를 요구할 수 있도록 하는 한편, 금고 및 중앙회는 대출 등의 계약을 체결하려는 자에게 금리인하를 요구할 수 있는 권리가 있음을 알리도록 하고, 이를 위반한 경우 2천만원 이하의 과태료를 부과하도록 하였다.

중앙회와 대출 등의 계약을 체결한 자는 재산 증가나 신용등급 또는 개인신용평점 상승 등 신용상태 개선이 나타났다고 인정되는 경우 중앙회에 금리인하를 요구할 수 있다(법67⑦, 법31의2①).

Ⅱ. 금리인하 요구권의 통지

중앙회는 대출 등의 계약을 체결하려는 자에게 금리인하를 요구할 수 있음을 알려야 한다(법67⑦, 법31의2②).

Ⅲ. 금리인하 요구의 요건 및 절차

그 밖에 금리인하 요구의 요건 및 절차에 관한 구체적 사항은 대통령령으로 정한다(법67⑦, 법31의2③).

Ⅳ. 위반시 제재

법 제31조의2 제2항 또는 제67조 제7항을 위반하여 금리인하를 요구할 수 있음을 알리지 아니한 금고 또는 중앙회에는 2천만원 이하의 과태료를 부과한다 (법88②).

제8절 공제분쟁조정심의위원회

Ⅰ. 설치와 기능

1. 설치

공제사업 시행과 관련한 분쟁을 신속·공정하게 해결하기 위하여 중앙회에 공제분쟁조정심의위원회("위원회")를 둔다(법69①).

2. 기능

위원회는 공제계약의 해지, 공제금의 지급 등 공제업무와 관련하여 신용공제대표이사가 처리한 사항에 관한 분쟁을 심의·조정한다(법69②, 영35).

Ⅱ. 구성 등

1. 구성

위원회는 위원장 1명을 포함한 5명 이상 9명 이내의 위원으로 구성한다(법69②, 영36①).

2. 위원장

위원장은 위원 중에서 호선한다(법69②, 영36② 전단). 위원장은 위원회를 대표하고, 위원회의 업무를 총괄한다(시행규칙7①).

위원장이 부득이한 사유로 직무를 수행할 수 없을 때에는 위원장이 미리 지정한 위원이 그 직무를 대행한다(시행규칙7②).

3. 위원의 자격

위원은 ⅰ) 변호사 자격이 있는 자(제1호), ⅱ) 공제 관련 분야(보험학을 포함)를 전공한 자로서 대학에서 부교수 이상의 직에 재직하거나 재직하였던 자(제2호), ⅲ) 공제 관련 분야(보험을 포함)의 기관·단체 또는 사업체에서 10년 이상 근무한 경력이 있는 자(제3호), ⅳ) 전문의 자격이 있는 자(제4호), ⅴ) 손해사정사 자격이 있는 자(제5호), ⅵ) 소비자기본법 에 따른 한국소비자원이나 소비자단체에서 소비자보호업무에 10년 이상 종사한 경력이 있는 자(제6호) 중에서 회장이 위촉한다(법69②, 영36②).

4. 개의의 의결

위원회의 회의는 재적위원 과반수의 출석과 출석위원 과반수의 찬성으로 의결한다(법69②, 영36④).

5. 운영

(1) 회의

위원장은 위원회의 회의를 소집하고, 그 의장이 된다(시행규칙8①).

(2) 소집의 통지

위원장은 위원회의 회의를 소집하려면 회의 개최 7일 전까지 회의의 일시·장소 및 안건을 위원에게 알려야 한다(시행규칙8② 본문). 다만, 긴급한 경우에는 그러하지 아니하다(시행규칙8② 단서).

6. 분쟁조정

(1) 분쟁조정 심의대상의 제외

위원회는 분쟁조정 심의대상이 ⅰ) 이미 법원에 소송이 제기되었거나 법원의 판결·화해·조정 등으로 권리관계가 확정된 경우(제1호), ⅱ) 관련 자료의 추가 제출 등 보완을 요구받은 신청인이 정당한 사유 없이 보완기한까지 보완을 하지 아니한 경우(제2호)의 어느 하나에 해당하면 심의·조정을 하지 아니할 수 있다(시행규칙8③).

(2) 분쟁조정 신청

분쟁조정을 신청하려는자는 분쟁조정 신청서에 ⅰ) 분쟁조정 신청의 원인 및 그 사실을 증명하는 서류(제1호), ⅱ) 대리인이 신청하는 경우에는 그 위임장(제2호), ⅲ) 그 밖에 조정에 필요한 증거서류 및 자료(제3호)를 첨부하여 회장에게 제출하여야 한다(영37).

(3) 분쟁조정 심의절차
(가) 위원회의 부의

회장은 분쟁조정 신청서를 제출받으면 지체 없이 위원회의 회의에 부쳐야 한다(영38①).

(나) 심의·조정기간

위원회는 분쟁조정 신청서를 제출받은 날부터 60일 이내에 그 분쟁을 심의·조정하여야 한다(영38②).

(다) 보완 요구

위원회는 관련 자료 등을 보완할 필요가 있다고 인정하면 상당한 기간을 정하여 분쟁조정 신청인에게 관련 자료의 추가 제출 등 보완을 요구할 수 있다(영38③ 전단). 이 경우 보완에 걸리는 기간은 심의기간에 포함하지 아니한다(영38③ 후단).

(라) 신청인 등의 의견진술

위원회는 분쟁조정 신청인이나 외부전문가 등의 의견을 들을 필요가 있다고 인정하면 이들로 하여금 회의에 출석하여 의견을 진술하게 할 수 있다(영38④).

(4) 분쟁조정 결과의 통지

위원장은 분쟁조정 결과를 회장에게 알려야 하며, 신용공제대표이사는 위원회의 분쟁조정 결과에 따라야 한다(영39①).

회장은 위원회의 분쟁조정 결과 등을 분쟁조정 신청인에게 지체 없이 알려야 한다(영39②).

회 계

제1절 사업연도

중앙회의 사업연도는 매년 1월 1일부터 12월 31일까지로 한다(법70④, 법32, 정관82).

제2절 회계의 구분 등

Ⅰ. 회계의 종류

중앙회의 회계는 일반회계와 특별회계로 구분하되, 각 회계별 사업부문은 정관으로 정한다(법70④, 법33③, 영17①).

Ⅱ. 회계처리 및 재무제표 작성

중앙회의 회계처리 및 재무제표 작성은 새마을금고 감독기준 및 일반기업회계기준과 공정·타당하다고 인정되는 업계의 회계관행 등에 따라 적정하게 표시하여야 한다(감독기준28②).

Ⅲ. 회계 간 전출입

중앙회는 총회의 의결을 얻어 각 회계의 수익금의 일부를 회계 간에 전출입할 수 있다(법70④, 법33③, 영17②).

Ⅳ. 기타

금고의 회계에 관하여 필요한 사항은 중앙회장이 정한다(법70④, 법33③, 영17③).

제3절 사업계획과 수지예산

Ⅰ. 총회 승인

중앙회는 매 사업연도마다 사업계획 및 예산서를 작성하여 총회의 승인을 얻어야 하며, 정기총회 종료 후 2주 이내에 사업계획 및 예산서를 행정안전부장관에게 제출하여야 한다(감독기준28③).

Ⅱ. 총회 의결 및 행정안전부 승인 등

중앙회는 매 사업연도마다 사업계획과 예산서를 작성, 총회의 의결을 거쳐 행정안전부장관에게 보고하여야 한다(법70① 본문). 다만, 정부로부터 자금이나

사업비의 전부 또는 일부를 보조받거나 융자받아 시행하는 사업은 그 사업계획
서에 대하여 행정안전부장관의 승인을 받아야 한다(법70① 단서). 예산을 변경하
려는 때에도 같다(법70②).

Ⅲ. 위반시 제재

중앙회의 임직원이 감독기관의 승인을 받아야 하는 사항에 관하여 승인을
받지 아니한 경우에는 3년 이하의 징역이나 3천만원 이하의 벌금에 처한다(법85
②(1)).

제4절 결산보고서

Ⅰ. 제출과 비치

회장은 사업연도 종료 후 2월 이내에 당해 사업연도의 결산을 완료하고 정
기총회 1주전 까지 결산보고서(사업보고서, 재무상태표, 손익계산서와 잉여금처분안
또는 손실금처리안을 포함)를 감사위원회에 제출하고 이를 주된 사무소에 비치하여
야 한다(법70④, 법34①, 영19①).

Ⅱ. 열람 또는 사본 발급 청구

회원이나 중앙회의 채권자는 결산보고서(사업보고서, 재무상태표, 손익계산서와
잉여금처분안 또는 손실금처리안을 포함)를 열람할 수 있으며, 금고가 정한 비용을
지급하고 그 서류의 사본을 청구할 수 있다(법70④, 법34③).

Ⅲ. 정기총회 승인

회장은 감사의 의견서를 붙인 결산보고서를 정기총회에 제출하여 그 승인을

받아야 하며, 필요하다고 인정하면 외부감사법에 따른 감사인에게 결산보고서에 대한 감사를 의뢰할 수 있다(법70④, 법34②).

Ⅳ. 행정안전부 제출

중앙회는 사업연도 경과 후 2개월 이내에 그 사업연도 결산을 끝내고 결산 보고서(사업보고서, 재무상태표, 손익계산서와 잉여금처분안 또는 손실금처리안을 포함) 를 작성하여 총회의 승인을 받아야 하며, 정기총회가 끝난 후 2주 이내에 결산보 고서와 감사보고서를 행정안전부장관에게 제출하여야 한다(법70③).

Ⅴ. 위반시 제재

중앙회의 임직원이 감독기관에 대하여 거짓으로 자료를 제출한 경우에는 3 년 이하의 징역이나 3천만원 이하의 벌금에 처한다(법85②(1)).

제5절 제적립금의 적립

Ⅰ. 법정적립금

중앙회는 매 사업연도마다 자기자본(자본금, 제적립금, 그 밖의 잉여금의 합계액 에 결산상의 오류에 따른 금액을 가감한 금액)의 총액에 달할 때까지 잉여금의 15% 이상을 법정적립금으로 적립하여야 한다(법70④, 법35①).

중앙회는 대손금의 상각 이외에는 법정적립금을 사용하거나 배당에 충당하 지 못한다(법70④, 법35②, 정관69②).

Ⅱ. 특별적립금

중앙회는 결손의 보전과 불가항력에 의한 회계사고에 충당하기 위한 준비금으로서 매 사업연도마다 잉여금의 15% 범위에서 특별적립금을 적립할 수 있다 (법70④, 법35③).

Ⅲ. 임의적립금

중앙회는 사업이나 배당준비금으로서 매 사업연도마다 잉여금의 일부를 임의적립금으로 적립할 수 있다(법70④, 법35④).

Ⅳ. 위반시 제재

중앙회의 임직원이 금고나 중앙회로 하여금 법 제35조(제70조 제4항에서 준용하는 경우를 포함)를 위반하게 한 경우에는 3년 이하의 징역이나 3천만원 이하의 벌금에 처한다(법85②(6)).

제6절 손실금의 보전과 이익금(잉여금)의 배당

Ⅰ. 손실금의 보전 순서와 이월

중앙회는 사업연도 결산 결과 손실이 발생한 경우에는 특별적립금, 임의적립금의 순으로 이를 보전하되, 잔여손실금이 있으면 이를 다음 사업연도에 이월한다(법70④, 법35⑤).

Ⅱ. 잉여금의 배당

중앙회는 손실금을 보전하고 적립금을 공제한 후가 아니면 잉여금을 배당할 수 없으며, 배당은 납입출자좌수에 비례하여야 한다(법35⑩ 전단). 이 경우 회원의 사업 이용 실적의 비율에 따른 배당을 병행할 수 있다(법35⑩ 후단).

Ⅲ. 위반시 제재

중앙회의 임지원이 금고나 중앙회로 하여금 법 제35조(제70조 제4항에서 준용하는 경우를 포함)를 위반하게 한 경우에는 3년 이하의 징역이나 3천만원 이하의 벌금에 처한다(법85②(6)).

제7절 출자감소

Ⅰ. 자본금의 감소 및 중앙회장 보고

중앙회가 여러 사업연도에 걸쳐 계속하여 손실이 있고 이를 보전할 적립금이 없는 경우에는 총회에서 회원 과반수(제13조 제1항 단서1)의 경우에는 151명 이상의 회원)의 출석과 출석한 회원 3분의 2 이상의 찬성을 받아 자본금을 감소하여 각 회원의 납입출자액이 감소한 것으로 할 수 있다(법70④, 법35⑥ 전단). 자본금을 감소한 경우에는 이를 회장에게 보고하여야 한다(법70④, 법35⑥ 후단).

이에 따라 중앙회는 자본금을 감소한 경우에는 총회의 의결이 있은 날부터 10일 이내에 ⅰ) 자본금의 감소내용(제1호), ⅱ) 재무제표(제2호), ⅲ) 채권자의 이의 신고에 관한 사항(제3호), ⅳ) 그 밖에 정관으로 정하는 사항(제4호)을 중앙회장에게 보고하고, 금고의 게시판에 1개월 이상 공고하여야 한다(법70④, 법35⑨, 영20①). 채권자의 이의 신고의 기간은 공고일부터 2개월 이상이어야 한다(법70④, 법35⑨, 영20②).

Ⅱ. 자본금 감소와 공고

자본금을 감소한 경우에는 이의신고 기간을 정하여 공고하여야 하며, 공고된 이의신고 기간에 채권자로부터 자본금 감소에 대한 이의신고가 없는 경우에

---

1) 재적회원이 300명을 초과하는 경우에는 151명 이상 출석으로 개의하고 출석회원 과반수의 찬성으로 의결할 수 있다.

는 이의가 없는 것으로 본다(법70④, 법35⑦).

Ⅲ. 채권자의 이의신고 등

채권자가 이의신고를 한 경우에는 중앙회가 이를 변제하거나 상당한 담보를 제공하지 아니하면 자본금의 감소는 그 효력을 발생하지 아니한다(법70④, 법35⑧).

제8절 외부감사

Ⅰ. 의무감사

중앙회는 회계연도마다 1회 이상 외부감사법에 따른 감사인의 감사를 받아야 한다(법76①).

Ⅱ. 행정안전부 보고

회장은 감사 종료 후 20일 이내에 그 결과를 행정안전부장관에게 보고하여야 한다(법76②).

제 4 편

감독, 검사 및 제재

감독 및 처분 등

제1절 감독

Ⅰ. 행정안전부의 감독

행정안전부장관은 새마을금고법에 따른 권한 중 일부를 특별시장, 광역시장, 도지사 또는 회장에게 위임할 수 있다(법78).

1. 행정안전부장관의 감독

행정안전부장관은 ⅰ) 특별자치시장·특별자치도지사 또는 시장·군수·구청장이 감독하는 금고의 설립(제7조), 정관변경의 인가(제12조 제5항), 합병(제37조) 및 금고 설립 인가의 취소(제74조의3 제2항)와 관련된 사항을 제외하고 금고에 대한 감독을 수행하고(제1호), ⅱ) 중앙회에 대한 감독(제2호)을 수행한다(법74①본문).

2. 신용사업과 공제사업: 금융위원회와 협의 감독

신용사업과 공제사업에 대해서는 행정안전부장관이 금융위원회와 협의하여 감독한다(법74① 단서). 새마을금고와 같은 소형금융기관일수록 경기순응성이 매우 크기 때문에, 경기 악화 시 부실화할 가능성에 대비하기 위해서는 평상시에 철저한 감독이 이루어져야 한다.[1]

3. 감독기준 제정: 행정안전부장관과 금융위원회 협의

행정안전부장관은 금고와 중앙회의 공제사업을 건전하게 육성하고 계약자를 보호하기 위하여 금융위원회 위원장과 협의하여 감독에 필요한 기준을 정하여야 한다(법74⑦).

Ⅱ. 특별자치시장 · 특별자치도지사 또는 시장 · 군수 · 구청장의 감독

특별자치시장 · 특별자치도지사 또는 시장 · 군수 · 구청장은 금고의 설립(제7조), 정관변경의 인가(제12조 제5항), 합병(제37조) 및 금고 설립 인가의 취소(제74조의3 제2항)와 관련된 사항을 감독한다(법74①(1)).

Ⅲ. 중앙회의 감독

1. 지도 · 감독

회장은 새마을금고법과 새마을금고법에 따른 명령 또는 정관으로 정하는 바에 따라 금고를 지도하고 감독한다(법79①).

** 관련 판례: 대법원 1998. 1. 23. 선고 97다39490 판결
[1] 새마을금고법상 새마을금고연합회의 회원 금고에 대한 지도 · 감독의무의 범위: 새마을금고법 제46조(현행 제54조), 제54조(현행 제67조), 제61조(현행 제79조) 소정의 새마을금고연합회(현행 중앙회)의 지도 · 감독의무는 추상적, 일반적

---

1) 전선애(2008), "신용협동조합의 예금보험제도 개선방안", 한국협동조합연구 제26권 제1호 (2008. 3), 138쪽.

지도·감독의무라 할 것이어서 이를 근거로 연합회(현행 중앙회)가 새마을금고나 그 직원을 구체적·실질적으로 지휘·감독하고 있다고 할 수 없고, 따라서 새마을금고 직원의 불법행위에 대하여 연합회(현행 중앙회)가 사용자 내지 그에 갈음한 감독자로서 손해배상책임을 진다고 할 수 없다.

[2] 새마을금고연합회(현행 중앙회)가 회원 금고의 불법행위 성립 후 부실감사를 한 경우, 불법행위책임의 성립 여부(소극): 불법행위가 성립한 이후의 감사가 잘못되었다고 하여 새마을금고연합회(현행 중앙회)가 불법행위의 책임을 부담할 것은 아니다.

2. 규정 제정 등

회장은 금고를 지도·감독하기 위하여 필요한 규정을 제정하고, 보고서 제출을 명하는 등 금고에 대하여 지시를 할 수 있다(법79②).

3. 금고감독위원회의 설치·운영 등

(1) 설치

금고의 감독·검사에 관한 업무를 독립적·전문적으로 처리하기 위하여 회장 소속으로 금고감독위원회를 둔다(법79의2①).

(2) 심의·의결 사항

금고감독위원회는 ⅰ) 금고에 대한 감독·검사 방향 및 그 계획에 관한 사항(제1호), ⅱ) 제79조에 따른 금고의 감독·검사에 관한 규정의 제정·개정·폐지(제2호), ⅲ) 제79조 제3항에 따른 금고에 대한 검사에 관한 사항(제3호), ⅳ) 제79조 제4항에 따른 금고에 대한 회계감사에 관한 사항(제4호), ⅴ) 제79조 제7항에서 준용하는 제74조의2에 따른 금고의 임직원에 대한 제재에 관한 사항(제5호), ⅵ) 제79조 제7항에서 준용하는 제74조의3 제1항에 따른 금고에 대한 행정처분에 관한 사항(제6호), ⅶ) 제79조의4에 따른 형사 기소된 임직원에 대한 제재에 관한 사항(제7호), ⅷ) 제79조의5에 따른 퇴임한 임원 등에 대한 통보 내용에 관한 사항(제8호), ⅸ) 금고의 감독·검사와 관련하여 회장이 심의·의결을 요청하는 사항(제9호), ⅹ) 그 밖에 금고의 감독·검사와 관련하여 필요하다고 인정하는 사항(제10호)을 심의·의결한다(법79의2②).

(3) 구성

금고감독위원회는 금고감독위원장을 포함한 5명의 위원으로 구성하고, 금고감독위원장은 상근으로 한다(법79의2③).

(가) 위원의 선출

금고감독위원회의 위원은 금고의 임직원이 아닌 사람으로서 인사추천위원회에서 추천된 사람 중에서 이사회의 의결을 거쳐 총회에서 선출한다(법79의3①).

(나) 위원의 자격요건

금고감독위원회의 위원은 금융, 회계, 감독업무에 관한 전문지식과 경험이 풍부한 사람으로서 ⅰ) 중앙회 또는 금고에서 감사·감독(지도를 포함) 또는 회계 관련 부문에서 상근직으로 10년 이상 근무한 경력이 있을 것(다만, 중앙회 또는 금고에서 최근 2년 이내에 임직원으로 근무한 경우(금고감독위원회의 위원으로 근무 중이거나 근무한 경우는 제외)는 제외)(제1호), ⅱ) 은행의 감사 또는 회계 부문에서 상근직으로 10년 이상 근무한 경력이 있을 것(제2호), ⅲ) 금융업 관련 국가기관·연구기관·교육기관이나 금융감독원에서 공무원이나 상근직으로 10년 이상 근무한 경력이 있을 것(제3호), ⅳ) 판사·검사·군법무관·변호사 또는 공인회계사의 직에 5년 이상 근무한 경력이 있을 것(제4호)의 자격요건을 갖추어야 한다(법79의3②, 영51의3).

(다) 위원장의 선출

금고감독위원장은 금고감독위원회 위원 중에서 호선한다(법79의3③).

(라) 위원장 및 위원의 임기

금고감독위원장과 금고감독위원회 위원의 임기는 각각 3년으로 한다(법79의3④).

(마) 보궐 위원의 선출과 임기

금고감독위원장과 금고감독위원회 위원 중 결원이 생긴 때에는 제1항에 따라 보궐 위원을 선출하여야 하며, 그 보궐 위원의 임기는 전임자의 남은 기간으로 한다(법79의3⑤).

(4) 사무기구 설치

금고감독위원회의 사무를 처리하고, 중앙회의 금고에 대한 감독·검사 업무를 효율적으로 수행하기 위하여 정관으로 정하는 바에 따라 금고감독위원회에 사무기구를 둔다(법79의2④).

제2절 검사

Ⅰ. 행정안전부장관 등의 검사

행정안전부장관은 새마을고금법에 따른 권한 중 일부를 특별시장, 광역시장, 도지사 또는 회장에게 위임할 수 있다(법78).

1. 업무 및 재산상황에 관한 보고서 제출 명령

주무부장관, 특별자치시장·특별자치도지사 또는 시장·군수·구청장은 감독상 필요하다고 인정하면 금고 또는 중앙회에 대하여 그 업무 및 재산상황에 관한 보고서를 제출하도록 명하거나 관계자의 출석 및 의견의 진술을 요구할 수 있다(법74② 전단). 이 경우 특별자치시장·특별자치도지사 또는 시장·군수·구청장의 재산상황에 관한 보고서 제출 명령은 금고에 한정한다(법74② 후단).

2. 업무 및 재산 검사

행정안전부장관은 감독을 위하여 필요한 경우에는 그 소속 직원으로 하여금 금고 또는 중앙회의 업무와 재산에 관하여 검사를 하게 할 수 있고, 특별자치시장·특별자치도지사 또는 시장·군수·구청장은 감독을 위하여 필요한 경우에는 그 소속 직원으로 하여금 금고의 업무와 재산에 관하여 검사를 하게 할 수 있다(법74③).

3. 행정안전부장관의 금융감독원장에 대한 검사 지원 요청

행정안전부장관은 금고 또는 중앙회를 검사하기 위하여 필요한 경우에는 금융감독원장, 예금보험공사 사장 및 대통령령으로 정하는 기관장에게 지원요청을 할 수 있다(법74④).

4. 행정안전부장관 등의 시정 등 감독상의 명령

행정안전부장관, 특별자치시장·특별자치도지사 또는 시장·군수·구청장은 ⅰ) 감독·검사 결과에 따라 필요한 경우(제1호), ⅱ) 금고 또는 중앙회의 의결사항이 위법·부당한 경우(특별자치시장·특별자치도지사 또는 시장·군수·구청장은 감독상 필요한 경우에 한정)(제2호)의 경우에는 금고 또는 중앙회에 대한 시정 등 감독상 필요한 명령을 할 수 있다(법74⑤).

5. 감독상 필요한 조치 등에 관한 세부사항 고시

행정안전부장관은 금고 또는 중앙회에 대한 감독·검사와 시정 등 감독상 필요한 조치 등에 관한 세부사항을 정하여 고시하며, 특별자치시장·특별자치도지사 또는 시장·군수·구청장은 금고에 대한 감독·검사와 시정 등 감독상 필요한 조치 등에 관한 세부사항을 해당 특별자치시·특별자치도·시·군·구의 규칙으로 정한다(법74⑥).

Ⅱ. 중앙회의 검사

1. 재산 및 업무집행상황 검사

회장은 금고의 재산 및 업무집행상황에 대하여 2년마다 1회 이상 금고를 검사하여야 한다(법79③ 본문). 다만, 감독상 필요하다고 인정하는 경우에는 수시로 그 소속 직원에게 금고를 검사하게 할 수 있다(법79③ 단서).

2. 회계법인에 회계감사 요청

회장은 필요하다고 인정하면 금고의 부담으로 외부감사법 제3조 제1항 제1호에 따른 회계법인에 회계감사를 요청할 수 있다(법79④).

3. 검사결과 및 회계감사 결과의 통지

회장은 검사결과와 회계감사 결과를 해당 금고의 이사장과 감사에게 알려야 한다(법79⑤).

4. 경영개선요구 또는 합병권고 조치

회장은 금고의 경영상태를 평가하고 그 결과에 따라 그 금고에 대하여 경영 개선을 요구하거나 합병을 권고하는 등 필요한 조치를 할 수 있다(법79⑥).

5. 금고에 대한 조치 또는 조치요구

회장의 금고에 대한 감독·검사 결과, 금고에 대한 조치 또는 조치요구에 대해서는 제74조의2(임직원에 대한 제재처분) 및 제74조의3(금고 등에 대한 행정처분) 제1항을 준용한다(법79⑦).

(1) 임직원에 대한 제재
(가) 제재의 종류 및 사유

회장은 금고의 임직원이 새마을금고법 또는 새마을금고법에 따른 명령이나 정관으로 정한 절차나 의무를 이행하지 아니한 경우에는 관련 임직원에 대하여 ⅰ) 임원에 대해서는 해임, 6개월 이내의 직무정지, 견책 또는 경고(제1호), ⅱ) 직원에 대해서는 징계면직, 정직, 감봉, 견책, 경고 또는 주의(제2호)의 조치를 하거나 금고 또는 중앙회에 조치를 요구할 수 있다(법79⑦, 법74의2① 본문). 다만, 제2호의 경우에는 금고 또는 중앙회에 조치요구만 할 수 있다(법79⑦, 법74의2① 단서).[2]

(나) 직무정지

금고 또는 중앙회가 임직원의 해임 또는 징계면직의 조치를 요구받은 경우 해당 임직원은 그 날부터 그 조치가 확정되는 날까지 직무가 정지된다(법79⑦, 법74의2②).[3]

(다) 임시임원 선임

회장은 금고의 업무를 집행할 임원이 없는 경우에는 임시임원을 선임할 수 있다(법79⑦, 법74의2③).

임시임원이 선임되었을 때에는 금고는 지체 없이 이를 등기하여야 한다(법79 ⑦, 법74의2④ 본문). 다만, 금고가 그 등기를 게을리하는 경우 회장이 금고의 주된

---

2) [개정 2023. 4. 11.][시행일: 2023. 10. 12.]
3) [개정 2023. 4. 11.][시행일: 2023. 10. 12.]

사무소를 관할하는 등기소에 그 등기를 촉탁할 수 있다(법79⑦, 법74의2④ 단서).

(라) 임직원에 대한 제재처분의 세부기준

제재처분의 세부기준은 행정안전부령으로 정한다(법79⑦, 법74의2⑤).

1) 세부기준

임직원에 대한 제재처분의 세부기준은 [별표 1]과 같다(시행규칙11의2①).

[별표 1] 제재처분의 세부기준(제11조의2 제1항 관련)

위반행위의 유형	구분	비위의 정도 및 과실 여부			
		비위의 정도가 심하고 고의가 있는 경우	비위의 정도가 심하고 중과실이거나, 비위의 정도가 약하고 고의가 있는 경우	비위의 정도가 심하고 경과실이거나, 비위의 정도가 약하고 중과실인 경우	비위의 정도가 약하고 경과실인 경우
1. 금고나 중앙회의 정치 관여 금지 위반(법 제5조)	임원	개선~직무정지	직무정지	직무정지~견책	견책~경고
	직원	징계면직~정직	정직	정직~감봉	견책~주의
2. 임원의 선거운동 제한 위반(법 제22조)	임원	개선~직무정지	직무정지	직무정지~견책	견책~경고
	직원	징계면직~정직	정직	정직~감봉	견책~주의
3. 성실 의무 위반(법 제25조)					
가. 업무와 관련한 횡령, 배임, 절도, 금품수수 등 범죄행위	임원	개선	개선~직무정지	직무정지~견책	견책~경고
	직원	징계면직	징계면직~정직	정직~감봉	견책~주의
나. 금고 또는 중앙회에 손해를 끼치는 행위	임원	개선~직무정지	직무정지	직무정지~견책	견책~경고
	직원	징계면직~정직	정직	정직~감봉	견책~주의
다. 업무와 관련하여 타인에게 손해를 끼치는 행위	임원	직무정지	직무정지~견책	견책~경고	경고
	직원	정직	정직~감봉	감봉	견책~주의

라. 감독기관 등의 감독 또는 검사 등 업무를 방해하는 행위	임원	개선~직무정지	직무정지	직무정지~견책	견책~경고
	직원	징계면직~정직	정직	정직~감봉	견책~주의
마. 직무태만 행위	임원	직무정지	직무정지~견책	견책~경고	경고
	직원	정직	정직~감봉	감봉	견책~주의
바. 사회적 물의를 일으키는 행위	임원	개선~직무정지	직무정지	직무정지~견책	견책~경고
	직원	징계면직~정직	정직	정직~감봉	견책~주의
사. 겸직금지 위반 행위	임원	직무정지	직무정지~견책	견책~경고	주의
아. 내부통제기준 위반 행위(중앙회)	임원	직무정지	직무정지~견책	견책~경고	경고
	직원	정직	정직~감봉	감봉	견책~주의
4. 불공정한 거래행위 금지 위반 (법 제28조의2)	임원	직무정지	직무정지~견책	견책	경고
	직원	정직	정직~감봉	감봉	견책~주의
5. 그 밖에 법, 법에 따른 명령이나 정관으로 정한 절차나 의무를 이행하지 아니한 경우	임원	개선~직무정지	직무정지	직무정지~견책	견책~경고
	직원	징계면직~정직	정직	정직~감봉	견책~주의

2) 제재의 가중

회장은 ⅰ) 견책 이상의 제재처분이 있은 날부터 3년 이내에 위반행위가 발생한 경우: 1단계 위의 제재처분(제1호), ⅱ) 2 이상의 위반행위가 경합되는 경우: 그 중 가장 무거운 제재처분보다 1단계 위의 제재처분(제2호)에 제재처분을 가중할 수 있다(시행규칙11의2②).

3) 제재의 감경

회장은 ⅰ) 감독기관이 인지하기 전에 위반행위가 발생하였음을 자진하여 신고한 경우(제1호), ⅱ) 위반행위로 인하여 발생한 손실을 보전한 경우(제2호)에는 위반행위의 동기·내용·횟수 및 위반의 정도 등을 고려하여 제재처분을 1단계 아래로 감경할 수 있다(시행규칙11의2③).

4) 제재 후 위반행위 적발시 조치

수개의 위반행위 중 적발된 일부에 대하어 제재처분을 한 후 나머지 위반행위가 적발된 경우에는 ⅰ) 추가로 적발된 위반행위를 제재처분의 사유에 포함하였더라도 제재처분의 수준이 높아지지 않았을 것으로 인정되는 경우에는 추가로 적발된 위반행위를 이유로 제재처분을 하지 아니하여야 하고(제1호), ⅱ) 추가로 적발된 위반행위를 제재처분의 사유로 하면 제재처분의 수준이 높아졌을 것으로 인정되는 경우에는 그 수준을 고려하여 별도로 제재처분(제2호)을 하여야 한다(시행규칙11의2④).

(2) 금고에 대한 제재

회장은 금고가 새마을금고법 또는 새마을금고법에 따른 명령을 위반하여 건전한 운영을 해칠 수 있다고 인정하는 경우에는 금고에 대하여 ⅰ) 경고 또는 주의(제1호), ⅱ) 위반행위에 대한 시정명령(제2호), ⅲ) 6개월 이내의 업무의 전부 또는 일부 정지(제3호)의 어느 하나에 해당하는 조치를 할 수 있다(법79⑦, 법74의3①).

(3) 관련 판례

① 대법원 2022. 5. 12. 선고 2022다200904 판결

[1] 개별 새마을금고의 임직원이 새마을금고법 또는 이에 따른 명령이나 정관으로 정한 절차·의무를 이행하지 아니한 경우, 새마을금고중앙회의 회장이 개별 금고의 임직원에 대하여 직접 제재처분을 할 수 있는지 여부(소극): 새마을금고중앙회의 회장이 감독·검사 결과에 따라 개별 금고에 대하여 조치 또는 조치 요구를 하는 경우에는 새마을금고법 제74조의2 및 제74조의3 제1항이 준용된다(새마을금고법 제79조 제7항). 따라서 개별 금고의 임직원이 새마을금고법 또는 이에 따른 명령이나 정관으로 정한 절차·의무를 이행하지 아니한 경우, 새마을금고중앙회의 회장은 개별 금고로 하여금 관련 임직원에 대한 개선·직무정지·견책·경고 등의 조치를 하도록 요구할 수 있을 뿐 개별 금고의 임직원에 대하여 직접 제재처분을 할 수는 없다(새마을금고법 제74조의2 제1항).

[2] 새마을금고중앙회가 갑 새마을금고의 이사장인 을에 대하여 직무정지 6월의 제재처분을 하자 을이 새마을금고중앙회를 상대로 위 처분의 무효확인을

구한 사안에서, 새마을금고중앙회는 개별 금고의 임원인 을에 대하여 직접 제재처분을 할 권한이 없으므로, 위 제재처분은 권한 없는 자에 의하여 이루어진 것으로서 무효이고, 새마을금고중앙회의 자치법규인 정관은 구성원인 개별 금고에 대해서만 구속력을 가질 뿐 별도의 법령상 근거 없이 개별 금고 소속 임직원에 대해서까지 구속력을 가진다고 볼 수는 없으므로, 새마을금고중앙회의 정관에 개별 금고의 임직원에 대한 직접적인 제재처분권에 관한 규정을 두었더라도 새마을금고중앙회가 이를 근거로 개별 금고의 임직원에 대하여 직접적으로 권리를 제한하거나 의무를 부과하는 처분을 할 수는 없다고 본 원심판단을 수긍한 사례 (참조조문: 새마을금고법 제2조 제1항, 제3항, 제54조 제1항, 제55조, 제74조의2 제1항, 제79조 제7항). ·

② 대법원 2009. 3. 12. 선고 2007다70322 판결

[1] 재량권의 일탈·남용 여부: 피징계자에게 징계사유가 있어서 징계처분을 하는 경우, 어떠한 처분을 할 것인가 하는 것은 징계권자의 재량에 맡겨진 것이고, 다만 징계권자가 재량권의 행사로서 한 징계처분이 사회통념상 현저하게 타당성을 잃어 징계권자에게 맡겨진 재량권을 남용한 것이라고 인정되는 경우에 한하여 그 처분을 위법하다고 할 수 있고, 그 징계처분이 사회통념상 현저하게 타당성을 잃어 재량권의 범위를 벗어난 위법한 처분이라고 할 수 있으려면 구체적인 사례에 따라 징계의 원인이 된 비위사실의 내용과 성질, 징계에 의하여 달성하려고 하는 목적, 징계양정의 기준 등 여러 요소를 종합하여 판단할 때에 그 징계내용이 객관적으로 명백히 부당하다고 인정할 수 있는 경우라야 한다(대법원 2002. 8. 23. 선고 2000다60890, 60906 판결 참조).

원심은, 원고가 동일인한도 초과대출임을 알면서도 결재를 한 것으로 보이고, 행정자치부의 감사에서 지적받은 이후에도 이를 반복하였으며, 위 초과된 대출의 상당 부분이 실제로 회수가 어려운 것으로 보여 금고의 손실이 막대한 점 등 제반 사정을 종합하여, 이 사건 임원개선명령이 구 새마을금고법 제61조(현행 제79조) 제4항(현행 제7항)의 사유에 해당하는 것으로서 적법하다고 판단하였는바, 원심이 채택한 증거들을 기록에 비추어 살펴보면, 원심의 이러한 사실인정과 판단은 위 법리에 부합하는 것으로 정당하다고 볼 수 있고, 거기에 채증법칙 위배나 법리오해의 위법이 있다 할 수 없다. 원고가 위 한도 초과대출임을 알지 못한

채 형식적인 사후결재만 하였고 그로 인한 금고의 손해가 거의 없는 등 사안이 중하지 아니함에도 피고 연합회가 재량권을 일탈·남용함으로써 다분히 보복적이고 감정적인 징계를 하였다는 취지의 상고논지는 받아들일 수 없다.

[2] 권한 없는 자에 의한 임원개선명령인지 여부: 구 새마을금고법(2007. 5. 25. 법률 제8485호로 전문 개정되기 전의 것, 이하 '새마을금고법'이라 한다) 제61조(현행 제79조)의 규정 내용과 규정체계, 그리고 새마을금고연합회 회장(이하 '연합회장'이라 한다)이 지부의 장에게 관내금고의 검사 및 검사결과의 조치 등 검사업무에 관한 권한의 전부 또는 일부를 위임할 수 있다고 규정한 새마을금고연합회 검사규정 제5조 제1항 등을 종합하여 보면, 위 검사규징 제5조 제1항은 새마을금고법 제61조 제1항에서 위임한 사항에 대해 규정한 것으로서 위임입법의 한계를 벗어나 무효라고 보기는 어렵다 할 것인바, 원심의 이 부분 판단은 정당하다 할 것이고, 거기에 상고이유에서 주장하는 바와 같은 법리오해 등의 위법이 없다.

또한, 위 검사규정에 따른 연합회장의 위임이 실제 있었는지를 보건대, 이 사건 임원개선명령에 대한 원고의 이의신청이 연합회장에 의해 각하된 점, 당시의 검사 및 검사결과의 조치가 관련 규정에 따라 적법하게 진행되었다는 유인석의 증언 등에 비추어 보더라도 원심의 판단을 수긍할 수 있다 할 것인바, 원심의 이유설시가 다소 미흡한 점은 있으나, 거기에 판결 결과에 영향을 미친 법리오해나 채증법칙 위배, 심리미진, 판단유탈 등의 위법이 있다 할 수 없다.

6. 임직원에 대한 조치요구 및 조치와 통지

금고는 회장으로부터 소속 임직원에 대한 조치 요구를 받은 경우 2개월 이내에 필요한 조치를 하고 그 결과를 회장에게 알려야 한다(법79⑧).

Ⅲ. 회원의 검사청구

1. 회원의 금고에 대한 검사청구

회원이 재적 회원 10% 이상의 동의를 받아 소속 금고의 업무 또는 회계의 집행상황이 법령, 정관 또는 공제규정에 위배된다는 이유로 검사를 청구한 경우에는 행정안전부장관은 회장에게 해당 금고의 업무상황을 검사하게 할 수 있다(법81①).

행정안전부장관은 검사 청구를 받으면 회장에게 해당 금고를 검사하게 하고 그 결과를 보고하게 할 수 있다(시행규칙12②).

회장은 금고를 검사하는 경우에는 2개월 이내에 그 결과를 행정안전부장관에게 보고하고, 보고를 받은 행정안전부장관은 검사 결과의 적정성을 확인한 후 필요한 조치를 하며, 그 처리 결과를 해당 검사를 청구한 회원에게 알려야 한다(시행규칙12③).

2. 회원의 중앙회에 대한 검사청구

회원이 재적회원 10% 이상의 동의를 받아 중앙회의 업무나 회계의 집행상황이 법령, 정관 또는 공제규정에 위배된다는 이유로 검사를 청구한 경우에는 주무부장관은 금융감독원장에게 중앙회를 검사하게 할 수 있다(법81②).

3. 검사청구서의 제출

회원은 검사 청구를 할 때에는 청구의 취지·이유 및 위반되었다고 주장하는 규정을 적은 검사청구서를 행정안전부장관에게 제출하여야 한다(시행규칙12①).

제3절 제재

Ⅰ. 임직원에 대한 제재

1. 제재의 종류 및 사유

행정안전부장관은 금고 또는 중앙회의 임직원이 새마을금고법 또는 새마을금고법에 따른 명령이나 정관으로 정한 절차나 의무를 이행하지 아니한 경우에는 관련 임직원에 대하여 ⅰ) 임원에 대해서는 해임, 6개월 이내의 직무정지, 견책 또는 경고(제1호), ⅱ) 직원에 대해서는 징계면직, 정직, 감봉, 견책, 경고 또는 주의(제2호)의 조치를 하거나 금고 또는 중앙회에 조치를 요구할 수 있다(법74의2① 본문). 다만, 제2호의 경우에는 금고 또는 중앙회에 조치 요구만 할 수 있다(법

74의2① 단서).4)

2. 직무정지

금고 또는 중앙회가 임직원의 해임 또는 징계면직의 조치를 요구받은 경우 해당 임직원은 그 날부터 그 조치가 확정되는 날까지 직무가 정지된다(법74의2 ②).5)

3. 임시임원 선임

행정안전부장관은 금고 또는 중앙회의 업무를 집행할 임원이 없는 경우에는 임시임원을 선임할 수 있다(법74의2③).

임시임원이 선임되었을 때에는 금고 또는 중앙회는 지체 없이 이를 등기하여야 한다(법74의2④ 본문). 다만, 금고 또는 중앙회가 그 등기를 게을리하는 경우 주무부장관이 금고 또는 중앙회의 주된 사무소를 관할하는 등기소에 그 등기를 촉탁할 수 있다(법74의2④ 단서).

4. 임직원에 대한 제재처분의 세부기준

제재처분의 세부기준 및 절차는 행정안전부령으로 정한다(법74의2⑤).

(1) 세부기준

법 제74조의2 제1항에 따른 임직원에 대한 제재처분의 세부기준은 [별표 1]과 같다(시행규칙11의2①).

[별표 1] 제재처분의 세부기준(제11조의2 제1항 관련)

위반행위의 유형	구분	비위의 정도 및 과실 여부			
		비위의 정도가 심하고 고의가 있는 경우	비위의 정도가 심하고 중과실이거나, 비위의 정도가 약하고 고의가 있는 경우	비위의 정도가 심하고 경과실이거나, 비위의 정도가 약하고 중과실인 경우	비위의 정도가 약하고 경과실인 경우

---

4) [개정 2023. 4. 11. 시행일: 2023. 10. 12.]
5) [개정 2023. 4. 11. 시행일: 2023. 10. 12.]

1. 금고나 중앙회 의 정치 관여 금지 위반(법 제5조)	임원	개선~ 직무정지	직무정지	직무정지~ 견책	견책~경고
	직원	징계면직~ 정직	정직	정직~감봉	견책~주의
2. 임원의 선거운 동 제한 위반 (법 제22조)	임원	개선~ 직무정지	직무정지	직무정지~ 견책	견책~경고
	직원	징계면직~ 정직	정직	정직~감봉	견책~주의
3. 성실 의무 위반 (법 제25조)					
가. 업무와 관련 한 횡령, 배 임, 절도, 금 품수수 등 범 죄행위	임원	개선	개선~ 직무정지	직무정지~ 견책	견책~경고
	직원	징계면직	징계면직~ 정직	정직~감봉	견책~주의
나. 금고 또는 중 앙회에 손해를 끼치는 행위	임원	개선~ 직무정지	직무정지	직무정지~ 견책	견책~경고
	직원	징계면직~ 정직	정직	정직~감봉	견책~주의
다. 업무와 관련 하여 타인에 게 손해를 끼 치는 행위	임원	직무정지	직무정지~ 견책	견책~경고	경고
	직원	정직	정직~감봉	감봉	견책~주의
라. 감독기관 등 의 감독 또는 검사 등 업무 를 방해하는 행위	임원	개선~ 직무정지	직무정지	직무정지~견 책	견책~경고
	직원	징계면직~ 정직	정직	정직~감봉	견책~주의
마. 직무태만 행위	임원	직무정지	직무정지~ 견책	견책~경고	경고
	직원	정직	정직~감봉	감봉	견책~주의
바. 사회적 물의를 일으키는 행위	임원	개선~ 직무정지	직무정지	직무정지~ 견책	견책~경고
	직원	징계면직~ 정직	정직	정직~감봉	견책~주의
사. 겸직금지 위 반 행위	임원	직무정지	직무정지~ 견책	견책~경고	주의
아. 내부통제기준 위반 행위(중 앙회)	임원	직무정지	직무정지~ 견책	견책~경고	경고
	직원	정직	정직~감봉	감봉	견책~주의

4. 불공정한 거래 행위 금지 위반 (법 제28조의2)	임원	직무정지	직무정지~ 견책	견책	경고
	직원	정직	정직~감봉	감봉	견책~주의
5. 그 밖에 법, 법에 따른 명령이나 정관으로 정한 절차나 의무를 이행하지 아니한 경우	임원	개선~ 직무정지	직무정지	직무정지~견책	견책~경고
	직원	징계면직~ 정직	정직	정직~감봉	견책~주의

(2) 제재의 가중

행정안전부장관은 ⅰ) 견책 이상의 제재처분이 있은 날부터 3년 이내에 위반행위가 발생한 경우: 1단계 위의 제재처분(제1호), ⅱ) 2 이상의 위반행위가 경합되는 경우: 그 중 가장 무거운 제재처분보다 1단계 위의 제재처분(제2호)에 제재처분을 가중할 수 있다(시행규칙11의2②).

(3) 제재의 감경

행정안전부장관은 ⅰ) 감독기관이 인지하기 전에 위반행위가 발생하였음을 자진하여 신고한 경우(제1호), ⅱ) 위반행위로 인하여 발생한 손실을 보전한 경우(제2호)의 어느 하나에 해당하는 경우에는 위반행위의 동기·내용·횟수 및 위반의 정도 등을 고려하여 제재처분을 1단계 아래로 감경할 수 있다(시행규칙11의2③).

(4) 제재 후 위반행위 적발시 조치

수개의 위반행위 중 적발된 일부에 대하여 제재처분을 한 후 나머지 위반행위가 적발된 경우에는 ⅰ) 추가로 적발된 위반행위를 제재처분의 사유에 포함하였더라도 제재처분의 수준이 높아지지 않았을 것으로 인정되는 경우에는 추가로 적발된 위반행위를 이유로 제재처분을 하지 아니할 것(제1호), ⅱ) 추가로 적발된 위반행위를 제재처분의 사유로 하면 제재처분의 수준이 높아졌을 것으로 인정되는 경우에는 그 수준을 고려하여 별도로 제재처분을 할 것(제2호)에 따른다(시행규칙11의2④).

Ⅱ. 형사 기소된 임직원에 대한 제재 등

1. 임원 또는 직원의 직무정지

행정안부장관과 회장은 중앙회 또는 금고 임직원이 형법 제355조부터 제357조까지, 특정경제범죄법 제5조(수재 등의 죄), 제7조(알선수재의 죄) 및 제8조(사금융 알선 등의 죄)의 죄를 범하여 형사 기소된 때에는 해당 임원 또는 직원의 직무정지를 명할 수 있다(법79의4①).

2. 임원의 직무정지

행정안부장관과 회장은 중앙회 또는 금고의 임원이 법 제25조 제8항을 위반한 때에는 해당 임원의 직무정지를 명할 수 있다(법79의4②).

Ⅲ. 퇴임한 임원 등에 대한 명령내용의 통보

1. 명령내용의 중앙회 또는 금고 통보

행정안전부장관과 회장은 중앙회 또는 금고에서 퇴임 또는 퇴직한 임직원이 재임 또는 재직 중이었더라면 ⅰ) 제74조의2 제1항(제79조 제7항에서 준용하는 경우를 포함)에 따른 임원의 해임 또는 직무정지(제1호), ⅱ) 제74조의2 제1항(제79조 제7항에서 준용하는 경우를 포함)에 따른 직원의 징계면직 또는 정직(제2호)의 어느 하나에 해당하는 명령을 받았을 것으로 인정되는 경우에는 그 받았을 것으로 인정되는 명령내용을 중앙회 또는 해당 금고에 통보하여야 한다(법79의5①).

2. 중앙회 또는 금고의 임직원에 대한 통보 및 기록관리

통보를 받은 중앙회 또는 금고는 이를 해당 임직원에게 통보하고, 그 내용을 기록·관리하여야 한다(법79의5②).

Ⅳ. 금고 및 중앙회에 대한 제재

1. 제재의 종류 및 사유

행정안부장관은 금고 또는 중앙회가 새마을금고법 또는 새마을금고법에 따른 명령을 위반하여 건전한 운영을 해칠 수 있다고 인정하는 경우에는 금고 또는 중앙회에 대하여 ⅰ) 경고 또는 주의(제1호), ⅱ) 위반행위에 대한 시정명령(제2호), ⅲ) 6개월 이내의 업무의 전부 또는 일부 정지(제3호)의 어느 하나에 해당하는 조치를 할 수 있다(법74의3①).

2. 금고의 설립인가 취소

(1) 취소사유

특별자치시장·특별자치도지사 또는 시장·군수·구청장은 금고가 ⅰ) 설립인가를 받은 날부터 90일이 지나도록 설립등기를 하지 아니한 경우(제1호), ⅱ) 거짓이나 그 밖의 부정한 방법으로 설립인가를 받은 경우(제2호), ⅲ) 설립인가의 요건을 갖추지 못하게 된 경우(제3호), ⅳ) 회원이 1년 이상 계속하여 100명 미만인 경우(제4호), ⅴ) 정당한 사유 없이 1년 이상 계속하여 사업을 시행하지 아니한 경우(제5호), ⅵ) 제74조의2 및 이 조 제1항에 따른 조치(제79조 제7항에 따라 준용되는 경우를 포함한다) 등을 이행하지 아니한 경우(제6호), ⅶ) 제79조 제6항에 따른 합병 권고를 받은 날부터 6개월 내에 총회의 의결을 거치지 아니한 경우(제7호)에는 금고의 설립인가를 취소할 수 있다(법74의3② 본문). 다만, 제2호에 해당하는 경우에는 취소하여야 한다(법74의3② 단서).

(2) 중앙회장의 의견 청취

특별자치시장·특별자치도지사 또는 시장·군수·구청장이 설립인가를 취소하려면 회장의 의견을 들어야 한다(법74의3③).

(3) 중앙회장 설립인가 취소 요청

회장은 금고가 취소사유 중 어느 하나에 해당하는 경우에는 특별자치시장·특별자치도지사 또는 시장·군수·구청장에게 해당 금고의 설립인가 취소를 요청하여야 한다(법74의3④).

(4) 인가취소의 공고

특별자치시장·특별자치도지사 또는 시장·군수·구청장은 금고의 설립인가를 취소한 경우에는 즉시 그 사실을 공고하여야 한다(법74의3⑤).

3. 행정처분의 세부기준

행정처분의 세부기준은 행정안전부령으로 정한다(법74의3⑥). 이에 따른 행정처분의 세부기준은 [별표 2]와 같다(시행규칙11의3).

[별표 2] 행정처분의 세부기준(제11조의3 관련)

1. 일반기준
   가. 위반행위가 둘 이상인 경우로서 그에 해당하는 각각의 처분기준이 다른 경우에는 그 중 무거운 처분기준에 따른다.
   나. 행정안전부장관은 위반행위의 동기·내용·횟수 및 위반의 정도 등을 고려하여 처분기준을 가중할 수 있다.
   다. 행정안전부장관은 위반행위의 동기·내용·횟수 및 위반의 정도 등과 다음 각 목의 어느 하나에 해당하는 사유를 고려하여 처분기준을 감경할 수 있다.
      1) 금고 또는 중앙회가 그 위반행위를 방지하기 위하여 해당 업무에 관하여 상당한 주의와 감독을 게을리 하지 아니한 경우
      2) 위반행위에 따른 피해를 보전한 경우
      3) 금고 또는 중앙회가 감독기관이 인지하기 전에 위반행위를 자진하여 신고한 경우

2. 개별기준
   가. 6개월 이내의 업무의 전부 또는 일부 정지
      1) 고의 또는 중대한 과실로 위반행위를 한 경우로서 다음의 어느 하나에 해당하는 경우
         가) 금고 또는 중앙회에 중대한 손실을 끼친 경우
         나) 거래 상대방 등에 대하여 중대한 손실을 끼친 경우
         다) 금고 또는 중앙회의 건전한 경영을 심하게 훼손한 경우

    2) 위반행위에 대한 시정명령을 하였음에도 불구하고 이에 따르지 아니
한 경우

    3) 법에 따라 인가·승인 등을 받아 행하는 업무 등에 대하여 인가·승인
등을 받지 아니하거나 허위 또는 부정한 방법으로 인가·승인 등을
받아 그 업무 등을 수행한 경우

나. 위반행위에 대한 시정명령

고의 또는 중대한 과실로 위반행위를 한 경우로서 다음의 어느 하나에
해당하는 경우

    1) 위법·부당한 상태를 방치하고 있거나 적절한 조치를 취하지 아니하
는 경우

    2) 향후 동일 또는 유사한 위반행위를 할 가능성이 있는 경우

다. 경고 또는 주의

위반행위의 정도가 경미한 경우로서 다음의 어느 하나에 해당하는 경우

    1) 위반행위가 금고 또는 중앙회의 경영관행 등에서 비롯된 경우

    2) 위반행위를 한 동기·내용 등에 비추어 정상 참작의 사유가 있는 경우

제4절 과태료

Ⅰ. 개요

새마을금고법 제88조는 일정한 위반행위에 대하여 5천만원 이하의 과태료
를 부과하는 경우(법88①), 2천만원 이하의 과태료를 부과하는 경우(법88②), 1
천만원 이하의 과태료를 부과하는 경우(법88③)를 규정하고, 과태료는 대통령령
으로 정하는 바에 따라 행정안전부장관이 부과·징수한다(법88④)고 규정하고
있다.

Ⅱ. 5천만원 이하의 과태료: 금고

법 제28조의2(불공정한 거래행위의 금지 등)를 위반하여 불공정거래행위를 한

금고에는 5천만원 이하의 과태료를 부과한다(법88①).

Ⅲ. 2천만원 이하의 과태료: 금고 또는 중앙회

법 제31조의2 제2항 또는 제67조 제7항을 위반하여 금리인하를 요구할 수 있음을 알리지 아니한 금고 또는 중앙회에는 2천만원 이하의 과태료를 부과한다(법88②),

Ⅳ. 1천만원 이하의 과태료: 금고의 임직원

법 제28조의2(불공정한 거래행위의 금지 등)를 위반한 금고의 임직원에게는 1천만원 이하의 과태료를 부과한다(법88③).

Ⅴ. 과태료의 부과기준

과태료는 대통령령으로 정하는 바에 따라 행정안전부장관이 부과·징수한다(법88④).

1. 금고 2천만원, 임직원 100만원

행정안전부장관은 법 제88조 제1항 및 제2항에 따라 금고에는 2천만원, 임직원에게는 100만원의 과태료를 부과한다(법88④, 영60①).

2. 감면 또는 가중

행정안전부장관은 위반행위의 정도, 위반 횟수, 위반행위의 동기와 그 결과 등을 고려하여 과태료 금액을 감경 또는 면제하거나 2분의 1의 범위에서 가중할 수 있다(법88④, 영60②).

3. 세부기준

과태료의 감경, 면제 및 가중에 관한 세부기준은 행정안전부장관이 정하여 고시한다(법88④, 영60③).

이에 따라 중앙회장은 금고 또는 그 임직원이 시행령 제16조의2(불공정거래 행위의 유형 및 기준) 제1호·제4호·제5호·제6호의 규정을 위반하여 과태료의 부과를 행정안전부에 건의하는 경우에는 [별표 10]을 따라야 한다(새마을금고 감독기준4의2⑧).

[별표 10] 과태료 부과기준(제4조의2 제8항 관련)

1. 과태료 산정방식

   가. 법 제28조의2 제1항 제1호 및 시행령 제16조의2 제1호, 제4호, 제5호 또는 제6호를 위반하여 과태료를 부과하는 경우 대상건별 기준금액은 다음과 같다.

   1) 금고에 부과하는 경우: 2천만원

   2) 임직원에 부과하는 경우: 1백만원

   나. 구속행위의 동기 및 구속비율(여신거래와 관련하여 다음 금액을 여신금액으로 나눈 비율), 대상상품을 고려하여 기준금액의 일정비율로 부과대상건별 예정금액을 산정한다.

   1) 법 제28조의2 제1항 제1호 및 시행령 제16조의2 제4호, 제5호 또는 제4조의2 제7항 제2호를 위반한 경우: 제4조의2 제5항 제1호 각 목 외의 부분 본문에서 정하는 방법에 따라 산출된 월수입금액

   2) 시행령 제16조의2 제1호를 위반한 경우: 차용인의 금융상품 해약 또는 인출이 제한된 총 금액

   3) 제4조의2 제7항 제1호를 위반한 경우: 실질적으로 차용인의 자금사용이 제한된 총 금액

   다. 위반자에게 가중·감면사유가 있는 경우에는 위 예정금액을 가중·감면하여 최종 과태료 부과금액을 결정한다.

   라. 과태료 부과 및 징수와 관련하여 이 기준에서 정하고 있는 내용을 제외하고는 질서위반 행위규제법에서 정하는 바를 따른다.

2. 예정금액의 산정

   과태료 부과대상건에 대하여 구속행위의 동기 및 구속비율을 고려하여 예정금액을 다음 표와 같이 산정한다.

구속비율＼동기	고의	과실
100분의 10 이상	기준금액의 100%	기준금액의 50%

100분의 5 이상 100분의 10 미만	기준금액의 50%	기준금액의 25%
100분의 2 이상 100분의 5 미만	기준금액의 25%	기준금액의 12.5%
100분의 2 미만	기준금액의 10%	기준금액의 5%

3. 최종 부과금액의 결정

위반자가 다음에 해당하는 경우에는 예정금액을 감면하거나 예정금액의 50% 범위에서 가중할 수 있다.

1) 가중 사유

　가) 위반횟수(최초 과태료 부과처분을 받은 날로부터 5년 이내에 법 제28조의2 위반행위를 추가로 위반한 경우)

　　· 1회: 예정금액의 25% 이내에서 가중

　　· 2회 이상: 예정금액의 50% 이내에서 가중

　나) 중소기업기본법 시행령 제8조에 따른 소기업(통계법에 따른 한국표준산업분류상 금융업, 보험 및 연금업, 금융 및 보험 관련 서비스업을 영위하는 기업과 주채무 계열에 소속된 소기업은 제외)이 차용인인 여신거래와 관련 법 제28조의2 제1항 제1호 및 시행령 제16조의2 제1호, 제4호, 제5호 또는 제6호를 위반한 경우 예정금액의 20% 이내에서 가중할 수 있다.

2) 감면 사유

　가) 동일 또는 유사한 위반행위의 방지를 위한 자체감사 또는 내부통제시스템을 갖추어 시행하거나 대책을 마련하여 이행하는 등 상당한 주의 및 감독을 한 것으로 인정되는 경우에는 예정금액의 50% 이내에서 감경할 수 있다.

　나) 위반행위를 감독기관이 인지하기 전에 자진하여 신고하는 등 검사에 적극적으로 협조한 경우에는 예정금액의 30% 이내에서 감경할 수 있다.

　다) 위반행위를 감독기관이 인지하기 전에 스스로 시정 또는 치유한 경우에는 예정금액의 30% 이내에서 감경할 수 있다.

　라) 위반행위에 대하여 부과하려는 예정금액의 총액이 위반행위자의 연령(법인은 제외), 현실적인 부담능력, 환경 또는 위반행위의 내용 및 정황 등을 고려할 때 감경이 불가피하다고 인정되는 경우에는 예정금액의 50% 이내에서 감경할 수 있다.

4. 과태료 부과의 면제 및 기타사항

가. 위반자에게 다음과 같은 사유가 있는 경우에는 과태료 부과를 면제할 수 있다.

1) 면제 사유

가) 위반자의 지급불능 등 과태료 납부가 사실상 불가능하여 과태료 부과의 실효성이 없는 경우

나) 동일한 위반행위에 대하여 형벌·과징금 등 실효성 있는 제재조치를 이미 받은 경우

다) 아래와 같이 해당 금고가 존재하지 않거나 임직원이 금고의 소속이 아닌 경우

· 금고 면제사유: 인가 취소조치를 이미 받았거나 받는 경우, 금고가 해산된(청산 및 신설합병 포함) 경우

· 임원 면제사유: 임원개선을 이미 받았거나 받는 경우

· 직원 면제사유: 징계면직을 이미 받았거나 받는 경우

라) 천재지변 등 부득이한 사정으로 위반행위를 한 경우

마) 공무원(중앙회장을 포함)의 서면회신이나 행정지도, 기타 공적인 견해표명에 따라 위법행위를 행한 경우 등 질서위반행위규제법 제8조(위법성의 착오)에서 정한 바와 같이 자신의 행위가 위법하지 아니한 것으로 오인하고 행한 행위로서 그 오인에 정당한 사유가 있는 경우

바) 동일한 위반행위에 대하여 당해 금고 및 직원 각각에 대하여 과태료를 부과할 수 있으나, 위반행위가 당해 금고의 경영방침 또는 당해 금고 이사장의 업무집행 행위로 발생되었거나 당해 금고의 내부통제의 미흡 또는 감독소홀에 기인하여 발생된 경우 그 직원

사) 최종 과태료 부과금액이 10만원 미만인 경우

아) 고의나 중대한 과실이 아닌 사소한 부주의나 오류로 인한 위반행위로서 금고 또는 금융거래자에 미치는 영향이 없거나 미미한 경우에는 임원에 대해서는 견책·경고, 직원에 대해서는 견책·경고·주의 또는 시정조치 등으로 갈음할 수 있다.

자) 기타 이에 준하는 사유가 있어 과태료부과 면제가 불가피하다고 인정되는 경우

나. 기타사항

최종 과태료 부과금액(동일인의 2개 이상의 동일한 종류의 위반행위가 경합하는 경우에는 해당 위반행위에 대한 최종 과태료 부과금액의 합산

액)을 결정함에 있어서 10만원 단위 미만의 금액은 절사한다.

제5절 형사제재

I. 개요

　새마을금고법 제85조는 일정한 위반행위에 대하여 5년 이하의 징역 또는 5천만원 이하의 벌금에 처하는 경우(법85①), 3년 이하의 징역 또는 3천만원 이하의 벌금에 처하는 경우(법85②), 2년 이하의 징역 또는 2천만원 이하의 벌금에 처하는 경우(법85③), 1년 이하의 징역 또는 1천만원 이하의 벌금에 처하는 경우(법85④⑤)를 규정하고 있다.

　법 제86조는 양벌규정을 다음과 같이 규정하고 있다. 금고 또는 중앙회의 대표자나 대리인, 사용인, 그 밖의 종업원이 그 금고나 중앙회의 업무에 관하여 제85조 제1항 또는 제2항의 위반행위를 하면 그 행위자를 벌하는 외에 그 금고나 중앙회에도 해당 조문의 벌금형을 과(科)한다(법86 본문). 다만, 금고나 중앙회가 그 위반행위를 방지하기 위하여 해당 업무에 관하여 상당한 주의와 감독을 게을리하지 아니한 경우에는 그러하지 아니하다(법86 단서).

II. 벌칙

1. 5년 이하의 징역 또는 5천만원 이하의 벌금

　금고 또는 중앙회의 임직원이 i) 자금을 금고나 중앙회의 사업목적 외에 사용·대출하거나 금고나 중앙회의 재산을 투기 목적으로 처분하거나 이용한 경우(제1호), ii) 경영지도 사항을 이행하지 아니한 경우(제2호)에는 5년 이하의 징역 또는 5천만원 이하의 벌금에 처한다(법85①).

** 관련 판례

① 대법원 2008. 6. 19. 선고 2006도4876 전원합의체 판결

구 새마을금고법 제66조(현행 제85조)에서 규정하고 있는 범행의 주체인 새
마을금고의 직원이라 함은 임명권자인 새마을금고 이사장이 임명한 간부 또는
일반 직원을 모두 포함하는 것이고, 임명권자인 이사장에 의하여 임명된 이상 그
간부직원이 자격요건인 전형시험에 합격한 사실이 없다고 하여도 달리 볼 것은
아니다.

② 대법원 2003. 5. 16. 선고 2002도6183 판결

대출 제한에 관한 법령이나 금융기관 내부규정의 적용을 회피하기 위하여
실질적인 주채무자가 실제 대출받고자 하는 채무액에 대하여 제3자를 형식상의
주채무자로 내세우고, 금융기관도 이를 양해하여 제3자에 대하여는 채무자로서
의 책임을 지우지 않을 의도하에 제3자 명의로 대출관계서류를 작성받은 경우,
제3자는 형식상의 명의만을 빌려 준 자에 불과하고 그 대출계약의 실질적인 당
사자는 금융기관과 실질적 주채무자라고 할 것이다(대법원 2001. 5. 29. 선고 2001
다11765 판결 참조).

위 법리에 비추어 기록을 살펴보면, 원심이, 새마을금고 간의 대출을 금지하
는 규정을 회피하여 공소외 1 새마을금고가 공소외 2 새마을금고에게 여유자금
을 대출해 주기 위하여 형식상 공소외 2 새마을금고 임직원들 명의를 빌려 이루
어진 이 사건 대출의 주채무자가 공소외 2 새마을금고라고 판단한 것은 정당하
고, 거기에 채증법칙 위배로 인한 사실오인의 위법이 없다.

2. 3년 이하의 징역 또는 3천만원 이하의 벌금

금고나 중앙회의 임직원 또는 청산인이 다음의 어느 하나에 해당하는 행위
를 한 경우에는 3년 이하의 징역이나 3천만원 이하의 벌금에 처한다(법85②).

1. 감독기관의 인가나 승인을 받아야 하는 사항에 관하여 인가나 승인을 받지
   아니하거나 인가가 취소된 후에도 업무를 계속하여 수행한 경우
2. 거짓으로 등기를 한 경우
3. 감독기관, 총회, 이사회에 대하여 거짓으로 자료를 제출하거나 진술(서면진

술을 포함)한 경우

4. 총회나 이사회의 의결이 필요한 사항에 대하여 의결을 거치지 아니하고 집행한 경우

5. 제29조(동일인 대출한도)(제67조 제5항에서 준용하는 경우를 포함)를 위반한 경우

6. 금고나 중앙회로 하여금 제28조(사업의 종류 등) 제3항(제67조 제5항에서 준용하는 경우를 포함)에 따른 명령, 같은 조 제5항이나 제35조(적립금과 손익금의 처리)(제70조 제4항에서 준용하는 경우를 포함)를 위반하게 한 경우

7. 제31조(부동산 등의 소유 제한)(제70조 제4항에서 준용하는 경우를 포함)를 위반하여 금고나 중앙회로 하여금 동산이나 부동산을 소유하게 한 경우

8. 제44조(민법 등 준용)에 따라 준용되는 민법의 규정을 위반한 경우

9. 감독기관의 검사를 거부·방해 또는 기피하거나 해당 검사원의 질문에 거짓으로 진술(서면 진술을 포함)하거나 자료를 제출한 경우

10. 제75조(경영공시)에 따른 경영공시를 이행하지 아니하거나 거짓으로 공시한 경우

** 관련 판례

① 대법원 2015. 5. 28. 선고 2015도3136 판결

새마을금고 임직원이 장차 특정경제범죄 가중처벌 등에 관한 법률에 규정된 죄로 처벌받을 수도 있는 사항에 관한 질문을 받고 거짓 진술을 한 경우, 구 새마을금고법 제85조 제2항(현행 제85조 제2항) 제9호의 처벌규정이 적용되는지 여부(원칙적 소극): 구 새마을금고법(2014. 6. 11. 법률 제12749호로 개정되기 전의 것) 제85조 제2항 제9호(이하 '처벌규정'이라 한다), 특정경제범죄 가중처벌 등에 관한 법률(이하 '특정경제범죄법'이라 한다) 제2조 제1호, 제12조 제2항, 제4항을 헌법상 보장된 진술거부권에 관한 법리에 비추어 살펴보면, 처벌규정은 적어도 새마을금고의 임직원이 장차 특정경제범죄법에 규정된 죄로 처벌받을 수도 있는 사항에 관한 질문을 받고 거짓 진술을 한 경우에는 특별한 사정이 없는 한 적용되지 않는다. 이러한 경우까지 항상 처벌규정으로 처벌될 수 있다고 본다면, 이는 실질적으로 장차 형사피의자나 피고인이 될 가능성이 있는 자로 하여금 수사기관 앞에서 자신의 형사책임을 자인하도록 강요하는 것과 다르지 않기 때문이다.

② 대법원 2005. 5. 12. 선고 2004도5757 판결

원심은, 새마을금고법 제26조(현행 제28조) 제3항은 위임조항의 내재적 위임의 범위와 한계를 객관적으로 확정할 수 있는 경우에 해당하여 위임입법의 명확성을 구비하고 있으므로, 위임입법의 범위와 한계를 규정한 헌법 제75조에 위반되지 아니하고, 위와 같은 행위를 범죄구성요건으로 하고 있는 같은 법 제66조(현행 제85조) 제2항 제6호는 죄형법정주의를 규정한 헌법 제13조 제1항 및 그 파생적 원리의 하나인 형벌법규의 명확성의 원칙에 위반되지 아니한다고 판단하였는바, 관계 법령 및 법리(헌법재판소 2004. 8. 26.자 2004헌바14 전원재판부 결정 참조)에 비추어 실펴보면, 이러한 원심의 판단은 옳다.

③ 대법원 2004. 11. 25. 선고 2004도5332 판결

[1] 새마을금고의 임직원이 대출한도를 초과하여 대출하면서도 새마을금고연합회장(현행 중앙회장)의 승인을 받지 않는 행위는 새마을금고법 제66조(현행 제85조) 제2항 제1호의 규정에 의하여 처벌되는 "감독기관의 인가 또는 승인을 얻어야 할 사항에 관하여 인가 또는 승인을 얻지 아니한 때"에 해당하지 아니할 뿐만 아니라(대법원 2003. 10. 20.자 2002모402 전원합의체 결정 참조) 새마을금고법 제66조(현행 제85조) 제2항 제1호에서 정한 법정형이나 입법 취지, 보호법익에 비추어 볼 때 새마을금고법위반죄와 별도로 업무상배임죄가 성립될 수 없는 것은 아니므로, 새마을금고의 전무인 피고인이 대출한도를 초과하여 대출한 행위가 업무상배임죄에 해당할 수 없다는 상고이유의 주장은 그 이유 없다.

[2] 금융기관 임·직원이 직무와 관련하여 금품을 수수한 행위 등을 처벌하는 특정경제범죄가중처벌등에관한법률 제5조의 입법 취지는 금융기관은 특별법령에 의하여 설립되고 그 사업 내지 업무가 공공적 성격을 지니고 있어 국가의 경제정책과 국민경제에 중대한 영향을 미치기 때문에 그 임·직원에 대하여 일반공무원과 마찬가지로 엄격한 청렴의무를 부과하여 그 직무의 불가매수성을 확보하고자 하는 데 있고(대법원 2000. 2. 22. 선고 99도4942 판결 참조), 또 수수한 금품의 용도는 그것이 개인의 용도에 사용하였거나, 소속 기관의 행정 또는 업무에 소요되는 비용에 충당하였거나 범죄의 성립에 영향이 없다(대법원 1984. 2. 14. 선고 83도3218 판결 참조).

④ 대법원 2001. 12. 24. 선고 2000도4099 판결

새마을금고법 제66조(현행 제85조) 제2항 제4호에 정해진 이사회의 의결을 요하는 사항이란 동법 제16조(현행 제17조) 제3항에 정해진 각호의 사항 중 법령에서 필요적으로 이사회의 의결을 요하도록 규정한 경우를 말하고, 따라서 동법 제16조(현행 제17조) 제3항 제6호와 같이 임의적으로 이사장이 부의하는 사항은 이에 포함되지 않는다고 할 것이며, 또한 새마을금고법 시행령 제24조(현행 제15조)에서 금고의 여유자금은 연합회(현행 중앙회)에의 예탁, 금융기관에의 예탁 또는 신탁회사에의 금전신탁, 국채·지방채 및 연합회장(현행 중앙회장)이 정하는 유가증권의 매입의 방법에 의하여 이를 운용할 수 있다고 규정하면서, 새마을금고연합회장(현행 중앙회장)이 새마을금고 여유자금 운용지침으로서 당해금고 여유자금 총액의 20%의 범위 안에서 주식운용편입비율이 30% 이하인 상품은 이사회 의결을 얻은 후 매입 또는 예치할 수 있는 것으로 정하고 있다(새마을금고여유자금운용지침 제6조 제2항 제4호)고 하더라도, 위 지침은 위 시행령 제24조(현행 제15조)의 구체적인 시행을 위한 새마을금고연합회(현행 중앙회)의 내부규정에 불과하므로 위 지침에 규정된 여유자금의 운용방법은 새마을금고법 제66조(현행 제85조) 제2항 제4호에 정해진 이사회의 의결을 요하는 사항에 해당하지 아니한다.

⑤ 부산지법 2002. 5. 28. 선고 2001노4091 판례

[1] 새마을금고여유자금운용지침에 의한 새마을금고 여유자금의 주식형 수익증권에의 예치가 새마을금고법 제66조(현행 제85조) 제2항 제4호에 정해진 이사회의 의결을 요하는 사항에 해당하는지 여부(소극): 새마을금고법 제66조(현행 제85조) 제2항 제4호에 정해진 이사회의 의결을 요하는 사항이란 같은 법 제16조(현행 제17조) 제3항에 정해진 각호의 사항 중 법령에서 필요적으로 이사회의 의결을 요하도록 규정한 경우를 말하므로 동법 제16조(현행 제17조) 제3항 제6호와 같이 임의적으로 이사장이 부의하는 사항은 이에 포함되지 않는다고 할 것이고, 같은법 시행령 제24조(현행 제15조)에서 금고의 여유자금은 연합회(현행 중앙회)에의 예탁, 금융기관에의 예탁 또는 신탁회사에의 금전식탁, 국채·지방채 및 연합회장(현행 중앙회장)이 정하는 유가증권의 매입의 방법에 의하여 이를 운용할 수 있다고 규정하면서, 새마을금고연합회장(현행 중앙회장)이 새마을금고여유자금운용지침으로서 당해 금고 여유자금 총액의 20%의 범위 안에서 주식운용편입비율

이 30% 이하인 상품은 이사회 의결을 얻은 후 매입 또는 예치할 수 있는 것으로 정하고 있다(새마을금고여유자금운용지침 제6조 제2항 제4호)고 하더라도, 위 지침은 위 시행령 제24조(현행 제15조)의 구체적인 시행을 위한 새마을금고연합회의 내부규정에 불과하므로 위 지침에 규정된 여유자금의 운용방법은 새마을금고법 제66조(현행 제85조) 제2항 제4호에 정해진 이사회의 의결을 요하는 사항에 해당하지 아니한다.

[2] 새마을금고의 이사장 및 전무가 금고의 여유자금을 주식형 수익증권에 예탁하는 것이 이사회의 의결을 요하는 사항에 해당한다고 보아 이를 거치지 아니하였다는 이유로 유죄를 인정한 원심판결을 파기한 사례.

3. 2년 이하의 징역 또는 2천만원 이하의 벌금

법 제22조(임원의 선거운동 제한) 제2항부터 제4항까지 및 제22조의2(기부행위의 제한)(제64조의2 제6항에서 준용하는 경우를 포함)를 위반한 자는 2년 이하의 징역이나 2천만원 이하의 벌금에 처한다(법85③). 이 죄의 공소시효는 해당 선거일 후 6개월(선거일 후에 이루어진 범죄는 그 행위를 한 날부터 6개월)을 경과함으로써 완성된다(법85⑥ 본문). 다만, 범인이 도피하거나 범인이 공범 또는 증명에 필요한 참고인을 도피시킨 경우에는 그 기간을 3년으로 한다(법85⑥ 단서).

공소시효 조항은 새마을금고의 임원선거와 관련된 범죄에 대하여 짧은 공소시효를 정함으로써 사건을 조속히 처리하여 선거로 인한 법적 불안정 상태를 신속히 해소하고, 특히 선거에 의하여 선출된 새마을금고의 임원들이 안정적으로 업무를 수행할 수 있도록 하기 위한 것이다.

"해당 선거일"은 그 선거범죄와 직접 관련된 선거의 투표일을 의미하는 것이므로, 그 선거범죄를 당해 선거일 전에 행하여진 것으로 보고 그에 대한 단기 공소시효의 기산일을 당해 선거일로 할 것인지 아니면 그 선거범죄를 당해 선거일 후에 행하여진 것으로 보고 그에 대한 단기 공소시효의 기산일을 행위가 있는 날로 할 것인지의 여부는 그 선거범죄가 범행 전후의 어느 선거와 관련하여 행하여진 것인지에 따라 결정된다.[6]

---

6) 대법원 2006. 8. 25. 선고 2006도3026 판결.

4. 1년 이하의 징역 또는 1천만원 이하의 벌금

법 제5조(정치 관여 금지)를 위반하여 금고나 중앙회로 하여금 정치에 관여하는 행위를 하게 한 자는 다른 법률에 특별히 규정된 경우 외에는 1년 이하의 징역이나 1천만원 이하의 벌금에 처한다(법85④).

법 제2조(정의와 명칭) 제5항을 위반한 자는 1년 이하의 징역이나 1천만원 이하의 벌금에 처한다(법85⑤).

Ⅲ. 양벌규정

1. 의의

금고 또는 중앙회의 대표자나 대리인, 사용인, 그 밖의 종업원이 그 금고나 중앙회의 업무에 관하여 제85조 제1항 또는 제2항의 위반행위를 하면 그 행위자를 벌하는 외에 그 금고나 중앙회에도 해당 조문의 벌금형을 과(科)한다(법86 본문).

2. 면책

금고나 중앙회가 그 위반행위를 방지하기 위하여 해당 업무에 관하여 상당한 주의와 감독을 게을리하지 아니한 경우에는 그러하지 아니하다(법86 단서).

Ⅳ. 자수자에 대한 특례

1. 형의 감경 또는 면제

다음의 어느 하나에 해당하는 자가 자수한 때에는 그 형을 감경 또는 면제한다(법87①).

1. 제22조(임원의 선거운동 제한) 제2항(제64조의2 제6항에서 준용하는 경우를 포함)을 위반하여 자기 또는 특정인을 금고의 임원으로 당선되게 하거나 당선되지 못하게 한 자
2. 제22조 제3항 또는 제4항(제64조의2 제6항에서 준용하는 경우를 포함)을 위

반하여 선거 운동을 한 자

2. 자수 의제 시점

위의 법 제87조 제1항에 규정된 자가 새마을금고법에 따른 선거관리위원회에 자신의 선거범죄사실을 신고하여 선거관리위원회가 관계 수사기관에 이를 통보한 때에는 선거관리위원회에 신고한 때를 자수한 때로 본다(법87②).

제
2
장
／

검사 및 제재

여기서는 새마을금고 중앙회의 「검사규정」, 「검사규정 시행세칙」("시행세칙"),
그리고 「새마을금고 제재업무처리지침」("제재업무처리지침")의 주요 내용을 살펴
본다.

제1절 총칙

Ⅰ. 목적과 적용범위

1. 목적

검사규정은 새마을금고법 제79조 제3항의 규정에 의하여 새마을금고중앙회
("중앙회") 직원이 새마을금고("금고")의 재산과 업무집행상황을 검사함에 있어 필
요한 사항을 규정함으로써 검사업무의 공정성과 효율성을 증진함을 목적으로 한
다(검사규정1). 검사규정 시행세칙("시행세칙")은 검사규정에서 위임된 사항과 그
시행에 관하여 필요한 사항을 정함을 목적으로 한다(시행세칙1).

2. 적용범위

금고 검사에 관하여 법령, 정관, 금고 감독기준 및 다른 규정에 따로 정하는 경우를 제외하고는 검사규정에 의한다(검사규정2).

Ⅱ. 검사의 종류

검사는 일반검사·특별검사·상시검사·내부통제검사 및 실사전문검사로 구분하며, 일반검사는 종합검사와 부문검사로 한다(검사규정3).

1. 종합감사

종합검사라 함은 매 사업연도 검사계획에 따라 금고 업무 전반에 대하여 종합적으로 실시하는 검사를 말한다(검사규정3(1)).

2. 부문검사

부문검사라 함은 업무의 일정 부문, 주요 지적사항의 시정내용 확인, 사고 발생 빈도가 높은 업무 등 특정 업무에 대하여 실시하는 검사를 말하며, 필요한 경우 경영지원업무 담당직원을 지원받아 검사팀으로 함께 편성할 수 있다(검사규정3(2)).

3. 특별검사

특별검사라 함은 사고가 발생하였거나 발생할 우려가 있는 금고 또는 특별한 정보에 의하여 검사가 필요하다고 인정되는 금고에 대하여 실시하는 검사를 말한다(검사규정3(3)).

4. 상시검사

상시검사라 함은 상시검사시스템에 의하여 금고에서 발생하는 거래를 검토, 분석하여 사고의 개연성과 위규내용 등 이상 징후를 분석, 식별하는 방법으로 실시하는 검사를 말한다(검사규정3(5)).

5. 내부통제검사

내부통제검사라 함은 내부통제 검사역에 의하여 실시하는 검사를 말하며, 내부통제검사의 방법, 절차 등에 관한 구체적 사항은 따로 정하는 바에 의한다(검사규정3(6)).

6. 실사전문검사

실사전문검사라 함은 실사전문 검사역에 의하여 실시하는 검사를 말하며, 실사전문검사의 방법, 절차 등에 관한 구체적 사항은 따로 정하는 바에 의한다(검사규정3(7)).

Ⅲ. 검사사항

검사원은 금고에 대하여 ⅰ) 법규 준수에 관한 사항(제1호), ⅱ) 금고 운영에 관한 사항(제2호), ⅲ) 금고 경영의 건전성에 관한 사항(제3호), ⅳ) 감독기관 또는 금고감독위원장("위원장")의 명령이나 지시에 관한 사항(제4호), ⅴ) 특정금융정보법 등 금융관련 법령의 준수에 관한 사항(제5호), ⅵ) 기타 필요한 사항(제6호)을 검사한다(검사규정4).

Ⅳ. 검사방법

검사는 현장검사, 서면검사 또는 전산검사에 의하여 실시한다(검사규정6①).

1. 현장검사

현장검사를 실시하는 경우에는 현장검사 실시 이전에 해당 금고에게 검사목적, 검사기간 등을 통보하여야 한다. 다만, ⅰ) 사전에 통보를 할 경우 자료, 장부, 서류 등의 조작·인멸 등이 발생될 우려가 있는 경우(제1호), ⅱ) 검사실시 사실이 알려질 경우 거래자 등에게 심각한 불안 초래 등이 발생할 우려가 있는 경우(제2호), ⅲ) 기타 검사목적 달성이 어려워질 우려가 있는 경우로서 금고감독위원장이 정하는 경우(제3호)에는 통보를 하지 않을 수 있다(검사규정6②).

현장검사는 서면·전산자료로 사전검사를 통하여 현장검사의 범위, 인력, 기간 등을 확정한 후 실시한다(검사규정6③).

2. 서면검사

서면검사는 금고로부터 받은 수검자료와 관련 서류 등에 의하여 실시한다(검사규정6④).

3. 전산검사

전산검사는 전산화면에 익한 검사와 내용의 확인을 위한 유선 또는 서면 검증에 의하여 실시한다(검사규정6⑤).

제2절 검사원

Ⅰ. 검사원 및 검사의 독립

1. 검사원

검사원은 위원회 사무기구의 검사업무 담당직원 중에서 위원장이 지명한다(검사규정7①).

2. 검사의 독립

검사원은 검사를 실시함에 있어서 외부와 집행부서로부터 독립된 위치에서 공정하게 그 직무를 수행하여야 한다(검사규정7②).

Ⅱ. 검사원의 신분보장

검사원은 검사업무를 수행함에 있어 고의 또는 중대한 과실로 법규를 위반한 경우를 제외하고는 신분상 불이익한 처분을 받지 아니한다(검사규정8①). 검사원에 대한 신분상 불이익한 처분을 행할 때에는 위원장의 의견을 들어야 한다(검사규정8②).

Ⅲ. 검사원의 권한

1. 권한의 내용

검사원은 검사업무에 필요한 경우 ⅰ) 제장부, 증빙서, 물품, 전산자료 및 관계서류의 제출 요구(제1호), ⅱ) 관계자의 출석, 답변, 입회 및 조서작성 요구(제2호), ⅲ) 창고, 금고, 장부, 물품 등의 확인 및 봉인(제3호), ⅳ) 회계관계, 예금 및 대출 거래처에 대한 조사, 자료 징구(제4호), ⅴ) 업무 및 제도개선을 위한 제안(제5호), ⅵ) 위법 부당사항에 대한 시정 요구(제6호), ⅶ) 형사범죄 혐의사항의 고발(제7호), ⅷ) 기타 검사업무 수행에 필요한 사항의 요구 및 조치(제8호)의 권한을 행사할 수 있다(검사규정10①).

앞의 권한 내용 중 제7호의 형사범죄 혐의사항의 고발은 검사규정 시행세칙이 정하는 바에 의거 처리하여야 한다(검사규정10②). 이에 관하여는 후술한다.

2. 특정 직원의 교대 근무 요구

검사원은 검사기간 중 업무통제상 필요하다고 판단되는 경우 검사하는 금고이사장에게 특정 직원의 일정기간 교대 근무를 요구할 수 있다(검사규정10③).

3. 의견 청취

검사원은 업무 수행상 필요하다고 인정되는 경우 자신의 의견 형성에 도움을 줄 수 있다고 인정되는 자의 의견을 청취할 수 있다(검사규정10④).

Ⅳ. 검사원의 준수사항

검사원은 직무를 수행함에 있어 다음의 사항을 준수하여야 한다(검사규정11). 즉 ⅰ) 검사원은 검사하는 금고의 업무에 지장이 없도록 항상 품행에 유의하여야 한다(제1호). ⅱ) 검사원은 직무수행 과정에서 알게 된 기밀사항이나 적출

사항 또는 개인 신상에 관한 사항을 직무상 목적 외에 외부에 누설하거나 이를 사용하여서는 아니 된다(제2호). iii) 검사원은 검사와 관련된 사적 이해를 배제하여야 하며 검사업무의 수행에 있어서 항상 불편부당한 자세를 견지하여야 한다(제3호). iv) 검사원은 그 직무수행과 관련하여 어떠한 경우도 금품의 수수나 향응을 받아서는 아니 된다(제4호). v) 검사원은 항상 검사받는 자의 인격을 존중하며 모욕적인 추궁을 삼가고 자의에 따라 그 진상을 진술할 수 있도록 하여야 한다(제5호).

V. 중앙회 직원에 대한 책임 병과

1. 책임 병과 사유

금고 검사 결과 i) 금고의 사고를 인지하고도 적법한 조치를 취하지 아니한 경우(제1호), ii) 검사시 사고를 묵인하거나 고의로 적출하지 아니한 경우 또는 검사결과 중대한 사항을 보고하지 아니한 경우(제2호), iii) 검사 사후관리를 태만하게 함으로써 사고의 확대, 기타 중대한 문제를 야기한 경우(제3호)에는 중앙회 관련 직원에 대하여 그 책임을 병과할 수 있다(검사규정12①).

2. 인사관리규정

책임을 병과하는 경우에는 인사관리규정이 정하는 바에 의한다(검사규정12②).

VI. 교육훈련

1. 정기교육 실시

위원장은 검사원의 검사업무 수행능력을 향상시키기 위하여 검사원에 대한 정기적인 교육을 실시하여야 한다(검사규정13①).

2. 조사연구 보고서 제출

위원장은 검사원에게 검사업무와 관련한 조사연구 보고서 등을 제출하게 할 수 있다(검사규정13②).

제3절 검사계획과 시행

Ⅰ. 감사계획

1. 검사기본계획 수립

(1) 검사기본계획의 심의·의결과 보고

위원회는 매 사업연도의 기본 사업계획에 의하여 ⅰ) 연간 검사목표(제1호), ⅱ) 검사인력 운용 계획(제2호), ⅲ) 검사 방향 및 범위(제3호), ⅳ) 검사 사후관리에 관한 사항(제4호),[1] ⅴ) 기타 검사업무 관련 필요사항(제6호)이 포함된 검사기본계획을 심의·의결하고 위원장은 회장에게 이를 보고한다(검사규정14①).

(2) 검사대상금고 선정

검사대상금고의 선정에 관한 사항은 위원회가 따로 정하는 바에 의한다(검사규정14③). 이에 관하여는 후술한다.

(3) 지역본부장의 금고 검사 요청

지역본부장은 직제규정 제20조 제3항에 따라 위원장에게 해당 금고의 검사를 요청할 수 있다(검사규정14④).

2. 검사대상금고 선정

금고감독위원장("위원장")은 검사기본계획을 기준으로 검사대상 새마을금고를 선정한다(시행세칙2①).

---

1) 제5호 삭제＜2020. 9. 24＞

3. 검사범위

(1) 검사범위의 내용

검사범위는 조직관리, 일반관리, 경영관리, 회계관리, 여신관리, 수신관리, 자금세탁방지, 경영실태평가 및 사고예방부문 등으로 구분하여 검사한다(시행세칙3①).

(2) 종합검사

종합검사는 검사범위 전반에 대하어 검사함을 원칙으로 하되 검사팀 편성, 검사기간 등을 고려하여 검사부문을 조정할 수 있다(시행세칙3② 전단). 이 경우 경영관리, 회계관리, 여신관리, 수신관리, 자금세탁방지, 경영실태평가 및 사고예방부문은 필수 검사사항으로 한다(시행세칙3② 후단).

(3) 부문 및 특별검사

부문 및 특별검사는 종합검사를 준용하되 검사목적에 따라 그 범위를 조정하여 실시한다(시행세칙3③).

(4) 확인검사

확인검사는 전번검사 지적사항에 대한 시정보고 내용의 적정성 또는 미시정사항의 지연사유 등에 대한 검사를 실시한다(시행세칙3④).

(5) 내부통제검사

내부통제검사는 금고의 일상점검기록부 점검내용을 중심으로 한 내부통제업무 검사를 목적으로 하며, 필요시 현금시재검사, 공제약관대출신청서 점검 등 기초 사고예방에 필요한 부문을 추가하여 검사할 수 있다(시행세칙3⑥).

(6) 실사전문검사

실사전문검사는 새마을금고 시재검사, 예탁금, 범위내 대출 및 공제약관 대출 점검 등 사고취약부문에 대한 검사를 목적으로 한다(시행세칙3⑦).

4. 검사명령 등

(1) 검사명령 사유

금고감독위원장("위원장")은 사고발생 우려가 있거나 민원 등에 의하여 검사가 필요하다고 인정되는 금고에 대하여는 검사원에게 검사를 명할 수 있다(시행세칙5①).

(2) 검사원의 검사실시와 보고

검사원은 위원장으로부터 검사명령을 받은 때에는 지체없이 당해 금고에 대한 검사를 실시하고 그 결과를 보고하여야 한다(시행세칙5②).

(3) 재검사 등의 지시

위원장은 검사보고서 검토결과 필요하다고 인정될 경우 재검사 등 적절한 지시를 명할 수 있다(시행세칙5③).

5. 검사팀 편성 운영

(1) 검사기본계획 기준으로 편성 운영

검사팀은 검사기본계획을 기준으로 편성 운영한다(시행세칙6①).

(2) 검사팀장의 업무분장 실시

검사팀장은 검사업무의 효율성을 기하기 위하여 검사원의 전문성, 경력 및 적성 등을 감안하여 업무분장을 실시하여야 한다(시행세칙6②).

(3) 감독기관과의 합동검사

감독기관과의 합동검사 시에는 다음과 같이 운영한다(시행세칙6③). 즉 ⅰ) 검사종류는 일반검사로 함을 원칙으로 한다(제1호). ⅱ) 검사팀 편성, 검사기간, 검사대상금고 선정 등 세부추진계획은 상호 협의하여 수립한다(제2호).

Ⅱ. 검사실시 등

1. 검사실시

(1) 위원회의 의결 또는 위원장의 결정

검사는 위원회의 의결 또는 위임된 경우 위원장의 결정에 따라 실시한다(검사규정15①).

(2) 검사계획서 작성과 위원장 결재

검사원이 검사를 실시하고자 할 때에는 검사계획서를 작성하여 위원장의 결재를 얻어야 한다(검사규정15②).

검사계획서에는 ⅰ) 검사의 종류(제1호), ⅱ) 대상금고(제2호), ⅲ) 검사기준일 및 검사대상 기간(제3호), ⅳ) 검사실시 기간(제4호), ⅴ) 검사범위(제5호), ⅵ) 검사팀의 편성 및 검사원(제6호), ⅶ) 전번 검사결과 미정리사항의 유무(제7호), ⅷ) 그 밖에 필요한 사항(제8호)이 포함되어야 한다(시행세칙4).

(3) 검사계획의 변경

검사실시 기간 중 검사계획을 변경하고자 할 때에는 앞의 제2항의 규정을 준용한다(검사규정15③).

2. 검사기준일

검사기준일은 검사실시 전날을 기준으로 한다(검사규정16 본문). 다만, 검사목적에 따라 검사기준일을 달리 정할 수 있다(검사규정16 단서).

3. 검사실시 통보

검사원이 금고에 대하여 현장 또는 서면검사를 수행할 때에는 반드시 위원장이 발행한 검사실시 문서를 제시하여야 한다(검사규정17).

4. 검사 착수

현장검사는 검사대상 금고의 업무수행에 가급적 지장이 없도록 검사를 실시한다(시행세칙7①).

현장검사의 경우 임점과 동시에 기초검사로서 현금, 예치금 및 중요용지 등에 대하여 장부와 실물을 확인·대사하여야 하며, 필요한 경우 제장부, 물품 등을 봉인한다(시행세칙7② 본문). 다만, 금고에 사전통보하여 실시하는 현장검사는 불필요한 경우 이를 생략할 수 있다(시행세칙7② 단서).

5. 검사진행

(1) 기초자료 작성과 제출

기초검사가 완료되면 이사장에게 검사에 필요한 기초자료를 지정서식에 의거 작성하여 제출하게 한다(시행세칙8① 본문). 다만, 전산으로 출력하여 사용할 수 있는 자료는 전산출력자료로 대체할 수 있다(시행세칙8① 단서).

(2) 중점 검사사항의 우선 검사

검사팀장은 기간 내 검사를 종료할 수 있도록 세부일정을 수립하여 업무를 추진하되 중점 검사사항을 우선적으로 검사하여야 한다(시행세칙8②).

(3) 미시정사항 유무의 확인·점검

검사원은 전번 검사결과 및 상시검사 결과 미시정사항 유무를 반드시 확인·점검하여야 한다(시행세칙8③ 본문). 다만, 내부통제검사의 경우에는 이를 생략할 수 있다(시행세칙8③ 단서).

(4) 검사사항의 일일보고 등

검사원은 매일 업무마감 전 그 날의 검사사항에 대하여 검사팀장에게 보고하여야 하며, 검사팀장은 정보사항과 검사 진행과정에서 도출된 문제점 등을 검토한 후 검사원에게 적정한 지시를 하여야 한다(시행세칙8④).

(5) 여·수신 거래내역의 임의 추출과 현지 실사

검사의 효과 증대를 위하여 회원의 여·수신 거래내역을 임의 추출하여 현지 실사를 할 수 있으며 여건상 현지 실사가 곤란할 때에는 옥내 업무 수행과정에서의 거래대사 또는 거래잔액 조회서 이용으로 이를 대신할 수 있다(시행세칙8

⑤).

6. 임기의 조치

검사원은 검사 중 임기의 조치가 필요한 ⅰ) 검사대상 금고가 검사에 응하지 아니할 때(제1호), ⅱ) 검사업무 수행 중 사고 등 중대한 문제가 발견되었을 경우(제2호), ⅲ) 기타 검사를 계속함이 곤란하다고 인정될 때(제3호)에는 지체없이 검사감독담당 부서의 장("검사감독담당부서장")에게 보고하고 그 처리에 대한 지시를 받아야 한다(검사규정18).

7. 위법부당행위자에 대한 현지조치

검사업무 수행 중 중대한 비위사실이나 사고발생 등으로 긴급조치가 필요하다고 인정될 때에는 다음과 같이 조치한다(시행세칙9).

(1) 직원의 직위해제 및 전산접근 차단 등

검사팀장은 이사장으로 하여금 지체없이 당해 직원에 대하여 직위해제 및 전산접근 차단 등 추가사고 예방을 위한 조치를 취하도록 한다(시행세칙9(1)).

(2) 위법부당행위자의 사직서 제출과 경위 조사 및 보고 등

검사팀장은 위법부당행위자가 사직서를 제출한 경우 그 경위를 조사하여 검사명령권자에게 보고하여야 하며, 긴급 이사회 개최 등 필요한 조치를 취할 수 있다(시행세칙9(2)).

(3) 중징계 대상자에 대한 조치

검사팀장은 중징계 대상자에 대하여는 중앙회의 제재처분이 있기 전에 금고에서 임의로 해당 직원에 대한 경징계나 사직서 수리 등 제재에 장애되는 요인이 발생하지 않도록 조치한다. 이 경우 민법 제660조에 의한 고용계약 해지의 효력이 발생하기 전에 필요한 조치를 취하여야 한다(시행세칙9(3)).

8. 검사입증자료의 징구

(1) 지적사항 또는 개선사항

검사원은 검사결과 위법 부당한 지적사항이나 개선이 필요한 사항에 대하여는 그 사실을 증명하기 위하여 입증자료를 징구하여야 한다(검사규정19①).

(2) 입증자료 제출요구 사유와 현지 확인 등

서면검사 또는 전산검사 결과 사고의 개연성과 위규내용 등 이상 징후가 있는 경우에는 해당금고에 입증자료 제출을 요구할 수 있으며 필요시 해당 금고에 출장하여 직접 현지확인 또는 현장검사를 할 수 있다(검사규정19②).

(3) 입증자료의 종류 · 징구사유 및 구비요건

입증자료의 종류 · 징구사유 및 구비요건은 다음 각 호와 같이 한다(시행세칙 10①).

(가) 확인서

확인서는 검사지적사항에 대한 사실확인 입증자료로써 육하원칙에 따라 작성되어야 하며 업무 관련자에게 자필서명 · 날인을 받아야 한다(시행세칙10①(1)).

(나) 문답서

문답서는 위법 · 부당행위의 정도가 크거나 취급경위가 복잡하고 책임소재가 불분명한 사항에 대한 입증자료로써 관련자의 책임 소재를 분명히 하고 행위의 동기, 배경 등이 파악될 수 있도록 관련자와의 질의 · 응답을 통하여 작성하고 진술자의 자필서명 · 날인을 받아야 한다(시행세칙10①(2)).

(다) 의견서

의견서는 검사지적사항에 대하여 업무관련자 또는 검사받는 금고가 의견의 진술을 원하는 경우에 보충 자료로써 받는다(시행세칙10①(3)).

(라) 검사조서

검사조서는 검사실시 결과 지적사항에 대하여 업무관련자, 실무책임자, 상근임원 및 이사장이 인정하는 입증자료로써 연명으로 자필서명 · 날인을 받아야 한다(시행세칙10①(4)).

(마) 전산출력자료 또는 문서 · 장표의 사본

전산출력자료 또는 문서 · 장표의 사본은 검사지적사항에 대한 객관적인 입증자료로써 검사원의 판단에 따라 징구하며 금고 이사장인원본대조필이 날인되어야 한다(시행세칙10①(5)).

(4) 진술기회 제공 등

입증자료 징구시 수검 당사자에게 충분한 진술기회를 제공하여 위법 · 부당사항의 발생 동기, 관련자의 범위, 발생 손실범위 등 그 진행과정을 명확히 하여야 하며, 이에 대한 증서자료를 충분히 확보하여 이의신청 또는 소송 등에 대비하여야 한다(시행세칙10②).

9. 검사강평

검사원은 일반검사종료 후 검사결과를 종합하여 지적사항, 경영개선사항 및 발전방향 등에 대하여 금고의 임직원에게 강평을 실시할 수 있다(검사규정20).

Ⅲ. 상시검사

1. 상시검사방법

(1) 상시검사자료의 검토 분석

상시검사업무는 상시검사자료인 ⅰ) 금고에서 발생된 실시간 전산처리 내역(제1호), ⅱ) 위험도 측정결과(제2호), ⅲ) 주요계정에 대한 추세분석(제3호), ⅳ) 기타 소관부서의 장이 필요하다고 판단하는 자료(제4호)를 검토 분석하는 방법으로 수행한다(시행세칙11의2①).

(2) 상시검사자료의 확인과 증빙자료 제출요구 등

상시검사자료의 내용 중 확인이 필요한 사항은 해당 금고에 유선, 팩스(fax) 또는 전자적 방법으로 관련 증빙자료 제출을 요구하거나 해당 금고에 현지조사를 실시할 수 있다(시행세칙11의2②).

(3) 지역검사부에 대한 일부 위임

소관부서의 장이 필요하다고 인정하는 경우 상시검사업무 중 일부를 지역검사부에 위임할 수 있다(시행세칙11의2③).

2. 상시검사결과 조치

(1) 경미 사항과 직접 시정지시

상시검사결과 경미한 사항에 대해서는 검사규정 제21조 제1호부터 제3호까지(＝주의사항, 개선사항, 시정사항)의 구분에 따라 금고에 직접 시정지시를 할 수 있다(시행세칙11의3①).

(2) 중요한 사항과 현장검사 실시 또는 검사 요청

상시검사결과 ⅰ) 중요한 사항에 해당하거나 사고 개연성이 높다고 판단되는 경우(제1호), ⅱ) 제1호에 해당하지 않으나 추가적인 조사가 필요한 경우(제2호)에는 위원장의 승인을 얻어 직접 현장검사를 실시하거나 검사감독담당부서에 검사를 요청할 수 있다(시행세칙11의3②).

(3) 검사 요청과 검사실시 기간

금고감독담당부서는 제2항 제1호의 검사 요청을 받은 경우에는 3개월 이내에, 제2항 제2호의 검사요청을 받은 경우에는 12개월 이내에 검사를 실시하여야 한다(시행세칙11의3③ 본문). 다만, 기한 내 검사가 어려운 경우 그 사유를 요청부서에 통보하여야 한다(시행세칙11의3③ 단서).

3. 상시검사결과 보고

상시검사 결과보고는 검사원별, 금고별, 검사항목 및 조치내역별로 구분하여 결재권자에게 보고하여야 하며, 매 사업연도 종결 이후 2월 이내에 상시검사 종합결과를 보고한다(시행세칙11의4).

4. 지적사항의 사후관리

상시검사결과에 따른 지적사항의 사후관리는 검사규정 시행세칙 제5장의 사후관리에 준한다(시행세칙11의5②).

5. 비밀준수 및 보안관리

상시검사종합정보시스템 내 상시검사시스템에서 생성된 상시검사자료는 검사 및 감독목적 이외에는 이용할 수 없으며, 상시검사를 수행하는 검사원은 금융거래의 비밀보장 및 신용정보가 누설되지 않도록 보안관리에 철저를 기하여야 한다(시행세칙11의6).

제4절 검사결과의 보고 및 시정요구

Ⅰ. 지적사항의 구분

검사결과 위법 부당한 사항은 그 정도에 따라 주의사항, 개선사항, 시정사항, 변상사항 및 문책사항으로 구분하며 그 정의는 다음과 같다(검사규정21).

1. 주의사항

주의사항이라 함은 부당한 업무처리로서 시정 또는 원상태로의 환원이 불가능하거나 원상태로의 환원함이 실익이 없을 뿐만 아니라 경미하여 주의를 환기할 필요가 있는 사항을 말한다(검사규정21(1)).

2. 개선사항

개선사항이라 함은 규정 기타 업무처리상 불합리하다고 인정되어 그 개선이 필요한 사항을 말한다(검사규정21(2)).

3. 시정사항

시정사항이라 함은 위법 또는 부당하다고 인정되는 사항 중 추징, 회수, 보전, 기타 방법으로 시정 또는 원상태로 환원시킬 필요가 있는 사항을 말한다(검사규정21(3)).

4. 변상사항

변상사항이라 함은 금고 임직원이 고의 또는 중대한 과실로 관계 법령 또는 규정 등을 위반함으로써 금고에 재산상 손해를 초래하여 변상책임을 물어야 할 사항을 말한다(검사규정21(4)).

5. 문책사항

문책사항이라 함은 금고 및 금고 임직원이 법령, 정관, 규정 등을 위반하여 규정 제23조의2의 심의기구에 부의하여 신분상 책임을 물어야 할 사항을 말한다(검사규정21(5)).

II. 현지시정

1. 경미한 사안과 현지시정 지시

검사결과 사안이 경미하여 현지에서 즉시 시정이 가능한 사항은 현지시정 지시사항으로 조치할 수 있다(검사규정22①).

2. 현지시정 지시와 보고

앞의 현지시정 지시를 한 때에는 위원장에게 이를 보고하여야 한다(검사규정 22②).

3. 현지시정 및 교육

(1) 현지 교부 또는 지역검사부 송부

현지시정 지시사항은 검사팀장이 현지에서 금고에 교부한다(시행세칙11① 전단). 중앙본부 소관부서에서 실시한 검사의 경우 현지시정 지시사항은 검사결과 지적사항에 대한 시정지시서 시달시 함께 지역검사부에 송부한다(시행세칙11① 후단).

(2) 직원 교육 실시

검사원은 검사종료 전일 검사결과 지적사항에 대하여 금고 직원에게 교육을 실시하여야 한다(시행세칙11② 본문). 다만, 특별한 사정이 있다고 판단될 때는 이를 생략할 수 있다(시행세칙11② 단서).

Ⅲ. 검사결과의 보고 등

1. 검사결과 보고서 및 조치의견 보고

검사원은 검사실시내용을 기재한 검사결과 보고서 및 조치의견을 귀임 후 1개월 이내에 위원장에게 보고하여야 한다(검사규정23①).

2. 검사결과 보고서의 작성

검사결과 보고서는 검사규정 제21조(지적사항의 구분) 및 제26조(제재의 종류)의 기준에 따라 구분하여 작성하여야 한다(검사규정23②).

3. 보고기간의 연장

검사결과 금고 임직원 및 금고에 대한 제재처분이 필요하거나 지적사항의 조치 근거가 되는 관계 법령의 해석이나 검사원의 의견을 개진함에 있어 전문인의 자문을 얻어야 할 필요가 있다고 인정되는 경우에는 그 사유를 들어 보고기간을 연장할 수 있다(검사규정23③).

4. 상시검사 결과의 전산등록

상시검사에 대한 결과보고는 전산등록으로 처리한다(검사규정23⑤).

Ⅳ. 검사보고서

1. 귀임보고서 작성과 보고

검사업무를 종료하고 귀임 후 1영업일 이내에 검사결과에 대하여 지정서식에 의거 귀임보고서를 작성하여 소관부서의 장에게 보고한다(시행세칙12①).

2. 검사보고서의 지정서식

검사보고시에는 반드시 지정서식에 의하여야 한다(시행세칙12②).

3. 검사보고서 작성의 기본원칙

검사자는 선입견이나 편견에 치우침이 없이 합리적이고 공정하며 객관 타당성이 있도록 법규와 증거에 의하여 보고서를 작성하여야 하며 그 기본원칙은 다음과 같다(시행세칙12③). 즉 ⅰ) 검사보고서상의 지적사항 및 관련 계수에 대한 기술 내용은 실제와 일치하여야 한다(제1호). ⅱ) 보고서의 핵심 및 문제의 요점은 즉각 파악할 수 있도록 작성한다(제2호). ⅲ) 기술내용이 결재권자 또는 금고에 정확히 전달되도록 분명한 어구와 오해의 소지가 없는 단어를 사용한다(제3호).

4. 검사보고서의 편철 순서

검사보고서는 ⅰ) 검사보고서(시정지시서 포함)(제1호), ⅱ) 검사조서 및 그 관련 증빙(제2호), ⅲ) 수검자료 및 부속명세서 기타 자료(제3호)의 순으로 편철한다(시행세칙12④ 본문). 다만, 부속명세서 및 기타 자료는 별책으로 편철할 수 있다(시행세칙12④ 단서).

Ⅴ. 지적사항에 대한 전산관리 등

1. 지적사항에 대한 전산관리

검사보고서의 지적사항은 다음과 같이 전산으로 등록하여 관리한다(시행세칙13①). 즉 ⅰ) 지적건명과 업무 내용에 따라 부여된「지적사항 코드 내역」은 위원장이 정하는 바에 의한다(제1호). ⅱ) 수개의 부적정 사항을 총괄하여 지적하는 경우에는 가장 부각되는 쟁점사항을 위주로 지적코드를 부여한다(제2호).

이에 따라 부여한 지적건명이 지적내용을 명확히 나타내줄 수 없는 경우에는 가장 유사한 지적 코드를 부여하되 검사보고서에는 지적사항 코드내역과 다른 지적건명으로 할 수 있다(시행세칙13②).

2. 지적사항에 대한 조치구분

검사보고서에는 주의, 개선, 시정 및 변상 순서로 나열하며, 각 조치구분사항에서는 코드번호가 빠른 순서로 나열한다(시행세칙14①).

3. 시정지시 절차

(1) 시정지시서 작성과 통보

검사결과 지적사항에 대한 시정지시서에는 지적건명, 조치구분, 시정기한, 지적내용 및 그 조치요구사항 등을 명확히 작성하여 통보하여야 한다(시행세칙15①).

(2) 시정지시서 통보기한과 연장

시정지시서는 검사종료일로부터 4월 이내에 통보함을 원칙으로 한다(시행세칙15② 본문). 다만, ⅰ) 지적사항의 조치 근거가 되는 관계법령의 해석이나 검사원의 의견을 개진함에 있어 전문인의 자문 등을 얻어야 할 필요가 있다고 인정되는 경우(제1호), ⅱ) 주무부장관이 요청한 검사결과의 지적사항에 대한 시정지시의 경우(제2호), ⅲ) 검사규정 제23조의2에 따른 검사결과 처분요구 심의가 필요한 경우(제3호) 통보기한을 연장할 수 있다(시행세칙15② 단서).

(3) 제재조치에 대한 이의 및 이의신청의 표시

제재조치에 이의가 있을 때에는 검사규정 제27조(제재에 대한 이의) 제1항 및 제2항에 따라 지역검사부를 경유하여 중앙본부 소관부서에 신청할 수 있음을 표시하여야 한다(시행세칙15③).

(4) 시정명령의 처리 기한과 보고

시정을 명할 때에는 ⅰ) 주의: 즉시(제1호), ⅱ) 개선: 2월 이내(제2호), ⅲ) 시정: 3월 이내(제3호), ⅳ) 변상: 1월 이내(제4호), ⅴ) 제재: 2월 이내(제5호)에 의거 처리 기한을 정하여 시정지시하고 그 결과를 보고받아야 한다(시행세칙15⑤ 본문). 다만, 주의, 개선 등 경미한 조치요구사항 일 때에는 시정보고를 생략할 수 있다(시행세칙15⑤ 단서).

이에 의한 조치기한은 시정지시서 통보일로부터 기산하되 당해 시정지시서가 금고에 도달하는데 통상 소요되는 기간을 가산할 수 있다(시행세칙15⑥). 개선 및 시정의 경우에는 지적내용에 따라 시정기한을 달리 정할 수 있다(시행세칙15 ⑦).

Ⅵ. 검사결과 처분요구 심의

검사결과 처분요구에 대한 객관성 및 타당성 여부의 심의는 [별표 1]과 같이 위원회 또는 심사협의회에서 담당한다(검사규정23의2).

[별표 1] 검사결과 처분요구 심의

명 칭	심의사항	구성원	구성원 상세
심사 협의회	◦ 제재사항 중 · 임원 : 견책 또는 경고 · 직원 : 감봉, 견책, 경고 또는 주의 · 금고 : 위반행위에 대한 시정명령, 경고 또는 주의 ◦ 상기 제재와 관련된 과태료 부과의뢰 사항, 그 외 과태료 부과의뢰금액이 5천만원 이하인 경우 ◦ 심사협의회 심의 후 재심의 하는 사항	의 장	◦ 제재심의부장
		위 원	◦ 검사기획부장 ◦ 상시검사1부장 ◦ 검사지원1부장 ◦ 금고감독위원장이 변호사회계 사세무사노무사 등 전문가 중 지명하는 1명
		간 사	◦ 제재심의부 직원
금고감독 위원회	◦ 제재사항 중 · 임원 : 개선, 직무정지 · 직원 : 징계면직, 정직 · 금고 : 6개월 이내의 업무의 전부 또는 일부 정지 ◦ 상기 제재와 관련된 과태료 부과의뢰 사항, 그 외 과태료 부과의뢰 금액이 5천만 원 초과인 경우 ◦ 금고감독위원회 심의 후 재심의 하는 사항	위원장	◦ 금고감독위원회 위원장
		위 원	◦ 금고감독위원회 위원(4명)
		간 사	◦ 제재심의부장

Ⅶ. 심사협의회

1. 설치

검사결과 처분요구 등의 적정성을 높이기 위하여 위원회 사무기구에 심사협의회를 설치한다(검사규정23의4①).

2. 심의사항

심사협의회에서는 ⅰ) 제재사항 중 다음에 해당하는 사항(제1호), 즉 ㉠ 임원: 견책 또는 경고(가목), ㉡ 직원: 감봉, 견책, 경고 또는 주의(나목), ㉢ 금고: 위반행위에 대한 시정명령, 경고 또는 주의(다목), ⅱ) 앞의 제1호의 제재와 관련한 과태료 부과 건의사항 및 그 외 5천만원 이하의 과태료 부과 건의에 해당하는 사항(제2호), ⅲ) 심사협의회에서 심의한 사항에 대한 재심의 사항(제3호)을 심의한다(검사규정23의4②).

3. 구성

심사협의회는 [별표 1]과 같이 의장을 포함하여 3명 이상 5명 이하의 위원으로 구성한다(검사규정23의4③).

4. 간사의 역할

간사는 심사협의회 의사진행 상황을 기록한 의사록을 작성하여 참석위원의 날인을 받아 보관한다(검사규정23의4④).

5. 개의 및 의결 정족수

심사협의회는 재적위원 과반수의 출석으로 개의하고, 출석위원 과반수의 찬성으로 의결한다(검사규정23의4⑤).

6. 의결 참여 제한

심사협의회 위원 중 제재·변상 관련자의 친족(친족의 범위는 민법 제777조에 의한다)이거나 직접적인 이해관계가 있는 자는 해당 안건과 관련하여 제재·변상

심의·의결에 참여하지 못한다(검사규정23의4⑥ 전단). 이 경우 해당 위원은 개의 및 의결 정족수에 산입하지 아니한다(검사규정23의4⑥ 후단).

7. 의장 직무대행자 지정

심사협의회 의장이 부득이한 사유로 직무를 수행할 수 없을 때에는 심사협의회에서 위원 중 직무대행자를 정한다(검사규정23의4⑦).

8. 통지와 의견진술 기회 부여

심사협의회 개최일 9일 전까지 제재대상자나 그 대리인에게 제재의 사유 등을 알리고 심사협의회 개최일 2일 전까지 서면에 의한 의견진술 기회를 부여하여야 한다(검사규정23의4⑧ 본문). 다만, 그 제재대상자가 이에 응하지 아니하거나 주소불명 등으로 의견진술기회를 줄 수 없는 경우에는 그러하지 아니하다(검사규정23의4⑧ 단서).

Ⅷ. 시정지시

1. 지적사항의 시정지시

위원장은 검사 지적사항의 정도에 따라 검사규정 제21조의 규정에 의한 시정지시를 하여야 한다(검사규정24① 본문). 다만, [별표 1]의 위원회 심의사항에 해당하여 시정지시가 지연될 우려가 있는 경우 이를 구분하여 시행할 수 있다(검사규정24① 단서).

2. 시정지시서 기재사항

시정지시서에는 시정기한, 불법부당내용, 업무관련자, 조치요구사항 등 필요한 사항을 명시하여야 한다(검사규정24②).

IX. 변상지시 및 조치

1. 변상명령

위원장은 금고 임직원이 고의 또는 중대한 과실로 관계법령과 규정을 위반함으로써 금고에 재산상 손해를 끼친 경우에는 검사규정 제24조의 규정에 의한 시정지시를 발함과 동시에 관련 임직원에 대하여 개별적으로 또는 연대하여 변상할 것을 명할 수 있다(검사규정25①).

2. 손해액의 구상조치

위원장은 검사원으로부터 금고에 대한 손해액이 명백하고 관련 행위자가 그에 대한 변상책임을 인정하거나 검사원으로부터 관련증빙에 의한 사실의 입증을 보고받은 경우에는 검사기간 중 검사원으로 하여금 그 손해액의 구상을 위한 일련의 조치를 취하게 할 수 있다(검사규정25②).

3. 변상책임액의 결정 기준

변상을 명하는 경우에는 ⅰ) 관련 행위자의 부정 또는 그 행위자가 인지한 상태에서의 행위로 인한 손해: 손해 원금액과 기간이자의 합계액(제1호), ⅱ) 과실로 인한 특정인에게 부당이득이 발생한 경우 등의 손해: 손해 원금액 이내(제2호), ⅲ) 관련 행위자의 관리, 감독소홀로 인한 재산의 분실 등으로 인한 손해: 손해 원금액 이내 또는 물품의 장부가액 이내(제3호)로 변상책임액을 결정한다(검사규정25③).

4. 정상 참작 사유

변상책임액의 결정 기준에서 제3호의 규정에 의하여 변상책임을 결정할 때에는 ⅰ) 손해를 입게 한 원인 또는 동기(제1호), ⅱ) 제도적인 문제점(제2호), ⅲ) 행위자의 관련 정도 및 행위 당시의 정황(제3호), ⅳ) 기타 금고 등에 미치는 실익(제4호)을 참작하여야 한다(검사규정25④).

제5절 사고처리

Ⅰ. 사고보고 등

1. 보고대상 사고

보고의 대상이 되는 사고라 함은 ⅰ) 횡령, 배임, 공갈, 절도, 금품수수, 사금융알선, 저축관련 부당행위, 재산 국외도피 등 형법 또는 특정경제범죄법에 따른 범죄혐의가 있는 경우, ⅱ) 임·직원의 고의 또는 중과실로 인하여 임원은 직무정지 이상, 직원은 정직 이상의 처분요구를 할 것으로 예상되는 경우, ⅲ) 현금 강탈, 도난 또는 천재지변 등에 의한 재해로 금고 재산상의 손실을 초래한 경우, ⅳ) 금고업무와 관련하여 인명의 피해를 초래하였을 경우, ⅴ) 수사기관에 고소·고발한 경우, ⅵ) 위법·부당한 업무처리로 금고의 공신력을 저해하거나 사회적 물의를 야기한 경우를 말한다(시행세칙16① 본문). 다만, 여신심사 소홀 등으로 인하여 취급여신이 부실화된 경우에는 이를 사고로 보지 아니한다(시행세칙16① 단서).

2. 지역검사부장의 사고내역 및 언론보도 동향 보고

지역검사부장은 관내 금고에서 보고대상 사고 및 검사업무와 관련한 언론보도가 있는 경우 그 사고내역 및 언론보도 동향을 위원장에게 보고하여야 한다(시행세칙16②).

3. 위원장의 주무부장관에 대한 보고

위원장은 보고대상 사고가 발생되었을 때에는 주무부장관에게 보고하여야 한다(시행세칙16③).

4. 보고시기

앞의 제2항 및 제3항의 사유발생시 보고시기는 ⅰ) 즉시보고: 인지 또는 발견 후 1영업일 이내 보고(제1호), ⅱ) 중간보고: 검사종료 후 5영업일 이내 보고

(제2호), iii) 종결보고: 인사조치, 피해금액 보전조치 등 검사결과 후속조치 관련 업무는 시행일로부터 5영업일 이내 보고, 고발업무는 1영업일 이내 보고(제3호) 하여야 한다(시행세칙16④).

5. 위원장의 경고 등

위원장은 사고관련자에 대한 조치내용 및 수습처리가 부적당하다고 판단될 경우 그 정도에 따라 지역검사부 또는 금고에 대하여 주의환기나 경고 또는 관련자에 대한 제재 등의 조치를 취할 수 있다(시행세칙16⑥).

II. 범죄사고의 고지·고발

1. 고발대상 행위 및 예외

사고행위자 등에 대하여는 새마을금고법, 형법, 기타 개별 법률의 금지 또는 의무규정을 위반한 행위에 따라 고발 조치함을 원칙으로 한다(시행세칙17① 본문). 다만, i) 횡령금액이 5천만원 미만인 경우(제1호), ii) 수재에 의한 수수·요구 또는 약속한 금품 기타 이익의 가액이 1천만원 미만인 경우(제2호), iii) 증재, 알선수재, 사금융알선, 저축관련 부당행위 등과 관련하여 금품 기타 이익을 수수 또는 제3자에게 이를 공여한 금액이 1천만원 미만인 경우(제3호), iv) 앞의 제1호부터 제3호까지에 속하지 아니하는 기타 경미한 범죄행위(제4호)에 해당하는 경우 위반행위의 고의 및 과실의 정도, 자진신고 여부, 사고금에 대한 조치 여부 등을 감안하여 고발대상에서 제외할 수 있다(시행세칙17① 단서).

2. 필요적 고발대상 행위

새마을금고법 제29조에 따른 동일인 대출한도를 위반하여 i) 동일인 대출한도를 초과하여 취급한 경우로 임원개선 또는 징계면직에 해당하는 경우(제1호), ii) 검사종료시까지 고발요건을 해소하지 못한 경우(제2호)에는 고발하여야 한다(시행세칙17②).

3. 특정경제범죄법위반죄와 고발조치

사고관련자가 특정경제범죄법에서 정한 죄를 범한 것으로 판단된 경우 소관부서의 장에게 보고 후 지체없이 수사기관에 고발조치하여야 한다(시행세칙17③).

4. 금고의 고발

앞의 제1항에 따른 형사고발은 시간 또는 장소의 제약 등으로 직접 고발하기 어려운 경우 해당금고로 하여금 고발하게 할 수 있다(시행세칙17④).

5. 고발대상 제외와 그 사유의 기록 · 유지

소관부서의 장은 사고관련자를 고발대상에서 제외한 경우 범죄의 요지, 처리내용 등 제외사유를 기록 · 유지하여야 한다(시행세칙17⑤).

Ⅲ. 사고금의 정리

1. 자진변상 유도 및 보전조치

사고에 대한 책임한계가 명확한 경우에는 자진변상을 유도하여 검사기간 중 정리토록 하고 전액 정리가 불가능한 때에는 근저당권 설정 등으로 피해 보전조치를 취한다(시행세칙18①).

2. 사고금 중 미보전액의 정리

사고금 중 미보전액은 회계준칙에서 정하는 계정과목으로 처리토록 하고 사고관련자 및 신원보증인 등으로 하여금 변상케 하여 사고금을 조속히 정리토록 유도한다(시행세칙18②).

3. 채권보전조치와 사고액 구상

사고에 대한 책임한계가 불명확한 경우에는 사고관련자 및 신원보증인의 재산에 대한 가압류 조치 등으로 채권보전조치를 취하고 민사 등 소송을 통하여 사고액을 구상토록 한다(시행세칙18③).

4. 강제회수 불가능 등의 경우의 처리

사고자 등의 임의 변상 또는 소송 등에 의한 강제회수가 불가능하기나 불가항력에 의한 사고일 때에는 적법 절차를 거쳐 처리토록 한다(시행세칙18④).

5. 조치 생략 등

채권보전조치에 필요한 비용이 실제 구상 가능액을 초과하는 등 실익이 없다고 판단될 경우에는 이에 대한 조치를 취하지 아니할 수 있다(시행세칙18⑤ 전단). 이 경우 그 사유를 명확히 기새한 관련소서를 작성비치하여야 한다(시행세칙18⑤ 후단).

제6절 제재

Ⅰ. 제재의 종류

1. 제재의 정의

제재라 함은 금고에 대한 감독·검사결과에 따라 금고 또는 그 임직원에 대하여 회장이 취하는 조치를 말한다(제재업무처리지침3(1)).

2. 금고 또는 금고 임직원에 대한 제재의 종류

(1) 금고에 대한 제재의 종류

금고에 대한 제재의 종류는 ⅰ) 6개월 이내의 업무의 전부 정지, ⅱ) 6개월 이내의 업무의 일부 정지, ⅲ) 위반행위에 대한 시정명령, ⅳ) 경고, ⅴ) 주의이다(검사규정26①(3)).

(2) 금고 임원에 대한 제재의 종류

금고 임원에 대한 제재의 종류 개선, 직무정지, 견책, 또는 경고이다(검사규정26①(2)).

(3) 금고 직원에 대한 제재의 종류

금고 직원에 대한 제재의 종류는 징계면직, 정직, 감봉, 견책, 경고 또는 주의이다(검사규정26①(1)).

(4) 퇴임한 임직원에 대한 제재의 종류

퇴임한 금고 임원에 대한 제재의 종류는 개선 및 직무정지로 하고, 퇴직한 금고 직원에 대한 제재의 종류는 징계면직 및 정직으로 한다(제재업무처리지침4④).

3. 임원의 직무정지 기간

임원 직무정지 기간은 6월 이내로 한다(검사규정26②).

4. 임직원에 대한 제재기준

(1) 제재처분세부기준

금고 임직원에 대한 제재처분세부기준은 [별표 2]에 의하고 금고의 주위상황, 직·간접 관련 정도, 손실금액, 피해보전 실적 등을 참작하여 제재양정을 조정할 수 있다(검사규정26③).

[별표 2] 금고 임직원에 대한 제재처분의 세부기준(제26조 제3항 관련)

금고 임직원에 대한 제재처분의 세부기준

1. 일반기준

　가. 회장은 다음 각 호에 따라 제재처분을 가중할 수 있다.

　　1. 견책 이상의 제재처분이 있은 날부터 3년 이내에 위반행위가 발생한 경우: 1단계 위의 제재처분

　　2. 둘 이상의 위반행위가 경합되는 경우: 그 중 가장 무거운 제재처분보다 1단계 위의 제재처분

　나. 회장은 다음 각 호의 어느 하나에 해당하는 경우에는 위반행위의 동기·내용·횟수 및 위반의 정도 등을 고려하여 제재처분을 1단계 아래로 감경할 수 있다.

       1. 감독기관이 인지하기 전에 위반행위가 발생하였음을 자진하여 신
          고한 경우

       2. 위반행위로 인하여 발생한 손실을 보전한 경우

     다. 수개의 위반행위 중 적발된 일부에 대하여 제재처분을 한 후 나머지
     위반행위가 적발된 경우에는 다음 각 호에 따른다.

       1. 추가로 적발된 위반행위를 제재처분의 사유에 포함하였더라도 제
          재처분의 수준이 높아지지 않았을 것으로 인정되는 경우에는 추가
          로 적발된 위반행위를 이유로 제재처분을 하지 아니할 것

       2. 추가로 적발된 위반행위를 제재처분의 사유로 하면 제재처분의 수
          준이 높아졌을 것으로 인정되는 경우에는 그 수준을 고려하여 별
          도로 제재처분을 할 것

2. 개별기준

위반행위의 유형	구분	비위의 정도 및 과실 여부			
		비위의 정도가 심하고 고의가 있는 경우	비위의 정도가 심하고 중과실이거나, 비위의 정도가 약하고 고의가 있는 경우	비위의 정도가 심하고 경과실이거나, 비위의 정도가 약하고 중과실인 경우	비위의 정도가 약하고 경과실인 경우
1. 금고의 정치 관여 금지 위반(법 제5조)	임원	개선~직무정지	직무정지	직무정지~견책	견책~경고
	직원	징계면직~정직	정직	정직~감봉	견책~주의
2. 임원의 선거운동 제한 위반(법 제22조)	임원	개선~직무정지	직무정지	직무정지~견책	견책~경고
	직원	징계면직~정직	정직	정직~감봉	견책~주의
3. 성실 의무 위반(법 제25조)					
가. 업무와 관련한 횡령, 배임, 절도, 금품수수 등 범죄행위	임원	개선	개선~직무정지	직무정지~견책	견책~경고
	직원	징계면직	징계면직~정직	정직~감봉	견책~주의
나. 금고에 손해를 끼치는 행위	임원	개선~직무정지	직무정지	직무정지~견책	견책~경고

		직원	징계면직~ 정직	정직	정직~감봉	견책~주의
다. 업무와 관련하여 타인에게 손해를 끼치는 행위	임원		직무정지	직무정지~ 견책	견책~경고	경고
	직원		정직	정직~감봉	감봉	견책~주의
라. 감독기관 등의 감독 또는 검사 등 업무 를 방해하는 행위	임원		개선~ 직무정지	직무정지	직무정지~ 견책	견책~경고
	직원		징계면직~ 정직	정직	정직~감봉	견책~주의
마. 직무태만 행위	임원		직무정지	직무정지~ 견책	견책~경고	경고
	직원		정직	정직~감봉	감봉	견책~주의
바. 사회적 물의를 일 으키는 행위	임원		개선~ 직무정지	직무정지	직무정지~ 견책	견책~경고
	직원		징계면직~ 정직	정직	정직~감봉	견책~주의
사. 겸직금지 위반 행위	임원		직무정지	직무정지~ 견책	견책~경고	주의
아. 내부통제기준 위반 행위	임원		직무정지	직무정지~ 견책	견책~경고	경고
	직원		정직	정직~감봉	감봉	견책~주의
4. 불공정한 거래행위 금지 위반(법 제28 조의2)	임원		직무정지	직무정지~견책	견책	경고
	직원		정직	정직~감봉	감봉	견책~주의
5. 그 밖에 법, 법에 따 른 명령이나 정관으 로 정한 절차나 의 무를 이행하지 아니 한 경우	임원		개선~ 직무정지	직무정지	직무정지~ 견책	견책~경고
	직원		징계면직~ 정직	정직	정직~감봉	견책~주의

(2) 세부 양정기준

금고 임직원에 대한 제재처분세부기준은 감사규정 제26조 제3항에 의하되, 다음의 경우는 따로 정한 세부 양정기준에 따른다(시행세칙19①).

즉 i) 동일인 대출한도 및 여유자금운용 위반에 대한 세부 양정기준은 [별지 4]와 같다(제1호). ii) 회계(결산)업무 부당처리 및 자산건전성 부당분류에 의한 세부 양정 기준은 [별지 5]와 같다(제2호). iii) 정보보호 위반에 대한 세부 양

정기준은 [별지 6]과 같다(제3호). ⅳ) 인사비리에 대한 세부 양정기준은 [별지 7]
과 같다(제4호).

(3) 참작사유

임직원에 대한 제재 양정시 ⅰ) 징계대상자의 근무성적, 포상실적, 개전의
정 기타 과거 징계사실의 유무(제1호), ⅱ) 행위의 동기 기타 금고 내·외에 미치
는 영향(제2호), ⅲ) 징계대상자 행위의 고의성, 과실 또는 중과실 여부(제3호),
ⅳ) 사고금의 규모, 손실금액 또는 손실예상 금액 규모(제4호), ⅴ) 사고발생 후
사고수습 및 근저당권 설정, 가압류 등 손실경감을 위힌 조치에 협조 여부(제5호)
를 참작할 수 있다(시행세칙19②).

5. 금고에 대한 제재기준

금고에 대한 제재처분세부기준은 [별표 2-1]에 의하되 금고의 주위상황,
직·간접 관련 정도, 손실금액, 피해보전 실적 등을 참작하여 제재양정을 조정할
수 있다(검사규정26③).

[별표 2-1] 금고에 대한 제재처분의 세부기준(제26조 제3항 관련)

1. 일반기준
    가. 위반행위가 둘 이상인 경우로서 그에 해당하는 각각의 처분기준이 다
       른 경우에는 그 중 무거운 처분기준에 따른다.
    나. 회장은 위반행위의 동기·내용·횟수 및 위반의 정도 등을 고려하여 처
       분기준을 가중할 수 있다.
    다. 회장은 위반행위의 동기·내용·횟수 및 위반의 정도 등과 다음 각 목
       의 어느 하나에 해당하는 사유를 고려하여 처분기준을 감경할 수 있다.
        1) 금고가 그 위반행위를 방지하기 위하여 해당 업무에 관하여 상당한
           주의와 감독을 게을리 하지 아니한 경우
        2) 위반행위에 따른 피해를 보전한 경우
        3) 금고가 감독기관이 인지하기 전에 위반행위를 자진하여 신고한
           경우

2. 개별기준

　　가. 6개월 이내의 업무의 전부 또는 일부 정지

　　　　1) 고의 또는 중대한 과실로 위반행위를 한 경우로서 다음의 어느 하나에 해당하는 경우

　　　　　　가) 금고에 중대한 손실을 끼친 경우

　　　　　　나) 거래 상대방 등에 대하여 중대한 손실을 끼친 경우

　　　　　　다) 금고의 건전한 경영을 심하게 훼손한 경우

　　　　2) 위반행위에 대한 시정명령을 하였음에도 불구하고 이에 따르지 아니한 경우

　　　　3) 법에 따라 인가·승인 등을 받아 행하는 업무 등에 대하여 인가·승인 등을 받지 아니하거나 허위 또는 부정한 방법으로 인가·승인 등을 받아 그 업무 등을 수행한 경우

　　나. 위반행위에 대한 시정명령

　　　　고의 또는 중대한 과실로 위반행위를 한 경우로서 다음의 어느 하나에 해당하는 경우

　　　　1) 위법·부당한 상태를 방치하고 있거나 적절한 조치를 취하지 아니하는 경우

　　　　2) 향후 동일 또는 유사한 위반행위를 할 가능성이 있는 경우

　　다. 경고 또는 주의

　　　　위반행위의 정도가 경미한 경우로서 다음의 어느 하나에 해당하는 경우

　　　　1) 위반행위가 금고의 경영관행 등에서 비롯된 경우

　　　　2) 위반행위를 한 동기·내용 등에 비추어 정상 참작의 사유가 있는 경우

6. 제재의 재심 요구

회장은 제1항의 규정에 의한 제재양정이 형평에 맞지 않거나 제재처분세부기준에 부합되지 아니하다고 인정될 때에는 위원회에 그 제재의 재심을 요구할 수 있다(검사규정26④).

Ⅱ. 제재조치

1. 제재조치의 정의

제재조치라 함은 회장이 직접 제재를 취하는 것을 말한다(제재업무처리지침 3(2)).

2. 제재조치

회장은 금고에 대한 감독·검사 결과에 따라 제재조치로서 제재를 할 수 있다(제재업무처리지침6①).

(1) 청문절차 부여

회장은 ⅰ) 개선 또는 직무정지(제1호), ⅱ) 징계면직 또는 정직(제2호), ⅲ) 6개월 이내의 업무의 전부 정지 또는 6개월 이내의 업무의 일부 정지(제3호), ⅳ) 퇴임한 임원에 대한 개선·직무정지 또는 퇴직한 직원에 대한 징계면직·정직(제4호), ⅴ) 그 밖에 회장이 필요하다고 인정하는 경우(제5호)에는 제재조치를 하기 전에 처분의 상대방 또는 그 대리인에게 의견진술과 소명의 기회를 주어야 한다(제재업무처리지침6② 본문). 다만, 상대방 또는 그 대리인이 이에 응하지 아니하거나 주소불명 등으로 의견진술 기회를 줄 수 없는 경우에는 그러하지 아니한다(제재업무처리지침6② 단서).

(2) 청문의 사유·일시 및 장소 등의 통지

회장은 청문을 행하고자 할 때에는 청문일 7일 전까지 처분의 상대방 또는 그 대리인에게 서면으로 청문의 사유·일시 및 장소 등을 통지하여야 한다(제재업무처리지침6③).

(3) 의견진술 또는 서면의견 제출

통지를 받은 처분의 상대방 또는 그 대리인은 지정된 일시 및 장소에 출석하여 의견을 진술하거나 서면으로 의견을 제출할 수 있다(제재업무처리지침6④).

3. 제재조치의 효과

(1) 제재조치 문서의 도달과 효과 발생

금고, 금고 임직원 및 퇴임 또는 퇴직한 금고 임직원에 대한 제재조치의 효과는 회장의 제재조치 문서가 금고에 도달한 날로부터 발생한다(제재업무처리지침7①).

(2) 직무정지의 효과

제재조치의 내용이 직무정지 또는 정직인 경우 해당 임직원은 직무정지 또는 정직 기간 동안 그 직무는 정지되고, 금고 사무소에 출근할 수 없다(제재업무처리지침7②).

그러나 인수인계 등 부득이한 경우 별도의 회장 승인을 얻은 경우에는 그 승인사항에 따라 일시적으로 금고 사무소에 출근하여 직무를 수행할 수 있다(제재업무처리지침7④).

(3) 업무정지와 시정명령의 효과

제재조치의 내용이 6개월 이내의 업무의 전부 정지 6개월 이내의 업무의 일부 정지인 경우 해당 금고는 그 업무를 정지하고, 위반행위에 대한 시정명령인 경우 해당 금고는 2개월 이내에 시정명령을 이행하여야 한다(제재업무처리지침7③ 본문). 다만, 회장의 제재조치 문서에서 이와 달리 정한 경우 그에 따른다(제재업무처리지침7③ 단서).

4. 제재조치에 대한 통보 등

(1) 통보와 제재조치 내용의 기록 · 관리

금고는 제재조치의 내용이 임원에 대한 제재 및 직원에 대한 제재, 퇴임한 임원 또는 퇴직한 직원에 대한 제재의 경우에는 회장의 제재조치 문서를 받는 즉시 해당 임직원과 임직원이었던 자에게 통보하고, 그 내용을 인사기록카드 등에 기록 · 관리하여야 한다(제재업무처리지침8①).

(2) 금고 이사회 보고

금고는 회장의 제재조치 문서를 받은 날로부터 즉시 이를 이사회에 보고하여야 한다(제재업무처리지침8②).

(3) 금고의 처리결과 보고

금고는 회장의 제재조치 문서를 받은 날로부터 2월 이내에 제재조치에 대한 처리결과를 회장에게 보고하여야 한다(제재업무처리지침8③).

Ⅲ. 제재조치 요구

1. 제재조치 요구의 정의

제재조치 요구라 함은 회장이 금고로 하여금 금고 임직원에 대하여 제재조치를 취하게 하는 것을 말한다(제재업무처리지침3(3)).

2. 제재조치 요구

(1) 임직원에 대한 제재 요구

회장은 금고에 대한 감독·검사 결과에 따라 금고에게 임직원에 대한 제재를 요구할 수 있다(제재업무처리지침9①).

(2) 청문절차 부여

회장은 임원에 대한 개선 또는 직무정지, 직원에 대한 징계면직 또는 정직의 제재조치 요구를 하기 전에 처분의 상대방 또는 그 대리인에게 의견진술과 소명의 기회를 주어야 한다(제재업무처리지침9② 본문). 다만, 상대방 또는 그 대리인이 이에 응하지 아니하거나 주소불명 등으로 의견진술 기회를 줄 수 없는 경우에는 그러하지 아니한다(제재업무처리지침9② 단서).

(3) 청문의 사유·일시 및 장소 등의 통지

회장은 청문을 행하고자 할 때에는 청문일 7일 전까지 처분의 상대방 또는 그 대리인에게 서면으로 청문의 사유·일시 및 장소 등을 통지하여야 한다(제재업무처리지침9③ 및 6③).

(4) 의견진술 또는 서면의견 제출

통지를 받은 처분의 상대방 또는 그 대리인은 지정된 일시 및 장소에 출석하여 의견을 진술하거나 서면으로 의견을 제출할 수 있다(제재업무처리지침9③ 및 6④).

3. 제재조치 요구에 따른 절차

(1) 금고의 제재조치 요구서에 따른 제재조치 의무

금고는 회장으로부터 임원에 대한 제재 또는 직원에 대한 제재에 해당하는 제재조치 요구를 받은 경우에는 해당 제재조치 문서에서 정한 기한 내에 이사회 의결을 얻어 제재조치 요구서에 따른 제재조치를 하여야 한다(제재업무처리지침10①).

(2) 직무정지와 그 효과

임직원에 대한 제재 요구의 내용이 개선 또는 징계면직에 해당하는 경우 해당 임직원은 회장의 제재조치 문서가 금고에 도달한 날부터 제재조치가 확정되는 날까지 직무가 정지되며, 직무정지 효과에 대하여는 제7조 제2항 및 제4항을 준용한다(제재업무처리지침10②).

제재조치의 내용이 직무정지 또는 정직인 경우 해당 임직원은 직무정지 또는 정직 기간 동안 그 직무는 정지되고, 금고 사무소에 출근할 수 없다(제재업무처리지침7②). 그러나 인수인계 등 부득이한 경우 별도의 회장 승인을 얻은 경우에는 그 승인사항에 따라 일시적으로 금고 사무소에 출근하여 직무를 수행할 수 있다(제재업무처리지침7④).

(3) 직원의 제재조치와 인사규정

금고 직원의 제재조치에 대해서는 금고의 인사규정에 따른다(제재업무처리지침10③).

(4) 임원의 제재조치와 인사규정(예)

금고 임원의 제재조치는 그 성질에 반하지 않는 범위 내에서 금고 인사규정 (예) 제62조, 제65조, 제66조, 제67조, 제69조 및 제70조를 준용한다(제재업무처리 지침10④ 본문). 다만, 제재대상자가 이사장인 경우에는 제재업무 수행시 직무대행자가 이사장의 직무를 수행한다(제재업무처리지침10④ 단서).

(5) 보고 기한

금고는 회장의 제재조치 요구를 받은 날로부터 2월 이내에 이사회 회의록, 징계의결서 사본, 인사기록카드 등 제재조치 이행관련 자료를 첨부하여 회장에게 보고하여야 한다(제재업무처리지침10①).

Ⅳ. 즉시조치

1. 즉시조치의 정의

즉시조치라 함은 법 제79조의4(형사 기소된 임직원에 대한 제재 등)에 따른 직무정지를 말한다(제재업무처리지침3(4)).

2. 직무정지 사유

회장은 금고 임직원이 형법 제355조부터 제357조까지, 특정경제범죄법 제5조, 제7조 및 제8조의 죄를 범하여 형사 기소된 때에는 해당 임직원의 직무정지를 명할 수 있다(제재업무처리지침12①).

회장은 금고의 상근하는 임원이 다른 법인이나 회사의 상근직을 겸할 수 없는 법 제25조 제8항을 위반한 때에는 해당 임원의 직무정지를 명할 수 있다(제재업무처리지침12②).

3. 직무정지 효과

직무정지 효과에 대하여는 제7조 제2항을 준용한다(제재업무처리지침12①). 따라서 해당 임직원은 직무정지 기간 동안 그 직무는 정지되고, 금고 사무소에 출근할 수 없다(제재업무처리지침7②).

Ⅴ. 형사 기소된 임직원에 대한 제재 등

1. 형사 기소된 임직원에 대한 제재

위원회는 금고 임직원이 형법 제355조부터 제357조까지, 특정경제범죄법 제5조, 제7조 및 제8조의 죄를 범하여 형사 기소된 때에는 해당 임원 또는 직원의 직무정지를 명할 수 있다(검사규정26의4).

2. 감독자 및 보조자에 대한 감경

제재를 할 경우 감독자나 보조자에게는 ⅰ) 위법·부당행위의 성격과 규모(제1호), ⅱ) 감독자의 직무와 감독대상 직무와의 관련성 및 관여정도(제2호), ⅲ) 보조자의 위법·부당행위에 관여정도(제3호)를 감안하여 행위자에 대한 제재보다 감경할 수 있다(시행세칙20).

3. 제재조치시 이행사항

(1) 제재요구시 지시사항

위원장은 제재요구를 하는 경우에는 ⅰ) 직원에 대하여 징계면직, 정직의 제재를 요구하는 경우에는 해당 직원을 문서 도달일로부터 그 조치가 확정되는 날까지 직위해제 조치(제1호), ⅱ) 개선 또는 직무정지의 대상이 이사장인 경우에는 직무대행자를 지정토록 조치(제2호), ⅲ) 임직원에 대한 제재사유 및 제재(요구)내용은 문서도달일로부터 2개월 이내에 이사회에 서면 보고하고 직원에 대하여는 징계를 확정토록 조치(제3호), ⅳ) 임직원에 대한 비위사실 및 징계 확정내용 등을 임·직원 인사기록카드에 구체적으로 기록·유지토록 조치(제4호), ⅴ) 임직원에 대한 징계의결 결과는 즉시 중앙회에 서면보고(제5호)에 해당하는 사항을 이행토록 지시하여야 한다(시행세칙22①).

(2) 고발 등 특별조치 등

위원장은 제재 대상자에 대한 금고의 결정사항이 요구 사항대로 이행되지 않거나, 객관 타당성을 상실한 때에는 제재 대상자에 대하여 고발 등 특별조치를 하고, 관련 임원에 대하여는 금고법 제74조의2(임직원에 대한 제재처분)에 따른 조치를 강구하여야 한다(시행세칙22②).

4. 퇴임한 임원 등에 대한 명령내용의 통보

(1) 해당 금고에 대한 통보

위원회는 금고에서 퇴임 또는 퇴직한 임직원이 재임 또는 재직 중이었더라면 법 제79조의5(퇴임한 임원 등에 대한 명령내용의 통보)에 해당하는 명령을 받았을 것으로 인정되는 경우에는 그 받았을 것으로 인정되는 명령내용을 해당 금고에 통보하여야 한다(검사규정26의5①).

(2) 기록 · 관리

검사감독담당부서장은 통보를 받은 금고가 이를 해당임원에게 통보하고, 그 내용을 기록 · 관리하도록 하여야 한다(검사규정26의5②).

5. 불복절차의 통보

금고 또는 그 임직원에 대하여 제재를 하는 경우에 회장은 그 제재에 관하여 이의신청 · 노동위원회 구제신청 · 민사소송의 제기 등 불복을 할 수 있는 권리에 관한 사항을 제재대상자에게 알려주어야 한다(검사규정26의6).

Ⅵ. 제재에 대한 이의

1. 이의신청 기간

제재에 이의가 있는 금고 및 금고의 임직원은 제재조치를 받은 날로부터 15일 이내에 1차에 한하여 이의를 신청할 수 있다(검사규정27①).

제재에 대한 이의가 있는 금고, 금고의 임직원 및 퇴임 · 퇴직한 임직원은 회장의 제재조치 또는 제재조치 요구의 문서를 받은 날로부터 15일 이내에 1차에 한하여 회장에게 이의를 신청할 수 있다(제재업무처리지침11①).

2. 입증자료와 서면 제출

이의신청은 이의사실을 입증할 수 있는 객관적인 자료를 첨부한 문서로 하여야 한다(검사규정27②).

3. 회부 또는 각하

위원장은 이의신청 접수일로부터 15일 이내 위원회에 회부 또는 각하하여야 한다(검사규정27③ 본문). 다만, 조사 확인절차 등으로 기간내 처리가 곤란한 경우 1월 이내에서 연장할 수 있다(검사규정27③ 단서).

4. 각하사유

각하사유는 ⅰ) 이의신청 기간의 경과(제1호), ⅱ) 이의사실을 입증할 수 있는 객관적인 자료의 제시가 불비한 때(제2호), ⅲ) 신청인의 주장에 대한 사실조사 결과 허위로 판명되었을 때(제3호)이다(검사규정27④).

5. 이의신청 문서의 접수

이의신청은 위원회 사무기구 소관부서에서 접수하여 처리한다(검사규정27⑤).

Ⅶ. 비위사실의 관리

1. 제재기록의 관리

소관부서의 장은 제재 대상자에 대한 제재기록을 관리하여야 한다(시행세칙23①).

2. 제재기록의 사용 제한

제재기록은 ⅰ) 금고 검사(제1호), ⅱ) 당해 금고에서 요구시 제재기록 통보 또는 사본 교부(제2호), ⅲ) 금고에서 채용대상자의 제재사항을 서면으로 요구하는 경우(제3호), ⅳ) 감독기관 등이 제재기록을 요구하는 경우(제4호)에 해당하는 용도 이외에는 사용할 수 없다(시행세칙23②).

제7절 사후관리

Ⅰ. 관리의 구분 및 정의

검사결과에 대한 시정지시의 정노에 따라 일반관리·특별관리·비상관리 금
고로 구분하며 그 정의는 다음과 같다(검사규정28).

1. 일반관리

일반관리라 함은 주의, 개선, 시정의 지적사항이 있으며, 제재와 변상조치가
있더라도 사안이 경미한 금고를 관리함을 말한다(검사규정28(1)).

2. 특별관리

특별관리라 함은 제재사항 중 임원의 직무정지 또는 개선명령이 있거나 직
원의 징계면직이 있는 경우 또는 관련 임원이나 직원이 변상하여야 할 금액이
과다한 금고를 관리함을 말한다(검사규정28(2)).

3. 비상관리

비상관리라 함은 검사결과 사고금고로 인정이 되고 사고내용이 중대하여 사
회적 물의가 예상될 뿐만 아니라 신속한 수습 조치가 어려운 금고와 6개월 이내
의 업무의 전부 또는 일부 정지 제재처분을 받은 금고를 관리함을 말한다(검사규
정28(3)).

Ⅱ. 사후관리 조치

1. 세부적인 관리계획 수립

위원장은 관리 구분에 따른 세부적인 관리계획을 수립하여야 한다(검사규정 29①).

2. 일반관리금고로의 변경

위원장은 특별관리 또는 비상관리금고의 해당사유가 해소된 때에는 일반관리금고로 변경하여 관리할 수 있다(검사규정29②).

3. 수습전담 직원의 지정 또는 직원의 파견

위원장은 특별관리 또는 비상관리금고에 대하여는 해당사항의 신속한 시정 또는 원상회복을 위하여 필요하다고 인정될 때에는 수습전담 직원을 지정하거나 중앙회 직원을 파견근무케 할 수 있다(검사규정29③).

4. 파견직원의 업무

비상관리금고에 파견된 중앙회 직원은 ⅰ) 사고 관련자의 업무통제(제1호), ⅱ) 사고 관련자의 신원보증서류 확보 및 채권보전 조치(제2호), ⅲ) 주요인장 및 열쇠관리(제3호), ⅳ) 현금, 예치금 등 자산 유출 통제(제4호), ⅴ) 각종 지출행위 및 장부관리 통제(제5호), ⅵ) 사고 수습 대책 수립 및 추진(제6호), ⅶ) 기타 필요한 사항(제7호)의 업무를 수행하여야 한다(검사규정29④).

Ⅲ. 사후관리의 내용

1. 사후관리 기록카드 작성 비치와 사후관리 담당자

검사실시 후 지적사항에 대한 시정지시서를 통보하였을 경우 검사 주관처 및 사후관리기구의 담당자는 사후관리 기록카드를 작성 비치하고 관리하여야 한다(시행세칙24① 전단). 이 경우 사후관리 담당자는 ⅰ) 일반관리금고: 주임 이상(제1호), ⅱ) 특별관리금고: 과장 이상(제2호), ⅲ) 비상관리금고: 차장 이상(제3호)

이다(시행세칙24① 후단).

2. 감독기관 및 중앙본부 검사의 사후관리 등

감독기관 및 중앙본부 검사의 사후관리는 지역검사부에서 담당하며, 지정된 사후관리담당자는 지적사항이 시정기한 내에 종결될 수 있도록 필요한 조치를 취하여야 한다(시행세칙24②).

3. 시정 보고서의 증빙 확인 점검

사후관리 담낭자는 금고로부터 제출받은 시정 보고서의 증빙을 확인 점검하고 시정지시 내용에 부합되었다고 판단되는 건에 한하여 사후관리기록카드에 정리하고 건별로 완결처리한다(시행세칙24③).

4. 미시정 건에 대한 시정 촉구 및 종결 처리 기한

사후관리 담당자는 시정기한이 도래됨과 동시에 미시정 건에 대한 시정을 촉구하여야 하며, 특별한 사정이 있는 경우를 제외하고는 시정지시일로부터 6월 이내에 종결 처리하여야 한다(시행세칙24④).

5. 시정지시 처리 지연과 확인검사 실시 등

사후관리 담당자는 시정지시에 대한 처리가 지연될 경우 확인검사 실시, 관련자 제재, 의법조치 등의 필요한 조치를 취하여야 한다(시행세칙24⑤).

그러나 제재관련 지적사항(여유자금 및 대출관련 지적사항 등 단기간 시정이 어려운 사항 제외 가능)이 시정되지 않은 경우 확인검사를 실시하며, 확인검사 결과 고의로 시정하지 않은 경우 중징계 조치하고 필요시 고발 조치하여야 한다(시행세칙24⑥).

Ⅳ. 사후관리의 임의종결

1, 완결처리 기한

시정지시일로 부터 2년 이상 경과하고 ⅰ) 시정·개선절차가 진행 중이거나 지적사항의 취지에 상응하는 조치가 취해진 경우 완결되기까지 장기간을 요하여 계속적인 사후관리의 실익이 없다고 판단되는 경우(제1호), ii) 시정·개선의 선행조건인 법령의 개정 등 제도적 보완조치가 요구되는 경우(제2호), iii) 그 밖에 제반여건에 비추어 정리가 불가능하다고 인정되는 경우(제3호)에는 완결된 것으로 할 수 있다(시행세칙25①).

2. 법령 등 변경과 완결처리 의제

검사 시정지시 후 법령, 규정 등의 변경으로 인하여 사실상 시정의 효력이 있을 때에는 법령, 규정 등의 변경시점에서 완결 처리된 것으로 본다(시행세칙25② 본문). 다만, 채권보전에 지장이 있는 대출 건은 제외한다(시행세칙25② 단서).

3. 일반·특별관리금고와 사후관리 종결

일반·특별관리금고의 경우 검사 지적사항의 시정비율이 90% 초과하는 경우 사후관리를 종결할 수 있다(시행세칙25③ 본문). 다만, 변상이나 제재 건이 남아 있는 경우에는 종결처리할 수 없다(시행세칙25③ 단서).

V. 시정지시 위반시 조치

1. 시정촉구 등

시정지시를 정당 한 사유없이 이행하지 않을 때에는 계속하여 3월에 1회 이상 문서로 시정을 촉구하고 미시정사유서와 시정계획서를 제출케 하여야 한다(검사규정30①).

2. 미시정 사유의 부당과 검사 실시

위원장은 미시정 사유가 정당하지 않다고 인정될 때에는 검사원으로 하여금 이의 확인을 위한 검사를 실시케 할 수 있다(검사규정30②).

3. 시정지시의 불이행 등과 제재

검사결과 시정지시가 정당한 사유없이 이행되지 않고 있거나 관련 임직원의 직무태만 기타 사후관리 불철저 등으로 판단되는 경우 당해 금고에 대하여 관련

직원의 제재, 관련 임원의 직무정지 또는 개선명령, 업무정지를 명할 수 있다(검사규정30③).

Ⅵ. 사후관리 기록 비치

1. 사후관리기록부 비치 관리

검사감독담당부서장은 검사한 금고를 효율적으로 관리하기 위하여 사후관리기록부를 비치 관리하여야 한다(검사규정31①).

2. 사후관리 사항

검사시정지시에 의한 사후관리에 관한 사항은 위원장이 따로 정하는 바에 의한다(검사규정31②).

Ⅶ. 사고 및 부실금고의 관리 등

1. 사고 및 부실금고의 관리

(1) 비상관리금고의 관리

비상관리 금고에 대하여는 결손금의 규모, 임·직원의 수습의지, 회원들의 협조 분위기, 입지적인 여건 등을 종합검토·분석하여 진로를 결정하고 그 결과에 따라 관리한다(시행세칙26①).

(2) 활성화대상으로 판정된 금고의 관리

활성화대상으로 판정된 금고는 ⅰ) 사고·손실관련 임원개선 및 직원면직(제1호), ⅱ) 사고·손실금 보전(제2호), ⅲ) 경영개선(제3호), ⅳ) 그 밖에 활성화를 위한 필요한 조치(제4호)와 같이 관리한다(시행세칙26②).

(3) 청산대상으로 판정된 금고의 관리

청산대상으로 판정된 금고는 ⅰ) 총회 개최로 해산의결 및 청산인 선임(제1호), ⅱ) 해산 및 청산인 등기(제2호), ⅲ) 채권신고 공고 및 최고(제3호), ⅳ) 금고

채권 실사 및 회수와 양도준비(제4호), ⅴ) 고정자산의 처분(제5호), ⅵ) 예금자보
호준비금에 의한 대위변제 신청(제6호), ⅶ) 채무변제 및 금고 채권 중앙회 양도
(제7호), ⅷ) 청산종결 총회 개최(제8호), ⅸ) 청산종결 등기(제9호)와 같이 관리한
다(시행세칙26③).

(4) 청산대상금고로 판정된 경우의 청산계획서 보고

청산대상금고로 판정된 경우에는 청산절차를 개시하기 전에 회장에게 청산
계획서를 보고하여야 한다(시행세칙26④).

2. 전번검사 미정리 사항의 조치

(1) 미정리 사항의 조치 방법

금고 검사시에는 전번검사 지적사항에 대한 시정사항의 적정 여부를 확인한
후 미정리 사항은 다음에 따라 조치한다(시행세칙27①).

즉 ⅰ) 미정리 사항이 지적사항 코드별 5종류 이상인 경우에는 건별로 검사
조서를 작성하여 재시정 촉구한다(제1호). ⅱ) 미정리 사항이 지적사항 코드별 5
종류 미만인 경우 전번검사 미시정에 대한 내용을 한 건으로 검사조서를 작성하
여 일괄 시정 촉구할 수 있다(제2호). ⅲ) 검사결과 미시정 사항이 경미한 경우
시행규칙 제25조 제3항을 준용할 수 있다(제3호).

(2) 사후관리대장의 정리와 종결처리

앞의 제1항에 의거 처리한 경우에는 전번검사 지적사항은 사후관리대장을
정리하고 종결처리한다(시행세칙27②).

3. 검사업무 전산관리

검사시정지시 및 사후관리에 관한 일반사항이 전산관리대장과 상충될 때에
는 문서가 우선한다(시행세칙28①). 검사업무의 전산등록 및 수정은 사후관리담당
자 이외에는 조작하여서는 아니 된다(시행세칙28②). 사후관리담당자는 검사결과
지적사항의 시정결과 등 사후관리에 관한 사항에 대하여 발생 즉시 이를 전산입
력 관리하여야 한다(시행세칙28③).

4. 검사 관련 통계관리

소관부서의 장은 ⅰ) 검사실적(제1호), ⅱ) 검사 지적사항에 대한 시정 내용 (제2호), ⅲ) 경영실태평가 결과 관리(제3호), ⅳ) 사고금 발생 및 보전 실적(제4호), ⅴ) 금고 자체감사에 관한 사항(제5호), ⅵ) 그 밖에 위원장이 정하는 사항(제6호)을 관리하여야 한다(시행세칙29①). 중앙본부 및 지역검사부의 해당업무 담당자는 앞의 제1항 각 호의 사유 발생 즉시 등록하여야 한다(시행세칙29②).

참고문헌

금융감독원(2021), 「금융감독개론」, 금융감독원(2021. 2).

김규호(2016), "신용협동조합 지배구조의 문제점과 개선방안", 한밭대학교 창업경영대학원 석사학위논문(2016. 2).

김정연(2019), "새마을금고의 법적성격과 지배구조", 선진상사법률연구 통권 제87호(2019. 7).

박경환·정래용(2020), "협동조합 과세제도에 관한 연구: 과세특례 규정을 중심으로", 홍익법학 제21권 제2호(2020. 6).

백주현(2021), "수산업협동조합 및 어업인 관련 조세특례 제도개선에 관한 연구", 건국대학교 행정대학원 석사학위논문(2021. 8).

신협중앙연수원(2021), 「2021 연수교재 신협법」.

이영종(2014), "주식회사 외부감사의 법적지위와 직무수행에 관한 고찰: 기관과 기관담당자의 구별에 기초를 둔 이해를 위한 시론", 증권법연구 제15권 제3호(2014. 12).

전선애(2008), "신용협동조합의 예금보험제도 개선방안", 한국협동조합연구 제26권 제1호(2008. 3).

정영기·조현우·박연희(2008), "자산규모에 의한 외부감사 대상 기준이 적절한가?", 회계저널 제17권 제3호(2008. 9).

행정안전부(2018), 「새마을금고 업무편람」(2018. 12).

찾아보기

저자소개

이상복

서강대학교 법학전문대학원 교수. 서울고등학교와 연세대학교 경제학과를 졸업하고, 고려대학교에서 법학 석사와 박사학위를 받았다. 사법연수원 28기로 변호사 일을 하기도 했다. 미국 스탠퍼드 로스쿨 방문학자, 숭실대학교 법과대학 교수를 거쳐 서강대학교에 자리 잡았다. 서강대학교 금융법센터장, 서강대학교 법학부 학장 및 법학전문대학원 원장을 역임하고, 재정경제부 금융발전심의회 위원, 기획재정부 국유재산정책 심의위원, 관세청 정부업무 자체평가위원, 한국공항공사 비상임이사, 금융감독원 분쟁조정위원, 한국거래소 시장감시위원회 비상임위원, 한국증권법학회 부회장, 한국법학교수회 부회장, 금융위원회 증권선물위원회 비상임위원으로 활동했다.

저서로는 〈산림조합법〉(2023), 〈수산업협동조합법〉(2023), 〈농업협동조합법〉(2023), 〈신용협동조합법〉(2023), 〈경제학입문: 돈의 작동원리〉(2023), 〈금융법입문〉(2023), 〈외부감사법〉(2021), 〈상호저축은행법〉(2021), 〈외국환거래법〉(개정판)(2023), 〈금융소비자보호법〉(2021), 〈자본시장법〉(2021), 〈여신전문금융업법〉(2021), 〈금융법강의 1: 금융행정〉(2020), 〈금융법강의 2: 금융상품〉(2020), 〈금융법강의 3: 금융기관〉(2020), 〈금융법강의 4: 금융시장〉(2020), 〈경제민주주의, 책임자본주의〉(2019), 〈기업공시〉(2012), 〈내부자거래〉(2010), 〈헤지펀드와 프라임 브로커: 역서〉(2009), 〈기업범죄와 내부통제〉(2005), 〈증권범죄와 집단소송〉(2004), 〈증권집단소송론〉(2004) 등 법학 관련 저술과 철학에 관심을 갖고 쓴 〈행복을 지키는 法〉(2017), 〈자유·평등·정의〉(2013)가 있다. 연구 논문으로는 '기업의 컴플라이언스와 책임에 관한 미국의 논의와 법적 시사점'(2017), '외국의 공매도규제와 법적시사점'(2009), '기업지배구조와 기관투자자의 역할'(2008) 등이 있다. 문학에도 관심이 많아 장편소설 〈모래무지와 두우쟁이〉(2005), 〈우리는 다시 강에서 만난다〉(2021)와 에세이 〈방황도 힘이 된다〉(2014)를 쓰기도 했다.

새마을금고법

초판발행	2023년 7월 15일
지은이	이상복
펴낸이	안종만·안상준
편 집	김선민
기획/마케팅	최동인
표지디자인	벤스토리
제 작	우인도·고철민·조영환
펴낸곳	(주) **박영사**
	서울특별시 금천구 가산디지털2로 53, 210호(가산동, 한라시그마밸리)
	등록 1959. 3. 11. 제300-1959-1호(倫)
전 화	02)733-6771
f a x	02)736-4818
e-mail	pys@pybook.co.kr
homepage	www.pybook.co.kr
ISBN	979-11-303-4506-2 93360

copyright©이상복, 2023, Printed in Korea

정 가   29,000원